《簡帛》是由武漢大學人文社會科學重點研究基地——武漢大學簡帛研究中心主辦的專業學術集刊,圍繞相關的三個層面,一以戰國文字爲主的古文字研究,二以簡帛爲主的先秦、秦漢出土文獻整理與研究,三以簡帛資料爲主要着眼點的先秦、秦漢史研究,發表論文和動態、評介、資料性文字。集刊實行嚴格的匿名審稿制度,堅持原創性、規範化、國際性,每年上、下半年各出版一輯。

BAMBOO AND SILK MANUSCRIPTS

第二十七輯

武漢大學簡帛研究中心　主辦

上海古籍出版社

目　次

CONTENTS

據戰國文字釋甲骨文“藏”*

袁倫强　黄　悦

摘　要：甲骨文中有一個寫作从宀从貝的“貯”字，舊多釋爲“寶”。本文通過分析戰國文字“藏”的構形，認爲“貯”應該是“藏”的表意初文。

關鍵詞：戰國文字　甲骨文　藏　古文字

朱鳳瀚在《記中村不折舊藏的一片甲骨刻辭》一文中介紹：

> 1983年，在王玉哲先生處見到一小册頁，内有殷墟甲骨刻辭拓片六紙，據日人藤田梯二的題簽與日人武田在册頁末的題記，知所收拓本之原骨均爲中村不折舊藏。六紙拓片中有五紙顯係僞刻，但另一紙所拓牛胛骨刻辭不僞，且時至當時並未見著録。①

胡厚宣在《殷代稱“年”説補證》中引到的一片曾天宇舊藏牛胛骨卜辭拓本，與朱鳳瀚所見牛胛骨拓本係同一刻辭牛胛骨的拓本。這片甲骨刻辭的内容非常重要，是證明商代的年歲稱謂可稱作“年”的直接例證，兩位先生對此都有很好的研究。

此牛胛骨刻辭與《粹編》1279關係緊密。胡厚宣認爲：“其字體與前舉粹1 279片相同，似爲廩辛或康丁時所卜。其所卜尹貯事類，亦完全一樣，似爲一骨之折，但已殘缺不能拼合。”②朱鳳瀚認爲：“兩片刻辭的字形大致相同，内容有聯繫，很可能是同時

* 本文爲重慶市語言文字科研項目“《蒼頡篇》佚文綜合整理與研究”（yyk23219）、教育部重大課題攻關項目“基於數據庫技術的殷商甲骨刻辭事類排譜、整理與研究”（22JZD036）、“古文字與中華文明傳承發展工程”規劃項目“甲骨文字詞全編”（G3021）的階段性研究成果。

① 朱鳳瀚：《記中村不折舊藏的一片甲骨刻辭》，張政烺先生九十華誕紀念文集編委會編：《揖芬集：張政烺先生九十華誕紀念文集》，社會科學文獻出版社2002年，第213頁。

② 胡厚宣：《殷代稱“年”説補證》，《文物》1987年第8期，第23頁。

所卜,但《粹》1279字體略大,不像是一版之折,似屬異版卜同事。”①由於殘缺不能綴實,是否一版之折可暫且不論,但所卜一事無疑。下文且將其看作一版之折,便於討論。

這片牛胛骨的拓本後被收爲《存補》5·292·1,與《粹編》1279(《合集》35249)遥綴收爲《綴彙》213(見文末附圖)。其辭可釋寫爲:

[乙巳]卜,貞:尹至于十年貢。

乙[巳卜,貞:尹]至[于□年貢]。

乙巳卜,貞:尹至于七年貢。

乙巳卜,貞:尹至五年貢。

這幾條卜辭占卜的焦點是時間,即卜問尹要到哪一年“貢”。“貢”是此處唯一難以確定釋讀的字,其字原篆作:

字形的構成很簡單,从貝从宀。關於此字的釋讀,目前學界主要有三種意見:一是按原形隸定作“貢”;二是直接釋爲“寶”;三是讀爲“貯”。從各種工具書來看,持第二種意見的學者占多數,如新出的《甲骨文字編》《新甲骨文編》均釋“寶”字。②《殷契粹編考釋》云:“貢字从貝在宀下,疑是寶字之省。”胡厚宣亦同意釋“寶”。③ 朱鳳瀚認爲此字當作爲動詞來理解,“讀作寶,在本文所舉兩版卜辭中似乎講不通”。④ 姚孝遂也對釋“寶”持懷疑態度。⑤

我們認爲此字釋“寶”可疑。一般認爲,甲骨文“寶”字寫作 (《英藏》430)、 (《合集》17512),後加注聲符“缶”,即最常見的“寶”的字形。“寶”字中貝和玉的組合關係牢固,“貢”和“寶”相比較,區别明顯,少一個玉形偏旁。而且卜辭中二者的用法也不同,很難説是一字。西周金文有 (《集成》3461),確用作“寶”,但此字應看作當

① 朱鳳瀚:《記中村不折舊藏的一片甲骨刻辭》第213—214頁。

② 李宗焜:《甲骨文字編》,中華書局2012年,第721頁;劉釗主編:《新甲骨文編(增訂本)》,福建人民出版社2014年,第443頁。

③ 胡厚宣:《殷代稱“年”説補證》第23頁。

④ 朱鳳瀚:《記中村不折舊藏的一片甲骨刻辭》第216頁。

⑤ 于省吾主編:《甲骨文字詁林》,中華書局1996年,第1887頁。

時“寶”的特殊省體，不能够據此釋甲骨文“貢”爲“寶”。[①] 從用法上看，朱鳳瀚指出：

> 寶字多用爲名詞，少數情況下亦用作及物動詞，如青銅器銘文中常見的“永寶之”，即“寶愛”之意。但本文所舉卜辭如讀爲“尹至于×年寶”則無論“寶”怎樣講，都不好解釋。在此種句式中“寶”顯然不可能是名詞，只能是動詞。但作爲動詞“寶愛”，占卜至于多少年“寶愛”，實不可理解。[②]

其説有理。所以，釋“貢”爲“寶”於字形、用法均有障礙。

朱鳳瀚認爲“貢”可以讀爲“貯”：

> 這兩版卜辭中，“貢”讀爲貯（𡨦）字也可隸定作貯（或𡪞），至於其當讀爲什麽字，則要綜合考慮其與形符所示字義相符的亞聲即宁聲字。此字在宀下加貝，示屋中存貝（或加玉，亦是表示屋中存貴重物），其字義當爲珍藏。與寶字的形符相同，故字義有共同點。在確定此種字義的前提下，再考慮其爲宁聲字，自然可以將其讀爲“貯”字，其義爲珍藏的引申義，即藏貯、積貯。[③]

朱先生認爲“貯”是在“貢”上增加聲符“亞”而來，通過考證“亞”字音與“宁”近同，而將卜辭中的“貢”讀爲“貯”。通過分析後世形聲字的字形，上溯其可能的原始表意字，這種思路是可取的。但具體到“貯”字，學者已經指出其所从“亞”旁，應是“琮”字表意初文的簡體，[④]與“宁”無關。甲骨文有“寍”字（見《合集》18625），即“宔”的繁體。陳劍指出：“‘賨’和‘𡨦’字，跟‘宔’比起來多出了偏旁‘貝’‘玉’，當就是着眼於强調寵賜之物而添加的意符。”[⑤]其説可信。現在看來，將“貢”與“貯”相聯繫讀爲“貯”的説法也難以成立。

既然釋爲“寶”或讀爲“貯”都有問題，那麽此字應當釋作何字呢？我們認爲，甲骨文“貢”可能是“藏”的表意初文。雖然學者釋“寶”難信從，但是從文字結構的角度與之相聯繫却不無道理。“貢”字从貝在宀下，與“寶”作貝、玉在宀下的構形相同，當表示藏貝在屋内之意。

《説文》艸部（新附）：“藏，匿也。臣鉉等案：《漢書》通用臧字。从艸，後人所加。”

---

① 郭店《老子》甲簡 19 中的“賓”省作□，與甲骨文“貢”同形，也不能據此釋甲骨文“貢”爲“賓”。羅小華釋甲骨文“貢”爲“賓”，不可信。參羅小華：《釋賓》，《簡帛》第 5 輯，上海古籍出版社 2010 年，第 117—121 頁。

② 朱鳳瀚：《記中村不折舊藏的一片甲骨刻辭》第 216 頁。

③ 朱鳳瀚：《記中村不折舊藏的一片甲骨刻辭》第 218 頁。

④ 陳劍：《釋“琮”及相關諸字》，《甲骨金文考釋論集》，綫裝書局 2007 年，第 273—316 頁。

⑤ 陳劍：《釋“琮”及相關諸字》第 289 頁。

戰國時代曾用不同的字記録"藏"這個詞,周波細緻梳理了各系文字間的用字差異:

> 秦文字用"臧"表示{藏},見放馬灘秦簡、睡虎地秦簡。
>
> 楚文字用"賸(或作竇、寙)"表示{藏},見仰天湖 25 號墓簡 37"皆賸(藏)於一匣之中",五里牌 406 號墓簡 16"中賸(藏)……"郭店《老子》甲簡 36"厚賸(藏)必多亡",九店 56 號墓簡 50"無竇(藏)貨",上博《孔子詩論》簡 19"《木瓜》有寙(藏)愿而未得達也",楚璽"竇(藏)室"、"寙(藏)室"(《珍戰》4、5)。"賸"从"貝""臧"聲,可能就是藏貨之"藏"的專字。
>
> 三晉文字用"廎"、"瘤"表示{藏},見晉璽"廎(藏)"(《璽彙》5413),中山王墓兆域圖銅版"其一瘤(藏)府"。①

秦文字的用字情況比較單一,楚文字、三晉文字中則相對複雜,字形繁簡並存、偏旁互易。秦統一六國之後延續了秦文字的用字習慣,偶有保留六國古文的遺迹:

> 秦、西漢前用"臧"、"藏"來表示{藏}常見,用"賸"爲{藏}僅見馬王堆三號墓遣策簡 183"右方賸(藏)左方"和簡 324"右方賸(藏)首"。"賸(寫作賸)"多見於楚文字,均用作{藏},如仰天湖簡 37"皆賸(藏)於一匣之中",郭店《老子》甲簡 36"厚賸(藏)必多亡"。"賸"可能就是藏貨之"藏"的專字。②

除了寫作"竇""賸""寙"的"藏",戰國文字中還有"寘"字:

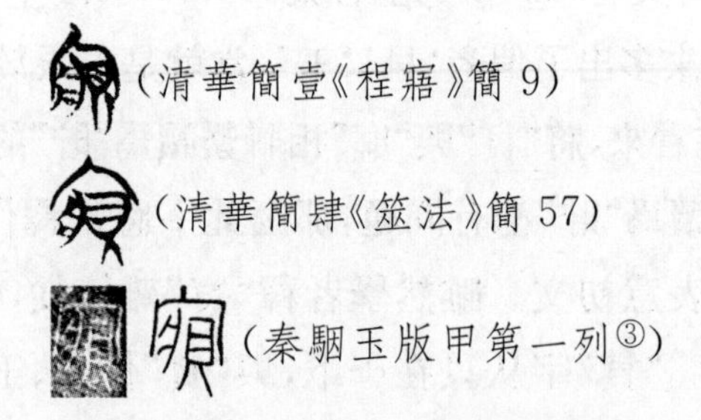
(清華簡壹《程寤》簡 9)
(清華簡肆《筮法》簡 57)
(秦駰玉版甲第一列③)

其所在文句如下:

> 人悬(謀)彊(彊)不可以寘。(清華簡壹《程寤》簡 9)
>
> 司寘,是古(故)胃(謂)之羅(離)。(清華簡肆《筮法》簡 56—59)
>
> 孟冬十月,氒(厥)氣寘周(凋)。(秦駰玉版甲第一列)

① 周波:《戰國時代各系文字間的用字差異現象研究》,綫裝書局 2013 年,第 43 頁。

② 周波:《戰國時代各系文字間的用字差異現象研究》第 316 頁。

③ 學者指出"銘文用'亓'記録'其',帶有非秦系文字的用字特點"。參王挺斌:《秦駰玉版銘文補釋》,《出土文獻》2021 年第 1 期,第 82 頁。

《程寤》一句對應《逸周書·大開》“人謀競不可以藏”，李學勤指出“‘𡨦’字从‘爿’聲，在此即讀作‘藏’”。[①]《筮法》一句爲四卦之一，整理者注釋：“四卦所司雷、樹、收、藏，與常見的春生、夏長、秋收、冬藏含意相似。”[②]秦駰玉版一句的“𡨦”，王挺斌認爲也用爲“藏”，“藏凋”指的是孟冬之氣具有伏匿凋喪的特點。[③]

戰國文字中這些豐富的字形，對於分析“藏”字的構形及追溯其早期來源都很有幫助。據字形可知，無論是“臧”還是“藏”，顯然都不是表示收藏、儲藏等含義的“藏”的本字，而是個假借字。前引周波指出“䞋”可能就是藏貨之“藏”的專字。王挺斌認爲：“可以確定戰國文字中的‘𡨦’往往用來記録‘藏’，字形當分析爲从宀从貝爿聲，表示貨財藏於房屋之中，很可能就是收藏之‘藏’的專字。”[④]這些意見都很有道理，應該是正確的。“𡩧”“𡨦”“𢊁”（“宀”“广”關係密切，作爲表意偏旁可通）“𡪺”“䞋”都應該視爲“藏”字的不同形體，僅所用聲符和字形的繁簡不同，這些變化都完全符合古文字構形及省變的規律。

我們知道，楚文字中保留了一些來源很古老的字形，有的直接傳承甲骨文的寫法，或在偏旁結構上有所增改。細緻分析這些字形往往能帶來新的認識，爲甲骨文疑難字的釋讀提供新的契機。裘錫圭曾揭示一條“古代形聲字構造的通例”：

> 在古文字裏，形聲字一般由一個意符（形）和一個音符（聲）組成。凡是形旁包含兩個以上意符，可以當作會意字來看的形聲字，其聲旁絶大多數是追加的。也就是説，這種形聲字的形旁通常是形聲字的初文。[⑤]

由此分析，“𡩧”等字當中構形最完整的是“𡩧”“𡨦”，除去聲旁“臧”“爿”所剩的“貢”應該就是“藏”的表意初文，表示藏貨屋内。[⑥] 後世文獻中“藏”多延續秦文字的用字習慣，假借“臧”，或增加“艸”旁，即今常用之“藏”。至此，一個表意清晰的“貢”字就被淹没了在文字發展的潮流之中。

---

① 李學勤：《〈程寤〉、〈保訓〉“日不足”等語的讀釋》，《清華大學學報（哲學社會科學版）》2011 年第 2 期，第 51 頁。

② 清華大學出土文獻研究與保護中心編，李學勤主編：《清華大學藏戰國竹簡（肆）》，中西書局 2013 年，第 112 頁。

③ 王挺斌：《秦駰玉版銘文補釋》第 80 頁。

④ 王挺斌：《秦駰玉版銘文補釋》第 82 頁。

⑤ 裘錫圭：《釋殷墟甲骨文裏的“遠”“𤞷”（邇）及有關諸字》，《裘錫圭學術文集·甲骨文卷》，復旦大學出版社 2012 年，第 170 頁。

⑥ 貢簋（《小校經閣金文拓本》7.15）的“貢”爲人名或氏族名，似也可能是“藏”字。

回頭再看,把甲骨文“貫”釋爲“藏”的表意初文應該是正確的,楚文字“㝊”“㝅”即在此基礎上追加聲符而成。“貫”釋爲“藏”,放到卜辭當中又該如何理解呢?

按照我們的釋法,卜辭當釋爲“尹至于某年貫(藏)”。由於卜辭簡略,其含義很難解釋得準確。雖然朱鳳瀚將“貫”讀爲“貯”已不可信,但認爲是“藏貝在屋内”表示藏貯、積貯却很有道理。朱先生認爲“尹作爲管理王室農事等事務的職官,卜其於幾年可以貫(貯),很可能是卜尹治理某塊王田於幾年才能有所積貯”,[①]這樣理解具有一定程度的合理性,但是由於文辭簡略,卜辭並未指明要藏何物,故無法深入討論。

綜上,本文通過分析戰國文字“藏”的字形材料,將甲骨文“貫”釋爲“藏”的表意初文。但由於客觀材料的局限,卜辭“尹至于某年貫”的含義還難以準確解讀。

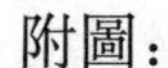

附圖:

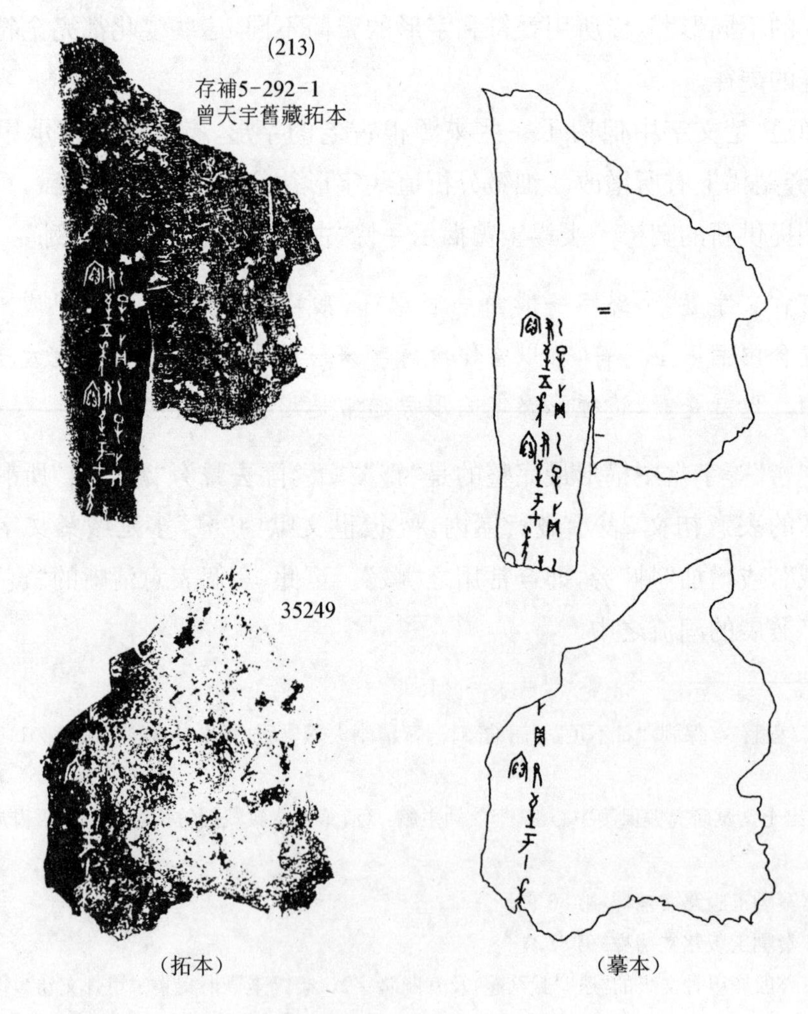

(拓本)　　(摹本)

① 朱鳳瀚:《記中村不折舊藏的一片甲骨刻辭》第 218 頁。

説宜侯夨簋銘文中的荸字*

刁俊豪　黄静静

摘　要： 商周青銅器銘文中，賞賜品“瓚”後多不加數詞或數詞爲一，且無量詞，由此可見宜侯夨簋銘文“賜豐鬯一卣商瓚一□彤弓一彤矢百”中的未識字當屬下讀。結合高清照片，此字與甲骨文金文中的“荸”字構形和用法均一致，當釋爲荸，義爲賞賜。由此還可見商周時人避複等修辭技巧的熟練運用，這有助於商周修辭學的進一步研究。

關鍵詞： 宜侯夨簋　瓚　荸　避複

宜侯夨簋銘文(《集成》04320、《銘圖》05373)是西周早期的重要史料，[①]但因器物破損嚴重，一些字形多不能識，近來國家博物館方面進行了再整理，[②]爲進一步研究此器提供了極大便利。本文聚焦於銘文中的“賜豐鬯一卣商(璋)瓚一□彤弓一彤矢百”句中“彤”之前的字形。學者一般將該字屬上讀，作量詞用，[③]其中郭沫若先生釋其爲“枚”，[④]但劉雨先生指出金文中玉器的量詞目前僅有玨與瑴、朋、品。[⑤] 而陳夢家等先生屬下讀，[⑥]劉雨先生還將此字進一步隸定作“搏”，認爲“搏彤弓一”意爲“搏斗用的紅

---

* 本文是清華大學自主科研計劃“清華簡書類文獻與商周金文合證”(2021THZWJC21)階段性成果。

① 吴鎮烽主編：《商周青銅器銘文暨圖像集成》，上海古籍出版社 2012 年。簡稱“《銘圖》”。

② 参田率：《宜侯夨簋銘文相關史地國族問題補論》，《古代文明》2019 年第 1 期。

③ 唐蘭：《西周青銅器銘文分代史徵》，中華書局 1986 年，第 156 頁。如此斷讀者還可舉馬承源主編：《商周青銅器銘文選》第三册，文物出版社 1988 年，第 34 頁；劉翔等：《商周古文字讀本》，語文出版社 2004 年，第 86 頁；董蓮池：《商周金文辭彙釋》，作家出版社 2013 年，第 1546 頁。

④ 郭沫若：《夨簋銘考釋》，《考古學報》1956 年第 1 期。

⑤ 劉雨：《商和西周金文中的玉》，氏著《金文論集》，紫禁城出版社 2008 年，第 402 頁。

⑥ 陳夢家：《宜侯夨簋和它的意義》，《文物參考資料》1955 年第 5 期；陳夢家：《西周銅器斷代》，中華書局 2004 年，第 15 頁。

色弓一件”。[①] 曹錦炎先生也認爲該字是與前後物品並列的某種賞賜品,但並未闡發。[②]李學勤先生對此的看法曾有變化,他早先認爲此字獨立成句,態度謹慎,[③]此後又給出了量詞和“賜”兩種可能性,並傾向於前説。[④] 近年,周寶宏先生懷疑該字就是“易(賜)”。[⑤]李先生和周先生從金文文例出發,將該字的釋讀工作向前推進了一大步,筆者擬在諸家基礎上再從文例出發,並結合最新銘文照片提出自己的釋讀意見,以就正於專家。

在釋讀未識字前,應首先搞清前後文的具體情況。後文“彤弓一彤矢百”,諸家意見大體一致,接下來對前文的玉器——瓚進行考察。

除此銘外,目前所見金文中賞賜瓚的材料還有:

1. 小臣𧗊瓚(《銘圖》19778,商代晚期):“王賜小臣𧗊瓚。”

2. 子尊(《集成》06000、《銘圖》11797,商代晚期):“王賞子黄瓚一、貝百朋。”

3. 榮簋(《集成》04121、《銘圖》05099,西周早期):“王休賜厥臣父榮瓚、王祼、貝百朋。”

4. 肇尊(《銘三》01021,[⑥]西周中期前段):“賜肇瓚一、貝五朋。”

5. 榮仲鼎(《銘圖》02412、02413,西周早期後段):“子加榮仲瑒瓚一、牲大牢。”

6. 㪿尊(《集成》05988、《銘圖》11783,西周中期前段):“仲賜㪿瓚。”

7. 伐簋(《銘圖》05321,西周中期後段):“王命伐遺魯侯,伯頵蔑厥老父伐曆,賜圭瓚、彝一肆,𨟻尊。”

8. 師訇簋(《集成》04342、《銘圖》05402,西周中期後段):“賜汝秬鬯一卣、圭瓚、夷訊三百人。”

9. 十月敔簋(《集成》04323、《銘圖》05380,西周晚期):“王蔑敔曆,使尹氏授賚敔圭瓚、𢆶貝五十朋。”

10. 多友鼎(《集成》02835、《銘圖》02500,西周晚期):“汝静京師,賜汝圭瓚一、錫鐘一肆、鐈鋚百鈞。”

11. 毛公鼎(《集成》02841、《銘圖》02518,西周晚期):“賜汝秬鬯一卣、祼圭瓚寶。”

以上辭例可見瓚多單稱,或以“圭瓚”“璋瓚”單稱,其後只接數詞“一”,再無其他成分,

① 劉雨:《商和西周金文中的玉》第407頁。

② 曹錦炎:《關於〈宜侯夨簋〉銘文的幾點看法》,《東南文化》1990年第5期。按:王强循此思路釋爲“戚”字,見王强:《宜侯虞簋賞賜品補釋》,《中國文字》新40期,(臺北)藝文印書館2014年,第213—218頁。

③ 李學勤:《宜侯夨簋與吴國》,《文物》1985年第7期。

④ 李學勤:《金文與西周文獻合證》,清華大學出版社2023年,第463頁。

⑤ 周寶宏:《西周青銅重器銘文集釋》,天津古籍出版社2007年,第194—195頁。

⑥ 吴鎮烽主編:《商周青銅器銘文暨圖像集成三編》,上海古籍出版社2020年。簡稱“《銘三》”。

也就是説金文中的賞賜品瓚並無量詞，那麽宜侯夨簋中“商（璋）瓚一”後的未識字並不是瓚的量詞，應屬下讀。

再分析辭例，例1—3、5、8—11均爲周王親自册命或蔑曆，而例6、7也與周王有關，而且例1、4賞賜的行爲均在太室，可見賞賜瓚這一行爲具有重要的政治意義。劉雨先生進一步指出瓚“在王的賞賜物中總是列於首位，且僅賜一件，凡賞賜物中有瓚，就表示王賜予該貴族祭祀的權利，所以它是一種有特殊意義的賞賜品”。① 核之文獻和考古實物，瓚實爲祼禮核心器物，②周聰俊先生結合文獻資料曾總結周代“廟饗先求諸陰，故祭莫重於祼”，③可見瓚的重要政治意義當是因該物在祭祀中發揮了重要作用。正因事關重大，所以賞賜數量較少且每次賞賜的數量均爲一，上文梳理可見瓚賞賜的數量目前所見僅以上十餘例。

由此再看未識字本身，田率先生新近披露了宜侯夨簋銘文高清圖片，此字作：

高清照片截圖④	鋭化處理後的照片	摹本⑤
		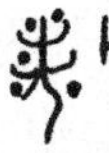

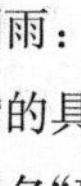 A	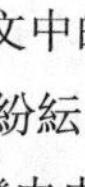 B	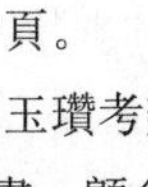 C	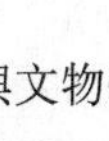 D	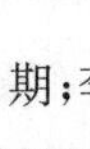 E	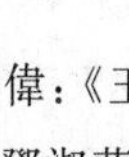 F

① 劉雨：《商和西周金文中的玉》第399頁。

② 瓚的具體所指，衆説紛紜。參臧振：《玉瓚考辨》，《考古與文物》2005年第1期；李小燕、井中偉：《玉柄形器名“瓚”説——輔證内史亳同與〈尚書·顧命〉“同瑁”問題》，《考古與文物》2012年第3期；鄧淑蘋：《柄形器：一個跨三代的神秘玉類》，《夏商玉器及玉文化學術研討會論文集》，嶺南美術出版社2018年，第22—43頁；鞠焕文：《先秦祼祭用器新探》，復旦大學出土文獻與古文字研究網2020年6月22日，http://www.fdgwz.org.cn/Web/Show/4587；董蓮池：《新出西周燕侯觚銘“瓚”字考及相關問題探討》，《中國文字研究》第32輯，華東師範大學出版社2020年，第37—42頁。

③ 周聰俊：《祼禮考辨》，文史哲出版社1994年，第2頁。

④ 田率：《宜侯夨簋銘文相關史地國族問題補論》。

⑤ 結合高清照片截圖和鋭化處理後的照片，可確定左部有五個點狀筆畫，另外一個點狀筆畫仍有疑問。字形右部上从卜，下部正爲因歷史原因而造成的裂縫所在，故不進行摹寫，但從殘筆來看，右部所从當爲攵。

筆者認爲該字形與卜辭常見的“𠦪”的一些字形(參上圖 A—D)完全一致,[1]當分析爲从“來”,[2]从人从攴,[3]左部構件“來”形和“人”形粘合在一起,“來”形左右尚有點狀飾筆,此字當即𠦪。還可注意的是另一篇西周早期銘文中贅所从的“𠦪”(師衛簋,E)也留存有點狀飾筆。[4] 此外,其他西周早中期銘文中(如師訊鼎,F)的“𠦪”所从之人多作匍匐之形,[5]“來”形後來也訛變爲“未”形,相比之下,宜侯夨簋銘文𠦪的字形更加古樸。

再看用法,𠦪或从𠦪之字,如从𠦪从又的嫠、从𠦪从厘的釐、从𠦪从貝的贅字,在卜辭中多用爲名詞,如常語“肆釐”。在金文中除用作人名外,也用來形容上級的賜休,如守宫盤銘文(《集成》10168、《銘圖》14529)“守宫對揚周師釐”、鄂侯馭方鼎銘文(《集成》02810、《銘圖》02464)“敢對揚天子丕顯休贅”和霸伯山簋銘文(《銘三》0511)“敢對揚天子休釐”。這類字形還多用作賞賜動詞,如京師畯尊銘文(《銘圖》11784)“王𠦪貝”、害簋銘文(《銘圖》05179)“楷侯嫠害馬四匹、臣一家、貝五朋”、目鼎銘文(《銘圖》02395)“侯釐目皋胄、毌、戈、弓、束矢、貝十朋”、卌二年逑鼎銘文(《銘圖》02501—02502)“朕親命贅汝秬鬯一卣”,以及上舉敔簋銘文“王蔑汝曆,使尹氏受贅敔圭瓚、䚄貝五十朋,賜田于敜五十田、于早五十田”等。對於這些字形的關係和用法,寇占民先生指出:“西周早期多用‘𠦪’,西周中期多用‘釐’,西周晚期多用‘贅’。”[6]而《金文形義通解》指出:“‘贅’‘釐’皆‘𠦪’之孳乳字,福、賜語出同源。‘𠦪’加‘里’標聲

---

① A—D分别是《合集》30822、《合集》30003(《京人》1972)、《合集》26909、《屯南》748。𠦪字或从又,相關字形參李宗焜:《甲骨文字編》,中華書局 2012 年,第 358—359 頁;劉釗:《新甲骨文編》(增訂本),福建人民出版社 2014 年,第 168—169 頁。

② 商承祚等先生認爲此字聲符爲“來”,後訛變爲“未”,《説文》即以訛變之形爲説。最近,張崇禮先生指出此字較早的甲骨文形體應是从木从反人从攴,“來”形由“木”訛變而來。參商承祚:《殷契佚存考釋》,金陵大學中國文化研究所叢刊甲種,北平孫氏藏本,1933 年,第 39 頁;張崇禮:《釋“放”》,復旦大學出土文獻與古文字研究網 2008 年 1 月 17 日,http://www.gwz.fudan.edu.cn/Web/Show/312。

③ 季旭昇先生指出“來(麥)”形下的構件是“人”形。參季旭昇:《説釐》,《中國文字》新 36 期,(臺北)藝文印書館 2011 年,第 1—16 頁。

④ 《銘圖》04937,師衛器其他器銘中的此字爲常見寫法,如師衛鼎(《銘圖》02185、02378)、師衛簋(《銘圖》05142、05143)等。有學者分析爲用攴擊打麥穗所脱之麥粒。參徐中舒主編:《甲骨文字典》,四川辭書出版社 1989 年,第 288 頁。

⑤ 《集成》02830、《銘圖》02495,字形經過一定處理。原字形見陝西省古籍整理辦公室、陝西省考古研究院編,張天恩主編:《陝西金文集成》第 5 卷,三秦出版社 2016 年,第 57 頁。

⑥ 寇占民:《殷周金文賞賜類動詞考索》,《河池學院學報》2022 年第 2 期。

爲‘釐’,增‘貝’標義則爲‘賚’者,賜予之專字也。”[①]由此可見這類字形其實本爲名詞,動詞的用法其實由名詞引申而來,這和“休”頗爲相似。裘錫圭先生指出“當‘蔭庇’講的‘休’既可以用作動詞,也可以用作名詞”,又謂:“金文里的‘休’字常常用來表示賞賜一類意義。這應該是蔭庇之義的引申義。”[②]上舉“休釐”也可見兩詞連用。總之,𢦏和从𢦏之字既可用作表福釐的名詞,也可用作賞賜動詞。[③]

具體來看辭例,“𢦏彤弓一、彤矢百、旅弓十、旅矢千”很明顯與“賜豆鬯一卣璋瓚一”、“賜土”、“賜”族和“賜”人鬲並列,[④]“𢦏”字與“賜”字後接的賞賜物品雖然種類不同,但兩字均表賞賜當無疑。要説明的是,金文中的相關賞賜語句多用一個賞賜動詞領起,但使用兩個以上賞賜動詞的情況其實也有,[⑤]如上舉十月敔簋銘文中的圭瓚、田兩類賞賜物分別由“受賚”和“賜”領起,又如庚嬴鼎銘文(《集成》02748、《銘圖》02379)“王蔑庚嬴曆,賜爵,贛貝十朋”中的“爵”“貝十朋”兩類賞賜物,[⑥]分別由“賜”和“贛”領起,而具鼎銘文(《銘續》0229)“復具裸,賜具馬”中的裸器和馬兩類賞賜動詞分別由“復”和“賜”領起,[⑦]麥尊銘文(《集成》06015、《銘圖》11820)“侯賜諸𠬪臣二百家,劑(齎)用王乘車馬、金勒、冂(裳)、衣、巿、舄”中的賜臣與賜物分別用“賜”和“劑(齎)”領起。[⑧] 史獸鼎銘文(《集成》02778、《銘圖》02423)“尹賞史獸爵,賜方鼎一、觴一”中“爵”和其他賞賜物也分別由“賞”和“賜”領起。[⑨] 近來公布的柞伯簋銘文(《銘圖》05301)

---

① 張世超、孫凌安、金國泰等:《金文形義通解》,(京都)中文出版社 1996 年,第 1558 頁。

② 裘錫圭:《文字學概要》,商務印書館 2013 年,第 142 頁。

③ 時代屬西周早期的光康鬲銘文(《銘圖》02826)“□𢦏汝光康□□考寶尊”可能也是𢦏表賞賜的一例,存此待考。

④ 參陳夢家:《西周銅器斷代》第 16—17 頁。

⑤ 陳劍先生也有一定討論,見陳劍:《釋西周金文的“竷(贛)”字》,氏著《甲骨金文考釋論集》,綫裝書局 2007 年,第 15 頁。

⑥ 從陳劍先生釋讀,見陳劍:《釋甲金文中的竷(贛)字》第 8 頁。

⑦ 吴鎮烽主編:《商周青銅器銘文暨圖像集成續編》,上海古籍出版社 2016 年。簡稱“《銘續》”。

⑧ 晋侯蘇鐘銘文(《銘圖》15307—15308)記録了周王對蘇的兩次親賞,分別用“賜”和“儕(齎)”,陳雙新先生分析:“可能易側重於儀式和禮節,儕側重於親手交與的動作,以顯示周王的重視和蘇所受的恩寵。”(陳説後有修正)按:恐未必,兩句均爲王親“賜”和“儕(齎)”,理解爲避複較好。參馬承源:《晋侯穌編鐘》,《上海博物館集刊》第七期,上海書畫出版社 1996 年,第 15 頁;陳雙新:《晋侯蘇鐘銘文新釋》,《中國文字研究》第 2 輯,廣西教育出版社 2001 年,第 268 頁;陳雙新:《兩周青銅器樂器銘辭研究》,河北大學出版社 2003 年,第 211 頁。

⑨ 該銘中“爵”“觴”二字的釋讀暫從李春桃先生的説法,參李春桃:《從斗形爵的稱謂談到三足爵的命名》,《“中研院”歷史語言研究所集刊》第 89 本第 1 分,2018 年,第 95—96 頁。

“王則畀柞伯赤金十鈑,誕賜柷見”中兩類賞賜物分别由“畀”和“賜”來領起。[①] 可見賞賜類銘文中這種現象還有一定數量。

不僅是儀式賞賜相關的銘文中有這類現象,其他内容的銘文中也可見類似動作用不同動詞來表示的例子。如與訴訟有關的曶鼎銘文(《集成》02838、《銘圖》02515)中“᠎㲄則俾我賞(償)馬,效父則俾復厥絲束”,陳夢家先生指出“賞、復均謂交付、交易之代價”,[②]姚孝遂先生也指出“復與償同義”。[③] 黄天樹先生在分析鬲比盨銘文(《集成》04466、《銘圖》05679)時也指出該銘“交割動詞首言‘叉’,次言‘友’,三言‘畀’,末言‘余’,用字不肯蹈複見之病,是一種修辭手段”。[④] 有理。由此可見宜侯夨簋銘文中諸“賜”字間用“𢦏”作賞賜動詞,並不奇怪,反而可視爲周人避複修辭手段的實例。[⑤]

這種避複的例子有時候還表現爲對文形式,徐中舒先生藉此説解了很多嘏辭用詞,[⑥]彭裕商先生也以王孫遺者鐘銘文(《集成》00261、《銘圖》15632)“惠于德政,淑于威儀”等爲例,指出:“‘淑’和‘惠’意思相近,都是善於的意思,只不過爲了避複,所以用不同的字。”[⑦]可見,這種避複手段的使用較爲普遍。其實,這不僅出現在金文,也見於其他周代文獻。[⑧]《詩經·大雅·江漢》後半部分一般被認爲整理自一篇册命金文,關乎賞賜的語句是“釐爾圭瓚、秬鬯一卣。告于文人、錫山土田”,其中“釐”與“錫”分别領起了“圭瓚、秬鬯一卣”和“山、土、田”兩大類賞賜物。再看《大雅·崧高》“王錫申伯,四牡蹻蹻,鉤膺濯濯。王遣申伯,路車乘馬”,其中“四牡”和“路車乘馬”分别由“賜”和“遣”領起。而清華簡《封許之命》的内容是分封吕丁於許,賞賜物大致可分爲

---

① “柷見”的讀解不一,參袁俊傑:《兩周射禮研究》,科學出版社 2013 年,第 136—140 頁。按:邢侯簋銘文(《集成》04241、《銘圖》05274)“葊邢侯服,賜臣三品”,陳夢家先生讀“葊”爲“匄”,訓爲賜予,如此則“葊”與“賜”也爲不同賞賜動詞同見於一篇銘文的情況,但“葊”字的釋讀尚無定論,存此待考。參陳夢家:《西周銅器斷代》第 82 頁。

② 陳夢家:《西周銅器斷代》第 200 頁。

③ 姚孝遂:《〈曶鼎〉銘文研究》,《吉林大學社會科學學報》1962 年第 2 期,第 83 頁。

④ 黄天樹:《鬲比盨銘文補釋》,《黄天樹古文字論集》,學苑出版社 2006 年,第 466 頁。

⑤ 徐寶貴先生曾討論一篇銘文中爲了避複而對字形進行某種變形處理,甲骨文也有類似的現象,不過這類“用字避複”現象與本文所論稍有區别。參徐寶貴:《商周青銅器銘文避複研究》,《考古學報》2002 年第 3 期;劉志基:《甲骨文同辭同字鏡像式異構研究》,《中國文字研究》第 17 輯,上海人民出版社 2013 年,第 4—7 頁;劉志基:《楚簡“用字避複”芻議》,《古文字研究》,中華書局 2012 年,第 672—681 頁。

⑥ 徐中舒:《金文嘏辭釋例》,《“中研院”歷史語言研究所集刊》第六本,1936 年,第 1—44 頁。

⑦ 彭裕商:《漢語古文字學概論》,四川大學出版社 2021 年,第 198 頁。

⑧ 參郭焰坤:《先秦避複方式》,《修辭學習》2004 年第 4 期。

“銅禮器”與非“銅禮器”兩類,[①]它們分别由“贈”和“賜”領起。李冠蘭先生就此指出“替换用詞只是爲了協調詩句的節奏和保持字句的豐富性”,[②]有理。

再回到宜侯夨簋銘文,其時代是西周早期,則周人這種避複的意識出現很早,當受殷商文化的影響。最近,黄天樹先生討論一篇字數最長的甲骨卜辭時指出“前文用‘疠’,後文用‘得疾’,字面上的變化,避免了雷同,使語言更加生動,可見殷人還懂得運用避複的修辭手法”,並進一步指出“中國修辭學濫觴於殷代”,[③]甚是。宜侯夨簋銘文中以“𢦏”和“賜”交叉引出賞賜物正是避複這種修辭手段在商周之際的具體體現,可見其傳承性。

總之,賞賜類銘文中瓚後並無量詞,其數詞只有一,宜侯夨簋銘文“瓚”後之字當是表賞賜義的“𢦏”字,“賜𧯠鬯一卣商瓚一□彤弓一彤矢百”句當斷讀爲“賜𧯠鬯一卣、商瓚一;𢦏彤弓一、彤矢百”。結合文獻和考古材料,瓚一般被認爲是祼禮核心器物,因此賞賜數量較少,目前所見賞賜數量均爲一個。該字作爲一個側面,不僅顯示了商周文字字形的演變,還反映出商周時人避複等修辭手段的高超技巧,有助於商周文學的進一步研究。

附記:本文寫作及修改得到朱學斌、李舉創、劉曉晗等師友的指正,又承蒙匿名評審專家惠賜寶貴意見,此外,李舉創先生拍攝銘文照片(側面)並進行了鋭化處理,使得字形更加凸顯,謹致謝忱!

① 最近,何曉歌女士對該篇的賞賜物作了進一步研究。參何曉歌:《清華簡〈封許之命〉所載賞賜物略考》,《江漢考古》2022 年第 4 期。

② 李冠蘭:《清華簡〈封許之命〉年代再議——兼及〈書〉類文獻在兩周的整編與流傳》,《學術研究》2020 年第 7 期,第 164 頁。

③ 黄天樹:《論字數最長的一篇甲骨卜辭》,《古文字研究》第 31 輯,中華書局 2016 年,第 21 頁。參唐蘭:《卜辭時代的文學和卜辭文學》,《清華大學學報》(自然科學版)1936 年第 3 期。

楚簡中的“𦉥”“團壺”和“華壺”

——兼談東周曾楚青銅壺的自名

陳書豪

摘　要：“𦉥”字的本義是指“壺”除表示器蓋的“去”形以外的部分，所象之形正是長頸鼓腹、頸部附雙耳的壺身。戰國時期楚國青銅器、遣册上以“𤬪”爲名的壺既有束頸鼓腹圈足圓壺（有蓋，蓋上常見三鈕），也有附雙耳的長頸方壺（無蓋，有壺冠），前者在信陽楚簡中被稱作“𠣴（團）壺”；後者被稱爲“芋（華）壺”，長頸方壺的造型、功能與同樣自名爲“華壺”的晉侯㫚壺一脈相承。春秋時期青銅壺“似蓋而未封頂”的壺冠的出現，與宗廟祠祀禮器造型複雜化、去實用化的傾向有關，清華簡《封許之命》賞賜物中的“𦉥”可能也是指那類具備等級標識意義、花紋繁縟的獸耳長頸銅方壺。

關鍵詞：楚簡　團壺　華壺　青銅器自名　遣册

一、古文字“𦉥”的名與實

《清華大學藏戰國竹簡（伍）》所收《封許之命》簡 6—7 記録周成王賞賜許國先王吕丁一組薦彝，相關簡文如下：

（1）贈尔廌（薦）彝，厮【6】□豚（豚-敦）虪龍、蠤（鬲）、䜌（璉）、雚（鑵）、鉦、斉（旂）、丏（勺）、盤、監（鑒）、鑅（鎣）、𦉥、周（雕）�（禁）、鼑（鼎）、盌（簋）、鈋（觥）、鎦（卣）、恷（格）。【7】①

① 李學勤主編：《清華大學藏戰國竹簡（伍）》，中西書局 2015 年，第 118、121—122 頁。高佑仁先生對這段簡文的考釋意見進行了匯集，並附有案語，參高佑仁：《〈清華伍〉書類文獻研究》，萬卷樓圖書股份有限公司 2018 年，第 448—509 頁。釋文依據筆者的理解作了調整。

其中“䀇”字寫作，整理者注釋指出:“䀇,《說文》‘鐙’字或體:‘酒器也。’”①《說文》中的“鐙”字,李家浩先生曾經有過專門討論,他根據清代學者王筠《說文釋例》卷六對於“鐙”字的説解,②指出東周銅器華母壺(《集成》9638)之自名“薦”與雍子騏壺(《集成》9558)之自名“”皆从“䀇”,並指出:

> 沒有像壺蓋的“大”。的左旁當是的訛變,是把像環耳的筆畫和像器座的筆畫,跟像器腹的筆畫分離的一種寫法。……古文字“䀇”可以分析爲从“卯”从“豆”,“卯”像器耳,“豆”像器身,“豆”亦聲。……《說文》所說的酒器鐙,是一種無蓋壺,“䀇”像圓壺器身、頸部有雙耳之形,“鐙”是後起的加旁字。③

此外,春秋戰國之際的曾仲姬壺的“壺”字作,顯然是有意寫成“去(蓋)”“(䀇)”兩個字形的,④所以古文字中的“䀇”的確是一個獨體象形字,即王筠《說文釋例》、李家浩先生已經指出的“器形似之下半”“像圓壺器身、頸部有雙耳之形”,戰國文字和秦漢文字“䀇”字的下部則大都變形音化爲“豆”形。李先生對“䀇”字的考釋於形、音、義皆信而有徵,唯需就古器物“䀇”的器形特徵略作補充。

在名實對應方面,由於“䀇”與“豆”字形讀音皆近,又與“斗”字音相同,李家浩先

---

① 李學勤主編:《清華大學藏戰國竹簡(伍)》第122頁。

② 王筠:《說文釋例》,中華書局1987年,第150頁。

③ 李家浩:《談古代的酒器鐙》,《古文字研究》第24輯,中華書局2002年,第454—455、457頁。爲方便閱讀,原文以字母表示的字圖和轉引自他書的字形摹本,我們替换爲原字形圖。在該文之前,李先生在1992年發表的《庚壺銘文及其年代》一文中已經據西漢簡帛“𨽍”“鬬”等字所从“䀇”旁作“(𥂮)”形推測春秋時期齊器庚壺(《集成》9733)的字應當隸定爲“𣪘”,讀爲“鬬”。參看李家浩:《庚壺銘文及其年代》,《古文字研究》第19輯,中華書局1992年,第90、94頁。後來虞晨陽、蘇建洲、禤健聰、高佑仁等學者又對相關字形的來源和演變軌迹进行過討論,參虞晨陽:《〈近出殷周金文集録二編〉校訂》,碩士學位論文,復旦大學2013年,第117頁。蘇建洲:《清華簡第五册字詞考釋》,《出土文獻》第7輯,中西書局2015年,第150頁。禤健聰:《銅器銘文補釋二則》,《古文字研究》第31輯,中華書局2016年,第253—254頁。高佑仁:《〈清華伍〉書類文獻研究》第486—488頁。

④ 裘錫圭先生早已指出戰國文字及秦漢篆文“去”字所从之“大”本象器蓋,其實就是“盍”的初文,是古音屬葉部的“怯”“�”“居”“劫”“灋”等字的聲符。參裘錫圭:《説字小記》,收入《裘錫圭學術文集·金文及其他古文字卷》,復旦大學出版社2012年,第418—419頁。

生遂聯繫湖北雲夢大墳頭一號西漢墓木牘所記“一斗鈄”與簡報編寫者的看法,[①]認爲木牘以“鈄”爲“鋻”,指該墓出土的一件銅蒜頭圓壺。李先生將木牘該字釋讀爲“鈄(鋻)”,並和銅蒜頭壺對應的推測不完全準確。

首先,口部爲蒜頭狀的長頸壺出現於戰國晚期早段,起源於秦,在秦和西漢前期較爲常見,屬於典型的秦文化器物組合,[②]其分布隨秦文化影響的擴張而擴散,流行的時代綿延至西漢前期。與此相對,在舊屬楚國的江漢地區,自名爲“豎”的器物至遲在戰國中期已經出現(詳圖三所引“白豎”),兩種器物的器形、來源、文化屬性都不相同,很難把它們看作異物同名,所以李陳奇先生引用到大墳頭木牘時只能推測:“可能這種無蓋壺在秦漢以後改稱鍾或鈁,而新起的蒜頭壺則冠以‘豎’之舊稱。”[③]這樣的解釋是比較牽强的。

其次,漢代表示器物名的从“斗”聲之字,往往指長柄勺,即《説文》“枓,勺也”的“枓”。李家浩先生其實已經注意到容庚《漢金文録》4·9著録的成山宮銅渠鈄銘文中的“鈄”,用爲“斗”。[④] 成山宮銅渠鈄爲武進莊蘊寬舊藏,是一種自深腹容器中酌酒用的長柄大勺,同類器又自名爲“斗”(如圖一),孫機先生引《史記·張儀列傳》“令工人作爲金斗,長其尾”以證其名實。[⑤] 大墳頭一號漢墓出土的這類長柄銅勺,遣册木牘稱作“鐵枓金枓各一”,字形作、,而所謂“鈄”字作,同時“一斗”“二斗”的“斗”字作、等形,結合照片與摹本看,其右旁與“斗”存在區别,陳振裕先生較早撰寫的木方考釋便未釋此字。[⑥]

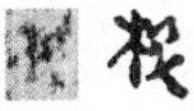

---

① 湖北省博物館:《雲夢大墳頭一號漢墓》,收入文物編輯委員會編:《文物資料叢刊》第4輯,文物出版社1981年,第12、17頁,第14頁圖四一,圖版伍。在木牘考釋部分,簡報編寫者認爲木牘上的“鈄”,是一種温酒器,出土的頭箱28號的銅蒜頭扁壺(案:原文有筆誤,應該是頭箱38號的銅蒜頭圓壺,第14頁圖四一、第22頁列表均作38號)容量爲2 080毫升,與木牘所言“一斗”相合。

② 李陳奇:《蒜頭壺考略》,《文物》1985年第4期,第51—53頁;《秦代墓葬初探》,《史學集刊》1982年第3期,第71、73頁。

③ 李陳奇:《蒜頭壺考略》第53頁。

④ 李家浩:《談古代的酒器鋻》第458頁。

⑤ 孫機:《漢代物質文化資料圖説(增訂本)》,上海古籍出版社2008年,第363—365頁。廣西貴縣羅泊灣西漢墓出土題爲《從器志》的木牘M1:161所記隨葬物有“金斗”,即指同墓所出的銅勺,參廣西壯族自治區博物館編:《廣西貴縣羅泊灣漢墓》,文物出版社1988年,釋文第84頁,圖版四一。

⑥ 湖北省博物館等:《湖北雲夢西漢墓發掘簡報》,《文物》1973年第9期,第35—36頁,圖四四、四五。陳振裕:《雲夢西漢墓出土木方初釋》,《文物》1973年第9期,第37—39頁。案:陳偉老師提示《雲夢大墳頭一號漢墓》執筆者仍是陳振裕先生(見該文第25頁末),成文在後,看法、處理上有發展。

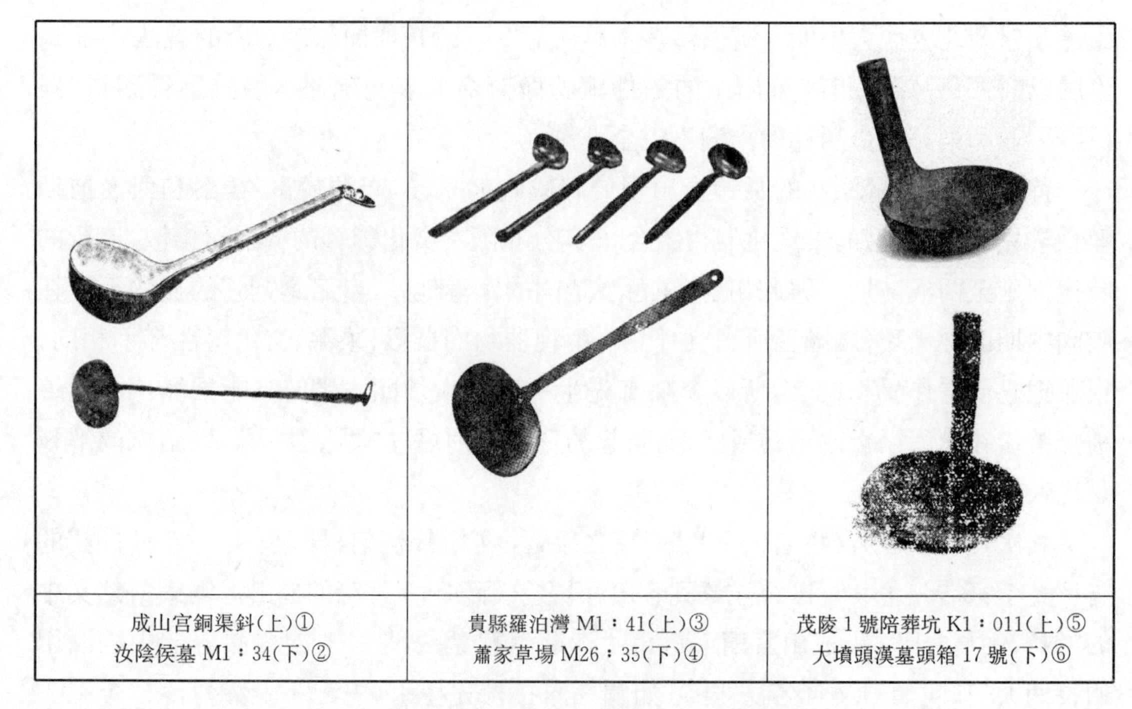

成山宫銅渠枓(上)①　汝陰侯墓 M1：34(下)②

貴縣羅泊灣 M1：41(上)③　蕭家草場 M26：35(下)④

茂陵 1 號陪葬坑 K1：011(上)⑤　大墳頭漢墓頭箱 17 號(下)⑥

圖一　西漢時期自名爲"枓""料""斗"的挹酒器

劉國勝先生後來指出蕭家草場西漢墓 M26 遣册簡 22"金鋌一"和張家山 M247 遣册簡 36"鋌一"均與墓中所出土的銅蒜頭壺對應,遣册中稱作"金鋌""鋌"的器物就是銅蒜頭壺,大墳頭 M1 木牘的字很可能也當釋作"鋌"。⑦ 我們同意他的意見,銅蒜頭壺的自名應該是"鋌",《説文》之"鐙"對應的器物並非銅蒜頭壺。

因此,儘管前人有將"䀎""鐙"等字所指的器物與蒜頭壺聯繫的説法,但二者本無牽涉。其他研究者雖然對與古文字"䀎"相關字形的認識不斷加深,但"䀎""鐙"所指的古代酒器的實物,具體對應考古發現的哪一類器物,這一問題仍未得到完全

① 北京圖書館編:《北京圖書館藏青銅器全形拓》,北京圖書館出版社 1997 年,第 162 頁。

② 安徽省文物工作隊等:《阜陽雙古堆西漢汝陰侯墓發掘簡報》,《文物》1978 年第 8 期,第 22 頁附表 2,第 31 頁圖三一。

③ 廣西壯族自治區博物館編:《廣西貴縣羅泊灣漢墓》,圖版二二。

④ 湖北省荆州市周梁玉橋遺址博物館編:《關沮秦漢墓簡牘》,中華書局 2001 年,圖版七三。

⑤ 咸陽地區文管會、茂陵博物館:《陝西茂陵一號無名冢一號從葬坑的發掘》,《文物》1982 年第 9 期,第 10 頁圖二〇。又參見張天恩主編:《陝西金文集成》10・1166,三秦出版社 2016 年,第 173 頁。

⑥ 簡報指出,墓内出土的一件木柄銅勺(頭箱 17 號)即木牘所記"金料",參湖北省博物館:《雲夢大墳頭一號漢墓》第 18 頁、第 27 頁圖五六。

⑦ 劉國勝:《説"金鋌"》,《文物》2012 年第 1 期,第 80—81 頁。

解答。近來專門梳理清華簡《封許之命》所載賞賜器物的何曉歌先生，在此處也僅是引李家浩、蘇建洲先生的考釋意見，認爲“䀉”器形可能與華母壺類似，一筆帶過。①

二、信陽長臺關楚簡的“華壺”和“團壺”分别指兩類壺

信陽長臺關楚墓 M1 出土遣册中有 3 例“瓠”字，字形作 (2－01)、 (2－01)、 (2－11)，前兩例的辭例分别爲“二芋瓠”和“四剌瓠”，末一例“瓠”前可能缺了一個字(詳第 20 頁注③)。以往的研究者對該字已經進行了充分的討論，田河先生較早指出信陽簡此類字形當以“瓜”爲聲符，可讀爲“壺”。② 董珊先生詳細分析了“瓠”字的構形特點：

> 古文字“瓜”與“匕”寫法雖然有時相混，但在多數情况下，仍有兩點區别：1.“瓜”旁常有意强調其中腹的肥筆，而“匕”則不然；2.“瓜”旁中豎常向左彎曲，而“匕”字中豎多比較直。上述“瓜”的兩點特徵都見於信陽簡的這個字。③

董珊先生提到“瓠”字與劉國勝先生討論過的荆門包山 M2 遣册簡 265—266 之 (鈲)、長沙五里牌 M406 遣册 35 號之 (鈲)所表示的都是同一個詞，④ 這幾例字形及犨子㝬壺的自名 (瓠)均从瓜聲，均應釋讀爲“壺”，由於“䀉”

① 何曉歌：《清華簡〈封許之命〉所載賞賜物略考》，《江漢考古》2022 年第 4 期，第 131 頁。

② 田河：《信陽長臺關楚簡遣策集釋》，碩士學位論文，吉林大學 2004 年，第 13—16 頁。田河：《出土戰國遣册所記名物分類匯釋》，博士學位論文，吉林大學 2007 年，第 47—48 頁。董珊：《信陽楚墓遣策所記的陶壺和木壺》，《簡帛》第 3 輯，上海古籍出版社 2008 年，收入董珊：《簡帛文獻考釋論叢》，上海古籍出版社 2014 年，第 133—142 頁。劉國勝：《楚喪葬簡牘集釋》，科學出版社 2011 年，第 10—11 頁。陳劍：《釋“瓜”》，《出土文獻與古文字研究》第 9 輯，上海古籍出版社 2020 年，第 82—93 頁。

③ 董珊：《信陽楚墓遣策所記的陶壺和木壺》第 133—134 頁。

④ 劉國勝：《楚喪葬簡牘文字釋叢》，《古文字研究》第 25 輯，中華書局 2004 年，第 364 頁。又《楚喪葬簡牘集釋》第 67、144 頁。他在解釋包山遣册簡 255“二少鈲”時指出：東室出土兩件“束頸溜肩壺”(2：153、2：154)，是兩周銅壺的典型器型，似即簡文所記“二小壺”。討論五里牌楚簡 35 號簡“鈲四”時指出：據《長沙發掘報告》報道的隨葬器物示意圖，墓裏隨葬“大銅壺”4 件。案：即《長沙發掘報告》圖二二“406 號墓隨葬器物位置示意圖”，從綫圖看，也是束頸鼓腹圈足圓壺。

是一種無蓋壺的專名,表示通名"壺"的字自然能以"豊"爲意符。① "豊"在"瓢"字中充當意符,而在其他从"豊"之字中用作聲符,如清華簡《越公其事》簡 14、16 分别以"戥""豔"表示"戰鬪"之"鬪",二字均从"豊"聲,這與秦漢文字系統中"豊"在"壺"字中實際上是意符,在"鍷""斲""鬪"等字中充當聲符的現象是平行的。

在簡册編聯及器物對應關係方面,董珊、劉國勝先生均嘗試將遣册 2 - 01 與 2 - 11 連讀,我們先將連讀後的簡文引用如下:

(2) □□【之】器:二芋(華)壺,二囩(圓)缶,二青方(鈁),二方監(鑑),四軔(團)瓢(壺),二囩(圓)監(鑑),屯青黄之弻(畫)。一褩,一□,一靁(罍)。■亓(其)木器:二【2-01】□瓢(壺),二桼(漆)□,二彫(雕)簬(?),二彫(雕)枓(枓),一䓵=(厚奉)之旂,三彫(雕)旂……(後略)【2-11】

董珊先生根據遣册所記器物分類、隨葬器物組合的出土位置關係推測"二芋瓢""其木器:二瓢"是指與前室的四件陶鑒共出的兩件帶蓋彩繪陶壺(1 - 97、1 - 98)、木方壺(1 - 245)及其殘件(1 - 167、1 - 172),並認爲"四軔瓢"可能是指前室出土的三件高足陶壺(1 - 104、1 - 105、1 - 126)。② 劉國勝先生同樣指出 2 - 01 當與 2 - 11 連讀,但在 2 - 01 現存之"瓢"字之前增加一"□"缺文符表示簡首殘缺一字,他在解釋"二芋瓢"與"四軔瓢"時也采用了董珊先生的意見。③

董珊先生對於"瓢(壺)"字的釋讀意見十分正確,他對遣册名物與墓葬出土文物對應關係的研究也很有啓發性。我們嘗試在其研究基礎上,匯集相關器形,對長臺關 M1 遣册的"芋瓢"和"軔瓢"具體對應墓中所出的哪種器物這一問題進行補正(如圖二)。

---

① 董珊:《信陽楚墓遣策所記的陶壺和木壺》第 139—140 頁。

② 董珊:《信陽楚墓遣策所記的陶壺和木壺》第 135—139 頁。

③ 劉國勝:《楚喪葬簡牘集釋》第 4、10—11 頁。案:蒙劉國勝老師賜示較爲原始的簡 2 - 11 剪貼本照片、檔案,並提示筆者長臺關 M1 遣册大多從竹簡天頭開始書寫,2 - 11 前有空缺,應該是簡首缺一字。我們仔細觀察對比了拍攝時間較早的照片、檔案,尤其是商承祚編著《戰國楚竹簡匯編》(齊魯書社 1995 年,第 5 頁 13 號簡)所著録簡圖,發現天頭處早已纖維化,字迹也已磨滅不存。但劉國勝老師的釋文處理方案很可能是正確的,"□"本應是一個與"芋"和"軔"相似的修飾詞,他曾據《文物參考資料》1957 年第 9 期著録的信陽楚簡照片將此殘字釋讀爲"桼(漆)"。參劉國勝:《楚喪葬簡牘集釋》,博士學位論文,武漢大學 2003 年,第 21 頁。

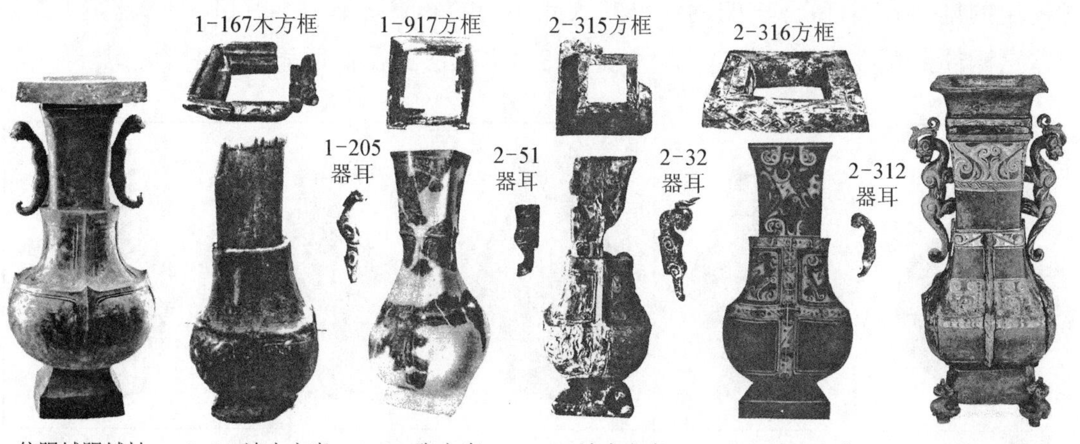

圖二　長臺關 M1、M2 出土有壺冠、獸耳的長頸壺

董珊先生已經注意到長臺關 1-245 木方壺、1-806 陶方壺與長臺關 M2 所出漆木方壺 2-314、2-320、陶方壺 2-197 造型相近,都有方框形口沿(或稱“壺冠”)和獸形攀耳附件,可以歸爲同類器物。① 這類獸耳圈足方壺春秋戰國時期常見,朱鳳瀚先生歸入圓角長方形腹壺中,路國權先生則根據其腹部特徵區分爲 Aa、Ab 兩型。② 董珊先生在將 2-01 與 2-11 連讀的同時,也將同墓所出的兩件漆木方壺與遣册之“其木器二瓢”對應,進一步把 1-104、1-105、1-126 三件出土於前室的高足陶壺當作遣册所記“四刟瓢”。

如果將比較確定的能够和遣册所記“瓢”“瓠”對應的器物排列在一起(如圖三),不難發現除了長臺關 1-245 的漆木方壺以外,其他幾件都是戰國楚墓常見的束頸鼓腹圈足圓壺。把 3 件高足陶壺當作“四刟瓢”,無論器形、還是數量都難説符合,也無法解釋爲何遣册記録了仿銅陶禮器的高足陶壺,却未記録同類型的 2 件銅高足壺。長臺關 M1 前室還出土兩件束頸鼓腹圈足銅壺(1-6、1-130),與包山 M2:154、雅子槩壺器形基本相同,這類肩部帶鋪首銜環的的壺,可以歸入提鏈壺系統中。③ 按照董

① 董珊:《信陽楚墓遣策所記的陶壺和木壺》文末所附表一、表二,第 140—142 頁。

② 朱鳳瀚:《中國青銅器綜論》,上海古籍出版社 2009 年,第 228—230、236 頁。路國權:《東周青銅容器譜系研究》,上海古籍出版社 2018 年,第 123—124、132—133 頁。朱先生在《棗樹林曾侯編鐘與葉家山曾侯墓》一文中稱爲長頸橢方壺,亦可參看,該文原載《中國國家博物館館刊》2020 年第 11 期,收入朱鳳瀚:《甲骨與青銅的王朝》,上海古籍出版社 2022 年,第 775—776 頁。

③ 按路國權先生的分類,提鏈圓壺即 Cb 型壺,參路國權:《東周青銅容器譜系研究》第 125—131、135 頁。新都馬家戰國墓Ⅱ式銅壺、九店戰國墓 M294:12 出土時器蓋、器腹銜環上都殘留有提攜用的麻繩。

珊先生的排列方案，圖三中的兩件可歸入此類型的彩繪陶壺(1－97、1－98)屬於“二芋瓢”，這兩件束頸鼓腹圈足銅壺(1－6、1－130)也無法與遣册所記器物對應。

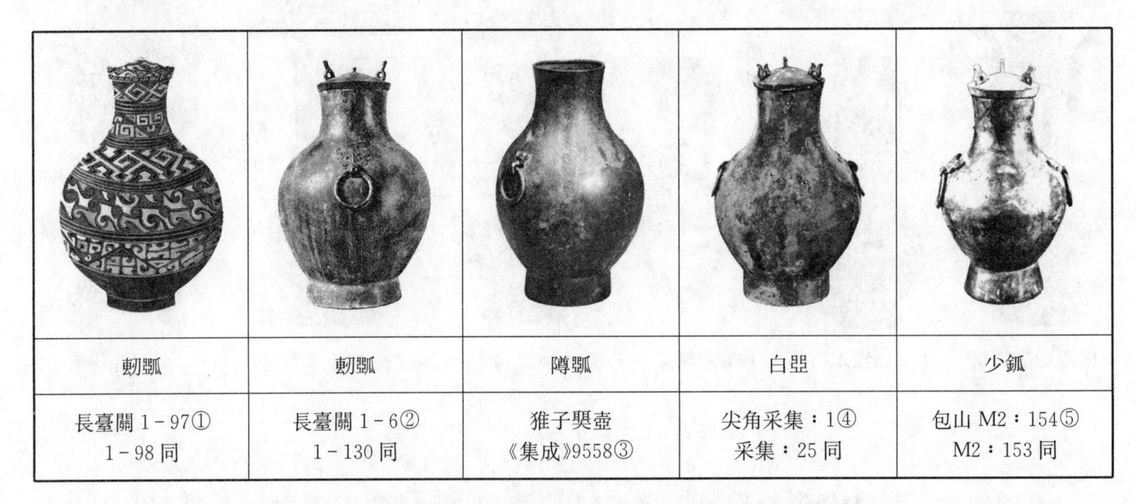

蓟瓢	蓟瓢	隮瓢	白盟	少鈲
長臺關 1－97① 1－98 同	長臺關 1－6② 1－130 同	雒子嬰壺 《集成》9558③	尖角采集：1④ 采集：25 同	包山 M2：154⑤ M2：153 同

圖三　戰國時期名爲“瓢”“鈲”或“盟”的束頸鼓腹圈足圓壺

綜合考慮長臺關 M1 遣册記載的名物及它們與墓葬出土器物的對應關係，遣册 2－01 與 2－11 確實應當連讀，連讀處釋文當作“亓(其)木器：二□瓢(壺)”。我們推測，遣册中的“二芋壺”對應的是 1－806 陶方壺、1－197 和 1－198 陶方框、1－205 陶獸耳等組成的器物組合，⑥“四蓟瓢”實際上指的是 1－97、1－98 的 2 件彩繪陶圓壺和 1－6、1－130 的 2 件銅圓壺，而“其木器二□瓢”指的是原本下葬時應成對擺放的兩件彩繪漆木方壺，即 1－245 方壺和 1－167、1－172 木方框所組成的器物組合。⑦

與“蓟瓢”造型相類的束頸鼓腹圈足圓壺在楚墓中非常常見，且一般成對出現，高等級的楚銅器墓(5 鼎規格及以上)則一般在偶數的圓壺之外，隨葬 2 件獸耳方壺。長臺關

① 河南省文物研究所：《信陽楚墓》，文物出版社 1986 年，第 46 頁、圖版三三。彩色復原圖參見河南省文化局文物工作隊：《河南信陽楚墓出土文物圖録》，河南人民出版社 1959 年，圖一四八。

② 河南省文化局文物工作隊：《河南信陽楚墓出土文物圖録》，圖五八。

③ 器形照片選自臺北“中研院”歷史語言研究所“殷周金文暨青銅器資料庫”，https://bronze.asdc.sinica.edu.tw/rubbing.php?09558。

④ “盟”字寫作　，參周婷、梁超：《湖北谷城尖角墓地出土重要文物》，《江漢考古》2015 年第 3 期，第 39—43 頁。

⑤ 湖北省荆沙鐵路考古隊編：《包山楚墓》，文物出版社 1991 年，第 106 頁、圖版三〇。

⑥ 參看《信陽楚墓》第 45 頁圖三三、46 頁、圖版三三。董珊先生已經指出陶方框既然出土兩件，説明原來隨葬的陶方壺也有兩件。董珊：《信陽楚墓遣策所記的陶壺與木壺》第 136 頁。

⑦ 參看《信陽楚墓》第 38—39 頁、圖版二五。董珊：《信陽楚墓遣策所記的陶壺與木壺》第 135 頁。

M1、M2 中成對出現的彩繪漆木方壺、彩繪陶方壺，在器物組合上，與高等級墓葬中的青銅方壺正相對應。類似的例子如，同爲夫妻並排合葬墓的九連墩 M1 與 M2，M1：E157 爲有壺冠的銅方壺，M2：E37 則是彩繪漆木方壺。① 與長臺關 M1、M2 位置鄰近，時代稍晚的城陽城址 M8 出土了保存完整的彩繪陶圓壺和方壺各一對，其紋飾以幾何紋、卷雲紋爲主，正可補充 M1、M2 的發掘年代早、器物組合不完整的缺憾。②

除了長臺關 M1 遣册之“四�瓢”將束頸鼓腹圓壺稱作“團壺”以外，在本文初稿寫作完成後，我們發現漢代喪葬木牘也有將同類型壺稱爲“團壺”的例子。新近發掘的雲夢鄭家湖墓地有部分墓葬年代屬於西漢初年，其中 M277 出土了一枚木牘，發掘者認爲該牘字體是早期漢隸，墓葬年代約在文帝早期，並指出了遣册所載器物與墓葬所出銅陶器組合的對應關係。③ 木牘第二欄記載金屬器物有“金小方壺二合”“金槫壺二合”，正好對應 M277 出土的 2 件小方壺和 2 件束頸鼓腹圓壺。④

董珊先生早已指出“剸”與《説文》“斷”字古文寫法類似，“剸瓢”可讀爲“團壺”，是形容壺身團圞的。⑤ 顯然，鄭家湖 M277 遣册的“槫壺”與長臺關 M1 遣册的“剸瓢”是同一個詞的不同寫法，都應該讀作“團壺”。戰國中期的楚墓遣册與西漢前期荆楚故地的喪葬木牘中出現了同樣的器物名稱，説明“團壺”很可能是戰國楚人對束頸鼓腹圓壺的通俗性稱謂，這一稱謂具有相當的延續性和普遍性，因此才被楚人或受楚文化影響的西漢人使用。鄭家湖 M277 喪葬木牘的文字與墓葬出土器物的對應關係，也是我們將“團壺”與束頸鼓腹圓壺對應的有力證據。

綜上所述，戰國至西漢早期的束頸鼓腹圓壺在遣册中往往自名爲“鈲/瓢（壺）”，當時人又把它們形象地稱爲“剸（團）瓢（壺）”“槫（團）壺”，信陽遣册簡 2－01 所記録的圓缶、青鈁、方鑒、圓鑒、罍等與“剸（團）瓢（壺）”共同構成了一套頗爲完整的實用酒器組合。爲了與其他類型的壺相區别，下文仍不憚繁瑣，將“團壺”稱作束頸鼓腹圓壺。

① 湖北省博物館編：《九連墩——長江中游的楚國貴族大墓》，文物出版社 2007 年，第 40—41、89 頁。

② 圓壺 M8：27，方壺 M8：6 和 M8：8。河南省文物考古研究院：《河南信陽市城陽城址八號墓發掘簡報》，《華夏考古》2020 年第 4 期，第 31—35 頁。

③ 木牘圖片參見羅運兵、趙軍等：《十大考古終評項目：雲深一夢秦楚，木觚“縱横”舊事——湖北雲夢鄭家湖墓地》，“文博中國”微信公衆號，2022 年 3 月 22 日。M277 相關信息介紹參見羅運兵、趙軍：《雲夢鄭家湖：見證秦漢大一統》，《光明日報》2022 年 4 月 17 日。

④ M277 出土的部分陶器、銅器資料，發掘領隊羅運兵先生在講座中進行過簡要介紹。羅運兵：《一統之途——湖北雲夢鄭家湖墓地考古新發現》，武漢大學歷史學院講座，2022 年 5 月 14 日。

⑤ 董珊：《信陽楚墓遣策所記的陶壺與木壺》第 138 頁。

三、曾國青銅器中附壺冠的圓角長方形方壺的自名

1994 年隨州義地崗東風油庫發掘了三座春秋晚期的曾國墓葬,各出土一件銅壺,即曾少宰黄仲酉方壺(M1∶9)、可方壺(M2∶7)、曾仲姬圓壺(M3∶20)(如圖四)。[①] 三件銅壺的自名各不相同,曾仲姬圓壺短頸鼓腹,靠近口沿的頸部兩側有環形耳,依靠五節提鏈相連,並與壺蓋環紐相連。兩件方壺素面無紋飾,頸部兩側各有一個環形紐,壺口有長方形壺冠飾,形制完全相同,僅器物大小略有差别,它們與後文將要談到的圓角長方形方壺屬於同一譜系,尤其與義地崗 M6 的兩件曾公子去疾方壺最爲接近。

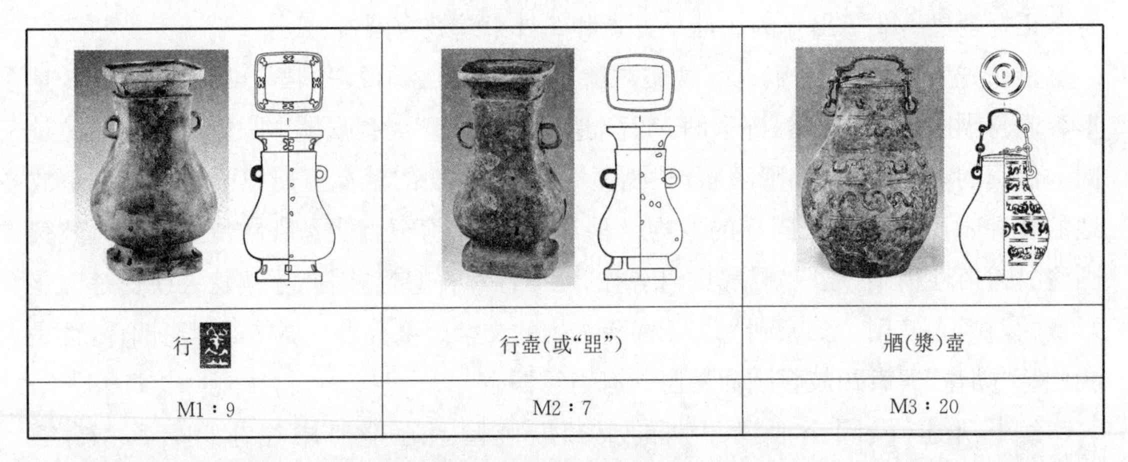

行
行壺(或“盟”)
湄(漿)壺
M1∶9
M2∶7
M3∶20

圖四 隨州義地崗東風油庫出土的三件銅壺

可方壺(M2∶7)的自名“ ”,不少學者均釋作“盟”,但該器並非實用器,製作粗糙,且銘文鑄在頸内折綫處,略有彎折殘損。這個字可能本是“壺”之缺鑄或走樣者,類似的例子如義地崗 M6∶15、M6∶16(曾公子去疾之行壺,參見圖五),壺冠銘文也不太清晰,器口銘文的“壺”字作 ,字形下半也全然走樣。[②] 若可方壺的自名確可釋作“盟”,則可方壺、華母壺與襄陽谷城尖角墓地采集的兩件圓壺,可能是現在著

① 三件器物的完整資料收録於湖北省文物考古研究所編:《曾國青銅器》,文物出版社 2007 年,第 346—347、358—360、365—368 頁。隨後又以簡報形式發表於湖北省文物考古研究所等:《湖北隨州義地崗墓地曾國墓 1994 年發掘簡報》,《文物》2008 年第 2 期,第 4—18 頁。

② 湖北省文物考古研究所、隨州市博物館:《湖北隨州義地崗曾公子去疾墓發掘簡報》,《江漢考古》2012 年第 3 期,第 13—15 頁。簡報稱曾公子去疾之行壺:“腹部有小穿孔未修補,外底範土未清除,由此推測此器並非實用器。”其自名摹本作“ ”與“ ”,應是“壺”字因銘范鑄造粗糙等原因字形走樣。

録的有銘青銅壺中不多的幾件自名爲“㽎”的(華母壺現藏清華大學圖書館,器形未知,不確定它是方壺還是圓壺)。我們第一節提到“㽎”的本義就是壺身,因此有的銅器用“㽎”作爲青銅壺的自名,既可以看作是用“㽎”專門指器身,也可以解釋爲“㽎”是泛指壺這類器物。若采用前一種解釋,其例如西替敦(《集成》3710)以“鐈”作爲器蓋的專稱;[①]采用後一種推測,則以“㽎”表“壺”是青銅器自名同類代稱,意思相當於“㽎這類型的容器”。但專就可方壺而言,我們傾向於它的自名是“行壺”。

M1∶9曾少宰黄仲酉壺自名爲“行  (以下用符號“△”代替)”。“△”字又見於王子申盞蓋(《集成》4643)、齊良壺(《集成》9659)、愠兒盞(《新收》1374)、楚王酓審盞(《新收》1809)、許子㫃盞(《銘圖》6058)、黄子婁盞(《銘圖續》523)等器,其釋讀意見很多,但諸家説法並不能將器物自名、文字音義、形體演變等問題解決,這裏暫不討論。[②]曾國流行的這類附雙耳、壺冠的無蓋壺,如果僅就“有器身無蓋”的特點來看,似乎也可以稱爲“㽎”。從詞義範圍來看,我們認爲:△>壺>㽎,△很可能是與“彝”“器”相似的器物的共名,春秋中期開始,南方諸侯國銅器常見將一套隨葬銅器都稱爲“行器”的情況,故不少青銅壺的自名使用通稱“行器”,如黄君孟壺(《集成》9636、《新收》91)、黄子壺(《集成》9663、9664)、曾子伯選壺(《銘圖續》824)、曾子牧臣壺(《銘圖三》1047、1048),或稱“行具”,如孫叔師父壺(《集成》9706)。“行△”與“行器”“行具”的内涵可能較爲接近。[③]

四、“芋瓠”“華壺”與青銅壺的壺冠

造型與東風油庫M1∶9、M2∶7相似的行器還有隨州義地崗M6所出的曾公子去疾方壺(M6∶15—16),頸及上腹部飾以圓點紋爲地的變體蟠龍紋,耳部爲獸耳銜

---

① 李琦:《西替敦研究》,《出土文獻》2021年第2期,第26—27頁。

② 較早的字形考釋意見參周法高主編:《金文詁林》,香港中文大學1975年,第3169—3171頁。黄錦前先生《説“盞盂”——兼論楚系盞盂的形態與功能》(《湖南考古輯刊》第11集,科學出版社2015年,第260—265頁)一文對80年代以來諸家説法有詳細的梳理介紹。董珊先生《釋楚文字中的“汁邡”與“朐忍”》(原載《出土文獻》第1輯,中西書局2010年,收入《簡帛文獻考釋論叢》第124—128頁)一文指出此字上部與葛陵楚簡乙一32+23之 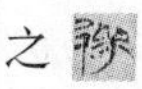 、乙一14之 右部偏旁相同,將之隸定作“㳄”,他認爲陝西博物館藏叔子穀盤與楚式盞器形相同,因此將“△”看作“盌”的異體,讀爲“盌”。

③ 關於“行壺”“行器”的含義與功能詳見吴鎮烽:《論青銅器中的“行器”及其相關器物》,復旦大學出土文獻與古文字研究中心網站2018年9月11日,http://www.fdgwz.org.cn/Web/Show/4287。

環,比起前兩件更接近春秋時期流行的獸耳長頸方壺。器形與之相似的獸耳長頸方壺則可以追溯到西周晚期,我們將這一類銅壺排列如圖五,並簡要討論其造型和紋飾特徵。

首先是紋飾上的變化,以山西侯馬晉國墓地出土晉侯昕壺、中國國家博物館藏射壺爲代表的西周晚期銅方壺形制相近,只是壺蓋的造型和壺身紋飾各有特點。如果將青銅壺器身的紋飾區分爲頸上部、頸下部、腹部、圈足四個部分,射壺的紋飾布局更具代表性,[①]是兩周銅壺紋飾的主流。晉侯昕壺的腹部以一個圓突的雙身龍首爲主,輔有多條身軀相交的龍紋,這種紋飾與山東長清仙人臺 M6:B31、輝縣琉璃閣甲墓成對出土的蟠龍紋方壺及甘肅禮縣大堡子山秦公墓地出土秦公壺一致。[②] 春秋時期此類浮雕狀的腹部紋飾逐漸式微,基本被"田"字形界格的紋飾布局取代。

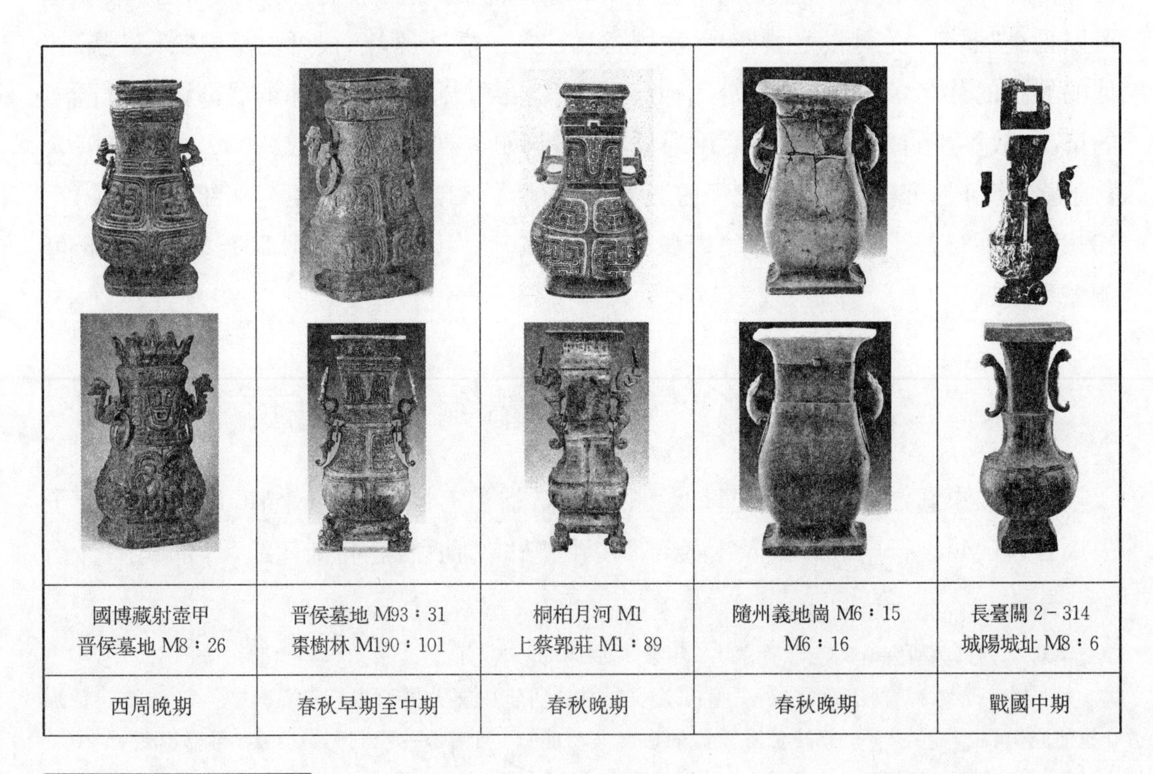

國博藏射壺甲 晉侯墓地 M8:26	晉侯墓地 M93:31 棗樹林 M190:101	桐柏月河 M1 上蔡郭莊 M1:89	隨州義地崗 M6:15 M6:16	長臺關 2-314 城陽城址 M8:6
西周晚期	春秋早期至中期	春秋晚期	春秋晚期	戰國中期

① 張昌平先生將這類布局的紋飾稱爲"十"字形背帶紋,並指出其起源可能與漆木器有關,此類紋飾應該模仿自同時期漆木方壺的釦器間架,原形可能是以皮條、金屬綁縛。參張昌平:《從曾仲斿父方壺看青銅禮器的製作理念》,《文物》2019 年第 11 期,第 43、46—47 頁。

② 參見李學勤、艾蘭(Sarah Allan):《最新出現的秦公壺》,原載《中國文物報》1994 年 10 月 30 日;收入李學勤:《四海尋珍》,清華大學出版社 1998 年,第 260—263 頁。又參見吴鎮烽:《商周青銅器銘文暨圖像集成》第 22 卷 12182—12184 號,上海古籍出版社 2012 年,第 51—54 頁。

續 圖

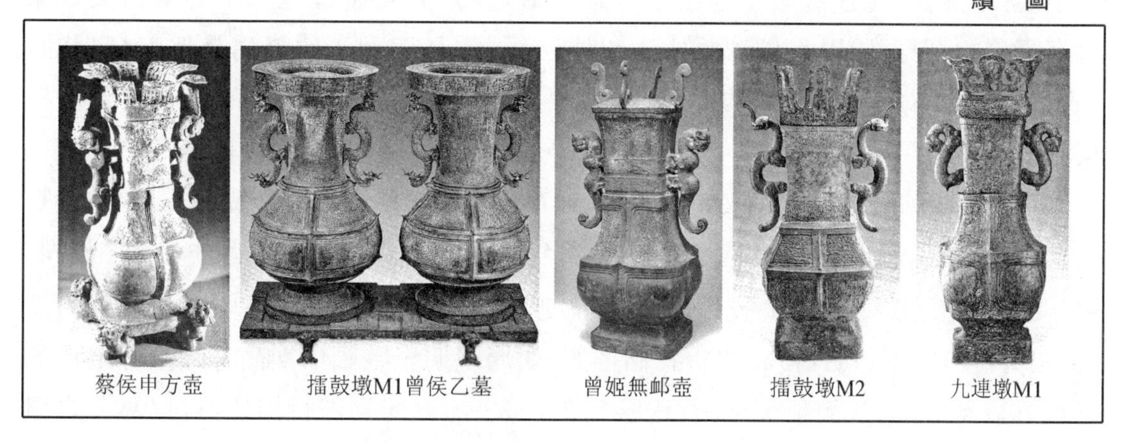

圖五 西周晚期至戰國中期方壺的對比

射壺的腹部由中心作菱形凸起的粗帶紋構成“田”字形界格，粗帶紋將頸下部、腹部分隔成了8個界格，每界格内飾一身二首的卷體龍紋。這種頸上部、頸下部、腹部三等分，粗帶紋區分界格、界格内圖案填實的紋飾布局風格延續性很强，從西周晚期一直持續到了戰國中期，只不過襯地紋飾從寫實性的張口卷鼻形龍紋逐漸過渡爲象徵性較强的夔龍紋（如晋叔家父壺、桐柏月河 M1 壺）或蟠螭紋（如上蔡郭莊 M1：89、[①]蔡侯申方壺），春秋中期以后進一步演變爲更加細密的蟠虬紋，在戰國時期的仿銅彩繪漆壺、陶壺上被幾何紋、雲氣紋等新的風尚所取代。

其次是壺蓋造型的變化，西周晚期以降，方壺器蓋的造型裝飾也逐漸變得繁複多樣。器蓋上傳統常規的方形捉手演變出波曲狀裝飾，繼而出現比波曲狀更爲外侈的“蓮花瓣狀”壺冠，且整器常見鏤空、浮雕獸耳等裝飾。自名爲“華壺”的晋侯昕壺，壺口開在鏤空的波曲形華冠之中，蓋上有波曲形鏤空捉手，蓋面飾體軀交纏的吐舌龍紋。春秋中期出現了紋飾更爲繁縟、器蓋在雙層“蓮瓣形”華冠外又附鑄仙鶴捉手的蓮鶴方壺，春秋晚期的蔡侯申壺的壺蓋已經演變爲“蓮花瓣狀”壺冠，與同時期圓壺的壺冠相類。戰國中期的擂鼓墩 M2 銅壺、九連墩 M1 銅壺仍繼承了鏤空的壺冠裝飾，器身造型雖顯呆板，壺冠却繼承延續了春秋時期同類型銅壺的裝飾風格。

本文第一節引諸家觀點及相關字形，是爲了表明“盟”字的造字本義是壺除去表示器口與器蓋之“去”形的“壺之下半”。春秋時期青銅壺的造型比較豐富、富於變化，青銅壺口沿部分出現了“蓮瓣形”壺冠，而壺冠正好是從器蓋發展演變出的一種

① 李伯謙主編：《中國出土青銅器全集 10・河南下》，科學出版社、龍門書局 2018 年，第 381 頁。

造型裝飾。由於從有蓋壺演變出了有華麗壺冠的"無蓋壺","罌"字的形體又本象没有壺蓋的壺身,所以我們認爲古人以"罌/鑍"作爲這類壺的專稱是比較合理的,《説文》解釋爲"鑍,酒器也"的那類器物,很可能就是無蓋、有壺冠的青銅壺爲一種稱謂。

青銅方壺的"蓮瓣形"壺冠如果演變爲"方框形",獸耳簡化爲一般的環形耳,器物造型就與本文第三節所引自名爲"行[illegible]""行具""行壺"的那類青銅方壺幾乎相同。銅器的製作工藝、壺冠的精美程度一定程度上與器主的社會地位、財富及作器用途(祠祀彝器抑或喪葬明器)相關。我們推測,西周晚期至戰國中期高等級墓葬出土的青銅方壺體量大、紋飾精美繁縟、工藝精湛,如果加修飾詞進行描述,可以專名之曰"華壺";春秋時期八瓣波曲形裝飾的壺蓋逐漸演變爲"蓮瓣形"壺冠,具備此類特徵的銅壺可能在當時也被稱爲"罌/鑍";製作粗糙的"行+自名"類青銅壺則是爲喪葬大行鑄造的明器,在器形上對前二者進行了模仿,製作壺冠也没有精心地雕琢,而采用了朴素的"方框形"壺冠。

曾伯陭壺的壺蓋已采用鏤空的八瓣波曲紋裝飾,但尚未發展出曾伯桼壺那樣"似蓋而未封頂"的壺冠,春秋中期齊國的復丰壺的造型風格與曾伯陭壺比較類似,壺蓋也是鏤空的八瓣狀,只是鏤空處采用交龍紋,整體造型已脱離波曲紋的範疇、更接近"蓮瓣"。葛亮先生在介紹復丰壺形制時提到:"復丰壺的器形、紋飾、尺寸、鑄造痕迹等,與山西隰縣瓦窑坡墓地 M30 出土的一對銅壺(M30:14、M30:15)非常接近。兩者僅在銅質蓋頂面的有無、鋪首及銜環紋飾、'象鼻'的彎曲角度上稍有差别。"[①]對比時代晚於瓦窑坡銅壺、同屬晋系銅器的趙孟庎壺(圖七),可以看出儘管器物形制、襯地紋飾有别,但二者的壺冠造型較爲接近。將晋侯昕壺、曾伯陭壺、復丰壺、瓦窑坡銅壺等器物排列在一起(圖六),會發現這類壺口沿以上部分的造型經歷了"壺蓋→壺冠"的變化,很顯然,春秋時期銅壺蓋頂部的造型最初來源於立體的波曲紋,其後逐漸發展爲外侈的"蓮瓣形"。[②]

---

① 葛亮:《復丰壺探研》,收入山東省文物考古研究院等編:《傳承與創新:考古學視野下的齊文化學術研討會論文集》,上海古籍出版社 2019 年,第 508 頁。

② 春秋青銅壺上所謂的"蓮花瓣狀"壺冠,實際上是從晋侯昕壺那類波曲形華冠式器蓋發展而來的,八瓣、鏤空狀的波曲裝飾,西周晚期銅器上已經有所體現,在春秋青銅壺上表現得更爲外侈,且出現了繁化爲雙層,簡化爲六瓣、四瓣者。曾公畎夫人墓也出土了一對銅圓壺,似亦附壺冠,但尚未公布,附志於此。

晋侯昕壺蓋頂 | 曾伯陭壺蓋頂① | 復丰壺蓋頂② | 瓦窑坡 M30：15 壺冠③

圖六 銅壺器蓋和壺冠的變化

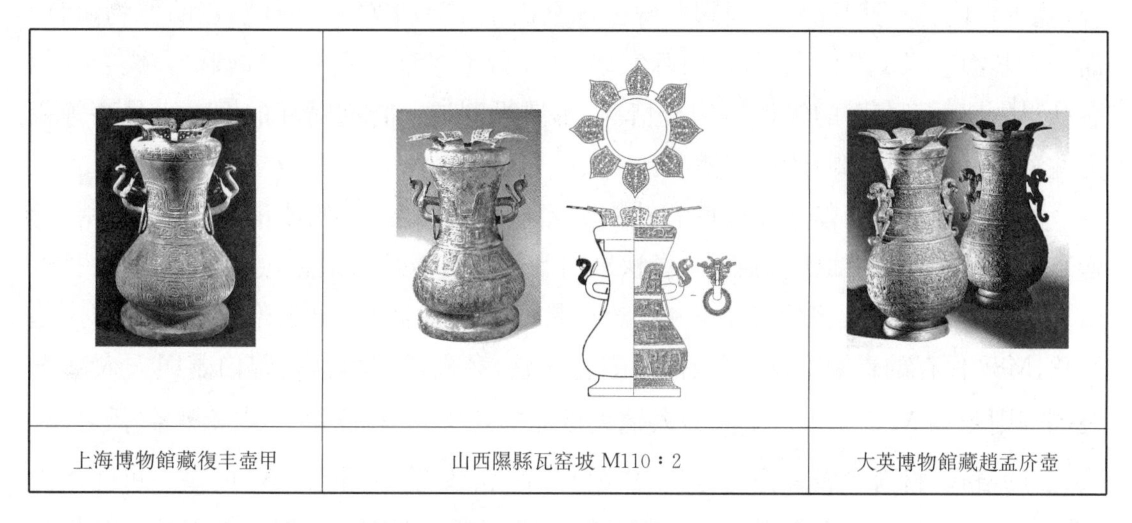

上海博物館藏復丰壺甲 | 山西隰縣瓦窑坡 M110：2 | 大英博物館藏趙孟庎壺

圖七 復丰壺、隰縣瓦窑坡 30 號墓銅壺與趙孟庎壺器形對比

由上引方壺器形變化發展的軌迹可知，春秋至戰國時期，無蓋而有"壺冠"、器頸有獸耳附件的長頸方壺顯然與晋侯昕壺、長臺關遣册 2－01 之"華壺"關係匪淺，是溝通二者的中間環節。信陽長臺關出土的彩繪漆木方壺之所以被稱爲"華壺"，是因爲它與西周晚期以來的青銅方壺在器形、稱謂、功能上一脈相承，"華壺"的稱謂大概是得名於這類壺的紋飾豐富、造型華美。與"華壺"造型相同的青銅方壺多出土於高等

---

① 臺北故宫博物院編輯委員會編：《故宫西周金文録》，臺北故宫博物院 2001 年，第 183 頁。

② 葛亮：《復丰壺探研》，《傳承與創新：考古學視野下的齊文化學術研討會論文集》第 504 頁；清晰的圖版參見葛亮先生發表的電子版文稿，復旦大學出土文獻與古文字研究中心網站 2020 年 1 月 17 日，http://www.fdgwz.org.cn/Web/Show/4530。

③ 瓦窑坡銅壺的器照、綫圖參山西省考古研究所等：《山西隰縣瓦窑坡墓地的兩座春秋時期墓葬》，《考古》2017 年第 5 期。又山西省考古研究院、隰縣文物旅游局編：《山右吉金——隰縣青銅器珍粹》，山西人民出版社 2020 年，第 78—89 頁。

級貴族墓葬,説明它們在當時的宗廟、祭祀、喪葬等禮儀場合中具有重要的功用,是反映器主尊崇社會地位的標識。

春秋時期江漢諸侯國之間還流行一種無蓋的圓壺,這類圓壺不僅頸部有環耳,而且口沿上也裝飾有壺冠,路國權先生將它們歸入 Ba、Bb 二型。[①] 成對陳列於墓葬中的圓壺,器物功用應該也和方壺相似,但春秋早中期僅諸侯級墓葬才擁有 2 件方壺和 2 件圓壺的組合。例如,春秋早期晚段的長清仙人臺 M6 出土了兩對共四件銅壺,其中 M6:B31 是前文提到過與晋侯昕壺造型花紋高度相似的方壺,而 M6:B29 是壺蓋上有六個"蓮瓣形"華冠的圓壺。[②] 近年新發現的隨州棗樹林墓地也有方壺、圓壺的組合,墓主時代、身份明確的曾國國君曾公畩墓出土了 2 件方壺、2 件圓壺的器物組合,而夫人芈漁墓只出 2 件圓壺,京山蘇家壟 M79 曾伯桼墓也只出 2 件圓壺。結合其他春秋早中期大型墓葬的銅禮器組合情況,不難推測這一時期隨葬的銅方壺是高等級男性墓葬(諸侯—上卿)的特有標識。

我們將春秋時期曾國的幾件有銘銅圓壺整理爲圖八,它們或稱"尊壺"、或稱"行壺"、或稱"行器"。在這些圓壺中,春秋早期的曾伯桼壺紋飾最繁,造型風格非常接近臺北故宫博物院所藏曾伯陭壺(一般認爲是西周晚期器)。出土曾伯桼壺的蘇家壟 M79、M88 保存的青銅禮器放置有序、組合完整,發掘者認爲當是曾伯桼與夫人墓。[③] 凡國棟則認爲 M88 所出的 夫人孀克母瑚的銘文應該理解爲"夫家國名(氏名)+夫人"的格式,材料發表者釋爲"陔"的" "字,當改釋爲"邛",M88 的墓主可能是由邛國改嫁入曾國的楚人之女,曾經是邛國夫人,後來改嫁給曾伯桼。[④] 不論其墓主具體身份如何,M79、M88 銅器群的銘文和組合情況均反映出他們的社會等級較高,加之時代較爲接近西周,墓葬所出部分銅器組合可能接近西周晚期相同等級墓葬禮器組合的面貌。[⑤]

---

① 路國權:《東周青銅容器譜系研究》第 124—125、132—133 頁。

② 山東大學考古系:《山東長清縣仙人臺周代墓地》,《考古》1998 年第 9 期,第 19—22 頁、圖版肆。

③ 方勤等:《湖北京山蘇家壟遺址考古收穫》第 5 頁。

④ 凡國棟:《蘇家壟墓地 M88 出土邛夫人瑚考》,《簡帛》第 22 輯,上海古籍出版社 2021 年,第 13—17 頁。案:諸家釋文均作"夫人孀/芈克母",但據 X 光片,"夫人"後似有一"子"形 ,釋文或當作"夫人孟孀克母"。

⑤ 方勤等:《湖北京山蘇家壟遺址考古收穫》第 5—6 頁。

 尊壺	 行壺	 尊壺	 尊壺	 行器
曾伯霥壺①	棗樹林 M81：2	棗樹林 M110：1	盜叔壺甲②	曾子牧臣壺甲
 宗彝尊壺	 行壺	 尊壺	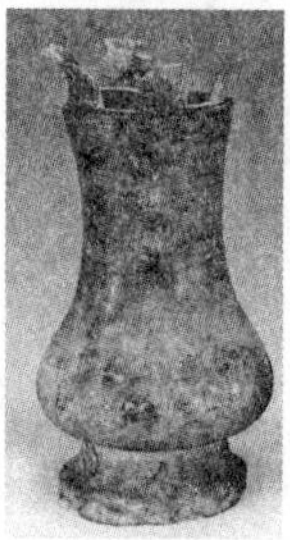 尊壺	 行器
棗樹林 M190：104③	棗樹林 M81：1④	棗樹林 M110：2⑤	盜叔壺乙⑥	曾子牧臣壺乙⑦

圖八　春秋時期曾國的無蓋雙耳圓壺

① 方勤等：《湖北京山蘇家壟遺址考古收穫》，《江漢考古》2017 年第 6 期，第 8—9 頁。M79、M88 各出兩件，又參湖北省博物館編：《華章重現——曾世家文物》，文物出版社 2021 年，第 205 頁。

② 深圳博物館、隨州博物館：《禮樂漢東——湖北隨州出土周代青銅器精華》，文物出版社 2012 年，第 160—161 頁。

③ 湖北省文物考古研究所等：《湖北隨州市棗樹林春秋曾國貴族墓地》第 80—81 頁。圓壺（M190：104）的形制、紋飾與同墓地出土的一對湛之行壺（M81：1、2）幾乎完全相同，僅器腹上緣多裝飾一周波曲環帶紋，這兩對圓壺的壺蓋均已發展爲“似蓋而未封頂”的八瓣壺冠。與之相較，棗樹林出土的一對湛作季嬴尊壺（M110：1、2）的壺冠部分則爲六瓣，呈鏤空狀。

④ 湖北省文物考古研究所、北京大學考古文博學院：《湖北隨州棗樹林墓地 81 與 110 號墓發掘》，《考古學報》2021 年第 1 期，第 124—125、130 頁，圖版捌。

⑤ 《湖北隨州棗樹林墓地 81 與 110 號墓發掘》第 146、153—155 頁，圖版貳拾叁。

⑥ 湖北省文物考古研究所編：《曾國青銅器》第 202—205 頁。

⑦ 吴鎮烽：《商周青銅器銘文暨圖像集成三編》第 3 卷 1047、1048 號，上海古籍出版社 2020 年，第 118—119 頁。《銘圖續》824 還著録一件曾子伯選壺，原本也應是一對，與曾子牧臣壺器形相同但花紋略異。

壺是周代用鼎制度形成後禮器組合中最高等級器類的代表,而方壺所屬銅器群等級更高,且體量在所屬銅器群中最爲高大厚重。[①] 雖然作爲社會等級標識,方壺的等級意義高於圓壺,但是從器用與功能上看,方壺、圓壺並無差别,都是祠祀宴饗時用以盛酒醴、明確等級尊卑和典章制度的重要禮器。這類銅壺在特殊儀式場合的"視覺—陳列"功能遠大於器物儲存酒醴的實用性功能,曾伯桼壺銘文"惟此壺章,先民之尚(常),余是楙(序/敘)是則,允顯允異(翼)",正是古人對這種成對陳列銅壺的器用與禮儀典章關係的敘述。[②]

除曾伯桼壺外,其他一些銅壺的銘文也有對壺用途的具體記載,簡要列舉如下:

(3) 曾伯陭壺(春秋早期,《集成》9712):唯曾伯陭廼用吉金鐈鋚,用自作醴壺,用饗賓客,爲德無瑕,用孝用亯。

(4) 復丰壺(春秋中期,《銘圖》12447、12448):復丰及仲子用作爲寶壺,用孝于其皇祖、皇妣、皇考、皇母,用祈眉壽,萬歲難老。[③]

(5) 趙孟庎壺(春秋晚期,《集成》9678、9679):遇邗王于黄池,爲趙孟庎,邗王之錫金以爲祠器。

(6) 曾姬無卹壺(戰國中期,《集成》9710、9711):聲桓之夫人曾姬無卹,吾宅兹漾陵蒿閒之無匹,用乍(作)宗彝尊壺,後嗣用之,戠(載)在王室。

自名爲"醴壺"的青銅壺均存在於西周晚期至春秋早期,器形可查者大多有壺蓋(蔡公子叔湯壺僅存壺身),[④]而裝飾"蓮花瓣狀"壺冠的銅壺大量出現於春秋早期以後,自名多爲"尊壺""行壺",趙孟庎壺的自名"祠器"則更爲直接地提示了其功用。這些材料均説明在西周晚期至春秋時期,用於宗廟祠祀、歆享神靈等特殊儀式場合的成對銅壺,其壺蓋從帶圓形捉手的一般形態,逐漸流行立體的八瓣波曲紋造型,進一步發展出"似蓋而未封頂"的"蓮花瓣狀"壺冠,是一種較普遍的趨勢。我們推測器物形態變化的外表下,可能隱藏了春秋時期器物功能、用途變化的邏輯。"壺蓋→壺冠"形態上

---

① 張昌平:《從曾仲斿父方壺看青銅禮器的製作理念》第 42 頁。

② 壺作爲禮器成對使用的情形又見於春秋晚期齊器洹子孟姜壺銘文(《集成》9729—9730):"于大司命用璧、兩壺、八鼎。"西周金文也有銅壺成對使用的表述,例如圅皇父器稱"兩鐘(壺)",五年琱生尊稱"壺兩"。參張天恩主編:《陝西金文集成》3·279—284,第 115—129 頁;5·530—531,第 176—183 頁。傳世文獻如《周禮·春官·司尊彝》則稱:"秋嘗冬烝……其饋獻用兩壺尊,皆有罍。"

③ 釋文參葛亮:《復丰壺探研》,《傳承與創新:考古學視野下的齊文化學術研討會論文集》第 509—510 頁。

④ 相關資料可參馮峰:《説"醴壺"》,《古代文明》第 10 卷,上海古籍出版社 2016 年,第 242—254 頁。馮峰先生認爲銅器自名中的"醴壺"專指圓壺,"酒壺"專指方壺,與本文的理解不完全一致。

的演進反映了這類銅壺的實用功能“盛放酒醴”的重要性降低,而專門用於祠祀、歆享等儀式活動,其禮儀功能增强。相比於單純盛放酒醴以供饗宴,古人愈發重視器物的繁複裝飾,禮器的“視覺—陳列”功能變得更爲突出,具有區分社會等級、藴含禮制意義的宗廟用器和貴族宴飲的實用器具進一步分化。

春秋晚期曾國墓葬中用於隨葬的諸多有壺冠的“行器”“行壺”應該是對宗廟祠祀用器的粗糙模仿,所以也未選取偏向實用的有蓋壺爲藍本。同時,大概由於多瓣形壺冠的鑄造工序較爲繁瑣,這些明器的壺冠也選擇了較爲樸素的“方框形”造型,戰國中期信陽楚簡遣册“芋瓠”所對應的陶方框和陶方壺,便是此類器形的延續。

五、結　　論

本文從楚簡記載的青銅壺、陶壺、漆木壺的形制出發,對春秋戰國時期楚國、曾國流行的 3 類形制不同的銅壺的名稱及其功能進行了討論,主要觀點如下:

(1) 信陽長臺關 M1 遣册的“𠝃瓠”應從董珊的意見讀爲“團壺”,漢墓遣册中又稱之爲“榑壺”,指的是楚墓常見的束頸鼓腹圈足圓壺,這類銅壺是當時盛放酒漿的實用器具。“四𠝃(團)瓠(壺)”指的是 1－97、1－98 的 2 件彩繪陶圓壺和 1－6、1－130 的 2 件銅圓壺組成的實用酒器組合。

(2) 信陽長臺關 M1 遣册的“芋瓠”亦應從董珊的意見,聯繫晋侯昕壺銘文之“華壺”作解,但遣册“二芋(華)瓠(壺)”對應的是同墓所出 1－806 彩繪陶方壺、1－197 和 1－198 陶方框、1－205 陶獸耳等組成的器物組合,“其木器二□瓠(壺)”對應的是 1－245 彩繪漆木方壺和 1－167、1－172 木方框所組成的器物組合。“華壺”一般指的是西周晚期以降,高等級墓葬中成對出現的具有社會等級標識意義的高大厚重的方壺,春秋時期紋飾華美、工藝精湛的銅方壺大概都能稱爲“華壺”,戰國時期高等級楚墓出土的銅方壺和漆木方壺可能是對當時宗廟内尚存的春秋時期流行的“宗彝尊壺”的仿製,仍然延續了“華壺”之稱。

(3) 春秋時期流行的獸首半環形耳圓壺與方壺有相似的社會等級意義,方壺的擁有者社會地位往往更高。春秋時期宗廟祠祀活動中,銅壺的“視覺—陳列”功能凸顯,青銅壺出現了造型繁複、去實用化的傾向,其中一個變化是立體的八瓣波曲紋造型壺蓋普遍流行,進一步發展出“似蓋而未封頂”的壺冠。春秋晚期曾國墓葬、戰國中期楚國墓葬中作爲明器帶有“方框形”壺冠的青銅方壺、陶方壺、漆木方壺,是對那類具備鏤空“蓮瓣形”壺冠的青銅方壺的模仿。

回到本文第一節末所提出的問題,清華(伍)《封許之命》簡文所記録的部分賞賜物,目前還無法在西周金文中找到對應的記録,而如毛公鼎一樣大量記録賞賜物之豐盛的長篇金文出現的年代也比較晚,從時代、階層、地域因素上考慮,《封許之命》的簡文可能並非西周初年"封建親戚,以藩屏周"時檔案文書的原貌,不能排除後人羼入、改動的可能性。① 我們認爲《封許之命》文本所記録的賞賜物組合可能更接近西周晚期至春秋早期諸侯國高等級墓葬出土的實物,簡文"𣪘"的直接原型也許是西周晚期才開始流行的像晋侯昕壺和曾公畎墓方壺(M190:101)這樣具備等級標識意義、花紋繁縟的獸耳長頸銅方壺。

春秋早中期的高等級墓葬隨葬器物組合與宗廟用器組合之間可能存在對應關係,京山蘇家壟、隨州棗樹林這樣保存着完整銅器組合及其他隨葬物品的高等級墓葬,在材料完全公布以後或許能推進我們對《封許之命》賞賜部分簡文的理解。

附記:本文初稿曾呈董珊先生、陳偉老師、張昌平老師審閲,修訂過程中劉國勝老師提出了不少珍貴的意見和建議,並惠賜相關檔案資料,獲益良多。《簡帛》審稿專家也提出了很好的意見,使本文避免了一些内容上的繁瑣,謹致謝忱!

文章寫定後讀到陳劍老師《據天回簡"篼"形補説"兜"字源流》一文(《中國簡帛學論壇二〇二三:"新出土戰國秦漢簡牘文獻研究"論文集》,武漢大學簡帛研究中心等主辦 2023 年,第 295—309 頁),他對戰國文字中的"𣪘"及从"𣪘"之字的形體變化及其源流有很精彩的考述,請讀者參看。

2021 年 2 月 11 日初稿
2022 年 7 月 11 日二稿
2023 年 12 月 4 日改訂

① 高佑仁:《〈清華伍〉書類文獻研究》第 263—264 頁。

清華簡《五紀》釋讀四則[*]

沈奇石　陳聞達

摘　要： 修訂《五紀》四處字詞釋讀："牆器母賜"讀爲"藏器毋貨"，表示寶藏之器不可售賣；"歆司"讀爲"監司"，表示監察；"天坚疾痼"讀爲"天施疾疢"，表示上天散布疾病；"刑罰以攺僭行"之"攺"是"殷"的訛字，讀爲"抑"，表示遏止。

關鍵詞： 清華簡　《五紀》　釋讀

近讀《清華大學藏戰國竹簡(拾壹)》收録的《五紀》篇，[1]對其中個別字詞的解釋，略有新見。今不揣譾陋，草就此文，以乞就正於大方。爲方便論述，本文每論述一則，先列出相關釋文，無争議處均用通行字表示，釋文後附該釋文在原竹書中的簡號。

一

后曰：凡事羣神，無[illegible]有[illegible]，[2]敬慎齋宿、壇除、號祝，牆器母賜，物生曰犧，幣象用嘉，春秋毋迷，行禮踐時，神不求多。52—53

關於"牆器母賜"，整理者括讀爲"將器毋貨"，其注[一三]："賜，通'貨'，賄賂。"[3]

---

* 本文爲2020年度教育部、國家語委甲骨文等古文字研究與應用專項重點項目"戰國秦漢簡帛文獻通假字集成及數據庫建設"（項目號：YWZ－J030）和2021年度教育部哲學社會科學重大課題攻關項目"出土商周秦漢文獻通假語料的整理與數據庫建設研究"（項目號：21JZD043）階段性成果。

① 黄德寬主編：《清華大學藏戰國竹簡(拾壹)》，中西書局2021年。

② "[illegible]"，整理者釋爲从土戈聲，讀爲"咸"。"[illegible]"，整理者隸定爲"階"，讀"過"。按，前者不从"戈"，後者未必从"化"，本文姑且用原形字表示。

③ 黄德寬主編：《清華大學藏戰國竹簡(拾壹)》第109頁。

侯瑞華讀"賜"爲"僞"。[①] 網友"gefei"贊成侯氏的讀法,認爲"是指器物'真'、'僞'之'僞','僞'是不堅牢的意思,重在品質、質量",[②]又認爲"𤖕"讀爲"將","即《詩》'或剥或亨,或肆或將''我將我享'之'將',持進之也,'將器'即彝器、祭享之器、薦器(金文'薦鼎/鑒/壺/鬲/簋'等)"。[③] 按,整理者將"母賜"讀爲"毋貨"其實可從,但理解爲賄賂,則不確。至於上述其餘説法,均可商榷。

筆者認爲,"𤖕器"當讀爲"藏器"。字音上,"𤖕"與"藏"均从爿聲,例可通假。本篇"藏"多用从𤖕聲的"䵹"字表示(見於簡35、47、76),即其顯例。字義上,"藏器"一詞見於典籍,如《越絶書·内傳陳成恒》:"故使越賤臣種以先人之藏器:甲二十領、屈盧之矛、步光之劍,以賀軍吏。"[④]《史記·田敬仲完世家》:"燕將樂毅遂入臨淄,盡取齊之寶藏器。"上述用例均表示先祖或宗廟寶藏之器。故上引簡文中的"藏器",指的是在"齋宿、壇除、號祝"場合中陳列供奉的寶藏之器。

由此,"賜"當讀爲"貨",表示售賣、貨易,此其常訓。[⑤] "藏器毋貨"説的是,用於"齋宿、壇除、號祝"等活動的寶藏之器不可售賣。這種説法習見於上古文獻。如仲𧭅父簋(《銘圖》04845):"仲𧭅父作尊簋,用從遣公。其或貿易,則明殛。"《禮記·曲禮下》:"君子雖貧,不粥祭器。"鄭玄《注》:"廣敬鬼神也。粥,賣也。"《禮記·王制》:"有圭璧金璋,不粥於市。命服命車,不粥於市。宗廟之器,不粥於市。犧牲,不粥於市。戎器,不粥於市。"鄭玄《注》:"尊物,非民所宜有。……粥,賣也。"孔穎達等《正義》:"言圭璧金璋及犧牲戎器,皆是尊貴所合蓄之物,非民所宜有,防民之僭僞也。"均其例。值得注意的是,這些寶藏之器若因故發生了流轉,上述詛誓之辭還會被刻意刮去,以免遭殃。如郭家廟墓地M22出土的郘君鮮鼎(《銘圖續》0198)銘之末曰:"其或〈奪〉□,則明殛之。"[⑥]其中"或"字以下原銘有被刮磨的痕迹。整理者指出這件器"顯然是拿别國的銅器來陪葬的"。[⑦] 李春桃贊同此説,並指出:"此郘君後

① 清華大學出土文獻讀書會:《清華簡第十一輯整理報告補正》,清華大學出土文獻研究與保護中心網2021年12月16日,https://www.ctwx.tsinghua.edu.cn/info/1081/2749.htm。

② 武漢大學簡帛網"簡帛論壇"《清華簡〈五紀〉初讀》一帖第54樓(2021年12月17日)的發言。

③ 武漢大學簡帛網"簡帛論壇"《清華簡〈五紀〉初讀》一帖第88樓(2021年12月19日)的發言。

④ 《史記·仲尼弟子列傳》作:"因越賤臣種奉先人藏器:甲二十領,鈇屈盧之矛,步光之劍,以賀軍吏。"

⑤ 宗福邦、陳世鐃、蕭海波主編:《故訓匯纂》"貨"字條義項20-22,商務印書館2003年,第2177頁。

⑥ "奪"從李春桃釋,因受刮磨,故無"衣"形。聞於李春桃:《銼金鏤銘——銅器銘文刮磨、加刻現象及相關問題研究》,南京大學文學院古文字論壇第十七講,2021年12月7日。

⑦ 湖北省文物考古研究所:《湖北棗陽郭家廟墓地曹門灣墓區(2014)M10、M13、M22發掘簡報》,《江漢考古》2016年第5期。

人手中流轉到了此處，這與銘文中‘子孫永寶用之’的期望相左，所以銘文中詛咒誓詞纔會被挫除。”[1]是説可信。由此更可知古人對“藏器”的重視。

二

歁司民德，爲吉爲凶，爲柔爲剛。74

關於“歁司”，整理者括讀爲“贛司”。[2] 王寧讀“歁”爲“檢”。[3] 按，上述讀法均可商榷。

筆者認爲，“歁司”當讀爲“監司”。字音上，戰國楚簡中，“歁”聲字一般記録牙音侵談部之字，[4]“監”爲見紐談部字，例可通假。清華二《繫年》簡 29—30“焉取頓以贛陳侯”之“贛”，網友“shibuwodai”讀爲“監”，[5]即其例。上博四《曹沫之陣》簡 61＋53 下“萬民首皆欲有之”之“”，陳劍指出當讀爲“黔”，[6]王磊正確分析爲从鹵歁聲；[7]上博八《命》簡 6“首萬民”之“”，整理者讀爲“黔”，[8]復旦吉大古文字專業研究生聯合讀書會正確分析爲从鹵歁聲。[9] 白於藍師曾面告筆者，這些从鹵歁聲之字就是“鹽”字異體，[10]王

---

① 李春桃：《銼金鏤銘——銅器銘文刮磨、加刻現象及相關問題研究》。

② 黄德寬主編：《清華大學藏戰國竹簡(拾壹)》第 113 頁。

③ 武漢大學簡帛網“簡帛論壇”《清華簡〈五紀〉初讀》一帖第 171 樓(2021 年 12 月 25 日)的發言。

④ 字例参見白於藍：《簡帛古書通假字大系》，福建人民出版社 2017 年，第 1403—1405 頁。又，“歁”字形體源自“䡈”，本是“贛”與“貢”的共同表意初文，參見陳劍：《釋西周金文的“竷(贛)”字》，《甲骨金文考釋論集》，綫裝書局 2007 年，第 8—19 頁。但在戰國楚簡中，“貢”一般由牙音東部字表示，已發生語音分化。

⑤ 網友“shibuwodai”：《清華簡〈繫年〉短札兩則》，復旦大學出土文獻與古文字研究中心網“論壇”2011 年 12 月 22 日，http://www.fdgwz.org.cn/forum/forum.php?mod=viewthread&tid=5364&highlight=%E7%9F%AD%E6%9C%AD%E5%85%A9%E5%89%87。

⑥ 陳劍：《上博竹書〈曹沫之陳〉新編釋文》，《戰國竹書論集》，上海古籍出版社 2013 年，第 114—124 頁。

⑦ 王磊：《戰國文字考釋方法研究》，博士學位論文，安徽大學 2021 年，第 95—96 頁。另，本文待刊期間公布的安大簡本《曹沫之陣》對應作“鳘”，亦从歁聲。參見黄德寬、徐在國主編：《安徽大學藏戰國竹簡(二)》，中西書局 2022 年，放大圖版第 34 頁，釋文第 56 頁。

⑧ 馬承源主編：《上海博物館藏戰國楚竹書(八)》，上海古籍出版社 2011 年，第 197 頁。

⑨ 復旦吉大古文字專業研究生聯合讀書會：《上博八〈命〉校讀》，復旦大學出土文獻與古文字研究中心網 2011 年 7 月 17 日，http://www.fdgwz.org.cn/Web/Show/1594。按，原文認爲从“竷”，即“歁”。

⑩ 戰國齊陶文有人名字作“”(《陶彙》3・992)，疑與此同字。參見沈奇石：《上海博物館藏戰國楚竹書(1—9)文字編》“鹽”字條，碩士學位論文，華東師範大學 2019 年，第 766 頁。

磊也有相同的觀點。[①] 若此説可信,後世"鹽"字既从"監"省聲,則亦爲"歕"聲字與"監"可通之例。字義上,"監"與"司"同義連用,表示監察,習見於古書,如清華五《厚父》簡 12:"曰天監司民。"《史記·酷吏列傳》:"與張湯論定諸律令,作見知,吏傳得相監司。"《後漢書·賈宗傳》:"轉相監司,以擿發其姦。"均其用例。

"監司民德"是説日月星辰監察民衆之德行。下文"爲吉爲凶"是説據其善惡示吉凶之兆。《論衡·變虚》:"謂天聞人言,隨善惡爲吉凶。"即此之謂。再下文"爲柔爲剛",整理者注[一二]認爲指天干日之剛柔。[②] 然而日之干支亘古不變,與日月星辰之運行無涉,疑此"剛柔"亦與上述"吉凶"用意接近。

古書多謂天體能監察人事、示人福禍,如清華十《四時》簡 17:"青明{=}□□以監民悳(德)。"即其例。再如司命、司禄、司中等司人吉凶之神,其名同時也被冠於列星。又,《漢書·天文志》:"歲星正月晨出東方,《石氏》曰名監德。"名正月晨出東方之歲星爲"監德",當亦取義於"監司民德"。

三

民之不敬,神祇弗良。天下有常,不違之用行。凡民共事:[③] 時,遇福;過時,不祥。[④] 天作妖,神作孽,民不敬,自遺罰。天陞疾痌,神見禍孽,過而弗改,天之所罰。95—97

關於"天陞疾痌",整理者括讀爲"天地疾愠",其注[一一]:"痌,从疒,因聲,影母真部,讀爲影母文部之'愠'。"石小力指出,"疾痌"還見上博八《吴命》:"非疾痌焉加之。"又據張崇禮曾將《吴命》中的"疾痌"讀爲"疾瘟",認爲《五紀》這裏的"疾痌"也應讀爲"疾瘟",指疾疫。[⑤] 按,上述"陞"與"痌"的讀法均可商榷。

先説"陞"。所在句"天陞疾痌"與下句"神見禍孽"對舉,又與上文"天作妖,神作孽"照應。知"天陞疾痌"之"陞"當與"神見禍孽"之"見"對應,可讀爲動詞"施"。字音

---

① 王磊:《戰國文字考釋方法研究》第 95—96 頁。

② 黄德寬主編:《清華大學藏戰國竹簡(拾壹)》第 113 頁。

③ 原整理者讀爲"恭事",網友"心包"認爲不妨如字讀,説可從。參見武漢大學簡帛網"簡帛論壇"《清華簡〈五紀〉初讀》一帖第 150 樓(2021 年 12 月 22 日)的發言。《左傳》昭公七年:"下所以事上,上所以共神也。"亦可爲證。

④ 此句句讀從侯瑞華讀,參見清華大學出土文獻讀書會:《清華簡第十一輯整理報告補正》。這裏的"時"表示合時、應時、恰逢其時,"過時"則反之。古人常以"合時爲善",下文所謂"天作妖,神作孽,民不敬",都是"過時"造成的凶象。《左傳》宣公十五年:"天反時爲災,地反物爲妖,民反德爲亂。"即此之謂。

⑤ 清華大學出土文獻讀書會:《清華簡第十一輯整理報告補正》。

上,“墬”从它聲,本篇“施”均用“它”聲字表示,如“坨”(見於簡 28、30、35、76)、“故”(見於簡 117、119)等,故可通假。用字習慣上,本篇雖然大部分“墬”表示“地”,“坨”“故”表示“施”,但也有例外。程浩已指出,本篇簡 27:“故正南門、天矞(規?)北斗”之“故”,參照簡 26:“神尚南門,后正北斗”,這裏的“故”與下文“天”相對,應改讀爲“地”。① 可知上述文字職用關係並不嚴格。字義上,“施”表示散布,本古書常訓。② 古人描述上天對人間所作所爲,其動詞常用“施”。即《潛夫論·本訓》所謂:“天道曰施,地道曰化,人道曰爲。”這類“施”又常與“降”連用,如本篇簡 30:“降坨(施)時雨。”即其例。古書每有“天降疾病”(《逸周書·祭公》)、“如天降疾”(清華一《程寤》簡 5)、“上天降災”(《左傳》僖公十五年)等説法。又,《墨子·耕柱》有“施不祥言”的提法,可見“施”的對象也可以是消極的事物,故而這裏説“天施疾痻”,也是合理的。

再説“疾痻”。上引論者讀爲“疾愠”或“疾瘟”均不辭。白於藍師指出,“痻”是“疢”字異體,説可從。③ 這裏的“疾痻”也應讀爲“疾疢”,泛指疾病災害。所謂“天施疾疢,神見禍孽”,説的是上天散布疾病災害,神祇使災禍妖孽顯露。即上文所謂“天作妖,神作孽”。類似的表達還見於其他文獻。如上博五《競建内之》簡 7:“天不見[illegible](妖?),地不生孽。”④《春秋繁露·必仁且知》:“天不見災,地不見孽。”《説苑·君道》:“天不見妖,而地不出孽。”

要之,上引簡文是説,上天施降疾疢,神祇使禍孽顯露,導源於民衆事奉神祇未能逢時。《禮記·樂記》:“夫古者,天地順而四時當,民有德而五穀昌,疾疢不作而無妖祥,此之謂大當。”即此之謂。

四

天下之成人,參五(伍)在身,矞(規?)矩五度,執瑞采(修?)信,⑤刑罰以[illegible]僭行。

① 程浩:《清華簡〈五紀〉思想觀念發微》,《出土文獻》2021 年第 4 期,第 1—16 頁。但他懷疑本篇簡 117、119 中“故”,簡 30、76 中的“坨”也應讀爲“地”,則未必可取。

② 宗福邦、陳世鐃、蕭海波主編:《故訓匯纂》“施”字條義項 14—15,第 993 頁。

③ 白於藍:《簡帛古書通假字大系》第 1315 頁。

④ “[illegible]”字釋讀,參見陳劍:《也談〈競建内之〉簡 7 的所謂“害”字》,《戰國竹書論集》第 196—201 頁。

⑤ “采”字又見於本篇簡 125—126:“采矞(規?)、正矩、遂度。”兩處“采”字,整理者均括讀爲“由”,參見黄德寬主編:《清華大學藏戰國竹簡(拾壹)》第 130—131 頁。筆者疑兩處“采”均應讀爲“修”。上引簡文中的“采”,讀爲“修”,表示修習。“修信”表示修治信道,《禮記·禮運》:“講信修睦。”用法可相參。簡 125—126 中的“采”,讀爲“修”,表示修治。“修規、正矩、遂度”表示修治規、匡正矩、成就度。

127—128

關於“”字,整理者隸定爲“戶攴”,括讀爲“啓”。[1] 按,此字从户从攴,整理者的隸定可從,但讀“啓”不辭,應是“殷”之訛字,讀爲“抑”。

字形上,本篇“啓”作“”(簡 76),从户从攴;“殷”作“”(簡 68),从户从殳,差異在其右所从。兩字形體雖有別,然易混淆,如簡 41“天啓”之“啓”作“”,从户从殳,誤作“殷”。此處“戶攴”理解爲“殷”之訛字,也應是合理的。何況“殷”的這類訛形還見於其他楚簡材料中,如清華二《繫年》簡 13“乃設三監于殷”之“殷”作“”,清華五《封許之命》簡 3“余既監于殷之不若”之“殷”作“”,均其例。字音上,上古“殷”是喉音文部字,“抑”是喉音職部字,“抑”又與喉音真部的“印”是同源關係,[2]故“殷”“抑”聲同韻近。[3]《詩·召南·殷其雷》“殷其雷”之“殷”,《詩·鄭風·溱洧》“殷其盈矣”之“殷”,阜陽漢簡本《詩》均作“印”,即其通假實例。字義上,“抑”表示遏、止,本古書常訓。[4] “刑罰以抑僭行”是説,天下之成人用刑罰來遏止僭越邪行。這種説法習見於典籍。《管子·明法解》:“立民所惡,以禁其邪,故爲刑罰以畏之。”《大戴禮記·盛德》:“刑罰不中,暴亂姦邪不勝。”《説苑·反質》:“魏文侯問李克曰:‘刑罰之源安生?’李克曰:‘生於姦邪淫泆之行。’”皆其例。

2021 年 12 月 27 日寫完

追記: 拙作待刊期間,網友“王寧”(武漢大學簡帛網“簡帛論壇”《清華簡〈五紀〉初讀》,第 237 樓,2022 年 1 月 4 日)提出“疾痌”可讀爲“疾疢”,江潔宜《清華簡〈五紀〉簡 96 再考》(武漢大學簡帛網,2023 年 8 月 1 日)提出“陞”可讀爲“施”等,與本文的讀法不謀而合。讀者可以參看。

2023 年 9 月 21 日記

---

① 黄德寬主編:《清華大學藏戰國竹簡(拾壹)》第 131 頁。

② 參見禤健聰:《釋“𢀩”並論“印”、“卬”、“色”諸字》,《中山大學學報(社會科學版)》2014 年第 1 期,第 74—79 頁。

③ 職部是之部入聲韻,上古音不少之部字跟文部字本具有密切關係,參見陳劍:《甲骨金文舊釋“尤”之字及相關諸字新釋》,《甲骨金文考釋論集》,綫裝書局 2007 年,第 75—77 頁。

④ 宗福邦、陳世鐃、蕭海波主編:《故訓匯纂》“抑”字條義項 5—7,第 866 頁。

談談清華簡《四告》中的非楚文字因素*

黄一村

摘　要： 本文對清華簡《四告》簡文中與典型楚文字材料不同的文字形體及用字現象作了整理，列舉並討論了簡文中18個帶有非楚文字因素的例子。根據簡文中的這些非楚文字因素，本文認爲《四告》是一篇形成時間較早的文獻，同時在流傳過程中可能經歷過從三晉文字抄本轉寫爲楚文字抄本的過程。

關鍵詞： 清華簡　四告　非楚文字因素　文本流傳

《清華大學藏戰國竹簡（拾）》中收入的《四告》是一篇書類文獻，内容爲周公、伯禽、周穆王及召伯虎的四篇告神之辭。簡文文辭古奥，與《尚書·立政》等文獻多有可以對讀之處。本篇的文字形體總體上仍屬於楚文字，但其中還存在部分相當特殊的文字形體，與常見的楚文字及清華簡中常見的寫法存在明顯的差異。趙平安先生已注意到簡文中有個别形體與甲骨文、西周金文等早期文字材料在形體上有相合之處，[①]石小力先生也曾提出簡文中31例與西周金文可以合證的字詞。[②] 簡文發布之

*　本文的寫作得到了國家社科基金青年項目"戰國楚地典籍類文獻特殊用字現象整理與研究（批准號：23CYY001）"及蘭州大學中央高校基本科研業務費專項資金"東周楚文字歷時演變研究（項目編號：2023lzujbkydx007）"的經費資助。

①　趙平安：《清華簡〈四告〉的文本形態及其意義》，《文物》2020年第9期，第72—76頁。

②　石小力：《清華簡〈四告〉與西周金文字詞合證》，"第二届漢語史研究的材料、方法與學術史觀國際學術研討會"論文，南京大學2020年。下文引述石先生的説法皆出此文，不另出注。

後,學者在網絡上的討論也時有涉及這一問題。[①] 本文擬在既往有關討論的基礎上,分"早期文字因素"與"其他非楚文字因素"兩部分,對《四告》篇中的非楚文字因素進行整理,並就相關問題作一些討論,望祈方家教正。

一、《四告》中保留的早期文字因素

(1) 元

石小力先生已指出簡文"元"字與西周金文的相似之處。簡 1"元"字作 a 形。這種形體的"元"字上部人首之形寫作墨團,與楚文字中"元"字一般的寫法 b 有明顯差異。"元"字本象人形,突出其頭部以會頭部之意,在文獻中也有用爲頭部之義的例子,如《孟子·滕文公下》"志士不忘在溝壑,勇士不忘喪其元"。簡文這種上部作團塊狀的"元"一般見於商代及西周早期的金文,後來在文字形體的演變中逐漸簡省爲横筆。

a	b	c
 四告 1	 (狽元作父戊卣,集成 5278) (元卣,銘圖 13270)	 金縢 3

(2) 商

《四告》簡文中三見"商"字,其中簡 20 作  ,爲楚文字的常見寫法,簡 2、簡 6"商"字則作 a 形,在清華簡中尚屬首見。楚簡中的"商"字多作 c 形,上部較 a 多了兩個圓圈形部件,與《説文》古文相合,李守奎先生認爲是"參商"之"商"的分化字,[②]在楚文字中被借用來記録殷商之{商}。簡文"商"字的這種形體是商、西周金文中的典型寫法,到了春秋以後逐漸被 c 類寫法替代。

① 如《清華十〈四告〉初讀》(武漢大學簡帛網 2020 年 10 月 3 日,http://bsm.org.cn/forum/forum.php?mod=viewthread&tid=12624&extra=&page=1)一帖下的留言。其中網友"質量復位"(第 17 樓)提及"惷"字、網友"ee"(第 27 樓)提及" "字、劉偉浠先生(第 115 樓)提及"俞"字等,皆與本文主題相關。

② 李學勤主編:《字源》,天津古籍出版社 2012 年,第 162—163 頁。

a	b	c
四告 2 四告 6	(作册般甗,集成 944) (九年衛鼎,集成 2831)	程寤 1 治邦 22

(3) 朕

《四告》簡文中"朕"字九見,其中六例作 a 形,三例則作 c 形。楚簡中的"朕"一般作 c 形,較之簡文的寫法上部增从"八"形筆畫。在戰國時代其他區系的文字材料中,"朕"的寫法也與 c 基本相同。簡文的寫法與西周金文中"朕"字的一類形體 b 相同,故 a 應可判斷爲帶有早期文字因素的形體。

a	b	c
四告 28 四告 29	(追簋,集成 4222) (遇鼎,集成 2815)	尹誥 3 皇門 12

(4) 𢦏

簡 29"𢦏"字作 a 形。古文字中的"𢦏"字經過吴振武、陳劍先生的先後討論,釋讀基本已得到解決。[①] 楚簡中一般的"𢦏"作 c 形,其左上部又常訛爲"止""中"等,與《四告》簡文的 a 存在明顯的差别。西周金文中的"𢦏"作 b 形,應爲 a 之所本。

a	b	c
四告 29	(史墻盤,集成 10175) (瘐鐘,集成 251)	尹至 5 説命中 2

① 吴振武:《"𢦏"字的形音義——爲紀念殷墟甲骨文發現一百周年而作》,臺灣師範大學國文系、"中研院"歷史語言研究所編:《甲骨文發現一百周年學術研討會論文集》,(臺北)文史哲出版社 1999 年,第 287—300 頁;陳劍:《甲骨金文"𢦏"字補釋》,《古文字研究》第二十五輯,中華書局 2004 年,第 40—44 頁。

(5) 薛

簡 32“薛”作 a 形,這種寫法的“薛”又見於《攝命》篇。目前我們所能見到的楚簡中幾例“薛”都有不同程度的簡省與變形,如《殷高宗問於三壽》的“肖”應當是由 a 簡省“辛”與“𠂤”,保留“月”聲而來;《祭公》的“朗”雖然目前還没有定論,但很可能也是从“月”得聲的。“薛”古音即在月部,故“月”可作爲“薛”的聲符。簡文的“薛”係在西周金文的基礎上增加“月”聲而來,這種寫法與既往見到的楚文字“薛”不合,而見於春秋時期的晋公盆、晋公盤等器,其時代距離西周不算太遠。

a	b	c
四告 32	(大克鼎,集成 2836) (晋公盤,銘續 952)	三壽 23 祭公 7

(6) 才

《四告》簡文中“才”字九見,其中簡 32、35 形體作 a。這種寫法的“才”中間填實,與楚文字中常見的寫法有明顯不同,在清華簡中僅見於本篇及《封許》。西周金文的“才”作 b,與簡文完全相同,應可視爲帶有早期文字因素的寫法。

a	b	c
四告 32	(旂鼎,集成 2670) (克鐘,集成 204)	耆夜 10 琴舞 12

(7) 辟

簡 32、33 的三個“辟”字作 a 形。王國維已指出“辟”在西周金文中本从“辛”,其與“辛”的差别在於“辛”中間筆畫爲彎筆而“辛”爲直筆。[①] 將西周金文中的“辟”與簡文相比較,除了下部的“○”之外,其他部分皆相同,特别是簡文右邊的“辛”皆作彎曲狀,與西周金文尤爲相似。楚簡中的“辟”主要有兩種寫法(c),右邊所从的都應是“辛”的變體,但皆與簡文的寫法不合,可見簡文的寫法應是西周金

① 王國維:《釋辥》,《觀堂集林》,上海書店出版社 1989 年,第 261—265 頁。

文寫法的保留。[①]

a	b	c
 四告 32 　四告 32 四告 33	 （小克鼎，集成 2800） （伯公父簠，集成 4628）	 孺子 15 琴舞 4

（8）農

簡 33“農”字作 a 形。楚簡中大多以“戎”記録{農}，少數幾例“農”作 c 形，與簡文形體不同。“農”字在西周金文中分爲从“林”、从“臼”兩類形體，後者會从“臼”持農具“辰”以勞作之義，“田”爲後加的表意符號。簡文的這種形體與散氏盤的形體基本相合。

a	b	c
 四告 33	 （散氏盤，集成 10176）	 越公 28

（9）邇

石小力先生已指出簡文中以“埶”記録{邇}與西周金文的相似之處。簡 36“邇”字作 a 形。楚簡中一般以“埶”或“逐”記録{邇}，與簡文的用字不同。西周金文中以“埶”記録{邇}，則與簡文相同。“埶”上部本作“木”，在演變中有時訛爲“止”形（如番生簋），這種現象在古文字中相當常見。

a	b	c
 四告 36	 （大克鼎，集成 2836）  （番生簋，集成 4326）	 皇門 10  説命下 3

（10）上帝

簡 43、44 有兩處“上帝”合文作 a 形。楚簡中的“上帝”合文一般寫成 c 形，其中

① 可參看黄一村：《談楚簡中“辟”字的一種特殊形體》，《中國文字》第五期，（臺北）萬卷樓 2021 年，第 233—242 頁。

"上"的下筆與"帝"上部的横筆共用筆畫。《四告》這一合文中的"上""帝"兩個部分都與 c 形有别。簡文"上"字没有中間的豎筆,是典型的西周金文寫法,這種寫法到了戰國時代早已被"上"形的寫法取代。"帝"中間作一横筆,與楚簡中一般作兩横筆不同。由此看來,這個"上帝"合文應當也是由西周金文那種寫法而來的。

西周金文的"上帝"合文一般的寫法是 b,並不作合文之形,而是"上帝"二字佔一個字的空間。西周金文中的㾜鐘、史墻盤皆是行款整齊、文字規範的精心之作,並不存在漏字後補或隨意書寫的可能性,只能認爲西周時人就有將"上帝"寫在一個字的空間中的習慣,而抄手在抄寫簡文時則對筆畫進行省簡,將之改造成合文。

a	b	c
四告 43 四告 44	(㾜鐘,集成 251) (史墻盤,集成 10175)	程寤 4 封許 3

㾜鐘　史墻盤

(11) 陟

簡 47"陟"作 a 形。楚簡中一般以"石"或"石"聲之字記録{陟},偶爾也用"陟"字,作 c 之形。簡文"陟"字的這種形體所从的兩個"止"呈同向狀,這種形體僅見於西周金文中,而與楚簡中的"陟"不合。

a	b	c
四告 47	(沈子它簋,集成 4330) (散氏盤,集成 10176)	繫年 13

(12) 聝

趙平安先生在上引的文章中已經談到簡文中的"聝"字。簡 48"聝"作 a 形。《説文》:"聝,軍戰斷耳也。《春秋傳》曰:以爲俘聝。从耳或聲。䤋,聝或从首。"古人軍戰,截敵人之耳以爲紀功憑證,西周金文中"聝"作 b,除了"或"之外的部件或認爲是頭皮之形,有關辭例大多描述戰爭之後向君王獻俘之事。清華簡《繫年》記載城濮之戰後晉文公朝拜周襄王並"獻楚俘馘",其中"馘"字作 c,與《説文》古文相合。循其音義推論,可知 a 應當就是"聝"字。a 的這種寫法與《繫年》的寫法有較大差别,而與西周金文中的 b 類寫法基本相似。

a	b	c
四告 48	(多友鼎,集成 2835) (柞伯鼎,銘圖 2488)	繫年 44

除了上舉的這些例子之外,《四告》簡文中還有不少有可能屬於早期文字因素遺留的形體。之所以不將它們列入,主要是考慮到"早期文字"的定義。判斷簡文中一個字是否爲帶有"早期文字"特徵的形體,嚴格來説需要同時了解此字在西周金文中的典型寫法和戰國楚文字中的典型寫法,才能完全確定。然而由於西周金文與戰國中晚期的清華簡在文獻内容、用字習慣等方面的差異,有不少字並未出現,加上《四告》簡文本身佶屈聱牙,因而有很多字難以進行這樣的比較。考慮到這一點,本文僅選取以上十二個在戰國楚文字和西周金文材料中都能找到且用法也比較確定的例子進行討論。

二、《四告》中的其他非楚文字因素

除了上面舉出的例子之外,《四告》簡文中還有部分文字形體與常見的楚文字材料明顯不合。由於戰國文字各個區系間對商周文字的繼承和改造情況並不同步,有時楚文字的主流寫法與早期文字已有較大差别,而在其他區系的文字中却仍沿用早期文字的形體,同時清華簡中同樣存在以三晋文字因素爲主的外來文字因素羼入簡文的現象,簡文中這部分形體既有可能與早期文字因素有關,也可能源自他系文字的影響。

(1) 石

《四告》簡 29"石"字作 a 形。這種寫法與常見的楚文字存在明顯差異,而與西周金文的形體相合。三晋文字及秦文字中的"石"與簡文也相合。

a	b	c	d
四告 29	(作册嗌卣,集成 5427)	説命下 7	(十三年壺,集成 9686) (司馬成公權,銘圖 18863)

(2) 圖

《四告》三見"圖"字,其中簡 17、簡 21 作 [glyph]、[glyph],从"者"得聲,這種寫法見於楚文字中;而簡 31"圖"字則作 a 形,與楚文字常見的寫法有别,而與西周金文及三晉文字作"圖"相合。石小力先生舉善夫山鼎"圖"字爲例,認爲簡文這個"圖"與西周金文形體相合,但仔細比較此字中間"啚"的寫法,則似與三晉文字更爲接近。

a	b	c	d
[glyph] 四告 31	[glyph](善夫山鼎,集成 2825)	[glyph] 治邦 10 [glyph] 孺子 2	[glyph](中山王兆域圖,集成 10478)

(3) 家

《四告》六見"家"字,六個字下部所从的"豕"寫法存在明顯的差異,這是書手個人的書寫習慣差異所導致的,但這六個"家"字上部皆不从"爪",與常見的楚文字不同。石小力先生認爲簡文"家"字與西周金文相合,楚文字在"家"上部增加"爪"形的時間很早,西周晚期的楚公家鐘即已如此作,並在演變中一直保留下來,而三晉文字與西周金文中的主流寫法皆不从"爪",因此"家"字應當帶有非楚文字因素。

a	b	c	d
[glyph] 四告 8	[glyph](獻簋,集成 4205) [glyph](南宫乎鐘,集成 181)	[glyph] 皇門 6 [glyph](楚公家鐘,銘圖 15173)	[glyph](中山王鼎,集成 2840)

(4) 服

《四告》全篇九見"服"字,皆記録{服}這個詞,與楚簡的一般習慣不同,而合於西周金文的習慣。石小力先生指出簡文以"服"記録{服}與西周金文相合,楚文字雖然也用"服"字記録{服}(如競孫不服壺),但在楚簡中絶大多數時候以"備"記録{服},僅見的以"服"記録{服}的篇目如《繫年》《厚父》《攝命》等,都是明顯帶有非楚文字因素的篇目。因此《四告》簡文中的"服"應當也是非楚文字特徵的體現。除了西周金文外,戰國秦文字中也以"服"記寫{服}。

a	b	c	d
 四告 1	 (大克鼎,集成 2836)	 (競孫不服壺,銘圖 12381)	 爲吏 25

(5) 皇

《四告》中五見“皇”字,其中四例“皇”皆作(17),雖然與楚文字中常見的寫法還有一定差别,但仍可看出沿襲之迹,應判斷爲楚文字的寫法;只有簡 27 的“皇”作 a 形,與常見的楚文字有别,與西周金文的一般寫法也並不相合。這種形體又見於《厚父》,趙平安先生過去曾指出其“與楚文字不類,見於晋系文字和齊系文字”,[①]可從。

a	b	c	d
 四告 27	 (應侯視工鐘,集成 108)  (作册大方鼎,集成 2760)	 琴舞 8	(中山王方壺,集成 9735)  (司馬楙編鎛,銘圖 15767)

(6) 甚

《四告》簡 34 有重文“甚”,其形體作 a,與楚文字中常見的“甚”不合。這種形體又見於清華簡《繫年》和郭店簡《唐虞之道》《語叢四》等篇,馮勝君先生在討論郭店簡簡文時曾將之與私官鼎銘文“戡”字比較,認爲“甚”的這種寫法與三晋文字相合,[②]可從。由新出西周晚期晋侯對盨的“甚”(銘文中用爲“湛樂”之“湛”)來看,三晋文字中“甚”的寫法形成時間應當很早,而且在流傳中一直相當穩定。

a	b	c	d
 四告 34	 (甚諆臧鼎,集成 2410)	 治邦 13	 (晋侯對盨,銘圖 5648)  (私官鼎,集成 1508)

---

① 趙平安:《談談戰國文字中值得注意的一些現象——以清華簡〈厚父〉爲例》,復旦大學出土文獻與古文字研究中心編:《出土文獻與古文字研究》第六輯,上海古籍出版社 2015 年,第 304 頁。

② 馮勝君:《郭店簡與上博簡對比研究》,綫裝書局 2007 年,第 277—278 頁。

三、從早期文字因素看《四告》的底本和流傳

上文對《四告》簡文中的一些非楚文字因素進行了整理與討論。《四告》簡文前後的字迹風格差異很大，顯然不是由一位書手獨立抄寫完成的，根據賈連翔先生的研究，《四告》簡文分别由四位書手抄成，包括三位主要書寫的書手和一位負責校對的書手，帶有明顯的"輯纂"特徵。① 從上文的整理來看，帶有早期文字因素的形體在全篇中分布均匀，除校對書手所書寫的個别文字之外皆有。多位書手抄寫的簡文中都能見到帶有早期文字因素的形體，結合文獻的内容與語言特徵來看，《四告》所據的原始材料應當有較早的來源。除了《四告》之外，清華簡中還有不少篇目存在類似的現象，如《封許之命》《厚父》《攝命》等篇中很明顯地保留有一些早期文字因素，《繫年》《筮法》中也偶有保留，既往學者對此有過不少討論。②

從"圖""皇""甚"等字在簡文中的寫法來看，整理者傳抄所據的底本或"輯纂"所據的原始材料很有可能與三晋文字有關。三晋文字對清華簡文字的影響是系統性的，在大多數篇章中或多或少都能見到。③ 清華簡中有相當部分的簡文與鄭國有關，學者或據此推測這批簡源自鄭國。而鄭國與三晋關係密切，最後也亡於韓國之手，按照戰國文字的區系差異現象來考慮，鄭國文字的區系特徵應當與三晋文字接近，清華簡中的三晋文字因素可能與此有關。④

《四告》整理者趙平安先生曾指出：

> 四篇告辭的初步成文，應在告神發生前後不久。……《四告》中時代最晚的一篇是召穆公的告辭，屬於西周晚期。但從"祐福"這個詞的使用看，在

---

① 賈連翔：《清華簡〈四告〉的形制及其成書問題探研》，《"古文字與出土文獻"青年學者西湖論壇(2021)論文集》，浙江杭州，2021年5月29—30日，第90—106頁。

② 可參看趙平安：《談談戰國文字中值得注意的一些現象——以清華簡〈厚父〉爲例》；石小力：《清華簡〈攝命〉與西周金文合證》，《中國文字》2020年冬季號(總第4期)，第201—218頁；李守奎、肖攀：《清華簡〈繫年〉文字考釋與構形研究》，中西書局2015年，第285—299頁；李守奎：《清華簡〈筮法〉文字與文本特點略説》，《古文字與古史考——清華簡整理研究》，中西書局2015年，第335—346頁。

③ 王永昌先生曾對清華簡與三晋文字材料的文字形體與用字習慣做過系統的對比與整理。參見王永昌：《清華簡文字與晋系文字比較研究》，博士學位論文，吉林大學2018年。

④ 參看李守奎：《楚文獻中的教育與清華簡〈繫年〉性質初探》，《出土文獻與古文字研究》第六輯，第291—302頁。

春秋時期，這四篇告辭應被統一加工過，因而注入了春秋時期的一些元素。[①]

這一説法十分可信。簡文究竟是以原始檔案的形式由晉地傳入楚地再爲楚人所"統一加工"，還是在"統一加工"之後形成三晉文字寫本的文獻再傳入楚地，還有待進一步研究，但從文字因素提供的綫索看來，《四告》文本在形成的過程中很可能有過一個由三晉文字轉寫爲楚文字的中間階段。

四、小　結

本文討論了清華簡《四告》中十八例與常見的楚文字存在差異的字詞，其中十二例帶有明顯的早期文字因素，六例則同時見於早期文字與戰國時代以晉系文字爲主的他系文字。這一現象提示我們，《四告》簡文應當有較早的來源，並且在傳抄中很可能經歷過由三晉文字轉寫爲楚文字的過程。

① 趙平安：《清華簡〈四告〉的文本形態及其意義》。

清華簡《五紀》事神禮義原理*

劉信芳

摘　要：中曰言，后之立言；天下之后以貞，后臨大事問神，藉神斷强化選項之公信力，爲的是凝聚人心，行事不疑；犧用，祭祀犧牲及其配套禮器。用，器實也；利奴（帑），帑，交易等價物布帛之類。布帛後有刀幣，以其利於民也；不旨曰旨，玄酒無旨之實而具五味之本，此所謂"不旨曰旨"；天下同儀，后之"天下"觀照天文，人文社會以"天式"爲依歸，是所謂"天下同儀"；天下有言，人藉工具"午"觀天文，識地理，構建知識人文，是有天下之"言"；用諸人，敬神事天，安頓精神家園的目的在於用之於人；針對事神禮義之"過"，皇后之"式"立焉；后之"式"有"圖乃好美"之則，是有百司實施之"善"。

關鍵詞：禮　犧用　言　人　式

清華簡（十一）《五紀》46—52述遠古筮、卜之禮、義與犧用，[①]揭示龜卜筮占，問神選擇，所謀爲人事的基本原理。犧用禮神，后藉以有言，是乃天下有言之"首"。人之事神是形式，用之於人是目的。

謹依簡文試申其説。

一、總述禮、義，筮、卜

1. 釋文

后曰：中曰言，豊（禮）曰箸（筮），義曰卜，㐰（信）【46】曰族，悉（愛）曰器。中曰行，

---

*　本文爲國家社科基金重點項目"清華簡（六—九）釋讀與研究"（項目編號20AZS002）階段性成果。

①　清華大學出土文獻研究與保護中心編，黄德寬主編：《清華大學藏戰國竹簡（拾壹）》，中西書局2021年。

豊(禮)曰相,義曰方,悬(信)曰相,悉(愛)曰圖(藏)。

2. 釋讀

中曰言: 中乃遠古族群認同之"中",演進而後有邦國政治文化中心。其"言",后之出話,立言。參簡29"午曰言"。①

筮: 以蓍占。

卜: 以龜卜。

信曰族: 悬,整理者讀爲"仁"。參簡6"櫘(直)豊(禮),巨(矩)義,準悉(愛),爯(稱)悬(信),員(圓)中,天下之正"。仁乃愛心,若依整理者説,"悉(愛)"、"悬(信)"語義重疊,有解釋之難。學者讀悬爲"信",②簡62—63:"南至四亟(極),旾(春)昰(夏)烁(秋)各(冬),訐(信)亓(其)又(有)雲(陰)昜(陽)。"簡65:"南門之悳(德)曰:我川(順)悬(信),敘(序)至四寺(時),臨天下,絽(紀)皇天。南門之悳(德)立(位)川(順),夫是古(故)后立(位)川(順)。""我川(順)悬(信)"云云解釋"訐(信)亓(其)又(有)雲(陰)昜(陽)",由原簡自言自説例可以確認學者讀悬爲"信"是正確的。族:族群,民族。

器: 事神理政之器,下文量、車馬、玉、石、幣皆是也。引申則人亦"器"也,③如下文百官百工百府百司,有器之用也。

以上中禮義信愛,后"言"之總則,有如後世憲章之總綱。

中曰行: 行,立"言"之踐履,有如細則之實施。

豊(禮)曰相,義曰方: 相,視也。方,比方。④ 相、方對應筮、卜。古人臨大事有選擇,以筮占龜卜問於神靈。⑤ 視筮占之卦爻、龜卜之裂"文",簡文謂之"相";卦爻有象,

① 午,《史記·律書》:"午者,陰陽交,故曰午。"《儀禮·大射儀》"度尺而午",注:"一從一横曰午。"言,《説文》:"直言曰言,論難曰語。"《周禮·春官·大司樂》"以樂語教國子,興道,諷誦,言語",注:"發端曰言,答述曰語。"古以晷儀測日影,立標桿於圓盤之中,夏至正午日影端點指正北午位,其延長綫指正南子位,形成子午綫。簡46"中曰言",簡50"天下同義(儀)。夫是古(故)天下又(有)言,百(首)曰隹(唯)此"。"午曰言"者,天象顯示可以理解爲客觀表達之"言",人藉工具"午"認識天文,是有人文之"言"也。

② 學者已有説,參程浩:《清華簡〈五紀〉思想觀念發微》,《出土文獻》2021年第4期,第13—16頁。

③ 《論語·公冶長》:"子貢問曰:賜也何如?子曰:女,器也。曰:何器也?曰:瑚璉也。"黍稷之器,夏曰瑚,殷曰璉,周曰簠簋。孔子謂子貢爲宗廟之器,可當邦國之用也。

④ 《吕氏春秋·貴公》"不比於人",注:"比,方也。"《論語·雍也》:"己欲立而立人,己欲達而達人,能近取譬,可謂仁之方也已。"《荀子·彊國》:"辟稱比方則欲自並乎湯武。"郭店簡《五行》簡40:"柬,義之方也。匿,悬(仁)之方也。"方,方法。

⑤ 清華簡(六)《鄭武夫人規孺子》簡6"所臤(賢)者女(焉)繡(申)之以龜箸(筮)",清華簡(九)《成人》簡4"朕亓(其)卬(孚)于龜箸以䛩(靖)求嘉箬(若)"。

龜"文"有指,"讀書占"而知所象所比之"義",[1]依神靈義旨定選擇之取捨,簡文所謂"義曰方"也。

㐰(信)曰相: 整理者注:"'禮曰相'、'仁曰相'二者疑有一誤。"按原簡不誤,隨文而取義也。信之相謂相對待之"相",如"相人耦"之"相",《儀禮·大射》"揖以耦",注:"言以者,耦之事成於此,意相人耦也。"《禮記·中庸》"仁者,人也",注:"人也讀如相人偶之人,以人意相存問之言。"簡12"目相豊(禮)",二人相視注目,而不是無視對方存在,禮也。

忢(愛)曰圕(藏): 藏,器之藏也。《易·繫辭下》:"弓矢者,器也。射之者,人也。君子藏器於身,待時而動。"備用之器,愛而藏之也。

以上一段文字總領下文,"天爲簭(筮),神爲龜"云云照應"豊(禮)曰簭(筮),義曰卜";"用者(諸)人"照應"㐰(信)曰族"族群之"人";"天下折(制)量"云云照應"忢(愛)曰器";簡56"百府(府)百司",照應"忢(愛)曰圕(藏)"。

二、事神禮義犧用基本原理

1. 釋文

后曰:天爲簭(筮),神爲龜,盟(明)神相弍(貳),人事以悬(謀)。天下【47】之后以貞,参志上下以共(恭)神,行史(事)不忋(疑)。天下折(制)量,不以刀敵(兵)爲象,不以車馬爲跅(度)。不用玉,用府(璞)石。【48】義(犧)豣不用大勿(物)之句(厚)全,敝(幣)不用良,用利奴(帑)。神不求戔(咸),爲共(恭)之古(故)。啚(春)秌(秋)以賓,連(轉)受世圩(序)。夫是古(故)【49】凸(凡)攻祝、祭祀、齊佰(宿)、亶(壇)敘(除)、工(貢)事,不夫曰夫,不香曰香,不旨曰旨,不加(嘉)曰加(嘉),畏(鬼)神又(有)弋(式),天下同義(儀)。夫【50】是古(故)天下又(有)言,百(首)曰隹(唯)此。㚘(變)㚘(變)者母(毋)迷(迷)。天下之豊(禮),童(動)以行之,口以牆(將)之,此之胃(謂)豊(禮),此之胃(謂)義,用【51】者(諸)天,用者(諸)神,用者(諸)人。

2. 釋讀

天爲簭(筮),神爲龜,盟(明)神相弍(貳),人事以悬(謀): 天、神意旨藉筮、龜顯示,明神副貳如後世御史大夫上傳下達,明神或"布福",或"降禍","人"順應天神以圖

---

[1] 清華簡(五)《殷高宗問於三壽》簡9:"君子而不諱(讀)箸(書)占,則若小人之寵(聾)痊(狂)而不沓(友)。"《書·金縢》:"乃卜三龜,一習吉。啓籥見書,乃並是吉。"賈誼《鵩鳥賦》:"發書占之。"

謀規劃自己的事情。明神,《詩·大雅·雲漢》:“昊天上帝,則不我虞。敬恭明神,宜無悔怒。”《國語·周語上》:“國之將興……神降之,觀其政德而均布福焉。國之將亡……神亦往焉,觀其苛慝而降之禍……昔夏之興也,融降于崇山。其亡也,回禄信於聆隧;商之興也,檮杌次於丕山。其亡也,夷羊在牧;周之興也,鸑鷟鳴於岐山,其衰也,杜伯射王于鄗。是皆明神之志者也。”

天下之后以貞,參志上下以共(恭)神,行史(事)不忝(疑): 貞,整理者以爲“占”字之誤。按: 貞字不誤。[①]《説文》:“貞,卜問也。”《周禮·春官·大卜》“凡國大貞”,鄭司農注:“國有大疑,問於蓍龜。”志,同上引《國語》韋昭注:“志,記也。見記録在史籍者。”有如《金縢》“啓籥見書”所見占兆書之類。行史(事)不忝(疑),議事遇分歧之“疑”,今人取票決,古人或取神斷。如清華簡(九)《成人》面臨疫病流行,“毋則社(貢)祀是不共(恭),毋則型(刑)是不尾(度),毋則司典遊(失)崇(常),以進退晦(晦)朔。毋則五音是𤔲(亂)易,思(使)民悳(德)不蒦(獲)”(簡 2—3),是其“疑”也。“各旟(揚)乃聖(聲)”,君臣之議也。所議産生應對方案 ABC,“朕亓(其)卬(乎)于龜簭以譖(靖)求嘉箬(若)”(簡 4),神斷嘉若如 B,取 B 强化公信力。實施 B 方案則協力同心,衆人可以“不疑”。

天下折(制)量,不以刀敳(兵)爲象,不以車馬爲既(度)。不用玉,用帘(璞)石。

量:《左傳》昭公三年:“齊舊四量,豆、區、釜、鍾。四升爲豆,各自其四,以登於釜。”《漢書·律曆志》:“量者,龠合升斗斛也。”

不以刀敳(兵)爲象: 刀後一字整理者隸作“錟”,兹依原簡字形 (左旁聲符从二丙)改訂。字讀爲“兵”,論者已有説。[②]

義(犧)䳃(用)不用大勿(物)之句(厚)全: 䳃,同“用”,其義有别於“不用”之“用”,避復也。[③] 義(犧)䳃(用)同犽(牲)䳃(用),用,器實也。犧用,祭祀犧牲及其配套禮器。參簡 60“犽(牲)䳃(用)比勿(物),曰隹(唯)羛(犧)”,簡 115“羛(犧)䳃(用)尚(幣)

① 參馬楠:《清華簡〈五紀〉篇初識》《文物》2021 年第 9 期,第 81 頁。清華大學出土文獻讀書會:《清華簡第十一輯整理報告補正》,清華大學出土文獻與古文字研究中心網 2021 年 12 月 16 日,https://www.ctwx.tsinghua.edu.cn/__local/2/07/25/6765630A4D57EE12DC043D7CC6B_5417D328_CB714,劉曉晗説。

② 簡帛網簡帛論壇:《清華簡〈五紀〉初讀》,第 211 樓簡帛網 2022 年 1 月 2 日,http://www.bsm.org.cn/forum/forum.php?mod=viewthread&tid=12694。以下簡稱“《初讀》”。

③ 整理者解䳃爲“‘牲用’之‘用’的專造字”,是正確的意見。謂犧用、牲用“即犧牲”,不准確。《左傳》襄公十年“牲用備具”,楊伯峻注:“牲用一詞,義猶犧牲。”參楊伯峻:《春秋左傳注》,中華書局 2009 年,第 983 頁。備犧牲不難做到,而具其配套禮器則構成祭祀禮儀乃至邦家神權之支撑。既讀清華簡《五紀》,知楊注亦有欠缺。論者(《初讀》第 201 樓 2021 年 12 月 30 日)或讀“䳃”爲“鏞”,字又作“䳃”。不必。

帛,賓于四亢(荒)”。犧、牲渾言無别,析言犧謂祭祀之犧牲,[1]牲謂全牛。[2] 犧用、牲用,《書·微子》“今殷民乃攘竊神祇之犧牷,牲用以容”,傳:“色純曰犧,體完曰牷,牛羊豕曰牲,器實曰用。”《禮記·明堂位》:“季夏六月,以禘禮祀周公於大廟。牲用白牡,尊用犧象山罍,鬱尊用黄目,灌用玉瓚大圭,薦用玉豆雕篹,爵用玉琖仍雕,加以璧散璧角,俎用梡嶡。”《左傳》襄公十年:“昔平王東遷,吾七姓從王,牲用備具,王賴之,而賜之騂旄之盟。”所謂牲用備具,祭祀犧牲及其器實相配一應禮器皆具,[3]如魯祀周公於大廟之禮。不用大勿(物)之句(厚)全,祭祀之禮以其厚,以其全,敬也;不用其厚其全,因時因地而宜,以其質也,[4]如上引“犧(犧)㳿(用)尚(幣)帛”例。

敝(幣)不用良,用利奴(帑):幣,交易所用錢幣。《管子·國蓄》:“以珠玉爲上幣,黄金爲中幣,刀布爲下幣。”良,幣之良,古謂之“重”,《管子·山至數》:“彼幣重而萬物輕,幣輕而萬物重。”利奴(帑),整理者讀利爲“黎”,讀奴爲“駑”。按:黎駑不辭。利不改讀,奴,讀如“帑”。[5] 利,本義爲銛,銛乃古農具臿屬。[6] 簡文“利”既與“幣”相聯繫,應是古幣齊刀之類。帑,交易等價物布帛之類也。《韓非子·亡徵》:“羈旅僑士,重帑在外,上間謀計,下與民事者,可亡也。”又《八經》“外國之置諸吏者,誅其親暱重帑,則外不籍矣”,王先慎集解引王先謙曰:“重帑謂厚幣。”[7]遠古市賈,不用金玉,以其價值“重”,不便流通。平民日常易貨,如“抱布貿絲”例。[8] 布帛後有刀幣,以其利於民也。[9]

神不求戔(咸),爲共(恭)之古(故):咸,皆也,悉也(《説文》)。《詩·召南·采蘩》

---

① 《説文》:“犧,宗廟之牲也。”

② 《説文》“牲,牛完全”,段注:“引申爲凡畜之稱。”

③ 備,完備。具,《説文》:“共置也。”《廣韻》:“備也,辦也。”

④ 《周禮·天官·大宰》“贊玉幣爵之事”,注:“不用玉爵。尚質也。”《禮記·郊特牲》:“大羹不和,貴其質也。大圭不琢,美其質也。丹漆雕幾之美,素車之乘,尊其樸也。貴其質而已矣。”

⑤ 《説文》“帑,金幣所藏也。从巾,奴聲”,段注:“帑讀如奴。帑之言囊也,以幣帛所藏,故从巾。乃都切……今音帑藏他朗切,以别於於妻帑乃都切。”已有學者讀奴爲“帑”,參《初讀》第163樓2021年12月24日,王寧説。

⑥ 《説文》:“利,銛也。刀和然後利,从刀和省。《易》曰:‘利者,義之和也。’㓟,古文利。”从刃禾。段注:“銛者,臿屬,引伸爲銛利字……毛傳曰:‘鸞刀,刀有鸞者。言割中節也。’郊特牲曰:‘割刀之用而鸞刀之貴。貴其義也,聲和而後斷也。’許據此説會意。”

⑦ 經史帑之用例如《漢書·匈奴傳》“以爲虚費府帑”,顔師古注:“府,物所聚也。帑,藏金帛之所也。”又《王莽傳》:“府帑空虚,百姓匱乏。”

⑧ 《詩·衛風·氓》“氓之蚩蚩,抱布貿絲”,毛傳:“布。幣也。”

⑨ 《漢書·食貨志》“貨寶於金,利於刀,流於泉,布於布,束於帛”,顔師古注:“如淳曰:名錢爲刀者,以其利於民也。”

"于以采蘩,于沼于沚",毛傳:"公侯夫人執蘩菜以助祭神,饗德與信,不求備焉。"

旾(春)秌(秋)以賓,連(轉)受世抒(序):春秋,舉春秋而冬夏在焉。[①] 賓,《書·堯典》"寅賓出日,平秩東作。日中星鳥,以殷仲春",傳:"寅,敬。賓,導。秩,序也。歲起於東而始就耕,謂之東作。東方之官敬導出日,平均次序,東作之事以務農也。"連,整理者讀爲"傳",兹讀爲"轉"。[②] 受,四時之授,天也;受之者,地也。[③] 世序,人世之序。[④]

夫是古(故)𠛬(凡)攻祝、祭祀、齊佰(宿)、亶(壇)敘(除)、工(貢)事。

攻祝:攻謂攻除,攻解。[⑤] 祝,以贊詞祈禱。[⑥]

齊佰(宿):齊謂祭祀前齋戒,整齊身心。[⑦] 宿,經史多作"肅",敬也。[⑧]

亶(壇)敘(除):封土爲壇,除地爲墠。《書·金縢》"爲三壇同墠",傳:"因大王、王季、文王請命於天。故爲三壇。壇築土,墠除地。"《禮記·祭法》"王立七廟,一壇一

---

① 參簡65"敘(序)至四寺(時)",88"旾(春)虽(夏)秌(秋)各(冬),后抒(序)正命以此"。

② 參簡73"爰爰亓(其)行,連(轉)還亡(無)止,一汈(陰)一昜(陽)。日月爰宋(次),晦朔以紀(紀)天",簡29"旾(春)虽(夏)秌(秋)各(冬),連(轉)受寒扂(暑)"。陳民鎮(《初讀》第339樓2022年2月11日)已讀連爲"轉"。

③ 《鶡冠子·泰鴻》:"地受時,以爲萬物原者。"

④ 簡文"世"三例,參簡106"枼(世)萬卲(留)尚(常)",簡108"枼(世)萬以爲尚(常)"。世以縱向時間言乃世世代代之"世","三十年爲一世"(《説文》),父子相繼曰世(段注);以横向空間言謂世事之"世",《周禮·地官·大司徒》"以世事教能,則民不失職",注:"世事,謂士農工商之事。"簡文世序猶人世間之序。

⑤ 包山簡229"由(使)攻敘(除)於宫室",包山簡217"由(使)攻解於不殆(辜)",包山簡238"由(使)攻解於嵗(歲)"。

⑥ 《周禮·春官·大祝》:"大祝掌六祝之辭,以事鬼神示,祈福祥,求永貞。一曰順祝,二曰年祝,三曰吉祝,四曰化祝,五曰瑞祝,六曰筴祝。"葛陵簡乙四簡128:"祝亓(其)大牧(牢)百。"葛陵簡乙四簡139:"☐一虏(臚)北方,祝禱乘良馬珈〔璧〕☐"

⑦ 《禮記·祭統》:"及時將祭,君子乃齊。齊之爲言齊也,齊不齊以致齊者也……齊者,精明之至也,然後可以交於神明也。"

⑧ 《孟子·公孫丑下》:"弟子齊宿而後敢言。"《大戴禮記·保傅》:"古之王者,太子乃生,固舉之禮,使士負之。有司齊夙端冕,見之南郊,見之天也。"上博簡(五)《三德》簡1:"樰(平)旦毋哭。明毋訶(歌),弦望齊佰(肅)。是胃(謂)川(順)天之祟(常)。"齊宿乃齊肅之假,《詩·大雅·生民》"載震載夙,載生載育",鄭注:"夙之言肅也。"孔穎達疏:"夙之言肅,自肅戒也。"《漢書·李彪傳》:"古之王者,太子廼生,固舉以禮,使士負之。有司齊肅端冕,見之南郊,見于天也。"《左傳》昭公十三年"下善齊肅",杜注:"齊,嚴也。肅,敬也。"《國語·楚語下》"自公以下至於庶人,其誰敢不齊肅恭敬,致力於神",又"齊肅衷正",韋注:"齊,一也。肅,敬也。"

墠”，鄭注：“封土曰壇，除地曰墠。”[①]

工(貢)事： 貢乃《周禮・天官・大宰》八則之一，“五曰賦貢，以馭其用”，是乃事神施政用度之所出。諸侯朝貢則涉及“胙之土而命之氏”，[②]形成中央與地方行政架構用度之支撑。

不夫曰夫，不香曰香，不旨曰旨，不加(嘉)曰加(嘉)： 凡祭祀之神祇、供奉之品物，皆有禮之名號。《周禮・春官・大祝》“辨六號：一曰神號，二曰鬼號，三曰示號，四曰牲號，五曰齍號，六曰幣號”，注：“號謂尊其名，更爲美稱焉。神號若云皇天上帝，鬼號若云皇祖伯某，祇號若云后土地祇，幣號若玉云嘉玉，幣云量幣。”不夫曰夫，整理者讀夫爲“溥”，“一説讀‘芳’”。本文不取是説。清華簡(九)《禱辭》簡 1“大絹(琄)迮(作)君夫、君婦、君高石(祏)”，簡 13“大丘又(有)石(祏)君夫、君婦”，石爲神位，原本非“君夫”，[③]既祈於神，於是不夫之石曰“夫”，可爲簡文“不夫曰夫”之例。[④] 不香曰香，《禮記・曲禮下》：“凡祭宗廟之禮……黍曰薌合，粱曰薌萁。”祭祀陳列穀物，“薌”爲美名，無關於穀物本身香之與否。不旨曰旨，《詩・大雅・鳧鷖》：“旨酒欣欣，燔炙芬芬。公尸燕飲，無有後艱。”旨酒，美酒也。《禮記・郊特牲》：“酒醴之美，玄酒明水之尚，貴五味之本也。”[⑤]玄酒無旨之實而具五味之本，此所謂“不旨曰旨”也。不加(嘉)曰加(嘉)，“敝(幣)不用良”(簡 49)，“寿(前)之以嘉𢼸(幣)三束”(《禱辭》13)，此“嘉𢼸(幣)三束”非交易貨幣，乃芻靈之類。[⑥] 馬王堆一號漢墓遣策簡 284“合青笥二合，盛聶(攝)敝(幣)”，攝幣即該墓所出竹笥所盛成串絲織品碎塊。[⑦] 如此之“幣”貢於神靈，乃簡文所謂“不嘉曰嘉”。

畏(鬼)神又(有)弋(式)，天下同義(儀)： 鬼神在天，“羣神二十又(有)八，攺(施)正南門，天矞(規)北抖(斗)”(簡 27)，是天之“式”也。[⑧] 天下與鬼神相對而言，式、儀互文。簡 28—29“天下之神示(祇)……天曰坨(施)，陧(地)曰荎(型)……十神又(有)八，以光天下六貞”，后之“天下”觀照天文，人文社會以“天式”爲依歸，是所謂“天下

---

① 參石小力：《清華簡〈五紀〉的“壇”與郭店簡〈唐虞之道〉的“禪”》，《出土文獻》2021 年第 4 期。

② 如《周禮・夏官・大司馬》“施貢分職以任邦國”，《秋官・小行人》“令諸侯春入貢，秋獻功，王親受之”。

③ “君”亦美稱。

④ 論者(《初讀》第 215 樓 2022 年 1 月 3 日)讀夫爲“膚”，引《詩・豳風・狼跋》“公孫碩膚，赤舄几几”，毛傳：“膚，美也。”

⑤ 《禮記・禮運》“玄酒在室”，孔疏：“玄酒謂水也。”

⑥ 參清華簡(九)《禱辭》簡 12：“攻(貢)布三、芻𩂣(靈)。”

⑦ 湖南省博物館、中國科學院考古研究所：《長沙馬王堆一號漢墓》(上册)，文物出版社 1973 年，第 152 頁。

⑧ 《楚辭・天問》：“天式從横，陽離爰死。”

同儀”。

夫是古(故)天下又(有)言,百(首)曰隹(唯)此: 言,參簡 29“午曰言”。人有肢體語言,形之於山川草木星空,人藉工具“午”觀天文,[①]識地理,構建知識人文。是有天下之“言”。百(首)曰隹(唯)此,以天施地型爲綱爲領,型上學説解釋本體,型下學説演繹人類社會形成與發展,探索未來走向,是思想理論之“首”也。如中國古代有型上學説,宇宙學説,當代哲學有本體論。

𠭁(變)𠭁(變)者母(毋)悉(迷): 上變,日月星運行於天,草木禽獸生長於地,不停歇,有輪回,每時每刻不重復,其間不可知因素導致錯亂,是客體之“變也”;下變,“人”因應時變而有損益,有權衡,制定應對方案,乃主體之權變也。母(毋)悉(迷),不迷惑於表面現象,據其本質,化不利因素爲有利因素,時來運轉,走出柳暗花明也。[②]

天下之豊(禮),童(動)以行之,口以𤗪(將)之,此之胃(謂)豊(禮),此之胃(謂)義: 童(動)以行之,以實際行動踐履,如琴瑟友之,鐘鼓樂之,不是口惠而實不至。將,請也,願也。[③] 口以𤗪(將)之,當面表達誠意,不是傳話。求婚有請期,盟會有誓詞,[④]要約有講條件。兩國交戰,有“大夫親辱”,“説辠”之禮。[⑤]

用者(諸)天,用者(諸)神: 事天敬神,神權所在,精神繫焉。

用者(諸)人: 行政天下,百官有序,士農工商勉盡其力,邦國興旺也。樹立信仰,安頓精神家園的目的在於用之於人。

三、事神禮義之“過”與“皇后之式”所以立

1. 釋文

后曰:凸(凡)事羣神,亡(無)戠(咸)又(有)階(過),敬訡(慎)齊佰(宿)、亶(壇)敘(除)、虐(號)祝,𤗪(將)器母(毋)賜(貨),勿(物)生(牲)曰義(犧),【52】敝(幣)象用加(嘉),旾(春)㫃(秋)母(毋)悉(迷)。行豊(禮)屨(踐)旹(時),神不求多。夫是古(故)凸(凡)攻祝、齊佰(宿)、祭祀、亶(壇)敘(除)、工(貢)事,用弼(費)【53】而不旹(時),上

---

① “午”可以理解爲工具之一。

② 《易·繫辭下》:“易窮則變,變則通,通則久。是以自天祐之,吉,无不利。”《禮記·中庸》:“著則明,明則動,動則變,變則化。唯天下至誠爲能化。”

③ 《詩·衛風·氓》“將子無怒”,毛傳:“將,願也。”鄭箋:“將,請也。”

④ 《左傳》成公十三年:“申之以盟誓,重之以昏姻。”

⑤ 清華簡(七)《越公其事》簡 15:“吴王乃出,新(親)見事(使)者曰:‘君雩(越)公不命徳(使)人而大夫親辱,孤敢兑(説)辠於大夫。’”

下不川(順),敝(弊)簭(筮)沽(苦)龜,夫逃(兆)圭(卦)芒(茫)𤔔(亂),占至(坼)吴(誤)之。夫是古(故)見(視)向而不盟(明),聖(聽)向而不悤(聰),言【54】向而不皇(匡),多弼(費)用云(棄),畏(鬼)神不亯(享),猷戔(咸)亡(無)奚(蹊),保北(必)不行,盟(明)神道事,后祝受央(殃)。后乃永難(歎),明(乂)簋(憲)于【55】宦(官)又(有)事曰:百宦(官)百攻(工),百府(府)百司,敋(恪)共(恭)皇事。敬女(汝)以弋(式),成弋(式)之敌(表),足以自裳(勞)。

2. 釋讀

亡(無)戔(咸)又(有)隋(過): 隋,整理者讀爲"過"。

敬昚(慎)齊佰(宿): 敬慎,《國語·楚語下》:"敬其齍盛,潔其糞除,慎其采服,禋其酒醴。"

唐(號)祝: 參簡 50"不夫曰夫,不香曰香"注引《周禮·春官·大祝》。

晒(將)器母(毋)賜(貨): 將,《詩·小雅·楚茨》"絜爾牛羊,以往烝嘗。或剥或亨,或肆或將",鄭箋:或將,"或奉持而進之者"。賜,整理者讀爲"貨"。禮神之器,國之重器,非交易之"貨"也。

勿(物)生(牲)曰義(犧): 生,整理者釋文依字讀,兹讀爲"牲"。物牲,祭祀所貢犧牲因神靈之位時令之宜而有品種毛色之别,選其品類如牛如豕如羊,辨其毛色或黄或赤或白,①是簡文所謂"物牲"也。《詩·小雅·六月》"比物四驪",毛傳:"物,毛物也。"又《無羊》"三十維物,爾牲則具",毛傳:"異毛色者三十也。"鄭箋:"牛羊之色異者三十,則女之祭祀索則有之。"《周禮·春官·雞人》"掌共雞牲,辨其物",鄭注:"物,謂毛色也。辨之者,陽祀用騂,陰祀用黝。"《周禮·地官·牧人》:"凡陽祀用騂牲毛之,陰祀用黝牲毛之,望祀各以其方之色牲毛之。"

敝(幣)象用加(嘉): 《周禮·地官·媒氏》"凡嫁子娶妻,入幣純帛,無過五兩",鄭玄注:"凡於娶禮,必用其類。五兩,十端也。必言兩者,欲得其配合之名。十者,象五行十日相成也。士大夫乃以玄纁束帛,天子加以穀圭,諸侯加以大璋。"《周禮·春官·大祝》"六曰幣號",注:"幣號若玉云嘉玉,幣云量幣。"

旾(春)脎(秋)母(毋)恣(迷): 不迷於時令變化。參簡 51"叓(變)叓(變)者母(毋)恣(迷)"。

行豊(禮)屦(踐)旹(時): 參簡 51"天下之豊(禮),童(動)以行之"。踐時,順時令。

神不求多: 與簡 49"神不求戔(咸)"相照應。

① 其例如《禮記·明堂位》:"季夏六月,以禘禮祀周公於大廟。牲用白牡。"

以上正面言事神之禮，敬慎齊宿，不僅"神不求多"，且有"降福穰穰"；[①]"夫是古(故)"至"后祝受央(殃)"，從反面述背離時令世序之咎，鬼神不享，殃及"后祝"。

夫是古(故)凸(凡)攻祝、齊佰(宿)、祭祀、亶(壇)敘(除)、工(貢)事，用弜(費)【53】而不旹(時)，上下不川(順)，敝(弊)簭(筮)沽(苦)龜，夫𠧞(兆)奎(卦)笀(茫)𤔔(亂)，占至(坼)吴(誤)之。

用弜(費)：背離"神不求戔(咸)"。"用費"、"多費"與"神不求多"對舉。

不旹(時)：背離"行豊(禮)𡰪(踐)旹(時)"。

上下不川(順)：背離"世抒(序)"(簡49)。

敝(弊)簭(筮)沽(苦)龜：句承上謂：問於神靈者不依時令，上下不順，徒使筮弊龜苦。弊，疲弊。《史記·龜策列傳》："紂爲暴虐，而元龜不占。"學者或云："此處'敝(弊)筮沽(苦)龜'當讀爲'敝筮枯龜'。《禮記·曲禮上》有'龜策敝則埋之'。《論衡·卜筮》'枯龜之骨，死蓍之莖，問生之天地，世人謂之天地報應，誤矣'。所表達内容與此處相同，即枯敗的筮、龜所卜筮出來的兆卦混亂不清。"[②]按：王充《論衡》疾虚妄，對占卜持批判態度，是有枯龜死蓍説。遠古龜占蓍筮，十分虔誠，未敢詬天。是不必以《論衡》枯死證簡文苦弊。

夫𠧞(兆)奎(卦)笀(茫)𤔔(亂)：笀，整理者讀爲"茫"。論者或讀爲"錯"。[③] 整理者説可以講通，《莊子·齊物論》"人之生也，固若是芒乎"，注："不知所以然而然，故曰芒也。"《易·蒙》"初筮告，再三瀆，瀆則不告"，疏："童蒙來問，本爲决疑。師若以廣深二義再三之言告之，則童蒙聞之，轉亦瀆亂，故不如不告也。"《詩·小雅·小旻》"我龜既厭，不我告猷"，所以然者，上章云："謀之其臧，則具是違。謀之不臧，則具是依。"善惡莫辨者貞於神，龜厭而不告也。

占至(坼)吴(誤)之：至，整理者隸作"厔"，讀爲"厚"。尚賢依原簡字形改隸，讀爲"坼"。《周禮·春官·占人》"凡卜簭，君占體，大夫占色，史占墨，卜人占坼"，鄭玄注："體，兆象也。色，兆氣也。墨，兆廣也。坼，兆璺也。"賈疏："據兆之正豐處爲兆廣……就正墨旁有奇豐罅者爲兆璺也。"[④]其説是。《説文》："坼，裂也。"吴，整理者讀爲"虞"，已有多位學者改讀"誤"。

---

① 《詩·周頌·執競》。

② 清華大學出土文獻讀書會：《清華簡第十一輯整理報告補正》。

③ 《初讀》第61樓，2021年12月17日。

④ 尚賢(沈培筆名)：《説清華簡〈五紀〉中關於占卜的一段話》，復旦大學出土文獻與古文字研究中心網2022年1月12日，http://www.fdgwz.org.cn/Web/Show/7874。

夫是古(故)貝(視)向而不盟(明),聖(聽)向而不悤(聰),[1]**言向而不皇(匡):** 向,方向,事物發展趨勢、動向。后之視聽,聽政視民情以治理天下。言,后之出話,令行天下。一旦出現"不時""不順",則后不聰不明,不知所"向"。發號施令所向失效,衆不知"向方"。[2] 不匡,衆不"向方",則后不能一匡天下。[3]

多弼(費)用厶(棄),畏(鬼)神不亯(享): 多費導致"民匱于祀",褻瀆神靈,龜不告猷,鬼神不享,天之所棄也。《國語·楚語下》:"少皞之衰也,九黎亂德,民神雜糅,不可方物。夫人作享,家爲巫史,無有要質。民匱於祀,而不知其福。烝享無度,民神同位,民瀆齊盟,無有嚴威。神狎民則,不蠲其爲。嘉生不降,無物以享。禍災荐臻,莫盡其氣。"

猷戔(咸)亡(無)奚(蹊): 猷,經史亦作"猶",道也,圖謀也。蹊,徑也。[4] 貞於鬼神,是其謀,是其圖也。龜卜筮占,人神溝通之手段,猶路徑也。"兆卦芒亂","不我告猶",此路不通!《書·君陳》"爾有嘉謀嘉猷,則入告爾后于内",孔傳釋猷爲"道"。《詩·小雅·小旻》"謀猶回遹,何日斯沮",鄭箋:"猶,道。"又"我龜既厭,不我告猶。謀夫孔多,是用不集",毛傳:"猶,道也。"鄭箋:"猶,圖也。卜筮數而瀆龜,龜靈厭之,不復告其所圖之吉凶。言雖得兆,占繇不中。"

保牝(必)不行,盟(明)神逍事,后祝受央(殃): 保,如"天保"之"保",[5]神靈保佑。牝,論者或讀爲"庇",[6]不必。"保必不行"句與"猷咸無蹊"相駢,"必"對應"咸"。逍(追)事,逍,整理者讀爲"渝"。論者讀爲"匱",逍見於清華簡《保訓》8,隸作追,讀爲"歸"。[7] 兹依例讀逍爲"追",[8]句謂明神追究其事,后祝將受懲罰。

后乃永難(歎),朗(乂)篙(憲)于【55】宦(官)又(有)事曰: 百宦(官)百攻(工),百守(府)百司,敓(恪)共(恭)皇事。敬女(汝)以弋(式),成弋(式)之敌(表),足以自

---

① 論者(《初讀》第158樓,2021年12月23日)指出"不"後一字原簡字形作[字形],上部爲"邕"字,讀爲"暢"。(清華簡(九)《治政之道》簡43"饋邕")待定。

② 《禮記·文王世子》"邦國有倫,而衆鄉方矣",注:"鄉方,言知所鄉。"《禮記集説》卷十六引作"向方"。

③ 《論語·憲問》"一匡天下",注:"匡,正也。"

④ 《史記·李將軍列傳》:"桃李不言,下自成蹊。"

⑤ 《詩·小雅·天保》:"天保定爾,俾爾戩穀。罄無不宜,受天百禄。"

⑥ 《初讀》第81樓,2021年12月18日。

⑦ 《初讀》第109樓,2021年12月19日。

⑧ 參清華簡(十二)《參不韋》簡123"逍(追)瑴(悔)寿(前)化(過)",葛陵簡甲三簡11:"昔我先出自�(均)追。""郎"後一字何琳儀隸作"追"。何琳儀:《新蔡竹簡選釋》,《安徽大學學報》2004年第3期,第4—5頁。

褮(勞)。

式：下文展開述以“皇后之弋(式)”，“懽(觀)天三(四)寺(時)”，客觀上形成自言自說。《詩·大雅·下武》：“成王之孚，下土之式。”

表：如式之“表”。《禮記·緇衣》“故上之所好惡不可不慎也，是民之表也”，注：“言民之從君，如影逐表。”

勞：下文“𤼵(發)乃褮(勞)力”(簡 58)，就臣下守土有責而言，勞謂恪盡職守，勤勞行政；就“后”而言，“功多有厚賞，不迪有顯戮”(《書·泰誓下》)，[①]“先勞而後禄”。[②]

“皇后之弋(式)”針對事神之“隋(過)”而形成，是后以言以行做給大家看，以自身爲表率。

四、后“式”之“美”以及實施之“善”

1. 釋文

后曰：𪚤(吾)所㝵(得)，司亦㝵(得)之，【56】𪚤(吾)所飤(食)，萬亦飤(食)之，勿㥯(隱)勿匿。皇后之弋(式)：后敓(閱)亓(其)婁(數)，府(府)受亓(其)㪚(飭)，非佻非𣿍(竊)，褮(勞)人以思(使)。百㝥(官)百攻(工)，百【57】府(府)百司，懽(觀)天三(四)寺(時)，母(毋)㥶(迷)緒事，猷乃好敚(美)，𤼵(發)乃褮(勞)力。不共(恭)于正(政)，畀女(汝)䆔(寇)𠛬(刑)，上下亡(無)亦(赦)，才(在)皇之【58】則。敋(恪)免(勉)隹(唯)敬，母(毋)甬(用)備(憊)蒠(葸)。祝乃秉豊(禮)，善于西㘽〈垦(宅)〉曰：𠃨豊(禮)唐(號)祝，曰隹(唯)川(順)是行。宗乃秉㤊(仁)，善于【59】南垦(宅)曰：祭器香柔。曰隹(唯)盟(蠲)香。㝥(官)長秉義，善于東垦(宅)曰：𤘍(牲)𤝔(用)比勿(物)，曰隹(唯)犛(犧)。攻(工)帀(師)秉㤅(愛)，善【60】于北垦(宅)曰：器敝(幣)上(尚)色，曰隹(唯)加(嘉)。曰：四㘽〈垦、宅〉，四或(域)天下。豊(禮)曰則，㤊(信)曰飤(食)，義曰弋(式)，㤅(愛)曰備(服)，四豊(禮)以共(恭)，全中曰畐(福)【61】

2. 釋讀

𪚤(吾)所㝵(得)，司亦㝵(得)之，𪚤(吾)所飤(食)，萬亦飤(食)之，勿㥯(隱)勿匿：“匿”下改點句號。后得猶國之所得，亦守職百司之得；后食則憂萬民之所食。其

---

① 清華簡(八)《攝命》簡 19“余隹(唯)亦䢼(功)乍(作)女(汝)”，“功作汝”者，汝之功，汝之成就，天子會承認，會有相應封賞。

② 《禮記·王制》：“凡官民材必先論之，論辨然後使之，任事然後爵之，位定然後禄之。”又《儒行》：“先勞而後禄。”

得其食百府百司不可隱匿。[1]

皇后之弋(式):后敚(閱)亓(其)婁(數),府(府)受亓(其)䀠(飭),非佻非𢿢(竊),袋(勞)人以思(使):“式”下改點冒號。后的做法(樣式):后審閲其數,府庫依所報數額受四方八荒賦稅或實物,非法盜竊之物不能充數。府庫之所藏,用以支付百官俸禄以及民之勞役。閲,省視,檢閲。[2] 其數,如“工(貢)事”(簡 53)諸項之數。[3] 府,如周官大府。[4] 䀠,未詳。整理者讀爲“飭”。[5] 佻,整理者注:“《爾雅·釋言》:‘佻,偷也。’或讀爲‘盜’。”勞,使動用法。思,讀爲“使”。[6] 府庫所藏乃全民財富,[7]其用,“勞人以使”,猶用之於民也。

懽(觀)天亖(四)寺(時),母(毋)迷(迷)緒事:照應上文“䳄(春)𥝩(秋)母(毋)迷(迷)。行豊(禮)𨁘(踐)峕(時)”(簡 53)。

猷乃好𢼸(美),𤼵(發)乃袋(勞)力:猷,整理者讀爲“由”,兹不改讀。[8] 猷,圖也,參簡 55“猷戠(咸)亡(無)系(蹊)”注引。乃,汝也。好美,郭店簡《緇衣》簡 1:“好𡟰(美)女(如)好兹(緇)衣,亞(惡)亞(惡)女(如)亞(惡)遊(巷)白(伯)。”清華簡(六)《管仲》簡 21:“好宜(義)秉𢛳(德)。”[9]發乃勞力,清華簡(六)《管仲》22:“亓(其)民人……莫㤅(愛)袋(勞)力於亓(其)王。”

---

① 整理者注:“司,有司。萬,萬民。”按:司、萬互文,句謂有司萬民亦得之,萬民有司亦飤之。參簡 2“萬貌同德”,簡 32“萬族、貌民”。飤,清華簡(五)《殷高宗問於三壽》簡 8:“句(苟)我與尔(爾)相念相悬(謀),殜=(世世)至于遂(後)飤。”古以國蓄保障萬民之飤,《禮記·王制》:“無九年之蓄曰不足,無六年之蓄曰急,無三年之蓄曰國非其國也。三年耕必有一年之食,九年耕必有三年之食,以三十年之通,雖有凶旱水溢,民無菜色。”

② 《書·吕刑》“閲實其罪”,疏:“撿閲核實其所犯之罪。”《管子·度地》“常以秋歲末之時閲其民”,注:“閲謂省視。”《周禮·天官·小宰》“聽師田以簡稽”,注:“簡,閲也。稽,計也。”清華簡(九)《治政之道》簡 20—21:“春秾(秋)之峕(時)以亓(其)馬、女、金玉、㡀(幣)帛、名𠾂(器)㖊(聘)𧢲(頫)不解(懈),乃以敚(閲)民秂(務)。”

③ 《周禮·秋官·小行人》:“令諸侯春入貢,秋獻功,王親受之。”

④ 《周禮·天官·大府》:“大府掌九貢九賦九功之貳,以受其貨賄之入,頒其貨于受藏之府,頒其賄于受用之府。”

⑤ 若依整理者釋,飭,治也,理也。后所審閲,由“府”執行。

⑥ 清華簡(六)《子産》簡 16:“袋(勞)惠邦政,耑(瑞)使(使)於亖(四)哭(鄰)。”清華簡(六)《秦穆公禮歸子儀》簡 8:“鳥飛可(兮)𡉉(憯、漸)永,余可(何)𧹞以𨖍(就)之。遠人可(兮)麗(離)宿,君又(有)𧥣(尋)言,余隼(誰)思(使)于告之。”

⑦ 簡 129:“六官六㢊(府),民之谷(裕)財,衰殺盟(明)豊(禮),道義思(使)逨(來)。”

⑧ 論者(《初讀》第 285 樓,2022 年 1 月 14 日):“猷”當理解爲“謀猷”的“猷”。

⑨ 簡文“好美”並列。《説文》“好,美也”,段注:“本無二音,而俗强别其音。”

不共(恭)于正(政),畀女(汝)宼(寇)坓(刑): 畀,予也。[1] 寇,罪名。刑,處以刑罰。《書·舜典》"蠻夷猾夏,寇、賊、姦、宄,汝作士,五刑有服,五服三就",傳:"攻劫曰寇,殺人曰賊,在外曰姦,在内曰宄。"《左傳》莊公二十年:"司寇行戮。"《周禮·秋官·大司寇》:"以五刑糾萬民。"

上下亡(無)亦(赦): 猶"刑兹無赦"。才(在)皇之則: 猶"文王作罰"。《書·康誥》:"文王作罰,刑兹無赦。"

敋(恪)免(勉)隹(唯)敬,母(毋)甬(用)備(憊)葸(葸): 恪,参簡 2"豊(禮)敬,義 (恪)",簡 56"敋(恪)共(恭)皇事",清華簡(九)《成人》29 "畧(恪)哉(哉)毋詡(怠),毋敗朕型(刑)"。憊,《易·既濟》"高宗伐鬼方,三年克之",象傳:"三年克之,憊也。"釋文引鄭注:"劣弱也。"葸,畏懼。《論語·泰伯》:"子曰: 恭而無禮則勞,慎而無禮則葸。"

祝乃秉豊(禮),善于西垄〈厇(宅)〉曰: 卂豊(禮)虐(號)祝,曰隹(唯)川(順)是行。

祝: 職官名,以下宗、官長、工師同例。参簡 109"黄帝女(焉)idx(始)朗(乂)祝,頁(首)曰寺(時)"。

乃: 承上"皇后之式"(簡 57)而曰秉禮秉義云云。

善: 整理者讀爲"壇",解爲"築壇"。按: 善不改讀,理由有三: 1. 后頒布"式",言其法則,不執行者"畀汝寇刑"(簡 58)。"式"不一定適用各地巨細,職能部門依其職守出台解釋性執行條例,使其完善,乃本例所謂"善"。2. 善,好也,美也。與"式"言"猷乃好敚(美)"(簡 58)適成照應。3. 解釋内容在事神禮義範圍之内,"善"爲"式"之解釋執行;下文"全中曰畐(福)"(簡 61),全包含完善之"全",原簡行文邏輯關係清晰明確。《禮記·學記》"相觀而善之謂摩",疏:"善猶解也。"《釋名·釋言語》:"善,演也,演盡物理也。"賈誼《新書·大政》:"君鄉善於此,則佚佚然協,民皆鄉善於彼矣,猶景之象形也。"善作動詞謂使善,使所宅所事所治善。

西: 整理者解爲"東"字之誤,筆者不以爲"誤"。謹以要素對比如下:

簡 22—24 禮青,宅東極 信赤,宅南極 義白,宅西極 愛黑,宅北極 左旋

簡 59 禮(青)西宅 信(赤)南宅 義(白)東宅 愛(黑)北宅 右旋

有必要説明,本章述事神禮義,不涉及五行之"色",只是爲了對比醒目,括以"青"字。

簡文西南東北序,如式盤之地盤右旋。《淮南子·天文》:"紫宫執斗而左旋,日行

① 《詩·鄘風·干旄》"何以畀之",毛傳:"畀,予也。"清華簡(三)《周公之琴舞》簡 14"不畀甬(用)非頌(容)",非容者,不予用也。

一度，以周於天。"是爲天文星宿之旋，如天盤之旋；地右動，地盤之旋與天盤互逆。本篇行文有互逆之例，簡6—9"尚章司豊（禮）……尚正司義……尚厇（度）司悉（愛）……尚寺（時）司悬（仁）……尚婁（數）司中"，所述爲天文自然之序；簡22—25"尚中司算聿（律）……尚豊（禮）司章……尚悬（信）司寺（時）……尚義司正……尚悉（愛）司厇（度）"，所述爲人文天下之序。僅從構詞來看，"尚章司豊"與"尚豊司章"也成互逆。別有説。

圶： 整理者解爲"厇"字之誤。厇讀爲"宅"。《禮記・郊特牲》蜡祝辭："土反其宅，水歸其壑。"宅含守土有責之義。《書・立政》"宅乃事，宅乃牧，宅乃準"，傳："宅，居也。居汝事，六卿掌事者。牧，牧民。"

丮豊（禮）虐（號）祝： 丮，《説文》："持也。象手有所丮據也。"虐（號）祝，參簡115"祝宗虐（號）丮，図（攝）韋（威）于四亢（荒）"。

隹（唯）川（順）是行： 與簡53"行豊（禮）屡（踐）貴（時）"相照應。

宗乃秉悬（信），善于南厇（宅）曰：祭器香柔。曰隹（唯）蜀（蠲）香： 周官有大宗伯、小宗伯，"宗"之職守不限於"南宅"，祝、工同例，是知簡文四方之"宅"猶四方之守土，可比照互文例。祭器，參事神禮義總綱"悉（愛）曰器"（簡46）。香柔，照應簡50"不香曰香"。

㝗（官）長秉義，善于東厇（宅）曰：雉（牲）甬（用）比勿（物），曰隹（唯）羛（犧）。 秉義前承上省略"乃"，下文"秉愛"同例。參簡49"義（犧）甬（用）不用大勿（物）之句（厚）全"注引。東，整理者解爲"西"字之誤，兹不以爲誤。隹（唯）羛（犧），比照犧用也。

攻（工）帀（師）秉悉（愛），善于北厇（宅）曰：器敝（幣）上（尚）色，曰隹（唯）加（嘉）： 器敝（幣）上色，上讀爲"尚"，句與"敝（幣）不用良，用利奴（帑）"（簡49）、"牆（將）器母（毋）賜（貨）"（簡52）互補。《周禮・春官・大宗伯》"以蒼璧禮天，以黄琮禮地，以青圭禮東方，以赤璋禮南方，以白琥禮西方，以玄璜禮北方"，可爲"尚色"之例。曰隹（唯）加（嘉），同簡53"敝（幣）象用加（嘉）"。

曰：四圶〈厇、宅〉，四或（域）天下： 句讀略依論者説。[①] 何謂四宅？四域天下也。是亦簡文自言自説例。

豊（禮）曰則： 與總綱"豊（禮）曰筶（筮）""豊（禮）曰相"（簡46）互補。

悬（信）曰飤（食）： 參簡57"虐（吾）所飤（食），萬亦飤（食）之"，憂天下萬民之食，信也。

---

① 論者（《初讀》第110樓，2021年12月20日）："'曰四宅，四域天下，'應改爲：'曰：四宅。四域天下，'此'曰：四宅'諸字是對前文的説明，應是圖表説明文字的遺留。"

義曰弋(式)：参"義曰卜""義曰方"(簡 46),"皇后之弋(式)"(簡 57)。

恣(愛)曰備(服)：参"恣(愛)曰器""恣(愛)曰圖(藏)"(簡 47)。服,職事之服,服牛乘馬,引重致遠,以利天下。太史公牛馬走,"服"之楷模。

四豊(禮)：析言禮義信愛,渾言皆"禮",是所謂四禮。

全中曰畐(福)：全,完全。事神禮義,信仰家園在焉。皇后立"式",百官善之。天下歸"中",福祉無疆!

以上一節乃事神禮義之結語,與總綱呼應,結構完具,行文綿密。余是知《五紀》廣羅天道人文,氣象恢弘,筆勢縱横。其思精,其義深,成此天下古今奇文。

自有人類社會以來,如何安排精神家園是一大難題。本章禮神敬,感恩祖先創業;用諸人,化生文明傳承。[①] 千秋尚享,萬世興旺,可謂中國智慧。

① "用者(諸)人"區别於精神控制乃至控制行動自由之邪教。

戰國楚簡及傳抄古文中與“駐”相關之字補説

宋專專

摘　要： 曾侯乙墓竹簡簡 163“騮駐”之“駐”當讀爲“馵”，指後左足白色的馬。安大簡中與今本《詩經》對應的“駕其騏馺”之“馺”，當如學者所言，爲“馺”之誤，讀爲“馵”。傳抄古文中“駐”“駱”“馭”字下收録同形字，“駐”字下所收字形實爲“馭”字的訛變，綜合考察有關“駱駝”詞彙的演變，推測“駱”字下所收録的古文字形很可能是出自後人僞造。

關鍵詞： 騮駐　馵　傳抄古文　駱　橐駝

曾侯乙墓竹簡 142—209 號簡主要記載駕馭各輛車的馬匹，其中簡 163 云：

> 𦎫城君之騮爲左驌，鄭君之騮駐爲右驌，麗鄗君之阩車。[①]

“駐”字原簡作 ，[②]整理者注釋云：“‘主’字魏三體石經古文作 、 （參看黄盛璋《關於侯馬盟書的主要問題》，《中原文物》1981 年 2 期）。按此字實際上是‘宔’，在‘ ’旁下加一横即變成後世的‘主’。‘駐’字所从右旁原文作‘ ’，與古文‘宔’所从‘主’作‘ ’者相同，故將此字釋爲‘駐’。簡文‘駐’是馬名，與《説文》訓爲‘馬立’

---

① 湖北省博物館編：《曾侯乙墓》，文物出版社 1989 年，第 498 頁；武漢大學簡帛研究中心、湖北省博物館編著：《楚地出土戰國簡册合集（三）曾侯乙墓竹簡》，文物出版社 2019 年，第 33 頁。

② 字形出自武漢大學簡帛研究中心、湖北省博物館編著：《楚地出土戰國簡册合集（三）曾侯乙墓竹簡》第 74 頁。

之'駐'當非一字,其確義待考。"①

整理者指出此字所从右旁爲"主",當爲確論。从"主"之"宔",侯馬盟書多見,作 、 、 、 、 等形,②張富海先生還指出中山王器的 、 以及郭店簡《老子甲》6 號簡 ,《唐虞之道》24 號簡 均與石經古文相近。③ 因此,整理者將此字釋作"駐",視其爲馬名,可從。蕭聖中先生懷疑此字或與"馵"字有關:"《説文》有'馵'字:'馬後左足白也。从馬二其足。讀若注。'疑'駐'即'馵'字異寫。"④田河先生則指出:"'騮駐'爲馬名。蕭聖中僅把'駐'作爲馬名,恐不合適。'馵'篆體作 ,是一個指事字,認爲'駐'是'馵'的異寫也没有依據。不過'駐'可讀爲'馵',兩者皆屬侯部,駐雖屬端母,但所从之'主'屬於章母,與'馵'同紐。"⑤此説可從。

"馵"的本義爲後左足白色的馬。《周易·説卦》:"震……其於馬也,爲善鳴,爲馵足,爲作足,爲的顙。"王弼注:"陽在下也。"虞翻云:"馬白後左足爲馵,震爲左、爲足,初陽白,故爲馵足。"⑥震卦的卦象☳爲一陽爻在下,二陰爻在上,馵是後左足白的馬,與震卦的卦象相合。《詩經·秦風·小戎》:"文茵暢轂,駕我騏馵。"⑦毛傳:"騏,騏文也。左足白曰馵。"《爾雅·釋畜》:"膝上皆白,惟馵。"又"後右足白,驤;左白,馵。"郭注:"後左脚白。《易》曰:'震爲馵足。'" 可見"馵"既指膝上皆白的馬,又指後足的馬,我們認爲後一種可能較爲常見。駐,上古音爲知母侯部字;馵,章母侯部字。《詩經·秦風·小戎》"馵"與"驅續轂玉屋曲"押韻,屬侯屋部通韻;又馵讀若注,駐从主得聲,

① 湖北省博物館編:《曾侯乙墓》第 527 頁注 231。

② 張守中:《侯馬盟書字表新編》,文物出版社 2017 年,第 83—84 頁。

③ 張富海:《漢人所謂古文之研究》,綫裝書局 2007 年,第 114 頁。

④ 蕭聖中:《曾侯乙墓竹簡釋文補正暨車馬制度研究》,博士學位論文,武漢大學 2005 年,第 89 頁。此意見未收入正式出版的書稿之中,詳見《曾侯乙墓竹簡釋文補正暨車馬制度研究》,科學出版社,2011 年,第 192—193 頁。

⑤ 田河:《出土戰國遣册所記名物分類匯釋》,博士學位論文,吉林大學 2007 年,第 114—115 頁。

⑥ 惠棟撰,鄭萬耕點校:《周易述》,中華書局 2007 年,第 388 頁。

⑦ 今本"駕我騏馵",安大簡《詩經·秦風·小戎》對應作"駕其騏馭","馭"字作 。網友 cbnd 先生和郭理遠先生已指出,楚簡中"及"與"殳"寫法相近易混,此字爲"馭"字之誤,从"殳"得聲的"馭"可讀作"馵"。參安徽大學漢字發展與應用研究中心編,黄德寬、徐在國主編:《安徽大學藏戰國竹簡(一)》,中西書局 2019 年,第 102—103 頁;cnbd:《安大簡〈詩經〉初讀》,簡帛網簡帛論壇 2019 年 9 月 24 日,第 10 樓發言,http://www.bsm.org.cn/forum/forum.php?mod=viewthread&tid=12687&extra=&highlight=%E5%AE%89%E5%A4%A7%E7%B0%A1&page=1;郭理遠:《談安大簡〈詩經〉文本的錯訛現象》,《中國文字》2021 年冬季號(總第六期),萬卷樓圖書股份有限公司 2021 年,第 212—213 頁。

因此,"駐"可以讀爲"彛"。

曾侯乙墓竹簡簡 163 中的"騮駐"即"騮彛",赤身黑鬣且後左足白色的馬。蕭聖中先生曾指出,簡文中的"騮",多處單用爲馬名,或以馱騮、駒騮用爲馬名,"騮"均爲中心詞,只有"騮駐"的用法中,"騮"可能主要用於表徵其顏色(赤色)。[1] 實際上,此處"騮"仍然是中心詞,簡文多見"官名+(之)+騮"的格式,"騮 X"或"X 騮"的複合馬名僅見於"騮彛""騮駜""駒騮","駜"即牝馬之"牝"的專字,[2]《説文》馬部:"駒,馬二歲曰駒。""彛""駜""駒"分别是對騮的毛色、性别和年齡的修飾説明。[3] 這種"騮彛"較爲特别,至今仍可見其蹤迹,如歷史名駒"丹山"、新疆伊犁純種紅騮"西域好漢"。

"彛"字小篆作 ,侯馬盟書宗盟類參盟人名中有 ,[4]傳抄古文作 。[5] 相比"彛"字,"駐"的傳抄古文情況則較爲複雜,先將相關字形羅列如下:[6]

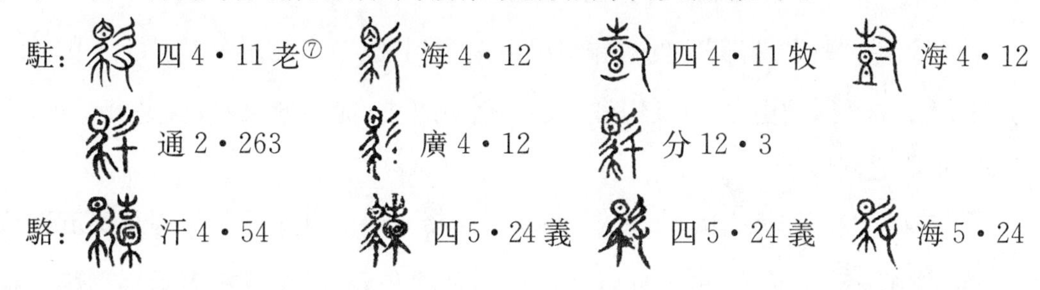

① 蕭聖中:《曾侯乙墓竹簡釋文補正暨車馬制度研究》第 193 頁。

② 湖北省博物館編:《曾侯乙墓》第 527 頁注 229。

③ "騮彛""騮駜""駒騮"當視作體詞性偏正結構,其中"彛""駜""駒"皆爲定語,"騮"則爲中心語。姚振武先生指出,上古漢語的定中結構,通常是定語在前,中心語在後,但是也存在體現事物整體與部分關係的定語後置結構,並專列"動物名"中的例證,如"蟲蝡""魚鮪""鷹鸇"等(詳參姚振武:《上古漢語語法史》,上海古籍出版社 2015 年,第 469—477 頁)。曾侯乙墓 C 類簡中以馬名爲中心語的結構中,"定+之+中"和"定+中"較爲常見,前者如"右尹之騮",後者如"少騙""大騙""生駁""駒騮"等。"騮彛""騮駜"正是定語後置結構,簡 199 的"黄駐""譽駐"、簡 203 的"驕駐""黄駐"均是與之相同的定語後置結構。

④ 山西省文物工作委員會編輯:《侯馬盟書》,文物出版社 1976 年,第 332 頁。

⑤ 杜從古撰,丁治民校補:《集篆古文韻海校補》,中華書局 2013 年,第 54 頁。

⑥ 傳抄古文字形主要出自《汗簡 古文四聲韻》(郭忠恕編、夏竦編,李零、劉新光整理,中華書局 2010 年)、《傳抄古文字編》(徐在國編,綫裝書局 2006 年)、《傳抄古文新編字編》(劉建民編,博士學位論文,復旦大學 2013 年)、《古老子文字編》(徐在國編,安徽大學出版社 2007 年)、《古文四聲韻》(清乾隆四十四年[1779]汪啓淑刻本,中國國家圖書館藏)。相關字形的具體出處簡稱和編排順序主要參考《傳抄古文字編》。

⑦ 中華書局本《汗簡 古文四聲韻》中收録的"駐"字此形因刻本邊框殘漶而模糊不清,《傳抄古文字編》所收字形爲汪啓淑刻本。檢中國國家圖書館藏宋刻抄配本《新集古文四聲韻》卷四葉十一,《古老子》字形作 ,相較於汪啓淑刻本而言當更加可靠。

馭[①]：説文古文 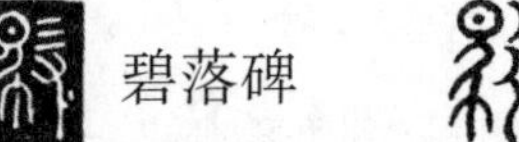 碧落碑　汗·4·54碧　四4·9碧　海4·10

關於"駱"字下的、二形，學者們已注意到其字形與"駱"字常見古文寫法不同。李春桃先生認爲此古文是"駐"字，收在"駱"下屬於誤收，理由是：首先，檢《訂正六書通》"駱"下不收形，而《訂正六書通》"駐"下却收相關形體；其次，了解古文爲何字，對於做出判斷是最重要的，楚簡中"駐"字作(曾侯乙163)，上録古文與此相近，應是從此訛變而來。[②] 劉建民先生《傳抄古文新編字編》將其歸入"馲"字，並括注"駱"；將、歸入"驝"字，亦括注"駱"。[③]

我們認爲，"駐""駱"歸字的複雜情況可追溯到"馭"字，無論是"駐"字下的，還是"駱"字下的，均由"馬"()和"又"()組成，從字形來看，就是"馭"字，上列諸"馭"也與之同形。

戰國文字"馭"作(曾侯乙16)、(曾侯乙67)、(清華簡·繫年121)，从馬从又五聲或午聲，或省減作(包山33)、(郭店·成之聞之16)，从馬午聲，其中表示馬形第三根鬃毛的筆畫與"午"的上部存在共筆現象。傳抄古文《古老子》中的、、(駐)疑從、一類形體訛變而來，"午"上部的∧形或省減，或與馬形共用筆畫，導致下部的"十"形與"駐"字右下的相同。"駐"字下收録的《古文四聲韻》中的，可能是"馭"形的誤置，也可能是在抄寫形時受該字下右部"又"形的類化影響所致；《集篆古文韻海》中的應當沿襲了的寫法，該字表示馬首的形寫法在《古文

---

① 《汗簡》《古文四聲韻》《集篆古文韻海》所收諸形均列在"御"字下。《説文》："御，使馬也。从彳从卸。，古文馭，从又从馬。""御"常表示"迎"義，"馭"的本義爲"使馬也"，二者在金文中的用法判然有别，戰國文字中已出現音近通假現象(参白於藍編著：《簡帛古書通假字大系》，福建人民出版社2017年，第367頁"馯與御"條)，至漢代則常常混用，"御"已有"使馬"義，但"馭"似乎尚無"迎"義。傳抄古文中二字也多混用，故相關文字編字頭均以"御(馭)"標示。爲行文方便起見，此處僅列"馭"字。

② 李春桃：《傳抄古文綜合研究》，博士學位論文，吉林大學2012年，第82頁；又李春桃：《傳抄古文綜合研究》，上海古籍出版社2021年，第86頁。

③ 劉建民：《傳抄古文新編字編》第500頁。

四聲韻》中僅見此一例。[①] 因此，傳抄古文中“駐”字下的很可能屬於誤收，其字本爲“馭”；而“駐”字下的，懷疑是“馭”字寫法的訛變。之所以這樣考慮，主要是因爲無論是今傳本《老子》，還是出土文獻所見的《老子》文本，都不存在“駐”字，唯一的可能是“夫代司殺者殺，是代大匠斲。夫代大匠斲者，希有不傷其手矣”一句中的“斲”字。但若真用“駐”表“斲”，宋人很可能會收在“斲”字之下。

釐清了“駐”字的字形，再來看“駱”字。《古文四聲韻》中“駱”字下所收與“馭”同形的字在不同的版本中存在細微差異，分別作：

宋刻抄配本　汪啓淑刻本

汪啓淑刻本的形體較宋刻抄配本少一筆，缺兩側手指形，但除“馬”形之外的曲筆和“又”形中表中間手指和手臂的曲筆一致，懷疑是抄寫者漏寫一筆所致。李春桃先生曾細緻比較過宋刻抄配本和清乾隆四十四年汪啓淑刻本、清光緒八年《碧琳琅館叢書》本、羅振玉石印本的古文形體差異，[②]其中不乏汪啓淑刻本比宋刻抄配本寫法更加減省者，如宄（—）、腎（—）、卜（—）、僕（—）、諾（—）等。[③] 此處“駱”字下所收字形似當以宋刻抄配本爲是。

劉建民先生將“駱”的字形分爲兩類，並且聯繫“馲駝（驝駝/駱駝）”一詞，着實巧妙，但將、認作“馲”恐怕欠妥。傳抄古文中的“乇”形與“又”形差異明顯，很少混同。“馲”字所从之“乇”多作形，與、所从之“又”仍有差距。黄錫全先生在《〈汗簡〉、〈古文四聲韻〉所録〈義雲章〉“古文”與古文字對照表》的備注中指出，（駱），郭録碧落文“御”同駱，寫誤；（駱），郭録《尚書》作，驝字。[④]

上述二位先生的意見值得重視，黄錫全先生已注意到“駱”和“馭（御）”的關係，不過我們認爲要釐清此問題，需要對“駱”和“驝”加以考察。“駱”本義爲鬃尾黑色的白馬，《説文》馬部：“駱，馬白色黑鬣尾也。从馬各聲。”《詩經 · 小雅 · 四牡》“嘽嘽駱馬”“駕彼

① 至於該形右部的豎筆，可能是“馭”之“又”形書寫的省減，也可能是受下文所及汪啓淑刻本《古文四聲韻》中類寫法（實際也爲“又”形省減）的影響。

② 清光緒八年《碧琳琅館叢書》本和羅振玉石印本均從清乾隆四十四年汪啓淑刻本出，這一點李春桃先生已指出，所以四本古文形體的比較實爲宋刻抄配本和汪啓淑刻本的比較。

③ 李春桃：《傳抄古文綜合研究》第183—185頁。按，所謂的“諾”實爲“咯”字。

④ 黄錫全：《〈汗簡〉、〈古文四聲韻〉中之〈義雲章〉“古文”的研究》，《古文字論叢》，藝文印書館1999年，第465—488頁，“驝”字古文非出《尚書》，黄先生將下字之出處誤移至此。

四駱”、《皇皇者華》“我馬維駱”、《裳裳者華》“乘其四駱”以及《禮記·月令》“乘戎路,駕白駱,載白旂,衣白衣,服白玉”等,均用“駱”之本義。在出土文獻中,“駱”字最早見於金文(盠駒尊蓋,《集成》6012),後多見於秦印,如、、等;[1]《肩水金關漢簡(壹)》簡73EJT4:16“□車一乘馬一匹駱牡齒七□”,[2]“駱”亦指馬;《武威醫簡》牘87甲“駱(/)”、《居延新簡》簡EPT51:223“駱()”,均用爲“酪”。[3]

“橐”字本義爲囊,與駱駝的駝峰狀相似,又“駱駝”一詞源於匈奴語data,早期書寫形式有橐它、橐阤、橐駞、橐陀、橐駝等。[4]“馲”爲透母鐸部字,與“橐”讀音相同,也是專門爲表示駱駝而造的字,但用例比“橐”晚;“驝”則在“橐”的基礎上分化而成,出現較晚。駱駝在秦漢以前已傳入中國,[5]在漢代文獻中亦多有記載:

① 王輝主編,楊宗兵、彭文、蔣文孝編著:《秦文字編》,中華書局2015年,第1526頁。

② 甘肅簡牘保護研究中心編:《肩水金關漢簡(壹)》,中西書局2011年,第81頁。

③ 甘肅省博物館、武威縣文化館編:《武威漢代醫簡》,文物出版社1975年,圖版第25頁。李迎春:《居延新簡集釋(三)》,甘肅文化出版社2016年,第52頁。又《懸泉漢簡》簡ⅣT0317③:237AB“駱馬酒”之“駱”也讀爲“酪”,見張俊民:《敦煌懸泉置出土文書研究》,甘肅教育出版社2013年,第480—481頁。范常喜先生指出寧夏海原石硯子M7號漢墓出土的陶罐上的“駱”也當讀作“酪”,指發酵的酸奶,見范常喜:《寧夏海原石硯子漢墓出土陶文札記三則》,“二〇二三年古文字與出土文獻學術研討會”論文,北京大學2023年。

④ 李智:《漢代漢語外來詞研究》,《群文天地》2009年第5期,“橐阤”“橐陀”在文獻中較爲少見。賈駿先生簡要地梳理了駱駝一詞的不同詞形及演化過程,可參賈駿:《駱駝稱名小考》,《杭州大學學報(哲學社會科學版)》1993年第3期。我們認爲,古匈奴語的data詞首輔音爲濁塞音d,而濁塞音容易清化或弱化,進而變成l或r。這樣的話,data就有可能寫作“駱駝”。高豐琪先生認爲,“橐駝”和“駱駝”有可能是因爲傳入地域的不同而產生的差别。在早期駱駝主要是由北方匈奴方向傳入,而到了漢代之後,由於河西走廊的打通,漢王朝和西域之間没有了匈奴的阻斷,西域可以直接向漢室進貢駱駝,在西域方言中,駱駝讀作“Uti”,於是在這一時期,人們選用了與之發音更爲接近的“駱駝”一詞,並且逐步開始取代從匈奴語“tata”發展而來的“橐駝”,在兩漢之後,匈奴遠遁,中原與西域的溝通增多,因此讀音也隨之發生了轉變,並逐漸固定。上述《方言》中河西地區以至關隴的“負他”一詞,與Uti發音接近,應當也是由Uti一詞發展而來。參高豐琪:《西北漢簡所見“橐他候官”考——兼考兩漢時的“橐駝”》,碩士學位論文,浙江大學2018年,第11頁。按,“負佗”是動詞連用,背負的意思,上引高説認爲是由跟Uti讀音相近發展來的,不一定可信。關於匈奴語“data/tata”及西域方言“Uti”的來源,尚不明確,我們目前無法解釋相關對音問題,暫且存疑待考。

⑤ 戰國楚墓出土數件人騎駱駝銅燈,如江陵望山二號墓出土A型燈一件,由豆形燈與人騎駱駝形燈座兩部分組成,見湖北省文物考古研究所:《江陵望山沙冢楚墓》,文物出版社1996年,第134—137頁。此條蒙李家浩先生提示,謹致謝忱。又蒙趙曉斌先生告知,1973年荆門後港楚墓也出土了人騎駱駝銅燈,現藏荆州博物館。

請令以橐駞、白玉、野馬、騊駼、駃騠、良弓爲獻。 (《逸周書·王會解》)

(虢山)其獸多橐駝,其鳥多鶹。 (《山海經·北山經》)

大王誠能聽臣之愚計……趙、代良馬橐他,必實於外厩。

(《戰國策·楚策一》)

唐虞以上有山戎、獫狁、葷粥,居于北蠻,隨畜牧而轉移。其畜之所多則馬、牛、羊,其奇畜則橐駞、驢、贏、駃騠、騊駼、驒騱。 (《史記·匈奴列傳》)

未得皇帝之志也,故使郎中係雩淺奉書請,獻橐他一匹,騎馬二匹,駕二駟。 (《史記·匈奴列傳》)

牛十萬,馬三萬餘匹,驢騾橐駝以萬數。 (《史記·大宛列傳》)

校尉常惠與烏孫兵至右谷蠡庭,獲單于父行及嫂、居次、名王、犂汙都尉、千長、將以下三萬九千餘級,虜馬牛羊驢贏橐駞七十餘萬。

(《漢書·匈奴傳》)

康居亦遣貴人,橐它驢馬數千匹,迎郅支。 (《漢書·匈奴傳》)

(大月氏國)出一封橐駝。 (《漢書·西域傳》)

(鄯善國)民隨畜牧逐水草,有驢馬,多橐它。 (《漢書·西域傳》)

是以贏驢馲駞,銜尾入塞,驒騱騵馬,盡爲我畜。 (《鹽鐵論·力耕》)

凡以驢馬馲駝載物者謂之負佗。 (《方言》卷七)

西北漢簡中也有關於用駱駝運輸的内容,以及關於野駱駝的記載,考古發掘中同樣出現了駱駝在漢昭帝時期備受重視的證據。[①] 先秦秦漢時期,表示{駱駝}的“橐駞/橐駝/橐他/橐它/馲駞/馲駝”與表示{馬白色黑鬣尾}的“駱”極少相混,[②]自東晉以降,“駱駝”一詞大量見於佛經,[③]“駱”字的使用情況已與“橐”“馲”相混。《玉篇·馬部》:

---

① 王子今:《騾驢馲駞,銜尾入塞——漢代動物考古和絲路史研究的一個課題》,《國學學刊》2013年第4期,第37—38頁。

② “駱駝”一詞在與漢代的相關文獻中僅見於《新語》《東觀漢記》《後漢書》,其中《後漢書》雖有“駱駝”一詞,但主要還是用“橐駝”表示駱駝,加之范曄爲南朝時人,此時“駱駝”一語已經出現,因此,我們對這幾種文獻關於“駱駝”記載的用語能够反映漢代的語言事實暫且存疑。

③ 如東晉佛陀跋陀羅、法顯譯《摩訶僧祇律》“駱駝酥”“驅牛羊、駱駝”“如駱駝、如驢”“駱駝毛”“看駱駝、看鳥”“如牛羊、駱駝”,東晉瞿曇僧伽提婆譯《中阿含經》“駱駝、牛、驢、豬、鹿、水牛”,後秦弗若多羅、鳩摩羅什譯《十誦律》“令象馬、駱駝、牛驢蹴蹋”“駱駝毛”“駱駝群”,後秦鳩摩羅什譯《成實論》“行如駱駝”、《大智度論》“如牛、駱駝穿鼻隨人”,後秦佛陀耶舍、竺佛念譯《四分律》“受食似如牛驢、駱駝、猪狗”“駱駝頭”,隋智顗撰《摩訶止觀》“穴鼻駱駝翻倒負馱”“駱駝骨”等,唐代佛典及字書中“駱”字大量出現,此不贅。其他文獻如《博物志》《宋書》中也偶見“駱駝”一詞。

“駝,駱駝。”慧琳《一切經音義》卷六十“駱駞”:“上音洛,下音陀。俗字也。正體本作驝駞。北方夷狄之地胡畜也。顧野王云:背有肉鞍。亦有獨峰者,能負重,日行三百,高七尺,四節項下皆有長毛,黄色。亦有白色者,上好。”[①]又《説文》人部:“佗,負何也。从人它聲。”徐鉉按語云:“《史記》‘匈奴奇畜有橐佗’,今俗訛誤謂之駱駞,非是。”

我們認爲慧琳和徐鉉的意見很值得參考,考慮到“駱”在佛經中的大量用例,用“駱”表示{駱駝}應當是“俗訛”的結果。由此來看傳抄古文的“駱”字頭,不禁令人起疑。一方面,(《汗簡》)和(《古文四聲韻》)從字形上看是“驝”字,其中《汗簡》字形下注云“駱,又佗各切”,《古文四聲韻》字形下注其出處爲《義雲章》,傳抄古文所收録的字形多爲戰國時代的古文字,然而却用了漢代以後産生的“驝”(“驝”字不見於《説文》,最早見於《玉篇》),以及晋代才開始流行的“駱”,這説明《義雲章》的出處很可能有問題,“驝”的字形極有可能是後人僞造的。另一方面,“駱”字頭下《汗簡》僅收,而《古文四聲韻》既收録,又收入,新增的形來歷不明,我們推測,這可能是後人在僞造時試圖造出从馬各聲的字,但半途而廢,導致“畫‘駱’不成反類‘馭’”,試比較以下幾例同出《義雲章》的从各聲的古文字形:

銘　剳　䛛　愘　馭

“駱〈馭〉”的手形和最下面的一根馬鬃毛結合,便與“各”旁的夊形一樣,再加上口形,也就能造出後世之“駱”形了。可惜從字形和字用的時代性來看,“駱”字頭本就没有存在的必要,而“驝”和“駱〈馭〉”形僞造的痕迹又較爲明顯,此字形也就不具有太大的參考價值了。

傳抄古文材料對於考釋古文字的重要性已被學者們所揭示,然而,傳抄古文畢竟摻雜了一些來歷不明的形體,也不乏後人僞造者,因此在利用傳抄古文材料時,需要非常慎重。我們很贊同李春桃先生所言,“了解古文爲何字,對於做出判斷是最重要的”,同時,對於傳抄古文材料的來源、版本的辨析,以及不同時代的用字特點的把握,也是十分重要的。

附記:拙文初稿蒙史傑鵬師、羅小華、高中正、劉曉晗等諸位先生指正,又蒙匿名審稿專家提出寶貴的修改意見,謹致謝忱。文中疏漏,概由本人負責。

① 徐時儀校注:《一切經音義三種校本合刊(修訂第二版)》,上海古籍出版社 2023 年,第 1585—1586 頁。

《里耶秦簡(壹)》新釋九則*

何有祖

摘　要： 文章釋《里耶秦簡(壹)》"曰""清""典庠"等字詞，並對簡文文意做了進一步疏解。

關鍵詞： 里耶秦簡　文書　文字　釋讀

湖南省文物考古研究所編著《里耶秦簡(壹)》，[①]爲秦文獻、秦史研究提供了寶貴資料。我們在研讀中，嘗試提出新的考釋意見，不妥之處，敬請方家指教。

一

里耶秦簡 5－1 號簡：

元年七月庚子朔丁未，倉守陽敢言之：獄佐辨、平、士吏賀具獄縣官，Ⅰ食盡甲寅，謁告過所縣鄉以次續食，雨留不能投宿，[②]齎。Ⅱ來復傳。[③] 零陽田能自食。當騰，期卅日。敢言之。/七月戊申，零陽Ⅲ龏移過所縣鄉。/齮手。/七月庚子朔癸亥，遷陵守丞固告倉嗇夫：Ⅳ以律令從事。/嘉手。Ⅴ

---

* 本文爲武漢大學自主科研項目(人文社會科學)研究成果，得到古文字與中華文明傳承發展工程規劃項目"里耶秦簡牘校釋綴合(G3457)"、"近出秦漢簡帛叢考(G3456)"、中國歷史研究院"蘭台青年學者計劃(LTQN2021LX603)"的資助。

① 湖南省文物考古研究所編著：《里耶秦簡(壹)》，文物出版社 2012 年。

② 投，原釋作"決"。此從《校釋一》釋。參看陳偉主編，何有祖、魯家亮、凡國棟撰著：《里耶秦簡牘校釋(第一卷)》第 3 頁，武漢大學出版社 2012 年。以下簡稱作《校釋一》，不另注。

③ 郭偉濤先生認爲，里耶秦簡"續食"文書所見的"來復傳"，"來"表示返程，"復傳"表示再次使用傳文書。見郭偉濤：《論里耶秦簡"續食文書"即秦代傳信》，《甘肅簡牘》第二輯，西南交通大學出版社 2022 年。

"雨留不能投宿,齎",《校釋一》作"雨留不能投宿齎",鄔文玲女士斷句作"雨留不能,投宿,齎","投宿、賫"指提供住宿和相應的糧食物資。[①] 余津銘先生斷句作"雨留,不能投宿,齎"。[②] 今按:各家斷句頗有啓發意義。岳麓柒 202/0399"郡縣道所傳囚,所傳囚閒能投宿焉者,令各如其故。其閒不能投宿,故未",[③]其中有"所傳囚閒能投宿""其閒不能投宿",可知本簡此處斷句當作"雨留不能投宿,齎"。里耶秦簡類似的文書有相似的語句,此前《校釋一》皆連讀作"……不能投宿齎",其斷句也當重新考慮,即 8－110＋8－669＋8－1203"雨留不能投宿,齎"、8－169＋8－233＋8－407＋8－416＋8－1185"節(即)不能投宿,齎"、8－1517"雨留不能投宿,齎"。5－1、8－169＋8－233＋8－407＋8－416＋8－1185 等簡中多次出現的"齎",當用作動詞。里耶 5－1 號簡《校釋一》注:"《説文》:'持遺也。'《禮記·奔喪》'則成服而往'鄭玄注:'成服乃行容待齎也。'陸德明音義:'齎,子西反,資糧也。'又《周禮·春官·巾車》:'毀折,入齎于職幣。'鄭玄注:'杜子春云:"齎,讀爲資。資謂財也。乘官車毀折者,入財以償繕治之直。"'簡文可能是説當因故不能投宿時提供資糧錢財。"其説可從。

再看 8－169＋8－233＋8－407＋8－416＋8－1185 號簡,其釋文作:

> 卅五年二月庚申朔戊寅,倉□擇敢言之:隸□餽爲獄行辟Ⅰ書彭陽,食盡二月,謁告過所縣鄉以次牘(續)食。節(即)不Ⅱ能投宿,齎。遷陵田能自食。未入關縣鄉,當成盉(齎),Ⅲ以律令成盉(齎)。來復傳。敢言之。☑Ⅳ

上揭簡文中"盉"字出現兩次,後一字由《校釋一》釋出。"盉"字所在文句作"未入關縣鄉,當成盉,以律令成盉",《校釋一》:成盉,待考。余津銘先生在"齎"讀如本字的情況下,把"盉"讀作"資",解作"供給"。[④]今按:"盉"以齊爲聲,仍當讀作齎。"隸□餽爲獄行辟書彭陽",因各種原因不能投宿,需要沿路的縣鄉向其"齎",即提供飲食等必需物質。"節(即)不能投宿,齎""未入關縣鄉,當成盉(齎),以律令成盉(齎)",其中"齎""當成盉(齎)"所指皆此。"以律令成盉(齎)"當指按律令的規定來成齎。嶽麓秦簡伍 48－49 號簡"不具者,輒却,道近易具,具者,郡守輒移御史以盉(齎)使及有事咸陽

① 鄔文玲:《里耶秦簡所見"續食"簡牘及其文書構成》,《簡牘學研究》第 5 輯,甘肅人民出版社 2014 年,第 1—8 頁。

② 余津銘:《里耶秦簡"續食簡"研究》,《簡帛》第 16 輯,上海古籍出版社 2018 年,第 131—143 頁。

③ 陳松長主編:《嶽麓書院藏秦簡(柒)》,上海辭書出版社 2022 年,第 149 頁。

④ 余津銘:《里耶秦簡"續食簡"研究》。

者”,①其中“齎”即寫作“䪡”,用作名詞,指所齎之物。可參看。“未入關縣鄉,當成䪡(齎),以律令成䪡(齎)”的記載,與“謁告過所縣鄉以次牘(續)食。節(即)不能投宿,齎。遷陵田能自食”,在齎飲食的規定上似有所差別。

二

里耶秦簡 6－4 號簡:

□年四月□□朔己卯,遷陵守丞敦狐告船官Ⅰ曰:令史慶讎律令沅陵,其假船二樓,勿Ⅱ留。Ⅲ

《校釋一》:“敦狐,人名,亦見於 8－135 等簡。船官,官名,管理船隻。第二欄首字應是船官長之名。”今按:第二欄首字,原釋文未釋,也可能並非船官長之名,字作:

疑是“曰”字。8－2117“曰”字作 ,可參看。里耶簡“告曰”或“告某曰”的文例,如 8－1271“告曰”、9－1454“告主曰”等。8－198＋8－213＋8－2013“遷陵丞昌下鄉官曰:各別軍吏。”有下達文書給鄉官而用“曰”的情況。皆可參看。

三

里耶秦簡 8－440 號簡:

更　　新陽曰□☑

“曰”下一字,原釋文未釋,簡文作 ,今按:疑是“清”字,睡虎地秦墓竹簡《日書乙種》233 號簡“清”字作 ,可參看。此處意思是把“新陽”更名作“清□”,當是對“新陽”名稱的變更。

四

里耶秦簡 8－661 號簡:

---

① 陳松長主編:《嶽麓書院藏秦簡(伍)》,上海辭書出版社 2017 年,第 54—55 頁。

☐朔己未,貳春鄉茲☐Ⅰ

☐故爲南里典庠,謁☐Ⅱ

☐【茲】下書尉,尉傳都□☐Ⅲ

故,原釋文未釋,今按:當是故字。"故爲南里典庠",其中"故爲……",相似的文例多見,如 9-470"敬故爲遷陵左田歸寧,今徙爲",[①]"敬"原來担任遷陵左田,"故"前的人名,與"故"後出現的職務名對應。由此可知"故爲南里典庠"之"故"前應有"貳春鄉茲"所提及的吏員名,"故爲"之後的内容是對本簡所涉吏員原來職務的表述。另外,里耶簡中在交代説話人(以及所涉及人物名)的情況下,在説話人的陳述中,"謁"前省略説話人的人名,一般不再加人名,如:

衡山守章言:衡山發弩丞印亡,謁更爲刻印。 ·命。8-1234

廿五年三月庚寅朔辛亥,倉銜敢言之:疏書吏、徒上事尉府Ⅰ者牘北(背),食皆盡三月,遷陵田能自食。謁告過所縣,以縣鄉次續Ⅱ食如律。雨留不能投宿,齎。當騰騰。來復傳。敢言之。Ⅲ8-1517

本簡"謁"前出現的"庠"可排除用爲人名的可能。如此,"故爲南里典庠"當屬上讀。其中"南里"爲里名,屬貳春鄉,"典庠"首見,當用作官名。典,主持,掌管。《廣雅·釋詁三》:"典,主也。"《書·舜典》:"帝曰:諮,四岳,有能典朕三禮? 僉曰:伯夷。"孔穎達疏:"掌天神、人鬼、地衹之禮。"庠,學校,《説文》:"庠,禮官養老,夏曰校,殷曰庠,周曰序。从广,羊聲。""庠"也見於里耶簡 8-1308"書到,謹以庠除復","除"下一字原釋文作"覆",今按:是復字。秦漢時期將赦免賦役、徭役稱爲"復",也稱"復除"。[②] 由里耶 8-1308 看,還可被稱爲"除復"。里耶簡 8-170"得虎,當復者六人",反映秦人因"得虎"得以"復除",也涉及秦代復除制度。[③] 張家山漢簡《二年律令》265-266 號簡:"令郵人行制書、急書,復,勿令爲它事。"這是對郵人的復免,可參看。8-1308"以庠除復"當因庠之事務而加以復免。具體而言,可能是對主持庠的吏員或到庠學習的人

① "歸寧"從朱璟依釋。朱璟依:《〈里耶秦簡(貳)〉文字編》,本科畢業論文(郭永秉教授指導),復旦大學 2019 年,第 67、182 頁。

② 張仁璽:《秦漢復除制述論》,《山東師範大學學報(社會科學版)》1993 年第 4 期;林甘泉主編:《中國經濟通史·秦漢經濟卷》(下),第十六章《徭役》(執筆人:馬怡),中國社會科學出版社 2007 年,第 462—463 頁。

③ 莊小霞:《里耶秦簡所見秦"得虎復除"制度考釋——兼説中古時期湖南地區的虎患(附:補遺)》,簡帛網 2019 年 8 月 30 日。

員進行復免。由“南里典庠”，可知該庠設在貳春鄉南里，負責的吏員被稱爲“典庠”。

“下”前一字，原釋文未釋，《里耶秦簡博物館藏秦簡》(第169頁)疑爲重文符號之殘筆。今按：簡文作 ，殘存筆畫作二向上的凹弧筆，疑是“兹”字殘存筆畫。里耶秦簡“兹”字作 (8－351)、 (8－1565)、 (8－1635)，可參看。本簡是由“貳春鄉兹”上報到縣廷，關於原任南里典庠的某位吏員職務變動的上行文書。

正面第三行出現的“兹下書尉，尉傳都”，其中“兹”能下書給尉，可知此“兹”位階尚在“尉”上，疑即遷陵守丞“兹”，該官吏曾出現在秦始皇卅四年(8－1449＋8－1484)。8－1456號簡也有遷陵守丞“兹”，但缺少年份。其釋文作：

> ☐□【貳春鄉】□□□□□□【貳春鄉】☐ Ⅰ
> ☐寇將詣貳春鄉，如前書。敢☐ Ⅱ
> ☐守丞兹下司空，以律令【從】☐ Ⅰ正面
> ……Ⅱ背

該簡似也由貳春鄉草擬的上行文書，最後“守丞兹下司空”，可與本簡所討論的“兹下書尉”合觀。

五

里耶秦簡8－1223號簡：

> 隸令乙、丁、戊。Ⅰ
> 徒隸乙。Ⅱ
> 令佐適取。Ⅲ

“令乙”前一字，原釋文指出左部从“言”。《校釋一》存疑。乙，原釋文作標識處理。《校釋一》作“乙”。下同。

今按：“令”前一字作：

與同簡的“隸” ，以及里耶簡“隸”作 (6－7)、 (8－136)等寫法相近，當釋作“隸”。“隸令”指關於隸的秦令，“隸令乙、丁、戊”即隸令乙、隸令丁、隸令戊。下一列

的“徒隸乙”,疑承上省“令”字,“徒隸令”指關於徒隸的秦令。“徒隸乙”即指徒隸令乙。這幾種隸令、徒隸令都以令名的形式存在。這些令名中,以某令+天干的形式,也見於胡家草場漢簡整理者所公布的令目簡:①

> 第1卷“令散甲”包括令甲、令乙、令丙、令丁、令戊、壹行令、少府令、功令、蠻夷卒令、衛官令、市事令共11種令。第2卷包括户令甲、户令丙、厩令甲、金布令甲、金布令乙、諸侯共令、禁苑令、倉令甲、尉令乙等26種令。

“令佐適取”指令佐適讎取其右部所列秦令(隸令乙、隸令丁、隸令戊、徒隸令乙)。本牘較有可能是對令佐適讎取隸令、徒隸令時所做工作記録。②

六

里耶秦簡8-1615號簡:

> ……之入□。③　　五【萬】☐Ⅰ
> ☐□□走馬千三百八十三日,繇(徭)二日,員三萬☐Ⅱ
> ☐凡五萬六千六百八十四日☐Ⅲ

“千三百”上二字,原釋文未釋,今按:該二字作

當釋作“走馬”。岳麓叁31號簡“廿五年五月丁亥朔壬寅,州陵守綰、丞越敢讞之:廼二月甲戌,走馬達告曰:盗盗殺傷走馬”,整理者注:走馬,秦爵名,下數第三級,與簪裹相當。《數》簡122-123:“大夫、不更、走馬、上造、公士,共除米一石,今以爵衰分之,各得幾可(何)?”能確定年代的史料中,本簡所見走馬屬秦王政二十五年,爲走馬最晚的辭例,里耶秦簡1⑯5背所見簪裹屬秦始皇二十七年,爲簪裹最早辭例,似在二十六年前後走馬被簪裹所取代。④ 里耶秦簡8-461“走馬如故,更簪裹。”記載了秦更名詔書中對“走

① 李志芳、蔣魯敬:《湖北荆州市胡家草場西漢墓M12出土簡牘概述》,《考古》2020年第2期,第27頁。

② 承魯家亮先生示知,“徒隶乙”像虛擬的人名,第一行的也不能完全排除。今按:“徒隸乙”如作爲人名,位序當在“令佐適”。從“徒隸乙”出現在“令佐適取”右邊看,“徒隸乙”應是令佐適所取之物,這裏指所讎取的律令資料,是合理的。

③ 之,原釋文作“出”。此從《校釋一》釋。

④ 朱漢民、陳松長主編:《嶽麓書院藏秦簡(叁)》,上海辭書出版社2013年,第117頁。

馬”使用範圍的調整。其中“走馬”“簪褭”由郭永秉、陳松長先生釋出,①陳松長先生指出,在秦始皇二十六年,朝廷實施了“更名”的政策,而“走馬”被“簪褭”所替代也正是這個時候。“走馬”曾兼官稱和爵稱於一身,“簪褭”僅作爲爵稱來使用。在歷史上,“走馬”的使用在前,“簪褭”的使用在後,“走馬”作爲爵稱的廢止和“簪褭”的啓用,是秦始皇二十六年發生的。② 本簡出現“走馬”一詞,可知本簡年代約在秦始皇二十六年左右。

七

里耶秦簡 8－1982 號簡:

☐于高里大女子焉所☐

“高”前一字,原釋文未釋。今按:當是“于”字。

“里”後一字,原釋文作“大”。《校釋二》存疑。今按:原釋文作“大”可從。

焉所,原釋文作三未釋字。今按:其中第一字簡文作:

當釋作“焉”。里耶秦簡 8－228 號簡“焉”字作 ,睡虎地秦簡“焉”字作 (《法律答問》185 號簡) (《秦律十八種》24 號簡),可參看。焉,人名。

“焉”下一字簡文作:

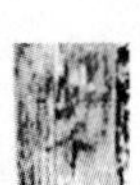

里耶秦簡 8－2093 號簡“所”字作 ,與之形體接近,可參看。字當釋作“所”。所,處所。

“于高里大女子焉所”,相似的表述見于 8－1002＋8－1091“庫建、佐般出賣祠窨□□□一胊于隸臣徐所,取錢一”,③其中有“于隸臣徐所”,可參看。

① 見郭永秉:《讀里耶 8:461 木方札記》,臺灣大學中國文學系、新竹清華大學中國文學系聯合主辦,“出土文獻的語境”國際學術研討會暨第三屆出土文獻青年學者論壇,2014 年 8 月 27—29 日,清華大學。陳松長、賀曉朦:《秦漢簡牘所見“走馬”、“簪褭”關係考論》,《中國史研究》2015 年第 4 期。

② 陳松長、賀曉朦:《秦漢簡牘所見“走馬”、“簪褭”關係考論》,《中國史研究》2015 年第 4 期。

③ 所,張春龍先生屬上讀。張春龍:《里耶秦簡祠先農、祠窨和祠堤校券》,《簡帛》第 2 輯,上海古籍出版社 2007 年。劉樂賢贊同並證成張春龍説。劉樂賢:《談秦漢文獻中“所”字的一種用法》,《中國文字學報》第 3 輯,商務印書館 2010 年,第 136—140 頁。

八

里耶秦簡 8－2028 號簡:

令曹書一封,[①]遷陵丞印,詣定地卒☐

令,原釋文未釋,今按:當是"令"字。

"定"下一字,原釋文未釋,今按:簡文作:

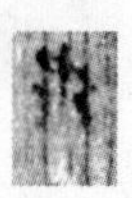

與下列"地"字作:

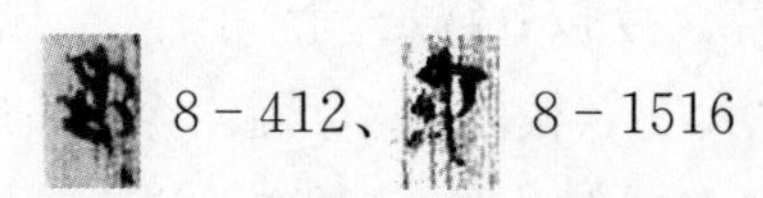

8－412、 8－1516

形同,當是"地"字。簡文上半段作"令曹書一封,遷陵丞印,詣定地"交代文書的發出單位、所蓋印、發往地。"定地"接在"詣"的後面,從郵遞文書的現有記録格式來看,當是地名。《漢書·地理志》有"定陶""定陵"等地,《二年律令·秩律》有"定陽"、"定陵",簡文"定地"所指爲何處暫不能確定。另,里耶 9－1444"軍人略地"、9－2301"已盡略齊地","定地卒"或許有可能是與略地卒相似。[②]

九

里耶秦簡 8－2473 號簡:

亟定薄,令取☐Ⅰ

菅矣☐Ⅱ

"令"下一字,原釋文未釋,王可認爲是"啓"字。[③] 今按:簡文作 ,左从耳,右所从"又"書寫較緊湊,當是"取"字。里耶秦簡"取"字作 (8－1772)、 (8－560),可參看。

① 一,原釋文未釋,從唐强釋。唐强:《〈里耶秦簡(壹)〉釋文校補》,碩士學位論文,西南大學 2020 年。

② 此承黄浩波先生提示。

③ 王可:《里耶秦簡文字補識》,《楚學論叢》第 7 輯,湖北人民出版社 2018 年。

"取"出現在"令"後,當用作動詞。第一列"取"字以下殘去,所"取"之物暫不能確定。不過第二列開頭完整,第一字作"萱",而里耶簡中有"取萱"一詞,如 8-1472"一人取萱:乙",其中"取萱"指取萱草,則爲作務名。可見第一列最後一字可能是"取"字。也不能排除"令取"下原爲"萱"而殘去,且"取萱"出現二次的可能。由"萱矣"可知,本簡可能是確定某人作務爲"取萱"的文書。

附記:小文寫成後得到魯家亮、黃浩波先生、吴桑同學的指教,謹致謝忱!

里耶秦簡校釋四則

張　瑞

摘　要： 本文對里耶秦簡部分釋文提出校釋意見：補釋簡 8－379“□□”“□□”和“犴”、8－1507“逐”和“一”、8－1957“稻”和“廿六”、9－625“捕”等；對字形補釋中涉及的出糧券書和鼠券簡簡文文例進行了梳理。

關鍵詞： 里耶秦簡　釋文　校釋

湖南省文物考古所編著的《里耶秦簡(壹)》《里耶秦簡(貳)》，圖版清晰，釋文準確。《里耶秦簡牘校釋(第一卷)》《里耶秦簡牘校釋(第二卷)》，對簡文進行了進一步的校補和疏正，爲學界研讀里耶秦簡提供了極大的參考。本文試就里耶秦簡部分釋文進行討論。[①] 不當之處，敬請方家指正。

一

里耶秦簡 8－379 號簡牘釋文作：

□＝……　卅一年十二月□□倉☐Ⅰ

□【視】平☐Ⅱ

---

① 本文釋文及圖版以《里耶秦簡(壹)》《里耶秦簡(貳)》爲底本，對於《里耶秦簡牘校釋(第一卷)》《里耶秦簡牘校釋(第二卷)》的簡文句讀及最新校釋成果也有所借鑒。正文論證過程中分別簡稱爲“原釋文”“《校釋(一)》”“《校釋(二)》”，不再單獨出注。具體參看湖南省文物考古研究所編著：《里耶秦簡(壹)》，文物出版社 2012 年；湖南省文物考古研究所編著：《里耶秦簡(貳)》，文物出版社 2017 年；陳偉主編：《里耶秦簡牘校釋(第一卷)》，武漢大學出版社 2012 年；陳偉主編：《里耶秦簡牘校釋(第二卷)》，武漢大學出版社 2018 年。

按：本簡簡首釋文，李美娟曾補釋爲“粟米二石”，[1]應可參考。本簡簡首圖版作：

圖版放大後可捕捉兩處筆迹“ ”“ ”，其中靠上部分的筆迹 ，原釋文及《校釋(二)》均已釋出重文符號，重文符前字形雖字迹漫漶，不易辨識，但從里耶秦簡常見文例分析，是“粟米”合文的可能性較大。里耶秦簡所見“粟米”合文寫作 (8－1577) (8－1590)，可參看。簡首靠下部分的筆迹 ，釋作“石”，可與其餘其他簡文所見字形對比參看： (8－27)、 (8－626)等。原釋文“説明”所指“左側刻齒爲‘二’”，“石”前補數詞“二”字，亦與刻齒數相合。

本簡簡側刻齒、“粟米”“倉”“【視】平”等内容均可説明本簡是常見的倉機構出糧券書。例如：

> 徑廥粟米一石二斗半斗。　·卅一年十二月戊戌，倉妃、史感、稟人援出稟大隸妾援。Ⅰ
>
> 令史朝視平。Ⅱ 8－762
>
> 徑廥粟米一石二斗少半半升。·卅一年十一月乙卯，倉守妃、史感、稟人援出稟大隸妾䈪。Ⅰ
>
> 令史扁視平。　感手。Ⅱ 9－1493＋9－85

常見出糧類券書，如以上所舉簡例，主要記録“出糧糧倉、出糧種類、出糧數量”＋“出糧時間”＋“出糧主持人員(包括某一機構的主官、佐或史、稟人等)”＋“出糧原因(出稟/出食/出貸)”＋“出糧對象”＋“出糧監督人員(一般爲令史/令佐，簡文記載作‘令史某/令佐某＋監/視平’)”。

另有部分簡文記載中則不見關於糧倉的記載，例如：

> 粟米一石二斗六分升四。　令史逐視平。Ⅰ
>
> 卅一年四月戊子，貳春鄉守氐夫、佐吾、稟人藍稟隸妾廉。Ⅱ 8－1557
>
> 粟米三石七斗少半斗。卅二年八月乙巳朔壬戌，貳春鄉守福、佐敢、稟人杕出以稟隸臣周十月、六月廿六日食。　令史兼視平。　敢手。8－2247

---

① 李美娟：《〈里耶秦簡(壹)〉零札》，《簡帛》第17輯，上海古籍出版社2018年，第86—87頁。

具體到本簡，參考圖版中“＝”的位置及“石”字、“卅一年”等字的大小及字距，本簡“粟米”合文前空白較多，應該還有文字，説明具體的出糧糧倉。目前所見出糧券都是頂格書寫。圖版對比如下：

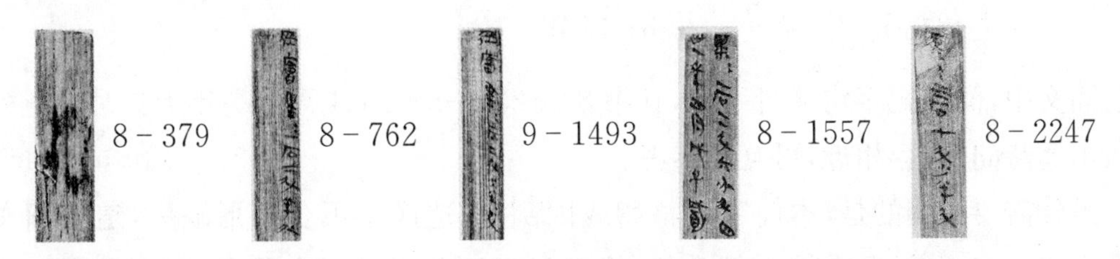

本簡第二行“平”前兩字，筆畫均是右部殘損，不易辨識。圖版作：

整理者釋第二字爲“視”，可從。關於“視平”，《校釋(一)》簡 8－45 注釋指出：“視平，或省作‘視’(8－880)，或省作‘平’(8－217)，同樣場合有時也用‘監’字(8－760)，疑‘視’或‘視平’與‘監’含義類似，指督看，以保證公平。”①可參看。“視”前一字，細審圖版，有可能是“犴”。里耶秦簡“犴”字常寫作“ ”(8－1340)、“ ”(8－2249)等，可參看。本簡並無殘缺，第二行完整簡文應是“令史犴視平”，只是因爲某種原因致使“令史”二字筆迹消失。“令史犴視平”又見於簡 8－448＋8－1360、8－763、8－800、8－1239＋8－1334、8－2249 等簡文相對完整且紀年明確的簡。簡文羅列如下：

☑年三月癸丑，倉守武、史感、稟人堂出稟使小隸臣就。

令史犴視平。8－448＋8－1360

粟米一石二斗半斗。·卅一年三月癸丑，倉守武、史感、稟人援出稟大隸妾并。Ⅰ

令史犴視平。感手。Ⅱ 8－763

徑廥粟米一石二斗半斗。　卅一年二月辛卯，倉守武、史感、稟人堂出☑Ⅰ

令史犴視平。☑Ⅱ 8－800

徑廥粟米三石七斗少半升。　·卅一年十二月甲申，倉妃、史感、稟人窑出稟冗作大女韱十月、十一月、十二月食。Ⅰ

① 陳偉主編：《里耶秦簡牘校釋(第一卷)》，第 40 頁。

令史犴視平。感手。Ⅱ 8－1239＋8－1334

徑廥粟米一石二斗半斗。卅一年二月己丑,倉守武、史感、稟人堂出稟隸妾援。Ⅰ

令史犴視平。　感手。Ⅱ 8－2249

以上簡文中,簡文紀年均爲卅一年,其中 8－1239＋8－1334 爲卅一年十二月。上列簡文與本簡時間、内容相近,可互爲參考。

另外需要説明的是,本簡字形整體或因刮削,造成了不少字形缺失,這給簡文的補釋造成一定困難,但本簡文例常見,從常見文例分析試補全釋文,有利於對簡文的理解和應用,也是一種可行的方案。

綜上,8－379 號簡釋文可以調整爲:

□□粟米二石……　　卅一年十二月□□倉☑Ⅰ

□□【犴】【視】平☑Ⅱ

首行"□□"表示某一糧倉的名稱,第二行"□□"應爲令史二字。

二

里耶秦簡 8－1507 號簡釋文作:

☑□視平。☑Ⅰ

☑各四升六分升□☑Ⅱ

按:簡末"升"後一字,殘存筆迹較少 ,比較圖版和常見文例,爲"一"的可能性較大。同時,"四升六分升一"又見於簡 8－125、8－426＋8－1632＋8－212、8－216＋8－351、8－1894"日四升六分升一";8－1335＋8－1115、8－1276"人四升六分升一"等。完整簡文列舉如下:

☑□七日日四升六分升一。Ⅰ

☑　得手。Ⅱ8－125

徑廥粟米一石九斗五升六分升五。　卅一年正月甲寅朔丁巳,司空守增、佐得出以食舂、小城旦渭等卌七人,積卌七日,日四升六分升一。Ⅰ

令史□視平。　得手。Ⅱ 8－212＋8－426＋8－1632

☑斗。　卅年九月丙辰朔己巳,司空守茲、佐得出以食舂、小城旦却等五十二人,積五十二日,日四升六分升一。Ⅰ

令史尚視平。　得手。Ⅱ 8－525＋8－351＋8－216[1]

〼城旦却等五十二,積五十二日,日四升六分升一。Ⅰ

〼　得手。Ⅱ 8－1894

粟米八升少半升。　令史逐視平。〼Ⅰ

卅一年四月辛卯,貳春鄉守氐夫、佐吾出食舂、白粲□等【二】人,人四升六分升一。〼Ⅱ 8－1335＋8－1115[2]

〼□二人,人四升六分升一。〼 8－1276

據以上簡文内容,"四升六分升一"應爲舂、小城旦、白粲等每人每日的稟食標準。黄浩波在對里耶秦簡中所見稟食記録的系統研究中也落實了這一標準,可參考。[3] 關於"積某某日",晋文曾有關相關探討,以簡 8－212＋8－426＋8－1632"積卌七日"爲例,"積卌七日"表明的意義在於指明 47 個刑徒都有一天的口糧。"這是一種根據'積'的總數來均分人數、天數的方法,既保證了簡文的準確,也方便了對整個出糧過程進行的監督。"[4]可參看。

梳理里耶秦簡出糧記録中的文書用語以及其所適用的範圍,一般可以將出糧方式分爲出稟、出食、出貸、續食等四種。[5] 其中,出貸是官府有償借予糧食的方式,續

---

[1] 8－216＋8－351 綴合見於《校釋(一)》,趙粲然等作三簡綴合。具體參看趙粲然等:《里耶秦簡綴合與釋文補正八則》,《魯東大學學報(哲學社會科學版)》2015 年第 2 期,第 78 頁。《校釋(一)》曾計算本簡簡文所見稟食總量應爲 52×25/6 升＝216 又 2/3 升,即二石一斗六升泰半升。與簡文記載不符。故筆者以爲筆者認爲簡首原釋爲"斗"之字應是"升"字殘筆。"升"字(參看 8－844 [字形])上部比"斗"字(參看 8－63 [字形])多一筆,剩餘字形一致。簡 8－525 有可能是簡牘殘斷導致最上邊的筆畫缺失。

[2] 簡 8－1335＋8－1115 由何有祖綴合。參看何有祖:《里耶秦簡牘綴合(四)》,簡帛網 2012 年 5 月 21 日,http://www.bsm.org.cn/show_article.php?id=1700。何有祖後又指出"粲"下一字當釋作"商"。參看何有祖:《讀里耶秦簡札記(四)》,簡帛網 2015 年 7 月 8 日,http://www.bsm.org.cn/?qinjian/6441.html。筆者疑本簡"白粲"後"□"應是兩個字形連在一起,可參看簡 8－1576"卅一年三月癸酉,貳春鄉守氐夫、佐壬出粟米八升食舂央芻等二〼"。另外,兩簡均未見稟人。

[3] 黄浩波:《〈里耶秦簡(壹)〉所見稟食記録》,《簡帛》第 11 輯,上海古籍出版社 2015 年,第 117—127 頁。

[4] 晋文:《里耶秦簡中的積户與見户——兼論秦代基層官吏的量化考核》,《中國經濟史研究》2018 年第 1 期,第 67 頁。

[5] 關於遷陵縣的出糧方式,學者們先後有過一些討論,例如平曉婧、蔡萬進將里耶秦簡所見出糧記録總結爲"出稟、出貸、出食"三種,並指出三種糧食發放方式在語言表達和發放對象方面有相同也有不同;黄浩波將稟食記録歸爲"出稟"和"出貸"兩種類型;趙岩研究指出:"從糧食支出的類别來看,'出食'也屬於糧食的供給,因此,遷陵縣的糧食支出有供給、出貸兩種方式。"劉鵬認爲"'出貸'是指官府向有需求的特定人群有償借予糧食,應當還不屬於'稟食'範圍",劉鵬將里耶秦簡所見稟食記録的出糧方式分 (轉下頁)

食則涉及吏員外出公幹時由途徑縣鄉補給糧食的情況,這兩種出糧方式都有其特殊性。出稟、出食則是日常生活中基礎的出糧情況,出食的對象主要爲刑徒[①],包括城旦、舂、鬼薪、白粲等,出稟涉及的對象更加廣泛,但又不包括出食涉及的刑徒對象,兩種情況共同包攬了遷陵縣日常生活中需要涉及的出糧對象。考慮到出稟、出食使用對象的互補性,以及出稟、出食文書記載的相似性,出稟又可寫作“出以稟”,出食亦見“出以食”的記録,也可以將出稟、出食歸於一類,這構成日常生活中的“稟食”記録的主體。

通過以上分析可以了解,簡 8－1507 所見“四升六分升一”爲舂、小城旦、白粲等每人每日的稟食標準,而涉及這類刑徒對象的稟食,目前所見里耶秦簡記録中主要記爲“出食”。里耶秦簡中“出食”的情況不多,通過翻檢相關簡文並比對涉及的令史記録,發現本簡 8－1507 首行很有可能爲“令史逐視平”。字形對比如下:

簡號	8－1507	8－1335	8－701	8－1102	8－1557
字形					

如此,結合相關文例和字形,8－1507 號簡釋文可調整爲:

☐【逐】視平。☐Ⅰ

☐各四升六分升【一】☐Ⅱ

(接上頁)爲“出稟”、“出食”兩種。筆者這裏對出糧方式的分類也是在已有研究的基礎上,並根據里耶秦簡出糧記録中的文書用語以及其所適用的範圍等具體情況作出的判斷。已有學者研究意見可參看平曉婧、蔡萬進:《里耶秦簡所見秦的出糧方式》,《魯東大學學報(哲學社會科學版)》2015 年第 4 期,第 78—81、96 頁;黄浩波:《〈里耶秦簡(壹)〉所見稟食記録》,《簡帛》第 11 輯,上海古籍出版社 2015 年第 117—127 頁;趙岩:《里耶秦簡所見秦遷陵縣糧食收支初探》,《史學月刊》2016 年第 8 期,第 30—40 頁;劉鵬:《秦代地方稟食的幾個問題》,《中國農史》2018 年第 1 期,第 57—68 頁。

① 簡 9－2303＋9－2292 爲癘舍出糧給癘者居貸士伍的記録,文書記録亦用“以食”,與出糧城旦等的記録相似。但筆者認爲考慮到癘舍醫護機構的屬性,簡 9－2303＋9－2292 這一例特殊情況可能還需要特殊討論。

三

里耶秦簡 8－1957 號簡釋文作：

□【粟三石七斗。　卅】□☑

按：本簡首字，原釋文、《校釋(一)》均未釋。該字圖版作  ，唐强曾釋爲“租”，① 筆者以爲可釋作“稻”。字形比對如下：

8－1957 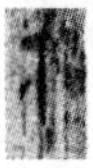	簡號		8－7	8－211	8－1905	9－1526	9－1903
	字形	稻					
	簡號		8－488 第一欄	8－1246 背	8－1519 背	8－1180	9－785
	字形	租					

本簡右側有殘缺，且殘留筆迹不甚清晰，造成簡文釋讀困難。但從殘留字形分析，首字左从“禾”，右側呈上下結構，筆畫並不完全連接。這與所見“租”字形上部的寫法有明確區别，且簡首字形也不見“租”字下部明顯的横筆。結合文例分析，“租粟”在已公布的里耶簡文中僅二見：

租粟米七十九石一斗。·元年十一月甲辰朔壬子，倉疇受都鄉守瘁。☑　9－128＋9－204

租粟米七十九石一斗。·元年十一月【甲辰】朔壬子，都鄉守瘁付倉疇。·令佐☑　9－785＋9－1259

9－128＋9－204、9－785＋9－1259 綴合，均見於《校釋(二)》。9－785＋9－1259“月”下二字，原釋文作“戊□”，參考 9－128＋9－204“元年十一月甲辰朔”改釋。9－128＋9－204 爲右側刻齒，9－785＋9－1259 爲左側刻齒，從内容看這兩枚簡應是一組相互對應的券書，但實際需要考慮兩簡筆迹並不一致。

本簡原釋爲“卅”的字，圖版作 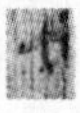 ，右側殘缺，有改釋作“廿”的可能性，表示年份。後一字應是具體的年份數字，殘留字形與“六”相近：

① 唐强：《〈里耶秦簡(壹)〉釋文校補》，碩士學位論文，西南大學 2020 年，第 50 頁。

簡號	8－1957	5－18	6－1 正第一欄	8－2037
字形				

本簡“稻粟”連書,又僅見於簡 9－1526＋9－502、9－1903＋9－2068、9－1937,三簡内容相近,時間均爲“廿六年七月”:

廿六年七月庚戌,瘢舍守宣、佐秦出稻粟米一石一斗半斗,以貸居貣(貸)士五(伍)朐忍陰里冉□積卅日。其廿一日,日少半斗;其九日,日少斗。Ⅰ

令史慶監。Ⅱ　(9－1526＋9－502)

廿六年七月庚戌,瘢舍守宣、佐秦出稻粟米二斗以貸居貣(貸)士五(伍)巫濡留利,積六日,日少半斗。Ⅰ

令史慶監。▨Ⅱ　(9－1903＋9－2068)

廿六年七月庚戌,瘢舍守宣、佐秦出稻粟米四斗少半斗以貸居貸士五(伍)朐忍脩仁齊,積十三日,日少半斗。Ⅰ

令史慶監。▨Ⅱ　(9－1937＋9－1301＋9－1935)

以上三簡均爲瘢舍出貸居貸士伍的記録,且時間相同、涉及的官吏相同,簡文筆迹也基本相近,應是出自同一人之手,有同時記録的可能性。這都説明了三枚簡之間的緊密關係。

“□”爲原釋文整理者依樣隸定所作,《校釋(二)》疑是“輿”,待考。據簡文可知,“冉□”共得三十日糧食,前二十一天,每日少半斗,後九天,每日半斗(原簡文此處“少”應爲“半”之誤寫[①]),則總出糧量恰爲一石一斗半斗(1/3×21＋1/2×9＝11.5)。

這一類記録瘢舍稟食内容的簡文應可與睡虎地秦簡《秦律十八種·倉律》簡 55:“其病者,稱議食之,令吏主”的内容參看。[②] 黄浩波指出居貲士伍的稟食標準爲每日粟米大半斗,與大隸臣、城旦、戍卒等成年男性的稟食標準相等;而稻米一般是吏佐、嬰兒的稟食種類。[③] 對比瘢舍出貸、出食數簡的稟食標準僅是成年男性稟食標準的一半,且稟食種類爲稻米似有某種“優待”的意味。生病的居貲士伍、居貸事務由瘢舍統

① 黄浩波:《〈里耶秦簡(貳)〉讀札》,簡帛網 2018 年 5 月 15 日,http://www.bsm.org.cn/?qinjian/7827.html。

② 睡虎地秦墓竹簡整理小組:《睡虎地秦簡竹簡》,文物出版社 1990 年,釋文注釋第 33—34 頁。

③ 黄浩波:《〈里耶秦簡(壹)〉所見稟食記録》,《簡帛》第 11 輯,第 131—132 頁。

一管理,或許便是"令吏主"的體現,而厮舍出貸、出食的稟食記録所見稟食標準遠少於習見的稟食標準,而糧食種類又是稻米,即是"稱議食之"。[①]

據李忠林復原的"秦朔閏表",[②]廿六年七月庚辰朔,庚戌日不在月内範圍;另朔閏表記"廿六年八月庚戌朔",則此處七月或爲八月之誤。若簡文調整爲"廿六年八月庚戌",則爲八月一日,廿六年七月庚辰朔,且七月爲大月 30 天,簡文則反映了厮舍機構於八月第一天集中記録或集中出貸結算上一月(七月)糧食的情況。這對研究當地貸食流程或相關文書記録流程有一定積極意義。

綜上,筆者認爲 8－1957 號簡釋文可以調整爲:

【稻】粟三石七斗。　【廿六】☐

8－1957 號簡文調整後可以暫與簡 9－1526＋9－502、9－1903＋9－2068、9－1937 等發生聯繫,對於理清本簡原有性質,也爲之後新材料的持續公布帶來的本簡的簡文綴合提供一種可能性。

四

在目前公布的里耶秦簡材料中有 14 枚與捕鼠活動相關的簡文:

鼠券束。(正)
敢言司空☐(背) 8－1242
☐【倉】稟人捕鼠☐ 8－2467
☐【捕】鼠廿微☐ 9－625
庫門者捕鼠十☐ 9－1062
倉廚捕鼠十　嬰　☐ 9－1128
倉徒養捕鼠十　☐ 9－1134
☐□捕鼠十□得☐ 9－1181
☐廷獄門守府捕鼠廿☐ 9－1972＋9－1269[③]

① 黄浩波:《〈里耶秦簡(貳)〉讀札》,簡帛網 2018 年 5 月 15 日。

② 李忠林:《秦至漢初(前 246 至前 104)曆法研究——以出土曆簡爲中心》,《中國史研究》2012 年第 2 期,第 65 頁。

③ 簡 9－1972＋9－1269 由何有祖綴合,參看何有祖:《里耶秦簡綴合札記(四則)》,《出土文獻》第 14 輯,中西書局 2019 年,第 246 頁。

☒少内門者捕鼠十☒ 9－1621

令史南舍捕鼠十☒ 9－1646

丞主舍捕鼠十　就☒ 9－1962

尉守府捕鼠十　不害☒ 9－2276

☒少内【捕鼠】☒ 9－2882

令史中捕鼠十☒ 9－3302

按：這類簡文是秦遷陵縣當地鼠患防治的重要記録，已經有學者進行過研究。① 筆者在已有研究基礎上補入之前學者研究未曾涉及的簡 9－1621 内容，並對這類"鼠券"簡文進行整體校釋説明：

（一）"鼠券"簡釋文校補説明

1. 謝坤曾補釋 8－2467 簡首"倉"字，並指出簡 9－2282"鼠"前未釋字疑爲"捕"。② 結合圖版和簡文文例分析，兩處簡文可徑改。

2. 簡 9－625 上下均殘斷，圖版作：

① 謝坤對捕鼠類簡文有過多次探討。例如，謝坤《讀〈里耶秦簡（壹）〉札記（四）》指出簡 8－1242"鼠券束"與 8－2467"稟人捕鼠"有關；《〈里耶秦簡（貳）〉札記（一）》將 8－1242"鼠券束"與目前所見已公布 8 層、9 層簡牘中的 12 枚（遺漏 9－1621）捕鼠簡羅列一起，認爲這幾枚簡的内容皆與捕鼠有關，且木簡形制相近、字體書寫風格近似，頗疑幾枚簡原可能屬於同一類，或可編聯。同時進一步指出整理者曾指言明的"捕鼠計"，或是指此類捕鼠簡，而"鼠券束"或指這些捕鼠記録原是捆束在一起的，"鼠券"可能是這些捕鼠記録的規範稱謂。另謝坤新作《里耶秦簡所見"鼠券"及相關問題》再次對捕鼠簡的簡文格式、簡册復原等問題進行了系統探討。詳細内容可參考謝坤：《讀〈里耶秦簡（壹）〉札記（四）》，簡帛網，2017 年 8 月 31 日，http://www.bsm.org.cn/?qinjian/7611.html；謝坤：《〈里耶秦簡（貳）〉札記（一）》，簡帛網，2018 年 5 月 17 日，http://ww.bsm.org.cn/?qinjian/7840.html；謝坤：《里耶秦簡所見"鼠券"及相關問題》，《簡帛》第 21 輯，上海古籍出版社 2020 年，第 139—146 頁；後收入氏著《秦簡牘所見倉儲制度研究》第 3 章第 2 節《"鼠券束"與倉捕鼠》，上海古籍出版社 2021 年，第 108—117 頁。此外，楊先雲也開展過相關研究，參看楊先雲：《簡牘漫話："捕鼠計"》，湖南省文物考古研究所網站"公衆考古"版塊，2020 年 12 月 9 日，http://www.hnkgs.com/show_news.aspx?id=2542。

② 謝坤：《里耶秦簡所見"鼠券"及相關問題》，《簡帛》第 21 輯，第 141—142 頁；後收入《秦簡牘所見倉儲制度研究》第 3 章，第 110 頁。

所見“鼠”字略有殘缺，原釋文已經釋出。“鼠”上一字僅留一點，聯繫捕鼠簡文例，對比 9－1128、9－1134、9－1269 等簡所見“捕鼠”二字筆迹：

簡號	9－625	9－1128	9－1134	9－1269
字形				

簡 9－625 簡首殘筆應是“捕”字右部“甫”居中的“丨”筆。

3. 9－1181 號簡“捕”前一字，原釋文、《校釋(二)》均未釋，該字圖版作：

此字上部有殘缺，筆者原擬釋爲“者”，里耶秦簡“者”字寫作 (8－36)、 (8－101)，可參看。經《簡帛》編輯部老師提示，筆者原以爲居中的斜筆“⸝”實際上是簡牘壓痕。如此，釋“者”已經不可行，特此説明。但“捕鼠”二字説明本簡是關於捕捉老鼠的記録，“十”表示捕捉老鼠的數量，“□得”或“得”應是捕鼠的責任人，本簡上部未釋字形及殘斷部分應該是對捕鼠地點或捕鼠人員身份的説明，期待將來更多材料的公布能够有綴合完整的可能性。

（二）“鼠券”簡記録格式説明

“鼠券”簡格式梳理①

簡　號	地點/身份	數量	人名
8－2467	倉稟人	▨	▨
9－625	▨	廿	微
9－1062	庫門者	十	▨
9－1128	倉廚	十	嬰
9－1134	倉徒養	十	▨

① 表格由筆者自製，“▨”表示簡牘殘缺導致無對應内容。

續　表

簡　號	地點/身份	數量	人名
9-1181	☐□	十	得
9-1972+9-1269	廷獄門守府	廿	☐
9-1621	少内門者	十	☐
9-1646	令史南舍	十	☐
9-1962	丞主舍	十	就
9-2276	尉守府	十	不害
9-2882	少内	☐	☐
9-3302	令史中	十	☐

"鼠券"簡的記録大致包含捕鼠地點、捕鼠人員身份、捕鼠數量、捕鼠人員姓名等信息。"鼠券"簡的歸檔保存,應該是將單個"鼠券"上交相關部門後,集中以捆束的方式存放,簡8-1242所見"鼠券束"是爲捆扎後的"鼠券"專作的標識簡。[①] 結合表格梳理情况看,在捕鼠記録中,簡首部分的修飾成分有的强調"捕鼠地點",有的强調"捕鼠者身份",造成文書格式不完全統一的情况是因爲捕鼠人員的捕鼠行爲都是限定在自己常規的活動場所内進行的,這一記録方式仍然能够明確具體責任人。[②] 而捕鼠登記是由於涉及相關捕鼠人員的獎懲。

① 按關於"束"類簡牘,張春龍曾經指出:"束的形狀非常特别,正面削成梯級狀,背面平整,側剖面恰如一段鋸條……束與它所揭示的公文衣籍等捆綁極緊密牢靠。'束'應是集中捆縛,集中之意。"《里耶秦簡牘校釋(第一卷)》也指出:"'束'有捆縛義,這裏大概是説把相關的簡牘捆在一起,以便保存和查驗。"但張春龍所舉簡11-14、16-38形制過於特殊,目前出版《里耶秦簡(壹)、(貳)》中所見"束"類簡牘則多爲細長條單行簡、簡首塗黑。除此之外,形制上並無特殊之處。對於這類簡首塗黑的"束"類簡牘,我們以爲其作用就類似木楬,有標識、提醒的作用。具體可參看湖南省文物考古研究所:《里耶一號井的封檢和束》,《湖南考古輯刊》第8集,嶽麓書社2009年,第68頁;陳偉主編:《里耶秦簡牘校釋(第一卷)》,"前言",第10頁;李彦楠:《里耶出土首部塗黑簡探研》,《國學學刊》2019年第2期,第5—12頁。

② 關於"鼠券"簡所見捕鼠地點、人員身份和姓名之間的關係的具體闡釋,可以參看筆者專文《里耶秦簡"鼠券"再研究》,《秦漢研究》第17輯,西北大學出版社2022年,第245—255頁。

秦代冗吏制度新考

吴紀寧

摘　要：冗吏是秦代針對吏缺的一種補充方式，其來源一是秦政府中犯了輕罪的吏員，二是被秦政府以冗爵招募而來的平民，被安排到缺吏的新地進行長期工作。招募來的冗吏長期固定在一個職務上不做變動，在服務期限内，冗吏不計算功勞，服務期結束後，可以選擇繼續留任當地，當成正常吏員使用或者歸鄉。

關鍵詞：冗吏　秦簡　吏缺

一、關於“冗”的理解與問題

與職官相關的“冗”在傳世文獻中有記載，《周禮・地官司徒・槁人》：“槁人掌共外内朝冗食者之食”，賈公彦疏云：“……冗食者，冗，散也，外内朝上直諸吏，謂之冗吏，亦曰散吏。以上直不歸家食，稾人供之，因名冗食者。”孔廣森云：“尚書散屬，漢時號冗官。申屠嘉傳曰：‘外堧垣，故冗官居其中’是也。官無常員，其給食亦無常例就，謂之冗食。成帝河平四年，詔避水它郡國在所冗食之。文穎注：‘冗，散也。’”孫詒讓同意孔廣森的説法，認爲“冗食，即在官府服公事之人，以事留外内朝者，故官共其食，以其爲散吏，故謂之冗食也”。①

賈公彦、孔廣森、孫詒讓認爲“冗”就是散的意思，“冗食”就是没有常例的就食，“冗官”就是散官。此説影響很大，上世紀以來，大批秦漢簡出土，裏面有不少關於“冗”的記載，解釋也依舊延續此説。睡虎地秦簡《廄苑律》簡 14“冗皂”，整理者注：“冗，散。”《倉律》簡 50 有“冗居公”，整理者翻譯爲在官府零散服役；《金布律》簡 72 有“佐、史冗者”，整理者注：“冗，《正字通》：‘猶多也。’”《效律》簡 2 有“冗吏”，整理者翻

① （清）孫詒讓：《周禮正義》，中華書局 1987 年，第 1241—1242 頁。

譯爲羣吏。[①] 張家山漢簡《二年律令》有"冗祝",整理者注:"冗,散。"[②]里耶秦簡有"冗佐",《里耶秦簡牘校釋(第一卷)》認爲,冗佐是散吏、散官,所謂散官指的是非常設的,没有固定執掌的官。[③] 嶽麓書院藏秦簡也有"冗宦"和"冗官",整理者注釋也説,冗,散也,冗官,散吏。[④]

但此説有個問題,在秦簡中,"冗"往往與"更"相對,如睡虎地秦簡《秦律十八種·工人程》:"冗隸妾二人當工一人,更隸妾四人當工人,小隸臣妾可使者五人當工一人。"整理小組在《倉律》簡 54 的注釋中認爲:"更,輪替更代,更隸妾當爲以部分時間爲官府服役的隸妾。"[⑤]《工人程》此句整理小組沿用這個解釋,翻譯爲"做雜活的隸妾兩人相當工匠一人,更隸妾四人相當工匠一人,可役使的小隸臣妾五人相當工匠一人"。[⑥] "冗"與"更"的對舉並未體現,冗、更、小三者之間的等差也没有反映出來。廣瀨薰雄先生對此有所思考,他將"冗"和"更"比喻成常勤和非常勤,並認爲官吏也可以區分爲這兩種,非常勤的官吏是"半官半民的存在"。[⑦]廣瀨氏意識到了"冗"和"更"之間的聯繫,這個意見值得重視。

楊振紅先生也注意到了這個問題,她指出"冗"與"更"是表示供役方式的一組用語,相當於唐代的"長上"和"番上"。冗指長期供役,更指輪更供役,其適用人群包括官吏的各種散職、到官府供役的丁、夫、色役、隸臣妾等。楊先生依據這個觀點,將"冗募"解釋爲長期應募者,"冗皂"解釋爲長期爲皂者,"冗邊"解釋爲長期戍邊,"冗吏"解釋爲長期爲吏。[⑧] 這個觀點可以解釋很多問題,對"冗募""冗皂""冗邊"的解釋也足以使人信服,唯有將"冗吏"解釋爲長期爲吏稍覺不妥。就秦簡所見,一般吏員似乎没有體現出更替輪班的迹象,任期也都較長,體現不出與"冗"相對的"更"的意味。

宫宅潔先生同樣關注了這個問題,他同意楊振紅先生"冗"是長期服役的説法,並針對上述矛盾做了彌合。他認爲,張家山漢簡《二年律令·史律》:"史、卜年五十六,

---

① 睡虎地秦墓竹簡整理小組:《睡虎地秦墓竹簡》,文物出版社 2001 年,釋文注釋第 23、32、33、38、57 頁。

② 張家山二四七號漢墓竹簡整理小組:《張家山漢墓竹簡(二四七號墓):釋文修訂本》,文物出版社 2006 年,第 81 頁。

③ 陳偉主編:《里耶秦簡牘校釋(第一卷)》,武漢大學出版社 2012 年,第 43—44 頁。

④ 陳松長主編:《嶽麓書院藏秦簡(肆)》,上海辭書出版社 2015 年,第 167 頁。

⑤ 睡虎地秦墓竹簡整理小組:《睡虎地秦墓竹簡》釋文注釋第 33 頁。

⑥ 睡虎地秦墓竹簡整理小組:《睡虎地秦墓竹簡》釋文注釋第 45—46 頁。

⑦ [日] 廣瀨薰雄:《秦漢律令研究》,(東京)汲古書院 2011 年,第 310—311 頁。

⑧ 楊振紅:《秦漢簡中的"冗"、"更"與供役方式——從〈二年律令·史律〉談起》,《簡帛研究》2006,廣西師範大學出版社 2008 年,第 81—89 頁。

佐爲吏盈廿歲,年五十六,皆爲八更;六十,爲十二【更】。五百石以下至有秩爲吏盈十歲,年當睆老者,爲十二更,踐更。”八更、十二更意指多少次輪班,八更指的是一年排八個班,十二更指的是一年排十二個班。史、卜滿五十六歲,或者佐任職滿二十年,滿五十六歲之後,皆爲八更,六十歲之後皆爲十二更,有秩到五百石任職滿十年,年紀達到睆老的官吏也都是十二更。宫宅氏指出,高齡的“史”和“佐”是輪替勤務的,有秩以上的吏員也是如此。宫宅氏的説法爲官吏的輪替勤務提供了證據,但儘以《二年律令》所見的這些記載來看,主旨是對老年者的優待,並不能反映在少壯吏員中也存在輪替勤務的現象。爲此,宫宅氏又提出冗吏主要存在於下層的佐史之中,以“史”爲首的“下級官吏”與卜、祝、樂人、工人等“專業技術者”之間的界限,實際並不明確,均存在輪替服務的現象。[①] 需要指出的是,宫宅氏引用的下層吏員需要更替勤務的證據出自《續漢書》所見的“踐更小史”,對於秦代尚無直接的史料予以反應。

同時,我們結合睡虎地秦簡《秦律十八種・金布律》的記載來看,楊氏、宫宅氏觀點還有矛盾未能解決:

> 都官有秩吏及離官嗇夫,養各一人,其佐、史與共養;十人,車牛一兩(輛),見牛者一人。都官之佐、史冗者,十人,養一人;十五人,車牛一兩(輛),見牛者一人;不盈十人者,各與其官長共養、車牛乚。[②]

在張家山漢簡《二年律令・史律》中,善祝、明祠事者爲“冗祝”,顯然“冗祝”比一般的祝來得優秀,“冗祝”的地位也應比一般的祝來得高,也就是説身爲長勤者的“冗”應當相對於非長勤者“更”地位較高才對。冗吏則不然,按照睡虎地秦簡所見的待遇,普通的佐史十人就可以擁有一個做飯的僕役,一輛牛車,一名看牛者,冗佐、冗史十人有一個做飯的僕役,十五人才能有一輛牛車,一名看牛者,可見冗吏的地位低於正常吏員的。

綜上所述,僅以長期服役來理解秦代的冗吏恐怕是不够的,它應該還具有更多的内涵,以下我們將以秦簡爲依據,做簡要的探討。

二、冗吏的來源

爲了方便討論,我們先將里耶秦簡所見的冗吏羅列於下,共計有八例:

---

① [日]宫宅潔著,顧其莎譯:《漢代官僚組織的最下層——“官”與“民”之間》,《中國古代法律文獻研究》第七輯,社會科學文獻出版社2013年,第127—161頁。

② 陳偉主編:《秦簡牘合集壹・睡虎地秦墓簡牘》,武漢大學出版社2014年,第93頁。

(1) 冗佐八歲上造陽陵西就曰駋,廿五年二月辛巳初視事上衍。Ⅰ病署所二日。

Ⅱ·凡盡九月不視事二日,·定視事二百一十一日。Ⅲ8-1450

廿九年後九月辛未Ⅰ行計,即有論上衍。卅年Ⅱ

□不視事,未來。Ⅲ8-1450背[①]

(2) 十二月戊寅,都府守胥敢言之:遷陵丞膻曰:少内巸言冗Ⅰ佐公士僰道西里亭貲三甲,爲錢四千卅二。自言家能入。Ⅱ爲校□□□謁告僰道受責。有追,追曰計廿八年□Ⅲ責亭妻胥亡。胥亡曰:貧,弗能入。謁令亭居署所。上真書謁環。□□Ⅳ僰道弗受計。亭謾當論,論。敢言之。☐Ⅴ8-60+8-656+8-665+8-748[②]

十二月己卯,僰道郤敢告遷陵丞主,寫☐Ⅰ事,敢告主。/冰手。/六月庚辰,遷陵丞昌告少内主,以律令□☐Ⅱ手。/六月庚辰水十一刻刻下六,守府快行少内。☐Ⅲ

六月乙亥水十一刻刻下二,佐同以來。/元手。☐Ⅳ8-60背+8-656背+8-665背+8-748背

(3) 廿六年三月壬午朔癸卯,左公田丁敢言之:佐州里煩故爲公田吏,徙屬。事荅不備,分Ⅰ負各十五石少半斗,直錢三百一十四。煩冗佐署遷陵。今上責校券二,謁告遷陵Ⅱ令官計者定,以錢三百一十四受旬陽左公田錢計,問可(何)計付,署計年爲報。敢言之。Ⅲ

三月辛亥,旬陽丞滂敢告遷陵丞主:寫移,移券,可爲報。敢告主。/兼手。Ⅳ

廿七年十月庚子,遷陵守丞敬告司空主,以律令從事言。/慶手。即走申行司空。Ⅴ8-63

十月辛卯旦,朐忍索秦士五(伍)狀以來。/慶半。　兵手。8-63背[③]

(4) 冗佐上造莤安□□8-879[④]

(5) 冗佐上造武陵當利敬。8-1089[⑤]

---

① 陳偉主編:《里耶秦簡牘校釋(第一卷)》第329頁。

② 陳偉主編:《里耶秦簡牘校釋(第一卷)》第43頁,"亭謾當論"原作"亭譓當論",從劉樂賢先生改,參劉樂賢:《秦漢行政文書中的"謾"字及相關問題》,《簡帛》第十五輯,上海古籍出版社2017年,第135頁。

③ 陳偉主編:《里耶秦簡牘校釋(第一卷)》第48—49頁。

④ 陳偉主編:《里耶秦簡牘校釋(第一卷)》第241頁。

⑤ 陳偉主編:《里耶秦簡牘校釋(第一卷)》第276頁。

(6) 史冗公士旬陽陒陵竭。☐8－1275[1]

(7) 冗佐上造旬陽平陽操。8－1306[2]

(8) 冗佐上造臨漢都里曰援,庫佐冗佐。AⅠ

為無陽衆陽鄉佐三月十二日,AⅡ

凡為官佐三月十二日。AⅢ

年卌七歲。BⅠ

族王氏。BⅡ

為縣買工用,端月行。CⅠ8－1555

庫六人。8－1555背[3]

這八個記録裏,所有的冗吏無一例外,均非遷陵本縣人。游逸飛先生認爲,這種情況在設縣之初,可能是因爲"新地吏"的規定所致,秦政府派遣犯法的官吏到新地任職。遷陵後來應已非新地,但仍有大量外郡籍吏員可能是因爲洞庭郡爲新闢疆土,當地雖有學室,但尚未培養出足够質量和數量的本地人。[4] 沈剛先生也推斷説,這可能與遷陵爲新征服的地區有關,他援引西嶋定生的説法認爲,秦設置初縣時,爲了割斷原住民的傳統秩序,除將原住民移走外,還要募集民人,作爲該地的新居民,並賜之爵。因此,籍屬於外地,具有一定爵位的冗吏,可能就是政府從這類新募集並賜予爵位的新移民或有過失但有一定行政能力的官吏中選出,充實到初縣,加强對這一區域的控制。[5] 兩位先生的觀點都着眼於從新地立説,游氏的説法並非僅針對冗吏,而是面對遷陵縣所有的外郡籍吏員,相較而言,沈氏的意見更準確一些。

沈剛先生認爲,上引例(3)的佐煩就是因爲犯錯了才會安排來遷陵,犯錯的事由是"事荅不備",[6]意見可從。《嶽麓書院藏秦簡(陸)》記載了一封文書,也與冗吏相關,可以參看:

• 延陵 言:佐角坐縣官田殿,貲二甲,貧不能入ㄴ,角擇除爲符離冗佐,謁移

---

① 陳偉主編:《里耶秦簡牘校釋(第一卷)》第304頁。

② 陳偉主編:《里耶秦簡牘校釋(第一卷)》第309頁。

③ 陳偉主編:《里耶秦簡牘校釋(第一卷)》第357頁。

④ 游逸飛:《里耶秦簡所見的洞庭郡:戰國秦漢郡縣制個案研究之一》,《中國文化研究所學報》2015年第61期,第59—62頁。

⑤ 沈剛:《〈里耶秦簡(壹)〉中的冗吏》,《湖南省博物館館刊》第九輯,嶽麓書社2012年,第152頁,收入氏著《秦簡所見地方行政制度研究》,中國社會科學出版社2021年,第45頁。

⑥ 沈剛:《秦簡所見地方行政制度研究》第43頁。

角貲署所,署所令先居之延陵,246/1858 不求賞(償)錢以糴,有等比。·曰:可。 ·縣官田令丙一 247/1860[①]

延陵的長官向上級匯報説,佐角因爲在縣官田的考核中排名墊底,需要處以貲二甲的懲罰,因爲家庭貧困無法繳納,角選擇擔任符離冗佐作爲懲罰。值得注意的是,符離同時也是角的"貲署所",也即是説選擇成爲冗佐並不能免除原先的罰款,而是以一種特殊的居貲贖債的形式替代原先的懲罰。睡虎地秦簡《秦律十八種·司空》規定:"有罪以貲贖及有債於公,以其令日問之,其弗能入及償,以令日居之,日居八錢,公食者,日居六錢。"[②]居貲贖債的標準,非官府提供飲食的,每日的工作量抵換八錢,官府提供飲食的,每日的工作量抵換六錢,冗佐的抵換標準不知是否如是。相較於在司空等機構的居貲贖債,以冗佐的身份工作顯然輕微得多,不能不視爲秦政府的一項優待。

從《嶽麓書院藏秦簡(肆)》所見的一條秦律來看,並非所有犯錯的官吏都可以擔任冗佐:

置吏律曰:有辠以署(遷)者及贖耐以上居官有辠以廢者,虜、收人、人奴、羣耐子、免者、贖子,輒傅其 212/1389 計籍。其有除以爲冗佐、佐吏、縣匠、牢監、牡馬、簪褭者,勿許 ,及不得爲租。君子、虜、收人、人奴、羣耐子、免者、213/1378 贖子,其前卅年五月除者勿免,免者勿復用。214/1418[③]

這條秦律顯示,有遷罪以上的吏員,或者犯了贖耐以上罪行被廢的吏員,均不可以擔任冗佐,也就是説,應該是犯了輕微錯誤的吏員才有機會選任冗佐,這其中大約又以貲刑爲主。秦代低級吏員在生活上往往十分困頓,在犯了貲刑之後無力償還,選擇成爲冗佐或許是比較好的出路。

冗吏的來源並非僅有犯錯吏員一途,還有募集而來的人員。《嶽麓書院藏秦簡(柒)》記載:"·節發冗募、冗佐,及爲新地發吏、拜爵者約,毋過先拜二級。已前拜過二級者,以此令。"[④]可知有一部分冗吏是征發而來,政府給予拜爵二級的獎勵,約定冗吏需要服務多長時間。上引諸例中,冗佐的爵位多爲上造,恰好是二十等爵制的第二級,當非偶然,推測可能是秦政府招募了一批無爵的平民充任偏遠地區的吏員,給予

① 陳松長主編:《嶽麓書院藏秦簡(陸)》,上海辭書出版社 2020 年,第 177—178 頁。

② 陳偉主編:《秦簡牘合集壹·睡虎地秦墓簡牘》第 120 頁。

③ 陳松長主編:《嶽麓書院藏秦簡(肆)》第 138—139 頁。

④ 本簡由第三組 C10.1-9-2 和第一組 105 號簡綴合而成,綴合參見謝明宏:《〈嶽麓書院藏秦簡(柒)〉試綴(六)》,簡帛網 2022 年 7 月 21 日,http://www.bsm.org.cn/?qinjian/8758.html。

拜爵二級的獎勵。根據朱紹侯先生的研究，即使是低級爵位，也享有降爵贖罪、提前免老等多項權利，[①]這對於部分無爵的平民而言，還是有吸引力的。

三、冗吏的性質

在明了冗吏是因犯錯和招募而來之後，我們當知道冗吏之"冗"與冗工、冗祝等之"冗"還是有細微區别的。冗工、冗祝等因職業技能突出而被選拔爲長勤服役者，地位較之非長勤爲高，而冗吏或是罪吏之餘，或是應募而來，地位不可能較之普通的吏員爲高。

根據觀察，冗吏之"冗"可能有兩層涵義。例(1)中的冗佐騶從廿五年二月辛巳開始視事，一直到九月底，總共視事211日。據許名瑲《秦曆朔日復原》，廿五年二月朔日爲戊午，[②]可以推知從二月辛巳到九月底一共216日，扣除兩日病假，當爲214日，與211日只差三日，冗佐騶一年幾乎無休。根據周海鋒先生的研究，秦代吏員享有例假、病假、事假等權利，每年例假有四十日，[③]而從冗佐騶的相關記載來看，冗吏恐怕没有例假的權利，長期執勤當是冗吏之"冗"的第一層涵義。

其次，"冗佐八歲"也透露出許多信息。它在格式上與睡虎地秦簡《秦律十八種·司空律》提到的"冗邊五歲"相似，《司空律》云："百姓有母及同生爲隸妾，非謫罪也而欲爲冗邊五歲，毋償興日，以免一人爲庶人，許之。"[④]高敏先生指出，"冗邊"就是戍邊，"五歲"服務期爲五年。[⑤] 那麽，"冗佐八歲"也應當有相同的意味，"冗佐"指的是長期擔任佐，八歲指的是服務期八年，即擔任佐八年。也即是説，冗吏有長期固定在一個職務上的意味，相較於可以積功、勞升遷的普通吏員，這或許就是"冗"的另一層含義。

基於此，冗吏在政務運行上也有了相對於一般吏員不太一樣的地方，這表現爲它需要和官長承擔更多的責任：

> 縣、都官坐效、計以負賞(償)者，已論，嗇夫即以其直(值)錢分負其官長及冗吏，而人與參辨券，以效少内，少内以80收責之。[⑥]（《秦律十八種·金

① 朱紹侯：《軍功爵制研究(增訂版)》，商務印書館2017年，第66—76頁。

② 許名瑲：《秦曆朔日復原》，簡帛網2013年7月27日，http://www.bsm.org.cn/?qinjian/6052.html。

③ 周海鋒：《秦官吏法研究》，西北大學出版社2021年，第191頁。

④ 陳偉主編：《秦簡牘合集壹·睡虎地秦墓簡牘》第131頁。

⑤ 高敏：《雲夢秦簡初探(增訂本)》，河南人民出版社1981年，第65頁。

⑥ 陳偉主編：《秦簡牘合集壹·睡虎地秦墓簡牘》第97頁。

布律》)

倉扇(漏)死(朽)禾粟,及積禾粟而敗之,其不可食者不盈百石以下,誶官嗇夫;百石以上到千石,貲官嗇夫 164 一甲;過千石以上,貲官嗇夫二甲;令官嗇夫、冗吏共賞(償)敗禾粟。禾粟雖敗而尚可食殹(也),程之,以其秏(耗)石數論負之。效。166[①](《秦律十八種·效》)

官嗇夫、冗吏皆共賞(償)不備之貨而入贏。2[②](《效律》)

官嗇夫貲二甲,令、丞貲一甲;官嗇夫貲一甲,令、丞貲一盾。其吏主者坐以貲、誶 51 如官嗇夫。其它冗吏、令史掾計者,及都倉、庫、田、亭嗇夫坐其離官 52 屬于鄉者,如令、丞。53[③](《效律》)

沈剛先生留意到了這些材料中冗吏與官長具有連坐的現象,他從冗吏和官長的關係着眼,認爲二者從法律層面尚看不出在身份上建立起如同漢代那樣長吏和屬吏之間的密切聯繫,[④]此説可從。然從雙方連坐的態勢來看,冗吏較之普通的吏員承擔更多的間接責任,顯示冗吏在政務上有較深刻的參與。

《效律》的記載講得很清楚,在官署犯了錯的情況下,官嗇夫、主要負責的吏員承擔主要責任,冗吏、令史、令、丞承擔次要責任,令、丞的責任來源於領導責任,令史是因"掾計"而產生的監督責任,冗吏則可能來自於長期經手而帶來的間接責任,這表明冗吏可能因爲長期執勤的緣故更多地參與進了官署事務。

四、冗吏的待遇

冗吏被賜予的爵位稱之爲"冗爵",服務的期限稱之爲"冗日"。羅昭善先生認爲,冗者服役超過四年,可以拜爵一級,服役八年可以拜爵兩級,冗爵爲事後授予。[⑤]《嶽麓書院藏秦簡(柒)》記載一條秦律規定:"縣官,盈六歲以上,其冗佐史約佐居署,半其約,謁棄冗日歸冗爵史者有(又)許之。"[⑥]此簡前文有缺,但意思尚還明了,大約是指冗吏在服務期達到六年之後,剩下的服務期可以減半,如果想要放棄冗爵以免去冗日

① 陳偉主編:《秦簡牘合集壹·睡虎地秦墓簡牘》第 138 頁。
② 陳偉主編:《秦簡牘合集壹·睡虎地秦墓簡牘》第 154 頁。
③ 陳偉主編:《秦簡牘合集壹·睡虎地秦墓簡牘》第 162 頁。
④ 沈剛:《〈里耶秦簡(壹)〉中的冗吏》第 149—153 頁。
⑤ 羅昭善:《嶽麓秦簡所見秦代"冗爵"制度考論》,《古代文明》2023 年第 1 期,第 90 頁。
⑥ 陳松長主編:《嶽麓書院藏秦簡(柒)》,上海辭書出版社 2022 年,第 96 頁。

的,應當允許。

在"冗日"服務期間,冗吏可能是不計算功勞的。上引例(8)中庫佐冗佐王援,他計算的功勞只有擔任無陽鄉佐時期的三月十二日,擔任遷陵庫佐冗佐的資歷並未統計到文書中,而在上引里耶秦簡 8-1450 中,冗佐騶的視事時間均有明確的記録,兩相結合,可以推知冗吏在"冗日"服務期内,不計算功勞,這是因爲"冗日"本來就是抵償吏員犯錯的懲罰或賜予的冗爵,不能再行計算功勞。

冗吏在服務期完成,也即是"日備"之後,可以選擇歸家或者正常任用。吴方基先生指出,里耶秦簡所見"日備歸"的真正性質是,秦"故地"官吏因違法處罰而爲新地吏,在其規定任期滿後,免職歸家。① 現在我們知道冗吏還有招募而來的,這些冗吏"日備"之後,可以選擇歸家。若不歸家,也可以正常爲吏:

> ☑□□□……Ⅰ
> ☑　　有秩,衛不當□☑Ⅱ
> ☑□【遷陵】□衛當補有秩不當? ☑Ⅰ
> ☑遷陵有以令除冗佐日備者爲Ⅱ
> ☑□謁爲夬,以衛不當補有秩,當Ⅲ8-2135+8-2106②

此簡由何有祖先生綴合。推測應當是冗佐日備之後,遷陵縣想任命他爲有秩吏,引起了上級的疑慮。這反映出冗佐在日備之後,可以選擇繼續留任當地,當成正常吏員使用,但升遷成爲有秩吏恐怕還需要其他條件。

在冗吏的服務期内,冗吏享有一定的待遇,除了上引睡虎地秦簡所見的對僕養的規定,還享有兩年一次的歸休、取衣用的權利:

- □律曰:冗募羣戍卒及居貲贖責(債)戍者及冗佐史、均卜〈人〉史,皆二歲壹歸,取衣用,居家卅日,其□□□278/0914 以歸寧,居室卅日外往來,初行,日八十里,之署,日行七十里。當歸取衣用,貧,毋(無)以歸者,貸日,令庸以逋 279/0349③

沈剛先生認爲,這條秦律説明冗佐史與戍卒的地位接近,④可商榷。這條秦律可能更多是從"冗"字着眼考慮,冗募羣戍卒以及冗佐史都是長期服務,因此在歸家的規定上

---

① 吴方基:《里耶秦簡"日備歸"與秦代新地吏管理》,《古代文明》2019 年第 3 期,第 66 頁。

② 何有祖:《里耶秦簡綴合札記(四則)》,《出土文獻》第十四輯,中西書局 2019 年,第 243—245 頁。

③ 陳松長主編:《嶽麓書院藏秦簡(肆)》,第 160 頁。

④ 沈剛:《秦簡所見地方行政制度研究》,第 46 頁。

合併考慮。從律文的記載來看,冗吏兩年可以回一次家取衣用,在家可以呆三十日,如果没錢回家,可以增加服務期的方式向官府借貸路費,按日計算。

綜上所述,我們可以得出以下認識:冗吏是秦代針對吏缺的一種補充方式,來源一是秦政府中犯了輕罪的吏員,二是被秦政府以冗爵招募而來的平民,被安排到缺吏的新地進行長期工作。因來源相較於一般的吏員不同,冗吏有兩個特點,一是長期固定在一個職務上,二是長期執勤,休假很少,這可能就是冗吏之"冗"的涵義。在服務期限内,冗吏不計算功勞,服務期結束後,可以選擇繼續留任當地,當成正常吏員使用或者歸鄉。

張家山 336 號漢墓竹簡編聯及相關問題芻議*

高婷婷

摘　要：張家山 336 號西漢墓公布了豐富的漢代早期律令材料。本文對這批律令材料的部分簡序作了新的調整：《功令》簡 22 調整至簡 31 前，簡 23 調整到簡 182 後，簡 35 調整到簡 132 後，《漢律十六章》簡 134—135 調整到簡 143 後。

關鍵詞：張家山 336 號漢墓竹簡　編聯調整　律令

《張家山漢墓竹簡（三三六號墓）》包含《功令》《漢律十六章》《徹穀食氣》《盜跖（跖）》《祠馬禖》《七年質日》和遣册等七種文獻。① 整理者對這些簡文進行了很好的整理，取得了豐富成果，爲後續研究奠定了基礎。在研讀《張家山漢墓竹簡（三三六號墓）》過程中，我們結合相關材料，依據簡文上下文意，對《功令》《漢律十六章》等幾處竹簡編連提出調整意見，不妥之處，敬請指正。

一

御史、丞相襍補屬尉、佐以上，二千石官補有秩嗇夫，其有秩、有秩乘車嗇夫 22 其所當遷未有缺，二千石官、御史各以其所當遷補官秩聞，令自遷其官如詔。23 有缺，以久次徙補。24

丞、尉以上有缺未補，二千石官調令旁近官守焉。有秩乘車以下，令、丞

* 本文是國家社科基金青年項目"西北漢簡所見信息傳遞資料整理與研究"（項目號：23CZS012）階段性成果。

① 彭浩主編：《張家山漢墓竹簡〔三三六號墓〕》，文物出版社 2022 年。後引整理者釋文均據此，不另外出注。

亦令近者守,皆須其真吏到罷之,31 敢擅免者奪爵一級。丞、尉以上當免者,二千石官、二千石官丞弗先得,罰金各四兩。32

百一　制詔御史:宦爲吏者尚給事,前異勮它官而不得上功,議令上功如功令,令與外史通課,其當遷 181 其官。御史請:宦者爲吏者皆自占上功勞,各以官秩與外吏通課。功次當遷而宦吏有缺,遷如令。182①　《功令》

網友"鴈行"先生認爲簡 24 可調整簡 183 後。② 黄浩波先生認爲簡 22 或可與 24 連讀。③ 我們認爲,簡 22 可調整至簡 31 前,簡 23 可調整到簡 182 後。

簡 22 的調整,《功令》的以下簡文可以提供綫索:

• 中二千石有缺,課郡守以補之。郡尉補郡守,它吏二千石補二千石。八百石補千石,六百石補八百石。五百石補六百石,15 四百石補五百石。三百石補四百石。二百石補三百石。斗食、學 16 佴通課補有秩,有秩通課補有秩乘車,有秩乘車通課補丞、尉。令史通課補屬尉佐,屬尉佐通課補卒史,卒【史】補丞尉、丞相、太尉 17 史。丞相、太尉史年五十以下治獄者補御史,御史補六百石,不當補御史者與秩比通課。謁者、郎中亦上功勞,謁者 18 各以其秩與外吏課功勞,郎中比謁者,不欲爲吏,署功牒。37④

由這段簡文可知,西漢初期基層官吏晉升道路有兩條:(一)斗食學佴→有秩→有秩乘車→丞、尉;(二)令史→屬尉佐→卒史→丞相史或太尉史→御史→六百石。將簡 22 調整到簡 31 前,簡 22"有秩、有秩乘車嗇夫"後接"丞、尉",正與基層官吏晉升道路(一)相契合,"其有秩、有秩乘車嗇夫、丞、尉",剛好是官位遞進的關係。此外,簡 22+31 的"有秩乘車嗇夫……以上"亦與簡 31 的"有秩乘車以下"對應。

《漢舊儀》載:"舊制:令(吏)六百石以上,尚書調;拜遷四百石長相至二百石,丞相調;除中都官百石,大鴻臚調;郡國百石,二千石調。"⑤顧炎武謂漢時"署吏乃二千石之職",辟用屬吏的權力"出於守相,而不似後代之官,一命以上皆由於吏部"。⑥ 兩漢時

---

① "鴈行"在"制詔御史""御史請"後加冒號,今從之。詳參簡帛網"張家山漢墓竹簡(336 號墓)《功令》初讀"主題帖,2023 年 3 月 23 日,第 26 樓。

② 簡帛網"張家山漢墓竹簡(336 號墓)《功令》初讀"主題帖,2023 年 3 月 24 日,第 29 樓。

③ 簡帛網"張家山漢墓竹簡(336 號墓)《功令》初讀"主題帖,2023 年 3 月 24 日,第 29 樓。

④ 黄浩波指出簡 18 後應接簡 37,今從之。參見黄浩波:《張家山三三六號漢墓竹簡〈功令〉編連芻議》,簡帛網 2023 年 3 月 20 日。

⑤ 孫星衍等輯,周天游點校:《漢官六種》,中華書局 1990 年,第 50 頁。

⑥ 顧炎武著,陳垣校注:《日知録校注》,安徽大學出版社 2007 年,第 462 頁。

期,郡國守相令長對屬吏有一定的辟除之權。以肩水金關 73EJT30：30 號功次木牘爲例,簡文摘録如下：

[城倉守]嗇夫孫忠中功三勞三歲十月
屬國左騎千人令史馬陽中功三勞四月廿日
[兼]守屬林參中功二勞九月廿一日
氐池令史丁彊中功二勞二歲十月十日
居延殄北令史蘇誼中功二勞二歲五月五(以上第一欄)
肩水都尉屬[張]並中功二勞二歲三月十八日
屋蘭候官令史孫宏中功二勞一歲七月五日
延水嗇夫路興中功二勞十月一日
居延千人令史陽召中功二勞九月
居延都尉屬王宣中功二勞十〈八〉月五日(以上第二欄)B
屬國都尉屬陳嚴中功二勞七月七日
敦[德]置嗇夫張尊中功二勞五月十三日
删丹庫嗇夫徐博中功二勞五月一日
肩水候官令史王嚴中功二勞四月(以上第一欄)
北部都尉史陳可中功一〈二〉勞三月廿日
城倉令史徐譚中功二勞二月五日
删丹令史成功並中功一勞三歲十一月二日
北部庫嗇夫[瞿宏]中功一勞三歲十月廿日(以上第二欄)73EJT30：30A①

以上記載的 18 位吏員均爲張掖郡及各縣轄下機構的屬吏或官長,郡守及各縣令、長擁有任免他們的權力。安作璋等認爲,秦漢時期郡守及其佐吏丞、尉等雖由朝廷任命,但郡守的幕僚屬吏是可以自行署置的。② 楊鴻年則認爲漢世郡掾屬完全由郡太守

① 甘肅簡牘博物館等編:《肩水金關漢簡(叁)》下册,中西書局 2013 年,第 107 頁。陳偉指出正面第二欄第一行"中功一"應是"中功二"之誤、簡背第二欄第五行"勞十月五日"之"十月"當是"八月"之誤書或誤釋;整理者對該木牘正背面的標注存在失誤,將之倒置。今從之。參見陳偉、熊北生:《睡虎地漢簡中的功次文書》,《文物》2018 年第 3 期,第 67—68 頁。鄔文玲釋"城倉守""兼""張""德""瞿宏"諸字,亦從之。參見鄔文玲:《居延漢簡"功勞文書"釋文補遺》,《出土文獻研究》第十八輯,中西書局 2019 年,第 250—251 頁。

② 安作璋、熊鐵基:《秦漢官制史稿》,齊魯書社 2007 年,第 54 頁。

任用。[①] 孫鴻燕指出,漢初地方屬吏的辟除存在兩種情況,其一是完全由地方長吏自行辟除的百石屬,無須上報中央認可;其二是先由長吏確定屬吏的人選,然後上報中央批準。[②] 李迎春認爲,從西漢初期到後期,郡縣長官選任其屬吏的自由度在逐漸擴大,至晚期可能已具備完全辟除之權。[③] 侯旭東則進一步指出,漢代地方無秩屬吏可依照功次制度升任相應甚至更高的職位,一旦官秩至百石,無論擔任何官職,都有資格進入由丞相負責調配的候選官吏名單,進而在整個帝國範圍内安排升遷。[④]

因此,我們不難發現,西漢初期郡縣長官擁有任免升遷屬吏的權力,此後隨着時間的推移,這一權力日益增大。故,簡 22 後接簡 31—32,基本符合漢時郡縣官吏選任屬吏的流程及標準。

再看簡 23。將其調整到簡 181—182 後,句意更完整,交代了官吏功勞已累計達到可升遷時的兩種狀況,即"當遷有缺"和"當遷未有缺"時的處理方法。

準此,簡序調整後的釋文如下:

御史、丞相襍補屬尉、佐以上,二千石官補有秩嗇夫,其有秩、有秩乘車嗇夫 22、丞、尉以上有缺未補,二千石官調令旁近官守焉。有秩乘車以下,令、丞亦令近者守,皆須其真吏到罷之,31 敢擅免者奪爵一級。丞、尉以上當免者,二千石官、二千石官丞弗先得,罰金各四兩。32

制詔御史:宦爲吏者尚給事,前異劇它官而不得上功,議令上功如令,令與外吏通課,其當遷 181 其官。御史請:宦者爲吏者皆自占上功勞,各以官秩與外吏通課。功次當遷而宦吏有缺,遷如令。182 其所當遷未有缺,二千石官、御史各以其所當遷補官秩聞,令自遷其官如詔。23

二

吏及宦皇帝者秩六百石以上及謁者、御史以老免若罷官,及病而免者,皆勿事。丁 34 如罷官,其郎中欲復宦者,許之。縣中吏得上功勞與它縣官吏通課、遷。35

---

① 楊鴻年:《漢魏制度叢考》,武漢大學出版社 2005 年,第 365 頁。

② 孫鴻燕:《秦漢時期郡縣屬吏辟除問題研究》,《秦漢研究》第一輯,三秦出版社 2007 年,第 210 頁。

③ 李迎春:《秦漢郡縣屬吏制度演變考》,博士學位論文,北京師範大學 2009 年,第 183 頁。

④ 侯旭東:《寵:信一任型君臣關係與西漢歷史的展開》,北京師範大學出版社 2018 年,第 191 頁。

七十七　制曰：萬年、長陵、安陵、北陵民爲吏五百石以下至屬尉佐，不欲罷以令罷者，【皆上】功勞復用。132 《功令》

簡 34 文意完整，或可單獨爲一條令文。我們認爲，簡 35 似當接於簡 132 之後。"皆上功勞復用如罷官"作一句讀，意思是説：一並爲其上功勞，請求復用如罷官之前的職位。"復用如"，秦漢法律文書習語，又見於簡 36＋154—155、簡 80 及簡 139—140 等，如：

吏及宦皇帝者病不能視事，及有論毄（繫）盈三月者，免之。病有瘳、論事已，及罷官當復用者，皆復用如其故官 戊 36 秩。居縣上其勞。年免老及當上勞過上功時不上，及病盈二歲、吏以病盈三月免者，皆不得 154 上勞復用。155[①]

廿三　吏坐官當戍，戍日備，若解爵、買爵除戍，請：當復用如故官秩，不當？• 制曰：不當。80[②]

吏當上功勞者獨上令所爲官功勞，其從它官來徙而與今官秩等及免罷復用如故官秩者，皆並上故官□139 爲功勞，即各以官秩通相與可功勞、遷、免、罷復爲吏而非當上勞復用如故官秩者，毋得數免罷前功勞。140

簡文"萬年、長陵、安陵"，還見於簡 118—119 與簡 169—170，簡文如下：

五十九　外郎、執戟家在萬年、長陵、安陵、以令罷而欲爲吏者，其縣有秩、斗食、令史節（即）缺，以功多能 118 宜者補之。上造以下事比簪裹，勿令爲典、求盜、船人、郵人。119

丞相上奏〈奉〉常書言：令曰：萬年、長陵、安陵縣中吏得上功勞與它縣官吏通課、遷。• 今萬年官毋乘 169 車吏而有秩三人，毋所遷。請：移其功勞内史通課、遷，便。御史奏請許。制曰：可。170[③]

整理者注釋説："萬年，漢太上皇陵所在，位於内史，屬奉常。《漢書・地理志》：'萬年，高帝置。'師古曰：'《三輔黄圖》云太上皇葬櫟陽北原，起萬年陵是也。'《二年律

① 黄浩波指出簡 36 後應接簡 154—155，今從之。參見黄浩波：《張家山三三六號漢墓竹簡〈功令〉編連芻議》。

② 劉盼在"請"字後加冒號，今從之。參見劉盼：《張家山 336 號漢墓竹簡〈功令〉讀札》，簡帛網 2023 年 3 月 24 日。

③ 劉盼改"書言"後逗號爲冒號，"請"字後加冒號，"移"字前加冒號，今從之。參見劉盼：《張家山 336 號漢墓竹簡〈功令〉讀札》。

令》簡四六五有'萬年邑長',秩三百石。長陵,漢高祖陵所在,位於内史,屬奉常。《史記·高祖本紀》'葬長陵'集解引皇甫謐曰:'長陵山東西廣百二十步,高三十丈,在渭水北,去長安城三十五里。'安陵,漢惠帝陵所在,位於内史,屬奉常。《漢書·惠帝紀》'葬安陵'臣瓚曰:'安陵在長安北三十五里。'簡文於'安陵'後空兩字。"①

陵縣,又名陵邑,指"陵寢之邑"。"是通過遷徙大量人口聚居在陵旁而形成的行政區域。它以帝陵、后陵爲中心,以滿足古代帝王等修築龐大陵寢園林、保護陵寢以及祭祀需要爲目的,是帝陵的重要組成部分。"②陵邑制度源於秦始皇,《後漢書·東平憲王蒼傳》記:"園邑之興,始自彊秦。古者丘隴且不欲其著明,豈況築郭邑,建都邪哉!"《史記·秦始皇本紀》載:"十六年(前231)……秦置麗邑""三十五年(前212)……因徙三萬家麗邑,五萬家雲陽,皆復不事十歲。"

漢承秦制,漢高祖劉邦爲供奉其父設置萬年縣,又爲自己的陵墓設置長陵縣,惠帝設安陵縣。這些陵縣與普通的縣邑亦有着極大區别。首先,西漢初期陵縣縣民多爲各國諸侯後裔和豪强。《漢書·地理志》記:"漢興,立都長安,徙齊諸田,楚昭、屈、景及諸功臣家於長陵。後世世徙吏二千石、高訾富人及豪桀并兼之家於諸陵。蓋亦以彊幹弱支,非獨爲奉山園也。"《後漢書·班固傳》:"與乎州郡之豪桀,五都之貨殖,三選七遷,充奉陵邑。"李賢注:"三選,選三等之人,謂徙吏二千石及高貲富人及豪桀并兼之家於諸陵。"簡132中提及"民爲吏"應包含這些大族子弟。其次,漢初,縣隸屬於郡,而陵縣則隸屬於太常。《漢書·百官公卿表》記載:"又博士及諸陵縣皆屬焉。"太常,《漢書·百官公卿表》:"奉常,秦官,掌宗廟禮儀,有丞。景帝中六年更名太常。"因陵邑最初的功能就是供奉、祭祀帝陵,故由太常負責。太常直接聽命於皇帝,陵邑等同於由皇帝直接管理,隸屬於中央。直到元帝永光元年(前43)"分諸陵邑屬三輔",陵縣與陵園才徹底分屬兩個體系,前者屬三輔管轄,後者仍歸太常管轄。又,陵縣的官吏設置和俸禄不同於普通的縣邑。西漢時,萬户以上才置縣令,不足萬户者稱縣長,但陵縣一律置令。張家山漢簡《二年律令》簡450—464載:"長陵、濮(濮)陽……秩各八百石""安陵……秩六百石。"③《漢書·高后紀》載:"(六年)秩長陵令二千石。"顔師古注引應劭曰:"長陵,高祖陵,尊之,故增其令秩也。"長陵令俸禄增長到二千石。陵縣官吏俸禄遠高於其他普通縣邑。

綜上可知,萬年、長陵、安陵三縣並不是普通的漢縣。因此,在簡132中與之排列在

① 彭浩主編:《張家山漢墓竹簡〔三三六號墓〕》第117頁。

② 喻曦:《西漢陵邑人物的地域分布初探》,《中國歷史地理論叢》2011年第2期,第67頁。

③ 張家山二四七號漢墓竹簡整理小組編:《張家山漢墓竹簡〔二四七號墓〕》,文物出版社2001年,第196—197頁。

一起的"北陵"當也不是普通的漢縣，應亦是指帝王陵縣。"北陵"一詞僅出現於簡 132 中，整理者無注，亦不見於其他簡文。翻閱西漢初年陵縣相關記載，未看到"北陵縣"或"北陵邑"的表述。根據簡 132 的書寫順序，我們猜測可能是代指文帝陵縣。理由如下：

漢朝皇帝即位後不久，都會着手開始修建陵邑。《漢舊儀》曰："天子即位明年，將作大匠營陵地，用地七頃，方中用地一頃。深十三丈，堂壇高三丈，墳高十二丈。"[①]文帝九年(前 171)"以芷陽鄕爲霸陵"[②]。此時文帝尚在世，其陵墓亦在修建之中。張家山 336 號漢墓的年代上限爲漢文帝前元七年(前 173)，下限不晚於文帝前元十三年(前 167)。[③] 因此，該批律令簡涉及文帝陵縣的吏民管理應有可能。

"北陵"，《左傳》僖公三十二年："殽有二陵焉。其南陵，夏后皋之墓也。其北陵，文王之所避風雨也。"《史記·刺客列傳》："(秦王)見燕使者咸陽宮。"《正義》注引《三輔黄圖》云："秦始兼天下，都咸陽，因北陵營宫殿，則紫宫象帝宫，渭水貫都以象天漢，横橋南度以法牽牛也。""因北陵營宫殿"即咸陽宮借着北陵的地勢而建。《史記·張釋之列傳》載漢文帝顧謂群臣曰："嗟乎！以北山石爲椁，用紵絮斮陳，蕠漆其閒，豈可動哉！"《集解》引張晏注："錮，鑄也。帝北向，故云'北山'；回顧南向，故云'南山'。"綜上可知，"北陵"似乎並不指某個具體的山陵或在具體在某個城市北部的山陵，而是相對來説泛指在北的山或丘陵。文帝崇尚節儉，在其霸陵的興建中亦有充分體現，《漢書·文帝紀》："治霸陵皆以瓦器，不得以金銀銅錫爲飾，不治墳，欲爲省，毋煩民。""霸陵山川因其故，無有所改。"顔師古注引應劭曰："因山爲藏，不復起墳，山下川流不遏絶，就其水名以爲陵號。"因此簡 132 中"北陵"代指文帝的陵縣是很可能的。

又，修建帝陵是西漢時期的一項舉全國之力的重大國家工程。其所需技術、人力、物資除了依賴陵邑外，還需要中央各機構與其他郡縣的協助。《史記·孝文本紀》："令中尉亞夫爲車騎將軍，屬國悍爲將屯將軍，郎中令張武爲復土將軍，發近縣卒萬六千人，發内史卒萬五千人，藏郭穿復土屬將軍武。賜諸侯王以下至孝悌力田金錢帛各有數。乙巳，葬霸陵。"可以看到，"郎中令、近縣卒、内史卒"均參與了霸陵的復土工程。因此，不難猜出在日常修建、維護帝陵及管理陵縣事物時，郎中令及及署官參與其中實屬正常。故，簡 35 中提到的"其郎中欲復宦者"與簡 132 中"萬年、長陵、安陵、北陵"並不衝突。而如果前文所猜"北陵"代稱文帝陵縣這一説可信的話，在修建陵墓、設置陵縣過程中需要郎中及其署官參與的可能性更大，亦可反證簡 132 後可接簡 35。

---

① 《續漢志·禮儀志下》"大喪"條劉昭注引應劭《漢舊儀》。

② 《史記·漢興以來將相名臣年表》。

③ 荆州地區博物館：《江陵張家山兩座漢墓出土大批竹簡》，《文物》1992 年第 9 期，第 10 頁。

此外,簡 35 中"縣中吏得上功勞與它縣官吏通課、遷"亦可見於簡 169—170。簡 169—170 是對萬年、長陵、安陵三縣官吏上功勞的規定,簡 132 後接簡 35,則正是對萬年、長陵、安陵、北陵這幾個縣官吏罷官復用上功勞的規定。

與此同時,在簡 118 原簡圖版中,可以明確看到"安陵"二字後約有兩字空白。結合上述討論,我們猜測空白兩字或許本想寫"北陵"二字。但適時文帝陵墓及陵縣正處於修建狀態中,其陵縣官吏、人員、縣邑規模與萬年、長陵、安陵三縣相比,尚是雛形,其官吏、官職等很有可能不完備且等級不高。因此,最終並未將其一同書寫於簡 118 上。"北陵"一詞目前衹在簡 132 中出現,對應的亦是"五百石以下至屬尉佐"。

準此,簡序調整後的釋文如下:

七十七　制曰:萬年、長陵、安陵、北陵民爲吏五百石以下至屬尉佐,不欲罷以令罷者,【皆上】功勞復用 132 如罷官。其郎中欲復宦者,許之。縣中吏得上功勞與它縣官吏通課、遷。35

三

有罪當完城旦舂鬼薪白 粲以上而亡,以其罪命之。耐隸臣妾罪以下,論令出會之。134　其以亡爲罪,罪當完城旦舂、鬼薪白粲以上不得者,亦以其罪論命之。135

人奴婢有刑城旦舂以下至巷(遷)、耐罪,黥顏(顔)頯畀主,其有贖罪以下及老小不當刑、刑盡者,142 皆笞百。刑盡而賊傷人及殺人先自告也,棄市。143

庶人以上,司寇、隸臣妾無城旦舂、鬼薪【白粲】罪以上,而吏故爲不直及失刑之,皆以爲隱 144 官;女子庶人,毋筭(算)【事其】身,令自常。145《漢律十六章》

我們認爲,簡 134—135 可能要調整到簡 143 後,其後再接 144—145。上述簡文還可見於《二年律令》簡 121—124,多位學者已經指出簡 121 不當與簡 122 相連。[①]

① 張建國、彭浩均認爲簡 121 當接簡 107,李力認爲簡 121 應爲獨立的一條殘文。見張建國:《張家山漢簡〈具律〉121 簡排序辨正——兼析相關各條律文》,《法學研究》2004 年第 6 期,第 147—157 頁;彭浩:《談〈二年律令〉中幾種律的分類與編連》,《出土文獻研究》第 6 輯,上海古籍出版社 2004 年,第 61—69 頁;李力:《張家山 247 號墓漢簡法律文獻研究及其述評(1985.1—2008.12)》,東京外國語大學アジア・アフリカ言語文化研究所 2009 年,第 381—396 頁。

故,僅摘録簡 122—124 釋文如下：

人奴婢有刑城旦舂以下至遷(遷)、耐罪,黥顏(顏)頯畀主,其有贖罪以下及老小不當刑、刑盡者,皆笞百。刑盡而賊傷人及殺人,先自告也,棄市。有罪 122 當完城旦舂、鬼薪白粲以上而亡,以其罪命之;耐隸臣妾罪以下,論令出會之。其以亡爲罪,當完城旦舂、鬼薪白粲以上不得者,亦以其罪 123 論命之。庶人以上,司寇、隸臣妾無城旦舂、鬼薪白粲罪以上,而吏故爲不直及失刑之,皆以爲隱官;女子庶人,毋筭(算)事其身,令自尚。124[1]

對比《漢律十六章》簡 142—143＋134—135＋144—145 與《二年律令》簡 122—124,不難發現二者僅在最後一字上有區别,即"令自常"與"令自尚"。"自常",整理者注:"《二年律令》簡 224 作'自尚',整理者: 尚,《廣雅・釋詁》:'主也。'"[2]"常",通"尚"。《墨子・非命下》:"上帝不常,九有以亡。"孫詒讓注:"常當讀爲尚。尚,右也。"[3]《管子・七臣七主》:"芒主目伸五色,耳常五聲。"許維遹案:"常當讀爲尚。《晋語》韋注:'尚,好也。'"[4]因此,簡 145"常"通簡 124"尚",主持、掌管之意。

《漢律十六章》簡 134—135、142—143、144—145 兩支簡令文完整,整理者將其分别獨立爲一條令文。簡 135"亦以其罪論命之"後竹簡仍有大段留白,簡 144—145 内容,書者並没有接簡 135 後繼續書寫,而是另起一支簡。反觀《二年律令》,"亦以其罪"書寫在 123 簡簡末,"論命之"書於簡 124 首端,其後的内容均寫於簡 124 上,説明簡 123、124 編聯在一起無誤,其簡上書寫内容當同屬於一條令文。《漢律十六章》簡 135 后接 144—145 亦無争議。

縱觀《漢律十六章》,在一支或者兩支簡上將一段尚且完整的律令寫完,即便簡後仍有留白,仍另起一行,此種情況屢見不鮮。兹舉一例,如《漢律十六章》簡 105、106 與《二年律令》簡 86。摘録簡文如下：

吏、民有罪當笞,謁罰金一兩以當笞者,許之。105
有罪年不盈十歲,除;其殺人,完爲城旦舂。106 《漢律十六章》
吏、民有罪當笞,謁罰金一兩以當笞者,許之。有罪年不盈十歲,除;其

---

① 張家山二四七號漢墓竹簡整理小組編:《張家山漢墓竹簡〔二四七號墓〕》第 150 頁。
② 彭浩主編:《張家山漢墓竹簡〔三三六號墓〕》第 184 頁。
③ 孫詒讓撰,孫啓治點校:《墨子閒詁》卷九《非命下》,中華書局 2001 年,第 281 頁。
④ 郭沫若:《管子集校(三)》,《郭沫若全集・歷史編》第 7 卷,人民出版社 1984 年,第 186—187 頁。

殺人,完爲城旦舂。86① 《二年律令》

《漢律十六章》簡105、106的簡文内容在兩支簡上書寫完成,且簡105尾部留有大段空白。《二年律令》簡86的簡文則是在一支簡上書寫完成的。二者簡文内容一樣,衹是書寫方式略有不同。但通過簡文對讀,我們可以發現,《漢律十六章》簡105、106,雖没有滿簡書寫,看似可以獨立出來成爲一條律條,其内容相次,文意貫通,是可以連讀在一起的,从而組成一條更爲完整詳細的律條。爲何《漢律十六章》會出現這樣的書寫情況,可能與書者習慣亦或是與當時律令寫作要求有關。② 因此,《漢律十六章》簡105、106可連讀。同理,簡142—143、134—135、144—145連讀亦是可行的。

準此,簡序調整後的釋文如下:

人奴婢有刑城旦舂以下至䙴(遷)、耐罪,黥顏(顔)頯畀主,其有贖罪以下及老小不當刑、刑盡者,142 皆笞百。刑盡而賊傷人及殺人先自告也,棄市。143 有罪當完城旦舂、鬼薪白粲以上而亡,以其罪命之。耐隸臣妾罪以下,論令出會之。134 其以亡爲罪,罪當完城旦舂、鬼薪白粲以上不得者,亦以其罪論命之。135 庶人以上,司寇、隸臣妾無城旦舂、鬼薪【白粲】罪以上,而吏故爲不直及失刑之,皆以爲隱144 官;女子庶人,毋筭(算)【事其】身,令自常。145

① 張家山二四七號漢墓竹簡整理小組編:《張家山漢墓竹簡〔二四七號墓〕》第146頁。

② 這種現象在張家山漢簡《二年律令》中也有出現。如何有祖等指出,《二年律令》簡284、285、289這3支簡雖不是滿簡連續抄寫,但在内容上前後相次,可連讀。參見何有祖、劉盼、蔣魯敬:《張家山漢簡〈二年律令・賜律〉簡序新探——以胡家草場漢簡爲綫索》,《文物》2020年第8期,第60—64頁。

漢簡日書文字釋讀札記*

趙翠翠

摘　要： 本文將孔家坡漢簡日書的《司歲》篇簡 428“百”下一字、《始種》篇簡 453“予”下一字及《徙》篇簡 115“前爲”下一字，分别改釋爲“果”“人”和“剽”。將睡虎地漢簡日書《叢辰》篇簡 11“自”下一字、簡 12“有小事”下二字及簡 2 天頭處的叢辰名，分别改釋爲“如”“无(無)央(殃)”和“正陽”。

關鍵詞： 漢簡　日書　文字考釋

一、釋　“果”

孔家坡漢簡日書有《司歲》篇。該篇簡 428 的“單閼”條，整理者釋文作：①

丑朔，單□日百興(?)實日秋食。

“單”下一字，整理者未釋，但在注釋中指出：“《爾雅・釋天》作‘單閼’。”何有祖、劉樂賢、王志平等先生進一步論證了“單闕”即是傳世文獻中的“單閼”。② 此句依整理者釋文，文意不太好理解。“百”下一字(見附表：1)，整理者疑爲“興”。細審，當是

---

* 本文爲“古文字與中華文明傳承發展工程”規劃項目“戰國秦漢《日書》寫本特徵與數術史研究”(項目號 G3924)的階段性研究成果。

① 湖北省文物考古研究所、隨州市考古隊編著：《隨州孔家坡漢墓簡牘》，文物出版社 2006 年，第 181 頁。

② 何有祖：《也說孔家坡漢簡〈日書〉所見歲名》，簡帛網 2006 年 10 月 10 日，收入氏著《新出秦漢簡帛叢考》改名《孔家坡漢簡歲名考釋》科學出版社 2021 年，第 69 頁；劉樂賢：《孔家坡漢簡〈日書〉“司歲”補釋》，簡帛網 2006 年 10 月 10 日，http://www.bsm.org.cn/?hanjian/4651.html，又載《戰國秦漢簡帛叢考》，改名《孔家坡漢簡〈日書〉“司歲”篇初探》文物出版社 2010 年，第 106—112 頁；王志平：《孔家坡漢簡〈日書〉“司歲”篇中的“單闕(閼)”》，《歷史語言學研究》第 7 輯，商務印書館 2014 年，第 189—197 頁。

“果”。字中間“木”旁的豎筆因竹簡纖維剥落而殘失。孔家坡漢簡日書簡 34 即有“果”字(見附表: 2),可參。“百果”即各種果木。《易經·解卦·彖》曰:“天地解而雷雨作,雷雨作而百果草木皆甲坼。”“實”指結果實。此句簡文當釋作:

丑朔,單閼(閼)日,百果實,日秋食。

孔家坡漢簡日書《司歲》篇的歲名後一般都有“司歲”二字,如“子朔,聞(攝)民(提)挌(格)司歲”“辰朔,隫(敦)牂(牂)司歲”等。“單閼”下無“司歲”而有“日”字,對照看,這裏的“單閼日”大概是單閼值日、單閼所在日的意思,某某日義同某某司歲。

二、釋“予人”

孔家坡漢簡日書《始種》篇簡 453,整理者釋文作:[①]

始耕田之良日,牽牛、酉、亥。辰、巳不可穜(種)、出穜(種),乙巳、壬不可予、入五穜(種)。五月東井利澍(樹)藍、韭,司清。

這段内容是講一年開耕、播種及借、賣出種子和給予别人種子的宜忌。睡虎地秦簡日書乙種《五穀良日》篇簡 64 記:[②]

五穀良日:己□□□□出穜(種)及鼠(予)人。壬辰,乙巳,不可以鼠(予)。子,亦勿以穜(種)。

《始種》篇中的“乙巳、壬不可予、入五穜(種)”,不好理解。從行爲來説,“予”和“入”是一出一進,即予人種子和買入種子,“不可予、入五種”顯得有些矛盾。通觀《始種》及《五穀良日》篇,這裏應該是講乙巳和壬日不可向外拿出種子。因此,原釋“入”之字(見附表: 3),似當是“人”字。從字形看,此“人”字寫法與“入”有相似之處。孔家坡漢簡日書簡 301“必有死者三人”之“人”(見附表: 4),字形亦與“入”相似,可見孔家坡漢簡日書中“人”“入”兩字有時抄寫起來字形接近,需據上下文意來辨識。簡文“不可予人五種”是説不可以給予别人五種。睡虎地秦簡日書甲種簡 138 記:“鬼嬰兒恒爲人號曰:‘鼠(予)我食。’是哀乳之鬼。”[③]“予我食”與“予人五種”文例同。“不可予人

① 湖北省文物考古研究所、隨州市考古隊編著:《隨州孔家坡漢墓簡牘》第 184 頁。

② 陳偉主編:《秦簡牘合集(壹)》,武漢大學出版社 2014 年,第 526 頁。

③ 陳偉主編:《秦簡牘合集(壹)》第 446 頁。

五種”與《五穀良日》“不可以予”文意大體相符。

三、釋 “剽”

孔家坡漢簡日書《徙》篇簡 111－115，整理者釋文作：[1]

> 夏六月，咸池以辛酉徙西方。居四旬五日以丙午徙南方。居九日以乙卯徙東方。居五旬七日以壬子徙北方。居九日，有(又)以辛……。大時右行閒二，小時左行毋數，正月建寅左行。建所當爲衡日，卒衡前爲飄，後爲敗。是日毋可有爲也。

所釋“飄”字(見附表：5)，右旁與“風”不類，釋“飄”存疑。王强先生認爲，所謂“飄”字，細審簡文左旁从黑，如簡 351 黑字寫作  ，右旁亦不从風，故其字非“飄”，待考。[2] 此字，整理者認爲左旁从“票”不誤，其右旁當是“刀”，應釋爲“剽”。“剽”，秦漢簡屢見，如睡虎地秦簡日書乙種簡 33(見附表：6)、北京大學藏秦簡《日書乙種》簡 10(見附表：7)、馬王堆漢墓帛書《刑德乙篇》(見附表：8)，[3]可參。從簡文所言“建所當爲衡日，卒衡前爲剽，後爲敗。是日毋可有爲也”看，“剽”與其後的“敗”一樣，都是不好的結果。睡虎地秦簡日書乙種《徐》篇簡 44 記：“剽日，不可以使人及畜六畜，它毋有爲也。”[4]這裏的“剽日”也是不吉之日。

四、釋“自 如”

睡虎地漢簡日書《叢辰》篇簡 11，整理者釋文作：[5]

> 危陽：是不成其……【自知。亡人自歸。病】☑

簡文“是不成其”下可補“行”字。其他日書同篇中與之地位相當的語句，睡虎地

---

[1] 湖北省文物考古研究所、隨州市考古隊編著：《隨州孔家坡漢墓簡牘》第 141 頁。

[2] 王强：《孔家坡漢墓簡牘校釋》，碩士學位論文，吉林大學 2014 年，第 49 頁。

[3] 陳偉主編：《秦簡牘合集(壹)》第 519 頁；北京大學出土文獻與古代文明研究所編：《北京大學藏秦簡牘》，上海古籍出版社 2023 年，第 737 頁；劉釗主編：《馬王堆漢墓簡帛文字全編》，中華書局 2020 年，第 487 頁。

[4] 陳偉主編：《秦簡牘合集(壹)》第 519 頁。

[5] 伊强、熊北生：《睡虎地漢簡〈叢辰〉與〈反支〉初探》，《江漢考古》2023 年第 2 期。

秦簡日書甲種寫作"是胃(謂)不成行",乙種寫作"不成其行",[1]孔家坡漢簡日書因簡殘,文缺。

"自"下一字,整理者釋作"知",未安。對照其他日書同篇與之地位相當的語句,睡虎地秦簡日書甲種寫作"以爲嗇夫,必三徙官,徙官自如,其後乃昌",[2]孔家坡漢簡日書寫作"☐三徙官,自如,其後乃昌"。[3] 此處當作"自如"。"自如"前可補"徙官"。簡 11 釋文可寫作:

危陽:是不成其〚行〛。……〚徙官〛【自如】。亡人,自歸。病☐

此外,第一段殘簡的"是不成其"與第二段殘簡的"自如"之間似當有類似"爲嗇夫"的事項,因此,簡報發表的圖一中的簡 11 圖版的第二段殘簡的位置可適當下移。

五、釋"无央"

睡虎地漢簡日書《叢辰》篇簡 12,整理者釋文作:[4]

徹日:有小事,先成☐

"先成"之釋,恐不確。兩字皆有殘損(見附表:9)。其他日書同篇的"徹日"下,睡虎地秦簡日書甲種有記"是胃(謂)又(有)小逆,毋(無)大央(殃)",乙種有記"有細喪,無大央(殃)",[5]孔家坡漢簡日書有記"有小喪,毋(無)央(殃)"。[6] 通過對讀,我們認爲原釋"先成"之字,當釋爲"无央",讀爲"無殃"。馬王堆漢墓帛書中有"无""央"(見附表:10、11),[7]可參看。原釋"事"之字,從殘畫看,與"事"字形有相似之處,釋"事"可備一説。"小事"指小的變故。簡 12 釋文可寫作:

徹日:有小事,无(無)央(殃)。☐

① 陳偉主編:《秦簡牘合集(壹)》第 367、521 頁。

② 陳偉主編:《秦簡牘合集(壹)》第 367 頁。

③ 湖北省文物考古研究所、隨州市考古隊:《隨州孔家坡漢墓簡牘》第 132 頁。

④ 伊强、熊北生:《睡虎地漢簡〈叢辰〉與〈反支〉初探》。

⑤ 陳偉主編:《秦簡牘合集(壹)》第 368 頁、第 521 頁。

⑥ 湖北省文物考古研究所、隨州市考古隊:《隨州孔家坡漢墓簡牘》第 132 頁。

⑦ 劉釗主編:《馬王堆漢墓簡帛文字全編》第 1331、613 頁。

六、釋“正陽”

睡虎地漢簡日書《叢辰》篇簡 2,整理者釋文作:①

【陽】:丑、戌,丑、戌;卯、子,卯、子;巳、寅,巳、寅;未、辰,未、辰;【酉】、〖午,酉〗、午;亥、申,【亥、申】。

此簡簡首有殘缺,整理者據殘畫將位於簡天頭處的叢辰名釋作“陽”。查目前已知的日書《叢辰》篇,還未見將“正陽”稱作或省寫作“陽”的。細看圖版,天頭處的“陽”字,上端稍殘,如果僅書“陽”一字,似乎離簡端上緣還有一定空白,圖版中的簡 2 稍微擺放靠上了一點,參照“危陽”“徼”“羣”等叢辰值日神名的寫法,差不多都是近乎頂格書寫,不留空。因此,有理由推測此處天頭是寫“正陽”二字。

順便提及一下,睡虎地漢簡日書《叢辰》篇的抄寫格式與胡家草場漢簡日書《叢辰》篇相似,都省略了月份,應該都是利用了欄綫來指示十二個月份。縱觀目前所見的日書的《叢辰》篇目,大致可以分爲兩類,一種是有“正月以朔”這一段;一種是没有“正月以朔”這一段。新近公布的胡家草場漢簡日書《叢辰》儘管只公布了四支,但都較完整,特别是尾部没有殘斷,因此,可以肯定没有“正月以朔”的内容。睡虎地漢簡日書《叢辰》,從公布的圖版看,没有與“正月以朔”這段有關的殘文。特别是“陰日”條,所在的簡尾部有殘斷,但現存最後兩個字“不免”下有一段空白,表明“不免”下應該没有文字了,也就是説,“陰日”條的占文最後兩字就是“不免”。綜合來看,有“正月以朔”這一段簡文的《叢辰》篇見於睡虎地秦簡日書甲種、睡虎地秦簡日書乙種和孔家坡漢簡日書,不包含這一段簡文的《叢辰》篇見於胡家草場漢簡日書和睡虎地漢簡日書。這似乎説明至少在漢代《叢辰》篇有兩個版本一併流行,這或許是不同日書的創作者選取了不同占派的《叢辰》而導致的。值得注意的是,在睡虎地秦簡乙種日書“正月以朔”一段的前面有表示分段的提示符號“·”,表明“正月以朔”這一段與前面一段的内容關係不是很密切,再結合胡家草場和睡虎地漢簡日書没有這一段的情況來看,“正月以朔”這一段是在某一時期被加入《叢辰》篇的,原本是單獨的一篇,這也從一個側面再現了日書篇章的生成過程。

---

① 伊强、熊北生:《睡虎地漢簡〈叢辰〉與〈反支〉初探》。原釋文無標點,今據文意標點。

附表：

		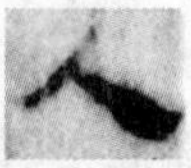	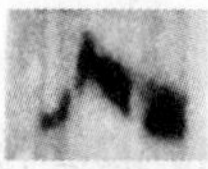
1	2	3	4

5	6	7	8

9	10	11	

海昏漢簡《易占》所見禽蟲校讀瑣記*

易　蕭

摘　要： 海昏漢簡《易占》中有配重卦和時令之禽蟲，其中多數可與三十六禽相參考。現據整理者釋文，對《易占》中部分禽蟲進行校讀，主要包括配屯之"穛"，配離、恒之"解"，配解之"鴽"，配小畜、中孚之"貮"，配夬之"麨"，配姤之"角"，配蠱之"鮫"，配旅之"錯"，配觀、渙之"蟚"，配師之"螬"，配既濟之"騋"，配復之"毋隻"，配未酉（即未濟）之"夏"，配家人之"老培"，配革之"舩輿"，配睽之"夷俞"，配鼎之"鋭"。

關鍵詞： 海昏漢簡　《易占》　禽蟲　校讀

海昏漢簡《易占》中有與時令相配的禽蟲，其中多數屬於三十六禽系統，簡文整理者李零先生已經對這些禽蟲進行了細緻的釋讀，爲相關研究提供了可靠的材料。[1] 現據整理者釋文，對其中部分禽蟲做進一步考察，以期深化對《易占》禽蟲系統的認識。因竹簡圖版尚未完全公布，有關字形的討論主要依據整理者的隸定。限於學力，文章必有不當之處，敬請方家指正。

---

* 本文爲國家社會科學基金重大項目"清華簡與儒家經典的形成發展研究"（16ZDA114）階段性成果、教育部人文社會科學研究青年基金項目"長沙馬王堆漢墓帛書《周易》經傳研究史與集釋疏證"（21YJC770003）階段性成果。

① 見朱鳳瀚主編：《海昏簡牘初論》，北京大學出版社 2020 年，第 254—266 頁。爲行文簡潔，下文引用此書僅用括注標出頁碼。

一、穛

屯卦云:“豕東北卦穛吉。”整理者説:“豕見十二屬。穛,疑讀權,爲權且之義。”(255 頁)依全篇體例,屯卦配東北(丑、寅)不誤,而豕屬亥,不當配東北。所謂“權吉”與全篇體例不合,於文義亦不通,而“卦”“吉”二字當相連。故疑此處爲抄訛,“穛”當爲“貛”之假借或形訛,貛字或作豲、獾,爲外形接近狐或狸的動物。同時,某月或某方位通常衹對應一種動物,而此處有“豕”“貛”兩種動物,顯然與《易占》體例不符。我們認爲有兩種可能:其一,疑“豕”爲衍文,乃涉下文“貛”而衍;其二,疑“豕貛”本連用作爲一種動物,即後世所謂豬獾,兩字隔開係抄寫之誤。

按,今本《説文》豸部:“豲,野豕也。”曰:“貒,獸也。”段玉裁則認爲豲乃貒之或體,《説文》原當作“貒,獸也,似豕而肥”,淺人删去“似豕而肥”四字,乃增注“野豕也”三字於“豲”下。段注十分有理,可從早期文獻中得到證實。如《方言》卷八云:“貛,關西謂之貒。”又云:“豬,北燕、朝鮮之間謂之豭,關東西或謂之彘,或謂之豕,南楚謂之豨。其子,或謂之豚,或謂之貕,吴、楊之間謂之豬子。”貛即豲,揚雄將貛、豬分别解釋,並未説二者之間可以互稱,足見漢代人眼中的貛、豬並非一物。然而,自東晋以來,人們常將二者混淆,如郭璞《爾雅注・豸部》曰:“貒,豚也,一名豲。”《方言注》又曰:“貛,豚也。”錢繹《方言箋疏》論證貆即豲、貒,並云:“今吴地豲有二種:形似豬者,俗謂之豬豲,皮與肉俱可食,微羶;如狗者,謂之狗豲。”則所謂豲又作貒、貆,是一種外形像豬的動物,即今之所謂豬豲、狗豲。《淮南子・齊俗》“狟狢得埵防弗去而緣”,高誘注曰:“狟,狟豚也。”因此,若《易占》原文果作“豕貛”,則近於“狟豚”之稱。

另,阜陽漢簡《萬物》中有“貆膏”(簡 W019)一詞,整理者説:“貆,乃‘貆’之訛,豪豬。見《山海經・北山經》郭注,又《西山經》謂‘其狀如豚而白,毛大如笄而黑端’。一説貆是貉子,見《爾雅・釋獸》、《毛詩・伐檀》‘胡瞻爾庭有縣貆兮’鄭箋。”周祖亮、方懿林從其説。[①] 按,“貆”爲“貆”之訛可從,但貆並非豪豬,而是上述之“豲”。“貆膏”即豲油,又稱猯膏、狟脂,有重要的藥用價值,在歷代醫書中常見。孫思邈《千金翼方》卷三即載有“猯肉胞膏”之用。北宋唐慎微編《證類本草》卷十八云:“狐之類。猯音湍,似犬而矮,尖喙,黑足,褐色,與豲、貉三種而大抵相類,頭足小别。郭璞注《爾雅》云‘貒,一名豲’,乃是一物,然方書説其形差别也。猯肉主虚勞,行風氣,利藏腑,殺蟲。

① 文化部古文獻研究室、安徽阜陽地區博物館阜陽漢簡整理組:《阜陽漢簡〈萬物〉》,《文物》1988 年第 4 期,第 44 頁;周祖亮、方懿林:《簡帛醫藥文獻校釋》,學苑出版社 2014 年,第 400 頁。

膏主上氣欬逆，脂主尸疰，胞主吐蠱毒。貛肉主小兒疳瘦，啖之殺蚘蟲。貉肉主元藏虛劣及女子虛憊，方書亦稀用之。”這裏從方書的角度論述貒膏、脂的不同用途，且區分貒、貛。不過，其下文專門論“貒膏”之用時却並未作上述區分，不分膏、脂，亦不分貒、貛。[①] 至後世，李時珍雖以“貒”爲豬貛（又稱貛㹠），以“貛”爲狗貛（又稱貆、天狗），並分别論述各自用途，但最後却又總結説貛“功與貒同”。[②] 唐代王燾《外臺秘要》論解“蜣蜋蠱”時云：“服貛肫脂即下，或吐，或自消也。”[③]從其解蠱毒來看，所謂“貛肫脂”實即“貒膏”。此外，像“狟脂”的産地也一直有記載，如孫思邈《千金翼方》就載關内道之靈州，山南西道之梁州、洋州，山南東道之房州等地出産狟脂。[④] 總之，所謂“貆膏”即貛油，而非豪豬油。

又按，《易占》以東北配貛，東北方對應丑、寅，則顯然是以寅配貛。然而，《説文》豸部曰：“貆，貉之類。”《五行大義・論卅六禽》曰：“一云狢者狐也，狐、狢相類也。”因此，從外形上看，貛應該更接近於三十六禽中配卯之狐、貉、猬等之類，而非配寅之虎、豹、狸等之類（即今所謂貓科動物），這也與實際生活中的情形相一致。因此，簡文或本以“貛”配卯而後誤抄配寅（東北），當然，也可能當時觀念確以貛與豹、狸等歸爲一類，何者爲是，目前尚難確定。

二、解、 鳶

解在簡文中兩見，一爲離卦中配季冬（丑），一爲恒卦中配季夏（未）。整理者皆讀“解”作“蟹”（259 頁）。一般來講，不同的地支，其所配動物一定是不同的，否則便會引起混亂，故這裏兩“解”必有一誤。[⑤] 按，上海博物館藏六朝銅式及《五行大義・論卅六禽》《太白陰經・推三十六禽法》等諸多文獻皆以“蟹”配丑，可見將《易占》離卦中配丑之“解”讀作“蟹”可從。

由此又引出一個新問題，即不同版本的三十六禽或配丑以“蟹”（蠏），或配以“獬”。按，解、蟹、獬音近相通，但後世常以“蟹”爲螃蟹，“獬”爲獬豸，那麽《易占》中的

---

① 唐慎微等撰，陸拯、鄭蘇、傅睿等校注：《重修政和經史證類備用本草》，中國中醫藥出版社 2013 年，第 1074、1077、1078 頁。

② 李時珍：《本草綱目》卷五十一，人民衛生出版社 1977 年，校點本，第 2882—2883 頁。

③ 王燾：《外臺秘要》卷二十八《崔氏療五蠱毒方》，人民衛生出版社 1955 年，影印本，第 767 頁下欄。

④ 孫思邈：《千金翼方》卷一，人民衛生出版社 1955 年，影印本，第 5—6 頁。

⑤ 《易占》中衹有龍、虎等少數禽蟲的配比有例外情況，詳拙文《海昏漢簡〈易占〉“四靈”初探》，待刊。

“解”究竟該如何理解呢?

按,《説文》虫部:“蟹,有二敖八足,旁行,非蛇鱓之穴無所庇。从虫解聲。”《詩·小雅·無羊》“衆維魚矣”,鄭玄注曰:“《易·中孚》卦曰:豚魚吉。”《正義》又引鄭玄注云:“四辰在丑,丑爲鼈、蟹。鼈、蟹,魚之微者。”①鄭玄顯然以配丑之“蟹”爲螃蟹。《五行大義·論卅六禽》曰:“蟹者,立春之時,卉木生根,如其足也。艮爲山,巨靈贔負,首頂靈山,負蓬萊山,即巨蟹也。鼈者,土之精氣而生,中軟外堅,象土含陰陽也。其藏黄者,土之色也。牛亦有黄,蟹中亦黄,皆土精也。”“蟹”同樣指螃蟹。蕭吉乃當時數術名家,博學多通,故其所論必是延續六朝以來的主流説法。

至於獬豸,又作解廌。按,《説文》角部:“解,判也,从刀判牛角。一曰解廌獸也。”《説文》廌部又曰:“廌,解廌獸也,似牛一角,古者决訟,令觸不直。象形。从豸省。凡廌之屬皆从廌。”②《太平御覽》卷八百九十引《神異經》曰:“東北荒中有獸如牛,一角,毛青,四足似熊,忠直,見人鬭則觸不直,聞人論則咋不正,名曰獬豸,一名任法獸。”《白氏六帖》卷二十九引《神異經》則曰:“解廌性忠,而邪則觸之,困則未止,故立獄皆東北,依所在也,東北荒之獸也。”《後漢書·輿服志》劉昭注引《異物志》曰:“東北荒中有獸名獬豸。”由上可見,獬豸之形象“似牛”,且與東北方相配。東北對應丑、寅,十二屬及三十六禽中一般以牛配丑,獬豸“似牛”,故以“獬”配丑也非常合理。同時,《説文》兕部曰:“兕如野牛而青。”《儀禮·鄉射禮》:“大夫,兕中,各以其物獲。”鄭玄注曰:“兕,獸名,似牛,一角。”《爾雅·釋獸》曰:“兕似牛。”郭璞注曰:“一角,青色,重三千斤。”可見獬、兕外形接近,皆爲一角而似牛之獸。《開元占經》卷一百十六《獸休徵》單獨將“獬豸”與“兕”列爲一類,並引《瑞應圖》曰:“兕知曲直,王者獄訟,無偏則出。”足見在以獸類占卜休咎的方法中,獬、兕是被看作相近甚至是相同的動物。放馬灘秦簡《日書》乙種《黄鐘》中以牛、兕牛、旄牛三種牛類配大吕(即丑),③其中的兕牛正可與獬對應。由此可見,以“獬”配丑之説亦有較早來源,或可追溯至先秦。

另外值得一提的是,獬豸之形象,除前論“似牛”之外,古人還有“神羊”、“似鹿”之説。《論衡·是應》曰:“儒者説云:觟觽者,一角之羊也,性知有罪。皋陶治獄,其罪疑者,令羊觸之。有罪則觸,無罪則不觸。”④《後漢書·輿服志》曰:“獬豸,神羊,能别曲直。楚王嘗獲之,故以爲冠。”《漢書·司馬相如傳》“弄解廌”,顔師古注引張揖曰:“解

---

① 按,宋魏了翁《毛詩要義》卷十一引同,但《易緯稽覽圖》卷下引鄭注無兩“蟹”字,疑緯書有脱文。

② 按,今本“牛”前尚有一“山”字,據《太平御覽》卷八百九十引删。

③ 詳孫占宇、晏昌貴等:《放馬灘秦墓簡牘》,陳偉主編:《秦簡牘合集:釋文注釋修訂本》第4輯,第141頁。

④ 按,《白氏六帖》卷二十九引《論衡》於“羊也”下尚有“青色四足,或曰似熊,能知曲直”十二字。

廌,似鹿而一角。”若將獬豸歸爲羊類,則《易占》配未之“解”似乎可解釋爲獬豸,但上文已論“解”無論是作爲螃蟹還是獬豸,皆是配丑,不太可能配未,故這種解釋應是不成立的。

我們懷疑恒卦配未之“解”或爲“射”之訛,“射”讀作“麝”,即麝獐、香獐。按,放馬灘秦簡《日書》乙種《黄鐘》以“ ”(簡 229)配林鐘(即未)。因原字殘泐,原整理者釋作“鼠”,程少軒、蔣文先生釋作“鼢”,孫占宇、晏昌貴先生釋作“射”,讀作“麝”。① 按,原簡同篇“毋(無)射”之“射”寫作 (簡 236)、 (簡 237)、 (簡 208),故從字形上看,當從孫、晏之説。“射”與“觧”字形有時寫得相近,易訛成“觧”(即解)。按,《爾雅・釋獸》曰:“麝父,麕足。”郭璞注曰:“脚似麕,臍有香。”《説文》鹿部:“麝,如小麋,臍有香,从鹿射聲。”麝雌雄皆無角,個體大小又似成體山羊,若與羊歸爲一類也是合理的,《日書》乙種正可與《易占》相參考。

通過上述討論可知,配丑之“解”解釋爲螃蟹或獬豸皆可。不過,翻檢文獻,我們發現先秦秦漢時期稱呼獬豸時,很難見到用單獨的“解”或“廌”,而通常是兩字連用,如《太玄・難》稱“觟䚦”,《漢書・司馬相如傳》稱“觧廌”,《論衡・是應》稱“觟䴲(䚦)”,《獨斷》稱“獬豸”。又,段玉裁《説文解字注》“廌”曰:“廌與解疊韵,與豸同音通用。廌能止不直,故古訓爲解。”由此可見,“獬豸”實是疊韻聯綿詞,故常兩字連用。因此,我們懷疑《易占》配丑之“解”應讀作“蠏”,即螃蟹。若其中還有獬豸配丑,則其書寫很可能會依西漢人的習慣,兩字並用寫作“觟(觧)廌(䚦)”之類,與“解”進行區别,避免出現重複與衝突。

又按,《易占》解卦云:“季冬鵟吉。”整理者説:“鵟,古書亦作狂。《爾雅・釋鳥》:‘狂,茅鴟、怪鴟。’‘狂,瘳鳥。’指貓頭鷹。《山海經・大荒西經》:‘有五彩之鳥,有冠,名曰狂鳥。’狂與凰音近可通,或説即鳳凰之一種。”(260 頁)我們以爲,若以“鵟”爲貓頭鷹,則與《易占》萃卦中配東南之“號(鴞)”重複,這違背一種禽蟲不能配不同地支(方位)的原則;若以“鵟”爲鳳凰一類,從“四靈”與八卦類象來看應配南方(離位),而從三十六禽及十二屬看應配酉,皆與配丑(即季冬)相矛盾。② 同時,各種版本三十六禽及十二屬中配丑之禽皆大同小異,主要是牛、冢牛、旄牛、獬、蟹、鼈(龜)之類,而配“鵟”則顯得格格不入,無論在哪個版本中皆難以説通。因此,我們懷疑“鵟”或即是配

---

① 圖版見陳偉主編:《秦簡牘合集・肆》,武漢大學出版社 2014 年,第 322、482 頁;諸家釋讀意見詳孫占宇、晏昌貴等:《放馬灘秦墓簡牘》,陳偉主編:《秦簡牘合集:釋文注釋修訂本》第 4 輯,武漢大學出版社 2016 年,第 149 頁。

② 有關《易占》禽蟲配比原則的討論,詳拙文《海昏漢簡〈易占〉“四靈”初探》,待刊。

丑之獬豸的抄訛。

由上文可知,先秦秦漢時期獬豸常寫作"觟(觧)廌"。按,《説文》角部:"觟,牝牂羊生角者也。从角圭聲。"徐鍇《繫傳》曰:"按《淮南子》曰:楚文王服觟冠。高誘注:觟冠,秀冠也,如今御史臣以爲冠。"1965 年望山 2 號戰國楚墓出土遣册上亦寫作"觟冠"(簡 62)《墨子·公孟》作"鮮冠","鮮"當爲"觧"之訛。從字形上看,"觟"或"觧"字壞缺則成"狂"。同時,"廌"又易訛成"鳥"。《左傳·宣公十七年》"庶有豸乎",杜預注曰:"豸,解也。"《經典釋文》分别作"鳩乎""鳩解",並云:"徐音豸直是反,解也。本又作豸,注同。或音居牛反,非也。"《説文》廌部段玉裁注曰:"《左傳》宣十七年'庶有廌乎',杜注:廌,解也。《釋文》本作廌。《正義》本作豸。陸云:廌解之訓,見《方言》。孔云:豸,解也,《方言》文。今《方言》卷十二'瘛,解也',瘛必廌之誤字。既誤後,乃反以胡計耳。《左·釋文》大書'廌'字,俗改爲'鳩',莫能諟正。"知"廌"古時即誤作"鳩"(字形又作鳶、駘)。[①] 因此,"觟(觧)廌"極易訛壞作"狂鳥",抄手或又誤合二字作"鵟"。按上引《爾雅》及《山海經》,則"鵟"字本身可能就是誤合"狂鳥"二字而成,如《太平御覽》卷九百二十八引孔融《周歲論》曰"儀鳳屯集,狂鳥穢之",作"狂鳥"而不作"鵟",即是顯證。

三、貣

小畜卦云:"貣中(仲)夏卦吉。"(256 頁)中孚卦云:"貣東北卦吉。"(264 頁)整理者説:"貣,屬於蟲類。"仲夏爲午,東北對應丑、寅,地支不同而皆見"貣",則兩者必有一非。

一方面,若從字形上看,"貣"从虫从弋,可讀作"蟘",即《玉篇》虫部之"蟘"或"䖹"。《爾雅·釋虫》:"食葉,蟘。"《説文》虫部:"蟘,蟲食苗葉者。吏乞貸則生蟘。从虫从貸,貸亦聲。《詩》曰:去其螟蟘。"徐鉉等曰:"今俗作䖹,非是。"不過,蟘在外形、大小上與配丑、寅、午的其他動物皆有較大差異,顯然無法歸爲一類,故貣不能讀作"蟘"。另一方面,"貣"字从虫,應當屬於蟲類,但三十六禽中一般以鹿、馬、獐(麞)、驢等一類動物配午,蟲類配午殊爲不倫,故"貣"很可能配東北。

又按,《説文》虫部:"蜮,短狐也。似鼈,三足,以气射害人。"《千金要方》卷二十五

---

① 有關"廌"的字形演變等問題,可參看鄧佩玲:《古文字"廌"及其相關諸字——從金文"用作"文例中的"薦"字談起》,北京大學出土文獻研究所編:《青銅器與金文》第 1 輯,上海古籍出版社 2017 年,第 204—221 頁。

"治三種射工蟲毒方"條曰:"江南有射工毒蟲,一名短狐,一名蜮,其蟲形如甲蟲。"蜮"以气射害人",固屬不經之説,但其物或當實有,《春秋經》莊公十八年、《楚辭·大招》、《詩·小雅·何人斯》、馬王堆帛書《療射工毒方》及後世各種文獻中皆有不少記載。按,甙、蜮形近,故疑"甙"或爲"蜮"之訛。蜮爲水生有甲之物,與三十六禽中配丑之蟹、鼈(或鼊)相類,則蜮或亦當配丑(即東北)。

四、䖘

夬卦云:"中(仲)春䖘吉。"整理者説:"䖘,虎紋赤黑,見《集韻》。"(260 頁)查看原簡圖版,字形作 ,[1]其左邊寫法介於"虎""豸"之間,則原字或當改釋爲"𧲣",《玉篇》豸部云𧲣"獸似豹有角"。不過,《易占》及三十六禽中常以虎、豹之類配寅,而非卯(仲春),故此處有兩種可能:其一,疑寅、卯位置接近而誤抄配寅之"𧲣"配卯,《易占》中多見此類訛誤;其二,𧲣、貉形近易混,故疑"𧲣"爲"貉"之訛,貉(狢)見於三十六禽,且剛好與卯相配。又按,三十六禽中多數是生活中常見之禽蟲,"𧲣"在先秦秦漢典籍中皆難見到,似不便於日常占筮使用,故"𧲣"爲"貉"之訛的可能性更大。

五、角

姤卦云:"季春角吉。"(260 頁)按,角之爲物,《説文》角部:"角,獸角也。"《玉篇》角部:"角,古岳切,獸頭上骨出外也。"即指鹿、牛、羊等動物頭頂長出的堅硬之物,也指形狀像角之物。在天文中,角又爲東方蒼龍七宿之一。《太玄·窮》"山無角",范望注曰:"角,禽也。"這裏的"角"應是泛指有角的動物或山林禽獸。而翻檢史料,也未見有以"角"指某一種動物。《易占》的禽蟲一般都是某種具體的動物,故此處以"角"配季春(辰)與全篇體例不合。又,三十六禽中以魚配辰,魚、角形近易訛,故疑"角"爲"魚"之訛。

六、鮫

蠱卦云:"季春觡吉。"整理者讀"觡"作"蛟",並説:"蛟見三十六禽。《廣雅·釋魚》以龍有鱗者爲蛟。"(257 頁)按,角、魚形近易混,故"觡"當爲"鮫"之訛。

---

① 原簡圖版見賴祖龍:《海昏竹簡〈易〉初探》,《周易研究》2020 年第 6 期,第 10 頁。

三十六禽中多以龍、鯨、魚、蛟配辰，鮫配季春(辰)正與之相同。按，《説文》虫部："蛟，龍之屬也。"《楚辭·九思·守志》"乘六蛟兮蜿蟬"，舊注曰："龍無角曰蛟。"從外形上看，蛟與配辰的鯨、魚並不相似，却與配巳的蛇、鱔、蚓更爲接近，故以蛟配辰殊覺未安。又按，《説文》魚部云"鮫，海魚也，皮可飾刀"，段玉裁注曰："今所謂沙魚。"《淮南子·説山》"一淵不兩鮫"，高誘注曰："鮫，魚之長，其皮有珠，今世以爲刀劍之口是也。一説，魚二千斤爲鮫。"因此，與鯨、魚外形相近的實際是海中大魚"鮫"，而非"蛟"，衹是古時鮫、蛟常混用不别而造成誤解。如《爾雅翼·釋魚》即曰："鮫既世所服用，人多識者。特其音與蛟龍之蛟同，先儒解者或有差互。"又，《五行大義·論卅六禽》引王簡云"辰，朝爲龍，晝爲蛟，暮爲魚"，雖以蛟配辰，但下文却解釋道："辰爲龍、鮫、魚者……龍能興雲致雨，爲水禽之長，非海不能苞容，故其神而大。鮫、魚亦是水蟲之長者，故竝在辰。"無疑以"鮫"配辰而非"蛟"。因此，將《易占》的"鮫"讀作"鮫"或更爲妥帖。

七、錯

旅卦云："錯季春卦吉。"(264 頁)季春爲辰，《易占》及三十六禽皆以龍、鮫、鯨、魚等配辰，知"錯"亦當是類似動物，故疑"錯"爲"鰆"之假借或形訛。按，《玉篇》魚部："鮫，鰆屬，皮有文。"《廣韻·藥韻》："鰆，魚名，出東海。"《集韻·鐸韻》："鰆，魚名。鼻前有骨如斧斤。一説，生子在腹，朝出食，暮還入。"《爾雅翼·釋魚》曰："鮫一名鰆，謂之鮫鰆魚。"李白《醉後贈從甥高鎮》"匣中盤劍裝鰆魚"，王琦《李太白集輯注》曰："鰆魚，古謂之鮫魚，今謂之沙魚，以其皮爲刀劍鞘者是也。"由此可知，鰆、鮫同爲海中大魚，甚至可以看作如鯊魚類的同一種動物。

八、雔

"雔"在《易占》中共出現兩次，一是觀卦中配孟夏(巳)，整理者讀"雔"爲"蜼"，並説"蜼，金絲猴。簡文有蜼無猿、猴"(257 頁)；一是涣卦中配仲夏(午)，釋文中字形則直接寫作"蜼"。按，《説文》虫部："蜼，如母猴，卬鼻長尾。"但三十六禽中猿、猴之類一般配申，與配巳、午的禽蟲在外形、習性等方面相去太遠，無法歸爲一類，故疑"雔"當讀作"蝗"。按，《説文》虫部："蝗，似蜥蜴而大。"段玉裁注曰："按，《方言》：守宫在澤中者，東齊、海岱謂之螔蜍。注云：'似蜥易，大而有鱗。''蜍'字疑'蝗'之誤。"《玉篇》虫部："蝗，似蜥蜴。"《廣韻·脂韻》："蝗，本蟲名，似蜥蜴而有文。"雔从虫誰聲，蝗从虫唯聲，音、形皆近，故可通。"蝗"爲形似蜥蜴、身體細長的爬行動物，外形上與蛇相對接近。

此外，如果按照整理者的意見將“蠪”讀作“蜼”亦可，但“蜼”並非金絲猴。按，《周禮·春官·司尊彝》“裸用虎彝、蜼彝”，鄭玄注引鄭司農云：“蜼讀爲蛇虺之虺，或讀爲公用射隼之隼。”又，《説文》虫部：“虺，虺以注鳴。”《廣雅·釋魚》曰：“虺，蝰也。”《玉篇》虫部：“虺，亦爲蝮蟲也。”則以虺爲蝰蛇、蝮蛇之類毒蛇。今所見青銅彝器上比較常見的是蟠虺紋，猴紋甚爲少見，則所謂“蜼”自然爲蛇虺之形，而非猴類。又，《山海經·海内西經》又以“蛟蝮蛇蜼”並稱，也證明蜼是蛇之類。然而，三十六禽及《易占》配禽中已有“蛇”配巳，若“蜼”亦是蛇，則略顯重複，似乎於邏輯上難以成立。

因此，如讀“蠪”作“蜼”，則“蜼”恐亦非蛇類，而或當解釋爲“虺蜴”，即蜥蜴或蠑螈之類，與前論之“雖”或許相同。按，《詩·小雅·正月》“胡爲虺蜴”，鄭玄箋云：“虺蜴之性，見人則走。”揚雄《方言》卷八曰：“守宫，秦、晋、西夏謂之守宫，或謂之蠦蝘，或謂之蜇易。其在澤中者謂之易蜴，南楚謂之蛇醫，或謂之蠑螈。東齊海岱謂之螔蜍，北燕謂之祝蜒。桂林之中，守宫大者而能鳴，謂之蛤解。”錢繹《方言箋疏》卷八於“守宫”條下曰：“《正月》篇《正義》引陸機《義疏》云：‘虺蜴，一名榮原，水蜴也。或謂之螔蜼，或謂之蛇醫，如蜥蜴，青緑色，大如指，形狀可惡。’如陸言，蜥蜴與蠑螈形狀相類，又以水陸異名也。（引者注：“如陸言”至此爲孔穎達語。）《考工記·梓人》‘以胸鳴者’，鄭注云‘胸鳴，榮原屬’，賈疏云‘此記本不同，馬融以爲胃鳴，干寶本以爲骨鳴。胃在六府之内，其鳴又未可以骨爲狀亦難信，皆不如作胸鳴也’。然《説文》又云‘以注鳴’，是與鄭亦互異。《説文》又云‘雖似蜥易而大’，此螔蜍疑即《説文》之‘雖’及《義疏》之‘螔蜼’也。”如此，則“虺蜴”即蜥蜴或蠑螈之屬。當然，這裏是將“虺蜴”看成一物，而未將虺、蜴分别解釋。其實蜼、雖音形義皆近，亦可通。

綜上，觀卦以“蠪”配巳便可説通，而涣卦以“蠪”配午則當是巳、午所配之禽鄰近而譌。

另，放馬灘秦簡《日書》甲、乙種中各有一篇《十二支占盜》，兩篇内容大致相同。甲種《十二支占盜》中有一配巳之禽（簡 35），其原字殘泐，僅能辨認右半爲“隹”，剛好乙種《十二支占盜》簡文以“雞”配巳（簡 71），故學者多認爲甲種殘泐之字即爲“雞”。不過，甲、乙種原簡下文皆又以雞配酉，故學者一致認爲配巳之“雞”有誤，此説可從。至於是何之誤，李學勤先生疑配巳之“雞”爲“蛇”或“蟲”之誤，劉樂賢、晏昌貴先生疑爲“蛇”之誤，王輝先生疑爲“蟲”字之誤，整理者則以維、蛇音近可通而疑爲“維”之譌。又，放馬灘簡《日書》乙種《黄鐘》有配仲吕（即巳）之禽（簡 221），原簡字迹不清，該字右邊似爲“隹”，整理者及程少軒先生皆將之釋作“雉”。顯然，此處所謂“雉”與《十二支占盜》中配巳之“雞”當係一物。因爲《黄鐘》篇同時以“蛇”“雉”配巳，如二者皆爲蛇，則出現重複，這是違背配禽邏輯的。故知被釋作“雉”的動物，當與“蛇”外形相似，但並非"蛇"。同理可知,甲、乙種《十二支占盜》中所謂配巳之"雞"可能也不是蛇。《易占》同時以"蛇""蠪"配巳,與《黄鐘》配禽近似,可以互證。因此,《十二支占盜》及《黄鐘》中配巳之所謂"雞""雉"之類,疑皆是"雖"(蠪)之譌。

九、蠆

師卦云:"季秋螬東南卦吉。"整理者説:"螬,蠐螬,金龜子的幼蟲。"(256 頁)説可從。按,《爾雅·釋蟲》:"蟦,蠐螬。蝤蠐,蝎。"《説文》虫部曰:"蝤,蝤蠀也。"又曰:"蝎,蝤蠐也。"䖵部又曰:"蠹,蠀蠹也。"段玉裁注曰:"《釋蟲》'蝤蠐,蝎',郭云:'在木中者。''蟦,蠐螬',郭云:'在糞土中者也。'是二者似同而异。宋掌禹錫、蘇頌亦辯蠐螬與蝤蠐、蝎不同,許意謂蝤蠐、蝎爲一物,而蠐螬下不云蝎也,蓋亦不謂一物矣。"這就意味着至晚從東晉以來,人們常以蠐螬、蝤蠐爲二物。不過,《方言》曰:"蠀螬謂之蟦。自關而東謂之蝤蠀……或謂之蝎。"《集韻·脂部》:"蠀螬,蟲名,或作蠀、蠡,亦書作蠐。"由此可見,西漢時期蠐螬、蝤蠐之名或當混用不分。同時,許慎的觀點並不明晰,也未必如段注所言。因此,現代一般以"蠐螬"爲金龜子幼蟲,以"蝤蠐"爲天牛幼蟲,可能不符合當時人的習慣。

據全篇體例,師當配東南,知"季秋"爲衍文。① 東南對應辰、巳,"螬"無疑當與巳相應,其原因有二:其一,"螬"爲蟲類,與配巳之蛇、蝍蛆(蜈蚣)、蟮、蚯蚓等相近,而與配辰之龍、魚、鯨、鮫、鰭等水生動物差别太大;其二,上海博物館藏六朝銅式盤上的三十六禽系統中有一配巳之禽,嚴敦傑先生將其釋作"蟫",並説"螾,即蚓"。李零先生亦從其説,而劉國忠先生和程少軒先生等又誤以爲原字即是"蚓"。② 今檢原圖,其字形實作"蝤"而非"蟫"。《玉篇》酉部:"酉,酋也,就也。"則"蝤"即"蝤",正與《易占》之"螬"相合。前述西漢時期蠐螬、蝤蠐或混用不分,也可由此得到證實。

十、騬

既濟卦云:"騬西南卦吉。"整理者説:"騬,不詳。"(266 頁)西南對應未、申,三十六

① 見拙文《海昏竹書〈易占〉校讀零札》,復旦大學出土文獻與古文字研究中心網站 2021 年 9 月 27 日,http://www.fdgwz.org.cn/Web/Show/5820。

② 見嚴敦傑:《式盤綜述》,《考古學報》1985 年第 4 期,第 449 頁;李零:《中國方術考》,人民中國出版社 1993 年,第 149 頁;劉國忠:《試論十二生肖與三十六禽》,《清華大學學報(哲學社會科學版)》1999 年第 1 期,第 14 頁;程少軒:《放馬灘簡〈三十六禽占〉研究》,《文史》2014 年第 1 輯,第 52 頁。

禽中以鴈、鵠、鷹等鳥類（主要是水禽）配未，可知“鶇”亦當配未。查看原簡圖版，鶇字形作，疑即从鳥束聲（朿聲）之“鵣”字，又或寫作鵣、鷘、鶒、鶆，即鸂鶒，爲一種水鳥。[①] 按，《廣韻·泰韻》：“鵣，鳥名。”《文選·左思〈吴都賦〉》“鸂鶒”劉（逵）注曰：“鸂鶒，水鳥也。色黄赤，有班文，食短狐蟲，在水中，無毒，江東諸郡皆有之。”《廣韻·齊韻》：“鸂鶒，水鳥。”段玉裁曰：“鸂鶒者，鴛鴦屬也。”《太白陰經·推三十六禽法》以“鷟”配未，《説文》鳥部：“鷟，舒鳬也。”鷘、鷟二字形近，則“鷟”或即是“鷘”。

十一、毋　隻

復卦云：“孟秋毋隻吉。”（257 頁）整理者讀“隻”作“獲”，但未作解釋。疑“毋隻”當合爲一字，即“矍”（帛書《刑德》甲篇 39.16 寫作），讀作“玃”，即猿猴之屬，抄手誤作兩字。《爾雅·釋獸》“玃父善顧”郭璞注曰：“貑玃也，似獮猴而大，色蒼黑，能玃持人，好顧盼。”《説文》犬部：“玃，母猴也。从犬，矍聲。”《經典釋文》曰：“玃，字亦作貜，俱縛反。《説文》云：大母猴也。”《廣韻·藥韻》：“玃，大猨。”《集韻·藥韻》：“玃，猿類，似犬，食猴。”《經義述聞·爾雅下·玃父善顧》：“玃之爲言猶矍也。”又按，孟秋爲申，三十六禽多以猿猴類配申，正與玃相合。

十二、夏

未酉卦云：“孟秋夏吉。”（262 頁）按，未酉即未濟，與孟秋（申）相配不誤。[②] 此處缺所配禽蟲，而多一“夏”字，則“夏”當爲所配之禽，故疑爲“夒”之訛。按，《説文》夊部：“夒，貪獸也。一曰：母猴，似人。”犬部又曰：“猴，夒也。”徐鍇《繫傳》曰：“夒，今作猱。”段玉裁注曰：“單呼猴，絫呼母猴，其實一也。母猴與沐猴、獮猴一語之轉，母非父母字。《詩·小雅》作猱。毛曰：猱，猿屬。《樂記》作獶，隸之變。鄭曰：獶，彌侯也。”夒、夏形近易訛，夒爲獮猴之屬，正合三十六禽中以猴類配申。

十三、老　堵

家人卦云：“老堵西北卦吉。”（260 頁）整理者説：“老堵，疑讀老窖。”其説可從，但

---

① 原簡圖版見賴祖龍：《海昏竹簡〈易〉初探》，《周易研究》2020 年第 6 期，第 11 頁。

② 見拙文《海昏漢簡〈易占〉考述》，《出土文獻》2022 年第 2 期，第 124 頁。

“窖”當音“竈”。《説文》穴部:“竈,炊竈也,从穴鼀省聲。”竈,又作竈。《類篇·穴部》:“窖,居效切,《説文》:‘地藏也。’又,則到切,炊竈也。”則窖、竈相通。又按,武威旱灘坡漢墓出土醫簡有“東鄉造”(簡75)之説,整理者據《備急千金要方》云:“即東向竈。”其説甚確,其中“造”亦讀作“竈”,正可與“造”相參。[①]

竈爲火神所居,可代表火,此爲漢代通識。《淮南子·時則》“盛德在火……其祀竈”高誘注曰:“祝融吴回爲高辛氏火正,死爲火神,託祀於竈,是月火王,故祀竈。”同書《氾論》篇又云:“炎帝扲(引者按,“扲”或引作“作”)火,死而爲竈。”注曰:“炎帝神農以火德王天下,死託祀於竈神。”《太玄·太玄數》:“二七,爲火……爲竈。”范望注云:“火之居也。”《論衡·祭意》引《傳》曰:“炎帝作火,死而爲竈。”《白虎通·五祀》:“竈者,火之主,人所以自養也。”[②]火居於竈中,則竈相當於火之“墓”地,故“老窖(竈)”其實與“老火”同義。

“老火”本不是動物,但又確實作爲禽蟲出現在十二屬及三十六禽中。隨州孔家坡漢簡《盗日》篇以“老火”配戌。[③] 同書《□生》篇又曰:“火,生寅,壯午,老戌。”[④]這是就火的五行生旺而言,寅爲火之生,午爲火之壯,戌爲火之老,故“老火”即指戌。後世文獻也延續此説。《五行大義·論卅六禽》引《禽變》稱戌“暮爲死火”,蕭吉曰:“戌爲火墓也。”《京氏易傳》曰:“戌中有死火。”故所謂老火、死火、火墓、老竈皆指戌。

戌爲老竈之説,也可在後世的三十六禽中找到證據。《演禽通纂·三十六禽歌訣》曰:“丙戌火坡火空燦。”[⑤]這裏以“空”配戌,《龍龕手鑒·穴部》以“空”爲“窑”之俗體,《説文》穴部又曰:“窑,燒瓦竈也。从穴羔聲。”則窑亦是竈,故“火空”正可與簡文“老窖”相合。

此外,雲夢睡虎地秦簡《日書》甲種《盗者》篇以十二種動物配十二地支,與孔家坡漢簡《盗日》篇的内容比較接近,能看出有相近的來源。然而,與《盗日》以戌配“老火”不同,《盗者》却配以“老羊”。[⑥] 後世多以戌配狗,這裏配“老羊”就略顯矛盾。故饒宗頤先生引《古今注》“狗一名黄羊”之説,論證古人以狗稱羊,劉樂賢先生又以《本草綱

---

① 甘肅省博物館、武威縣文化館編:《武威漢代醫簡》,文物出版社1975年,第11—12頁。

② 陳立撰,吴則虞點校:《白虎通疏證》,中華書局1994年,第79頁。

③ 湖北省文物考古研究所、隨州市考古隊編:《隨州孔家坡漢墓簡牘》,文物出版社2006年,第175頁。

④ 湖北省文物考古研究所、隨州市考古隊編:《隨州孔家坡漢墓簡牘》,第139頁。

⑤ 佚名:《演禽通纂》卷上,《景印文淵閣四庫全書》,台灣商務印書館1986年,第809册,第239頁上欄。

⑥ 彭浩、劉樂賢等:《睡虎地秦墓簡牘》,陳偉主編:《秦簡牘合集:釋文注釋修訂本》第2輯,武漢大學出版社2016年,第447頁。

目》中狗名地羊爲補充。① 李學勤先生則疑簡文原作"戌者,犬也",老、羊分别爲者、犬之抄訛。② 饒、劉二先生皆努力論證狗、羊爲一物,但狗、羊常見,一般不易混淆,且目前未見其他文獻中以"老羊"稱狗,故相關解讀仍覺未安。我們以爲,戌既可配"狗",亦可配"老羊",兩種動物不必視作一物。

按,《洪範五行傳》曰:"視之不明,是謂不悊……時則有羊旤,時則有目痾,時則有赤眚赤祥。"《漢書·五行志》解釋云:"於《易》,剛而包柔爲離,離爲火、爲目。羊上角下蹏,剛而包柔,羊大目而不精明,視氣毁故有羊旤。"這裏將羊看作是離、火的代表。又,《周禮·天官冢宰·庖人》"春行羔豚",鄭玄注曰:"羊屬司馬,火也。"《禮記·月令》"食麥與羊",鄭玄注曰:"羊,火畜也。"《素問·五常政大論》以羊味苦、屬徵。此皆以羊爲火畜。雖然與八卦中羊爲兑(屬金)、十二支中爲未(屬土)相冲突,但不能否認這一説法的存在。上文已論,火之"老"在戌,則"老羊"自然指戌,老羊、老火其義相同,且"老"字不能省去,省去則誤。

又,《藝文類聚》卷八十引《東觀漢記》曰:"初,陰氏世奉管仲之祀於邑,謂之'相君子'。至子方,以累積恩德,爲神所饗。臘日晨炊於竈,神見,再拜受慶。時有黄羊,因以祠之。自是富殖百萬,田至七百頃。後世子孫,常以臘日奉祠竈神以黄羊。"此事亦見於《風俗通義·竈神》(引《漢記》當即《東觀漢記》)、《搜神記》卷四和《後漢書·陰興傳》,文字略同。《玉燭寶典》卷十二又引《荆楚記》云:"以黄犬祭之,謂之黄羊。"按,各家文獻所論一致,而僅有晚出的《荆楚歲時記》持有異説,謂黄羊爲黄犬。上文已論,竈爲戌,犬、老羊皆可與之相配,故以"黄犬"或"黄羊"祀竈皆通,但並不意味著"狗一名黄羊"之説成立。同時,我們也可以看出,黄羊祀竈的做法可能早在漢代之前即有,而非始於漢宣帝時期的陰子方及其後人。

十四、舩　興

革卦云:"舩興西北卦吉。"整理者説:"舩,或爲舩(即今船字)的訛寫。"(262頁)按,我們以爲"興"或當讀作"熊"。上博簡《容成氏》:"中正之旗以[illegible]。"其中从水从興之"澳"字,整理者認爲:"從讀音和文義看,似應讀爲'熊'('熊'是匣母蒸部字,'澳'从

① 饒宗頤、曾憲通:《雲夢秦簡日書研究》,中文大學出版社1982年,第36頁;劉樂賢:《睡虎地秦簡日書研究》,文津出版社1994年,第275頁。

② 李學勤:《睡虎地秦簡〈日書〉盜者章研究》,《慶祝饒宗頤教授七十五歲論文集》,香港中文大學中國文化研究所1993年,第76頁。

興,當是曉母蒸部字,讀音相近。)古四象、十二屬、三十六禽俱無能,但《周禮·春官·司常》所述'九旗',其中有熊虎。"。[①] "澳"讀作"熊"被學界普遍接受,没有疑義。不過,三十六禽中其實有熊,如《太白陰經·推三十六禽法》及《演禽通纂》等中皆以"熊"配亥,整理者偶然誤記。按,《易占》中"興"與西北相配,西北對應戌、亥,故從字形和文義來看,此處之"興"亦可讀作"熊",其字形是保留楚文字的寫法。由此可見,《易占》當有較早的文獻來源,很可能是輾轉傳抄自戰國時期的文本。

至於"舩",整理者疑爲"舩"(即"船")之訛。"公"與"句"形近,"肖"與"豸"形近,故我們疑"舩"或是"豿"之形訛。按,《爾雅·釋獸》"熊虎醜,其子狗,絶有力麙",《經典釋文》:"本或作豿。"《玉篇》豸部:"豿,音苟,熊虎之子。"豿爲熊虎之子,則"豿興"實即"豿熊",後世稱熊爲"狗熊"或與此相類。

十五、夷　俞

睽卦云:"孟冬夷俞吉。"整理者説:"夷俞,疑讀羠羭,指山羊中的母羊。羠是家養山羊中的母羊,羭是野生山羊中的母羊。另一讀法,可讀蟅蝓。夷是喻母脂部字,蟅是喻母支部字,兩漢之際,支、脂通押開始流行,古音相近。蟅蝓即蝸牛。"(260頁)我們以爲"夷俞"衹能讀作"蛦蝓",不能作"羠羭"。其一,《易占》的禽蟲系統與三十六禽一樣,都是通過形態、大小、顔色和生活習性等要素來對禽蟲進行歸類和區分,而且這些要素十分明顯,以生活常識即可區别。"羠"與"羭"都是山羊,以上述規則而論,兩者屬於同一類動物,故衹舉其一即可,並舉則累贅且不合邏輯。而"蛦蝓"爲聯綿詞,又恰好屬於三十六禽系統,文獻中常見,爲學者所熟知,如《五行大義·論卅六禽》曰:"一云:旦爲生木,晝爲豕,暮爲蛦蝓。"[②]《雲笈七籤·總説星》云:"平門,土官星,能致神女倡樂。旦爲生木,晝爲豕,暮爲蛦蝓。"其二,孟冬於十二辰屬亥,"蛦蝓"正是亥的一種代表動物,而"羠""羭"皆爲羊,羊於十二辰屬未,與孟冬不合。

十六、餽

鼎卦云:"孟冬餽吉。"整理者説:"餽,左爲食旁,疑與進食有關。餽,《玉篇》以爲

---

① 馬承源主編:《上海博物館藏戰國楚竹書·二》,上海古籍出版社2002年,第266頁。

② 按:佚存叢書本、知不足齋叢書本和叢書集成本皆作"蛦蝓",汲古書院影印元弘相傳本作"蟻蝓",宛委别藏本作"蛦蟻",皆爲一聲之轉。見劉國忠:《五行大義研究》,遼寧教育出版社1999年,附《五行大義》校文,第296頁。

餟祭之名,餟與鋭古音相近,疑即餟字異文。”(262 頁)查看原簡照片,字形作 ,左半明顯近於“豸”而非“食”,故或當改釋作“貎”,讀作“豩”。① 按,兑爲定母月部,彖爲透母元部,聲紐相近,韻部爲陽入對轉,故兑、彖音近。《禮記 · 玉藻》“士褖衣”,鄭玄注曰:“褖或作税。”《周禮 · 天官冢宰 · 内司服》“緣衣”,鄭玄注曰:“《雜記》曰:夫人服税衣、揄狄。又《喪大記》曰:士妻以褖衣。言褖者甚衆,字或作税。此緣衣者,實作褖衣也。”可知从“兑”之字與从“彖”之字音近相通,故“貎”可讀作“豩”。《集韻 · 换韻》:“貒,獸名,野豕也。或作豩。”同書《混韻》曰:“腞,或作腯、豚。”同書《魂韻》又曰豚、豘通,則豩、腞音義相近可通,即是小豬或野豕之類。三十六禽中以“腞”(或“豘”)等豬類配亥,正與《易占》以“貎”配亥(孟冬)相合。

附記:拙文蒙劉國忠、侯瑞華及劉子珍等先生及匿名審稿專家指正,謹此致謝!

① 圖版見賴祖龍:《海昏竹簡〈易〉初探》,《周易研究》2020 年第 6 期,第 10 頁。

海曲漢墓出土衣物疏字詞校補五則*

雷海龍

摘　要：日照海曲漢墓出土衣物疏中的部分文字殘泐，有的字詞解釋也有再討論的餘地。本文改釋並討論了M130－03衣物疏中的"復(複)衣""單(禪)帬(裙)""流黄復(複)衣"，將"桂丸(紈)"之"桂"讀爲"黊"，黊紈指鮮黄色的紈，"芬橐"指"蕡橐"，是隨身佩戴的裝有香草的香囊。

關鍵詞：海曲漢墓　衣物疏　名物

2002年，山東省文物考古研究所對日照海曲墓地進行了搶救性發掘。其中，M129爲一棺一槨豎穴土坑墓，棺槨之間所出隨葬品中有2枚衣物疏木牘(M129－02、04)；M130爲豎穴土坑墓，墓中出土2枚衣物疏木牘(M130－03、05)。整理者劉紹剛、鄭同修先生在《日照海曲漢墓出土遣策概述》一文中介紹了兩座墓葬的基本情况，發表了4枚衣物疏的清晰紅外照片，並作有很好的釋文與注釋。[①] 其後，趙寧先生對部分釋文作有修訂，[②]竇磊先生作有集釋。[③] 受埋藏環境的歷史影響，這幾枚衣物疏木牘上書寫的文字在出土時已有部分磨損或脱落，爲釋讀其中的準確記録、挖掘

* 本文爲國家社科基金青年項目"漢代遣册名物資料整理及其所見日常生活史研究"(23CZS011)、"古文字與中華文明傳承發展工程"規劃項目"漢代遣册衣食住行類名物集釋與疏證"(G3448)階段性成果。

① 劉紹剛、鄭同修：《日照海曲漢墓出土遣策概述》，《出土文獻研究》第12輯，中西書局2013年。文中所引此批材料的圖版與整理者意見，均出此文，不再出注。

② 趙寧：《散見漢晋簡牘的蒐集與整理》，碩士學位論文，吉林大學2014年，第466—467頁。

③ 竇磊：《漢晋衣物疏集校及相關問題考察》，博士學位論文，武漢大學2016年，第87—94頁。

其中的文化内涵帶來一些干擾。本文在已有研究的基礎之上,就海曲漢墓出土衣物疏中的一些字詞進行補釋,以下各條先寫出整理者釋文,再結合其他學者的意見討論。

一

M130－03衣物疏正面第二欄第三行記:

(1) 青𦁝(綺)領衣白……

正面第三欄第五行記:

(2) □□領衣緑丸(紈)領……①

兩條記録中的"衣"上之字分别如A、B所示(以下行文中用英文字母代替之字形均見文末字形表)。A筆畫清晰,B稍殘,細審,A與B應是一個字。同枚衣物疏上有多個"領"字,如C、D所示,比對可知,它們並非一個字。同枚衣物疏上還有多個"復"字,如E、F所示,對比可見,A、B與E、F寫法一致,均當釋"復",讀爲"複"。因此,例(1)(2)所記之衣都是複衣。

複衣是裝有綿絮的厚衣。《説文》衣部:"複,重衣也。"《釋名·釋衣服》:"有裏曰複,無裏曰襌。"《急就篇》卷二:"襜褕袷複褶袴褌",顔師古注:"衣裳施裏曰袷,褚之以綿曰複。"複衣、袷衣都是重衣,在袷衣中褚綿或絮即爲複衣,複衣撤去所褚之綿或絮即爲袷衣。《齊民要術》卷三《雜説》引崔寔《四民月令》:"二月,……蠶事未起,命縫人浣冬衣,徹複爲袷。"複衣主要是冬季所穿,故天暖之後,就要撤緜浣洗。睡虎地秦簡《日書》甲種《衣良日》、《衣》均有云"五月六月不可爲複衣",②此禁忌與複衣非夏衣有關。

例(1)所記"青綺複衣",意即用青色綺作爲主體面料縫製並裝褚有綿絮的厚衣。從此衣物疏前後辭例看,簡文中的"白……"應是對此複衣的衣領和袖子的顔色、用料的説明,因牘文殘泐,所記内容已不可確知。

例(2)中"丸"上一字,整理者釋"緑",但從照片看,僅殘存糸旁,是否爲"緑"字,實

---

① 劉紹剛、鄭同修:《日照海曲漢墓出土遣策概述》,《出土文獻研究》第12輯,中西書局2013年,第210頁。竇磊根據漢晉衣物疏的書寫體例,指出整理者將M130－03木牘背面誤認爲正面。參竇磊:《漢晉衣物疏集校及相關問題考察》第88頁脚注1。

② 陳偉主编:《秦簡牘合集·釋文注釋修訂本(壹、貳)》,武漢大學出版社2016年,第460—462頁。

不能定。此條記録中，縫製複衣所用的主體面料已不可知，其衣領是用染某種顏色的紈類絲織品縫製的。

二

M130－03 衣物疏正面第三欄第六行記：

(3) ……□單(襌)□一　丿

“單”下一字如 G 所示，整理者未釋。細審，其上部从尹，下部从巾，可釋寫爲“帬”。江蘇連雲港尹灣漢墓 M2 出土衣物疏正面第三欄第四至十一行有多個“帬”字，其寫法如 H 所示，第十二行小結記“右帬十”，其“帬”字如 I 所示。[①] 很顯然，I 是 H “帬”字省寫聲符“君”下之“口”形的異體字。G 與 I 寫法一致，也應是“帬”字異體，可徑釋“帬”。

“帬”同“裙”，爲遮蔽下體的一類服飾，上繫腰間。《説文》巾部：“帬，下裳也。从巾君聲。裠，帬或从衣。”《釋名・釋衣服》：“凡服，上曰衣。衣，依也，人所依以芘寒暑也。下曰裳。裳，障也，所以自障蔽也。”裙有襌、袷、複三種基本式樣，分别稱作襌裙、袷裙、複裙。襌裙，即無裏、無絮之裙，在漢代遣册記録中比較常見，如尹灣 M2 衣物疏正面第三欄第十、十一行分别記有“帛(白)纚(縹)單(襌)帬(裙)二”、“縑單(襌)帬(裙)一”。[②]

因此，例(3)所記“……□單(襌)帬(裙)一　丿”意即用某種衣料縫製的襌裙一件。其末尾的鉤校符號表明這件襌裙經過了清點與核實。

三

M130－05 衣物疏正面第一欄第一行記：

(4) 白緩黄復(複)衣一領

整理者釋“白”之字如 J 所示，殘損過甚，本文暫作缺釋處理。

“黄”上一字如 K 所示，其左側所从爲水旁，非糸旁，右側所从構件的筆畫有部分殘泐。在距離日照海曲墓地直綫距離不到一百公里的青島土山屯墓地中，M147 出土

---

① 連雲港市博物館等：《尹灣漢墓簡牘》，中華書局 1997 年，第 74、151 頁。

② 連雲港市博物館等：《尹灣漢墓簡牘》第 151 頁。

劉賜衣物名有兩個"綬"字分别如 L、M 所示。[1] 細審,K 與 L、M 右側構件的寫法差距亦較大,因此,將 K 釋"綬"比較可疑。在 M130－05 衣物疏中,又有"流"字如 N、O 所示。比較可知,K、N、O 是同一個字,故 K 當釋"流"。

流黄,馬怡先生考證認爲本指硫黄,又指一種黄色,也用作絲織品名。[2] 因此,例(4)所記"□流黄復(複)衣一領"大意是指流黄色的復衣一件。西郭寶衣物疏正面第二欄第一行記"流黄丸(紈)複衣一領",[3]可參。

四

M130－03 衣物疏正面第一欄第八行記:

(5) 桂丸(紈)復(複)袩(襜)褕一領　丿

桂,整理者注釋云:"《説文》木部:'桂,江南木,百藥之長。'朱駿聲《説文通訓定聲》:'《漢書・五行志》:桂,赤色。'……在此爲顔色名。"

在漢代衣物疏記録中,多見"皁丸(紈)""縹丸(紈)""霜(緗)丸(紈)""絳丸(紈)"等記録,"丸(紈)"前幾乎都是顔色詞。因此,整理者認爲"桂"爲顔色名,可信。但引班固之説,將"桂"與赤色相聯繫,或可另作討論。《漢書・五行志》記漢成帝時的歌謡"桂樹華不實,黄爵巢其顛",班固解釋説:"桂,赤色,漢家象。華不實,無繼嗣也。王莽自謂黄象,黄爵巢其顛也。"在歌謡中,桂樹、黄爵均爲不可分割的合成詞,班固之解或不可從。我們認爲,遣册此處"桂丸(紈)"之"桂"可讀爲"黊",桂、黊均从圭得聲,可相通。《説文》黄部:"黊,鮮明黄色也。从黄,圭聲。"《廣雅・釋器》:"黊,黄也。"

簡文所記"桂(黊)丸(紈)復(複)袩(襜)褕一領",意即用鮮黄色的紈縫製的複襜褕一領。

五

M129－04 衣物疏正面第四欄第五行記:

---

① 青島市文物保護考古研究所、黄島區博物館:《山東青島土山屯墓群四號封土與墓葬的發掘》,《考古學報》2019 年第 3 期。

② 馬怡:《西郭寶墓衣物疏所見漢代織物考》,《簡帛研究二〇〇四》,廣西師範大學出版社 2006 年,第 249—251 頁。

③ 馬怡:《西郭寶墓衣物疏所見漢代織物考》第 249 頁。

（6）芬（芥）橐二

整理者注釋云：芬，字下从“分”。江陵鳳凰山167號漢墓遣策有“青奇（綺）橐一，盛芬”。“芬”或爲“芥”之誤。《説文·屮部》：“岎，艸初生其香分布也。”一作“芬，芳也”。“分”、“介”二字在戰國秦漢文字中常易相混，《説文·艸部》：“芥，菜也。”與第五欄“菫”均爲菜名。[①]

“芬”字結構明瞭，筆畫清晰，可如字釋寫。整理者已指出鳳凰山M167遣册即記有“青奇（綺）囊一，盛芬”。囊、橐屬形制相近的盛物袋，用囊盛芬的例子是不煩將“芬”視爲“芥”之誤寫的有力證據。兩處記録中的“芬”應即其他漢代遣册中多見之“賁（蕡）”，相關記録如下：

（7）賁（蕡）=（蕡、蕡）囊一，綺　丿　鳳凰山M8遣册135[②]

（8）賁（蕡）一笥　馬王堆M1遣册159

（9）賁（蕡）一笥　馬王堆M3遣册186

（10）賁（蕡）十四囊　馬王堆M3遣册205

（11）賁（蕡）十四囊　馬王堆M3遣册407貳7[③]

在《説文》中，芬、蕡是兩個不同的詞。《説文》艸部：“蕡，雜香艸。从艸，賁聲。”段玉裁注：“當作‘雜艸香’，蓋此字之本義，若‘有蕡其實’，特假借爲墳大字耳。”又，屮部：“岎，艸初生，其香分布。从屮，从分，分亦聲。芬，岎或从艸。”段玉裁注：“《衆經音義》兩引《説文》：‘芬，芳也。’其所據本不同。按艸部‘芳，艸香也。’《詩》説馨香多言苾、芬，《大雅》毛傳曰：‘芬芬，香也。’然則玄應所據正是古本。”

在漢代遣册記録中，“芬”“蕡”不同時出現在同一批材料中。值得注意的是，傳世本《急就篇》卷三“芬薰脂粉膏澤筩”，在敦煌漢簡2356A中記爲“賁薰脂粉膏臞筩”，張傳官先生《急就篇校理》於“芬”字下校注云：

> “芬”，《敦煌》2356A作“賁”，松江本、趙草本、宋甲本、宋乙本、《鈕校》引趙楷本作“蕡”。○《莊考》謂：“‘蕡’爲雜香艸，與‘芬’相近，兩可通。”○《新定》謂：“‘賁’省草……‘芬’、‘蕡’誼可通。”○《陳研》謂：“‘芬’、‘蕡’皆爲花草之香氣，‘賁’爲‘蕡’之省。”○今按：“芬”、“蕡”於義皆通，諸家説是。“賁”

① 竇磊：《漢晋衣物疏集校及相關問題考察》第90頁。

② 湖北省文物考古研究所編：《江陵鳳凰山西漢簡牘》，中華書局2012年，第48頁。

③ 裘錫圭主編：《長沙馬王堆漢墓簡帛集成（陸）》，中華書局2014年，第196、243、244、263頁。

當讀爲"蕡"。[1]

古書从賁、从分之字多相通。[2] 由《急就篇》傳世本與出土本的異文可知,在表"香草"一類意義上,蕡、芬相通。故漢代遣册所記"賁(蕡)""芬"所指相同,均爲香草,與薰的含義相近。顔師古注《急就篇》"芬薰"云:"芬者,蕴糅其質以爲香也。薰者,燒取其煙以爲香也。一曰:芬薰,總舉香草之大稱也。"《史記·禮書》:"椒蘭芬茝,所以養鼻也。"椒、蘭、芬、茝,皆爲香料。

盛"蕡(芬)"的囊橐,大概也是隨身佩戴的香囊,而用竹笥盛裝的"蕡(芬)"可能是存儲備用的。

附表:

 A	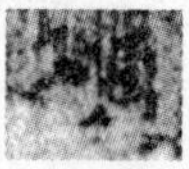 B	 C	 D	 E

F	G	H	I	J
				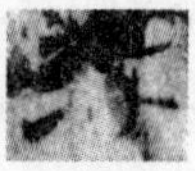
K	L	M	N	O

① 張傳官:《急就篇校理》,中華書局2017年,第249頁。

② 參張儒、劉毓慶:《漢字通用聲素研究》,山西古籍出版社2002年,第926頁。

《長沙五一廣場東漢簡牘》字詞校讀七則*

張凱潞　呂志峰

摘　要： 本文對已公布的《長沙五一廣場東漢簡牘》部分釋文進行訂正，並對部分字詞進行了補釋。簡 89"占有廬舍"當作"各有廬舍"。簡 958"誶"當爲"訊"，《五一簡》"訊"字从"卒"，彌補了"誶""訊"兩字形體訛混中間的缺環。簡 2632＋2560＋3816 的"困勞"當爲"困劣"，"困劣"表"病重"義漢魏六朝文獻常見。簡文的"鼓"字皆作"鼓"，與後世"鼓"字非一字一詞。簡 1102 的"逃"爲"藏匿"義。簡 1140 的"舉度"爲"登記丈量"義，"舉"非"舉薦"或"行事"義。簡 1171＋1175 的"捉"字表示"緊攥"義，與馬王堆帛書醫書中的"捉"字意義相同。

關鍵詞： 五一簡　釋文訂正　字詞補釋

一

簡 89 原釋文爲：

皆曰：縣民，占有廬舍，長賴亭部廬蒲丘。弩與男子吴賜、楊差、吴山，備、茅與男子區開、陳置等相比近。弩與妻錫、子女舒、舒女弟縣，備與子女茅[①]

---

* 本文是 2016 年國家社科基金重大項目"中國語言學史(分類多卷本)"(批准號：16ZDA206)、2021 年國家社科基金重大項目"東漢至唐朝出土文獻漢語用字研究"(批准號：21&ZD295)、2021 年上海市哲學社會科學規劃課題"秦漢簡牘簿籍類文書分類集注與詞彙研究"(批准號：2021BYY003)的階段性成果。

① 文中《五一簡》所有釋文均出自於 2018 至 2020 年中西書局出版的《長沙五一廣場東漢簡牘》壹至陸册，標點爲筆者所加。

此簡又收録於《長沙五一廣場東漢簡牘選釋》,釋文同。[①] “占”字圖版作，略殘,整理者據殘文釋作“占”。我們根據《長沙五一廣場東漢簡牘》(下簡稱《五一簡》)的辭例,認爲應當爲“各”。《五一簡》常見“各有廬舍”,例如：

(1) 辤皆曰：縣民,各有廬舍,御門都亭部。相比近知習。(簡 304)

(2) 節訊念等,辤皆曰：縣民,各有廬舍,竇亭部。皆比近相識知。(簡 539)

(3) 文,安成鄱鄉。壽、賜、妾縣民,各有廬舍。文,其縣鄱亭。壽、賜,昭亭巨坂丘。(簡 958)

(4) 辤皆曰：縣民,各有廬舍,駟塑亭部。相比近知習,以田作爲事。(簡 1067)

(5) 皆曰：縣民,各有廬舍,廣亭部。以田作績……(簡 1682)

“各有廬舍”是考問、訊問涉案人員後上報的固定套語,常常出現在“縣民”之後,表明被審人員是本縣常住居民。“各有廬舍”後常常爲具體居住地,如例(1)的“御門都亭部”、例(2)的“竇亭部”、例(4)的“駟塑亭部”、例(5)的“廣亭部”,例(3)文和壽、賜分屬“鄱亭”和“昭亭巨坂丘”。

下面是字形對比表：

表一 《五一簡》“占”“各”字形比較表

占	 81	 304	 369	 569+746	 940
各	 304	 348	940	 1842	 1853

如上表所示,簡 89 的字形與“占”字形體相差較大,與“各”字形體比較接近,尤其與簡 304、940“各”的形體更加相近。

因此,簡 89 原釋文的“占有廬舍”當爲“各有廬舍”,後“長賴亭部廬蒲丘”即其具體居住地。

二

簡 958 原釋文：

---

① 長沙市文物考古研究所等編：《長沙五一廣場東漢簡牘選釋》,中西書局 2015 年,第 127 頁。

詣昭自首，輒考問壽、賜、知狀者男子光、文，節誶女子光、妾等，皆曰：文，安成鄱鄉。壽、賜、妾縣民各有廬舍。文，其縣鄱亭。壽、賜，昭亭巨坂丘。

“誶”字原圖版爲 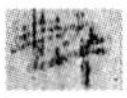 ，此字當爲“訊”。簡432“訊”字圖版爲  ，兩字字形相近，皆从言从卆。“節”通“即”，與“輒”義同，“輒考問某某”與“節（即）訊某某”是《五一簡》的常見表達，用來記録審訊案件相關人員的過程，例如：

（1）奉得，輒考問詳、知狀者東部郵亭掾趙竟、行丞事守史謝脩、兼獄史唐汎、郵佐鄭順，節訊詳妻棨、子男順等，皆曰：各以故吏給事縣署視事。（簡1707）

（2）逐捕犍未能得。考問知狀者男子李紀，節訊少卿妻傿、犍妻濡、紀妻澤等。辤皆曰：縣民，自有廬舍，縻亭部杯丘，與男子胡元、胡衛等相比近知習，各以田作績紡爲事。（簡1842）

（3）奉得書，輒考問董及普，即訊旦。辤皆曰：縣民鄉吏里年……（簡338）

（4）捕順不得。輒考問廣、知狀者廣所從卒張柱、順兄妻待及姬，即訊比户女子孟盡、盡夫成、成女弟親。辤皆曰：縣民，柱汝南，平與待、姬、盡、親、柱父母皆……（簡2200）

因此簡958从言从卆的字形當爲“訊”字。整理者誤釋原因，一是未考察其他文例，二是“訊”和“誶”確實字形接近，有發生訛混的可能。今本《詩經・陳風・墓門》“歌以訊之”的“訊”有異文作“誶”，這兩個異文究竟是通假還是形訛，古今學者討論甚多。蔣文曾詳細論證了“訊”爲“誶”之形訛的可能性與必然性。蔣文認爲，秦漢文字中，“訊”有異體作 （里耶簡8・141正）、 （嶽麓簡143）、 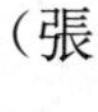 （張家山簡《奏讞書》205），右邊構件的寫法與“卒”較爲潦草的異體 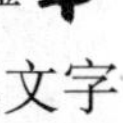 （居延簡乙編35.7）、 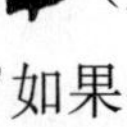 （居延簡乙編178.1）形體接近。蔣文進一步指出：“秦漢文字中這類‘卂’形的‘卂’如果要想變得和‘卆’形的‘卒’完全同形，中間尚有缺環。理論上，‘卂’中間的一豎筆需斷開、並穿過‘乁’，方可變爲‘卆’形，但事實上目前似尚未見到這樣寫法的實例。總之，從漢代文字資料所見的一些寫法來看，‘卒’已大致具備和‘卂’發生形體糾葛的條件，而‘卂’距離和‘卒’同形尚有一步之遥。”[①]而《五一簡》432和958中的“訊”右邊構件正作“卆”，正好彌補了“卂”與“卒”形體訛混過程中的缺環。

① 蔣文：《重論〈詩經・墓門〉“訊”爲“誶”之形訛——以文字訛混的時代性爲視角》，《中國語文》2019年第4期，第468頁。

《五一簡》中較爲潦草的“卒”字,形體也近似於“卆”,如  (簡 350)另外,簡 1606 有 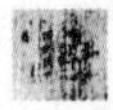 ,整理者推測可能是“誶”,只可惜原簡殘漶,我們也無法根據此殘文確定字形。

三

簡 2632+2560+3816 原釋文爲:

> 及(?)英官與令史共毆擊兩脛數百下,皆腫發創,困勞欲死。官文田狼藉□□脱租受男子周長高錢四百、逢梁二百、李厚七百。皆脱不租。又員下

其中“勞”字,圖版作  ,整理者認爲是“勞”的異體字,見後附《異體字表》。① 整理者將其釋爲“勞”,大概是根據西北漢簡的“勞”字草書,如  (《居延漢簡》103.12)、  (《居延漢簡》132.37)、  (《居延新簡》EPT59 : 189A)、  (《居延新簡》EPT59 : 462)。但是仔細觀察,他們的字形並不完全相同。“勞”字可拆分爲三個構件: 炏、冖、力。西北簡中構件“炏”可省作“火”,“火”或直接省作“小”。但是構件“火”與構件“力”之間還有“冖”,即中間向右的横筆,並非直接接筆。  的中間部分可以看做是“火”的捺筆與“冖”的省形的合寫。“勞”或直接省作  (《居延漢簡》185.34A)。②《五一簡》中的  没有中間的横筆,與上述字形明顯不同。且上面西北簡的“勞”均爲草書字形,非標準的隸書字形。《五一簡》此條書寫工整,明顯不是草書,是比較規範的隸書形體。《五一簡》其他較工整的隸書“勞”字作  (《五一簡》522)、  (《五一簡》1680),能清晰看到其字形从“炏”“冖”“力”,與  明顯不同。

我們認爲  當爲“劣”字,上从“少”,下从“力”。漢碑“劣”字作 (《豫州從事尹宙碑》)  (《許阿瞿畫像石題記》)。同地區時間稍後的簡牘“劣”字形爲  (《走馬樓三國吴簡·嘉禾吏民田家莂》5.90)。皆與《五一簡》的  字形相近。上部構件“少”的形體略變,點筆與撇筆連在了一起,就是《五一簡》的 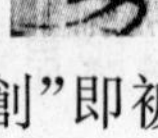 了。

簡 2632+2560+3816“共毆擊兩脛數百下,腫發創”的“腫發創”即被毆打的傷口

---

① 長沙市文物考古研究所等編:《長沙五一廣場東漢簡牘》(陸),中西書局 2020 年,第 271 頁。

② 徐正考、肖攀編著的《漢代文字編》(作家出版社 2016 年,第 1903 頁)將此字收録在“勞”字下。《居延漢簡釋文合校》(文物出版社 1987 年,第 297 頁)、“中研院”歷史語言研究所編《居延漢簡》(“中研院”歷史語言所 2015 年,第 215 頁)皆釋作“男”。

腫了起來。“發”有“疾病發作”義。例如《史記·項羽本紀》:“范增大怒,曰:‘天下事大定矣,君王自爲之。願賜骸骨歸卒伍。’項王許之。行未至彭城,疽發背而死。”“疽發背”即“疽發於背”,“腫發創”即“腫發於創”。“創”表“創傷、創口”義,又作“瘡”,例如荀悦《漢紀·宣帝紀三》:“身被二十餘瘡。”“困劣欲死”承接“腫發創”,意思是傷口發腫之後,病情加重幾乎快要死掉了。“困”在漢魏六朝時期有一個常用義位“(病)重;(病)危”,[①]與“劇”等同義。《廣韻·慁韻》:“困,病之甚也。”例如:

(1) 輔政歲餘,病困。大將軍光白封日磾,卧授印綬。一日薨。(《漢書·金日磾傳》)

(2) 病者困劇身體痛,則謂鬼持箠杖毆擊之,若見鬼把椎鏁繩纆立守其旁,病痛恐懼,妄見之也。(《論衡·訂鬼》)

(3) 廣平劉奉林婦病困,已買棺器,時正月也。(《三國志·魏志·管輅傳》)

《五一簡》中“困”數見,也表示“(病)重;(病)危”,例如:

(4) 所苦困劇,物故。輒以所☐(簡 315)

(5) 陵亭長醻集與伍長黄萇、男子番宛、李爰爰書:死罪大男黄板,本有固病,苦脛腫農血出,腹久八所,寒中下利□☐☐度即日加困,物故,他如爰書。(簡 376)

(6) 發羸瘦不能飯食,到監亭部上桐渚,加困,物故。(簡 467)

(7) 置固病發,五月三日加困,物故。(簡 1722)

漢魏六朝文獻中不見“困勞”,而有“困劣”一詞。“劣”本表“弱”義,《説文·力部》:“劣,弱也。”《論衡·效力》:“秦漢之事,儒生不見,力劣不能覽。”引申也可以表示“(病)重;(病)危”。《説文·疒部》:“疲,病劣也。”段玉裁注:“劣猶危也。”“困劣”表示“(病)重;(病)危”,文獻多見,例如:

(8) 病困之時,仇在其旁,不能咄叱,人盜其物,不能禁奪,羸弱困劣之故也。夫死,羸弱困劣之甚者也,何能害人?(《論衡·論死》)

(9) 上意大感,喟然太息曰:“吾日困劣,而太子、兩王幼少,意中戀戀,亦何不念乎!”(《漢書·史丹傳》)

(10) 臣强困劣,言不能盡意。願並謝諸王不意永不復相見也。(東海王强《臨命上疏》,《全後漢文》卷十)

---

① 汪維輝:《論詞的時代性和地域性》,《語言研究》2006 年第 2 期,第 86 頁。

(11) 爾時賢者舍利弗在那羅聚落,得疾困劣,寢在于床,與諸賢者沙彌俱。(西晋竺法護譯《生經》)

(12) 若病困劣惛冥,無令强起,就視之,惛冥遂不知人,不肯語。(《諸病源候論·風病諸候·鬼邪候》)

綜上,我們認爲《五一簡》2632+2560+3816的[image] 當爲"劣"字。

四

《五一簡》"鼓"字作[image](簡364)、[image](簡409)、[image](簡478)等形,皆从革从殳,隸定爲"鞍"。例如:

(1) 其暮再鞍後,都亭部子慶枇鬭傷張湘。鞍鳴,逢出,追朗、純,以爲文已署。(簡470)

(2) 其夜五鞍時,壽起,謂畫曰:"我去之秉山中匿,若數來視我。"(簡478)

(3) 其月十一日,南門亭部女子馬明失火,鞍鳴,幼不捄火。(簡1681)

"五鞍"即"五鼓","再鼓"即"二鼓"。顏之推《顏氏家訓·書證》:"漢魏以來,謂爲甲夜、乙夜、丙夜、丁夜、戊夜;又云鼓,一鼓、二鼓、三鼓、四鼓、五鼓;亦云一更、二更、三更、四更、五更,皆以五爲節。"

"鼓"古文字作[image](《合》6945)、[image](《合》20075)、[image](《合》30388)、[image](《集成》05.2836)。古文字"鼓"或从攴,或从支,或从殳,皆會擊打之義。《説文》分列兩字,《説文·攴部》:"鼓,擊鼓也。从攴从壴,壴亦聲。"《説文·鼓部》:"鼓,郭也。春分之音,萬物郭皮甲而出,故謂之鼓。从壴,支象其手擊之也。"但未有收録从殳之形。秦漢出土文獻"鼓"或从攴或从支,未見有从殳者。

漢代碑刻"鼓"異體作"皷",从壴从皮,例如[image](《張景造土牛碑》)。"皷"字將構件攴、支改爲皮,標明鼓的材質。《玉篇·鼓部》:"鼓,瓦爲椌,革爲面,可以擊也。""革"與"皮"義近,《詩·召南·羔羊》"羔羊之革。"毛傳:"革,猶皮也。"《左傳·隱公五年》:"皮革齒牙。"宋綿初:"有毛者曰皮,去毛者曰革。"析言則別,渾言則同。《五一簡》中將構件壴换成了革,作"鞍"。今本《玉篇·革部》:"鞁,姑户切,今作鼓。"《集韻·姥韻》:"鼓,古作鞁。"可見"鞁""鞁"皆有源可循,與"鞍"構意相同。

但是秦漢文字"鼓"皆从攴或支,後代字書也未有收録从殳的"鼓"字。《五一簡》的"鞍"所从之殳可能是承襲从殳的古文字形體,也有可能是秦漢時期義近形符的换用。支與殳用作表義構件，均可以表示“擊打”之義，且形體相近。東漢碑刻文字中構件支、殳通用的例子頗爲常見。[①]《五一簡》中的其他字也存在支、殳通用的情況。如“寇”可作(簡392)、“改”字作(簡937)、“數”字作(簡561)、“散”字作(簡1768+1380)等，均將義符支改換爲殳。且“殳”與“鼓”的韻部較近，“殳”上古屬侯部，“鼓”上古屬魚部，東漢魚、侯兩部有合流的趨勢，“殳”也可能兼具表音功能。《説文·羊部》：“羖，夏羊牡曰羖。从羊，殳聲。”“羖”从“殳”得聲，與“鼓”聲韻皆同，《廣韻》同公户切。

“鞍”字又見於今宋本《玉篇·革部》：“鞍，履跟緣也。”讀徒果切。此字又見於敦煌出土的《切韻箋注》。[②] 今宋本《廣韻》作“鞢”。“鞍”又見於《集韻·咸韻》：“鞍，馬鞘垂貌。”讀師銜切。《集韻·桓韻》又以爲“鞶”的省形，讀蒲官切。總之，後代字書中的“鞍”與《五一簡》中的“鞍”是音義均異的同形字。

五

> 受生縛將詣亭。其月十五日，萌將請之弓、親、叔家所。請辭：但發親、叔家，不發弓家。到今月十二日，萌與叔俱之請所逃劍器所溏水中，得請所逃劍物。(簡1102)

簡文中的“劍器”“劍物”是請從冢中盜取的贓物。如簡1758：“廷移府記曰：男子吳請與番當、番非共發胡叔塚，盜取銅器。”簡1771+1775：“見銅器，生疑發塚中物，請即持器去。”這幾枚簡所記録的是同一事件，其中的“銅器”與簡1103“劍器”的“器”對應。其中“逃”爲“藏匿”之義。[③]《管子·國准》：“逃械器，閉智能者，輔己者也。”黎翔鳳云：“夏后焚燒同前而逃械器。黄帝不利其器，夏后則匿其器而閉知能。”[④]又：“以人御人，逃戈刃，高仁義，乘天固以安己者也。”黎翔鳳云：“‘逃’爲隱匿。”[⑤]郭沫若等集校：“逃械器者如《莊子·天地篇》之漢陰丈人，羞用桔橰而抱甕灌圃。謂‘有機械者必

① 董憲臣：《東漢碑刻異體字研究》，九州出版社2017年，第130頁。

② 張涌泉主編：《敦煌經部文獻合集·切韻箋注》，中華書局2008年，第2213頁。

③ 劉同川也有同樣的解讀，並對相關簡文進行了梳理和考訂。詳見劉同川：《五一廣場東漢簡“吳請等盜發冢案”文書考釋》，《簡帛》第25輯，上海古籍出版社2022年，第249—255頁。劉文刊出時，本文已被録用，故作此説明。

④ 黎翔鳳：《管子校注》，中華書局2004年，第1393頁。

⑤ 黎翔鳳：《管子校注》第1394頁。

有機事,有機事者必有機心’。‘逃戈刃’者即指武王勝殷,‘馬散之華山之陽而弗復乘,牛散之桃林之野而弗復服’(《禮記·樂記》)。”[①]馬王堆帛書《經法·道法》3-4:“是故天下有事,無不爲刑(形)名、聲號矣。刑(形)名已(已)立,聲號已(已)建,則無所逃速(迹)匿正矣。”《後漢書·竇武傳》:“武孫輔,時年二歲,逃竄得全。事覺,節等捕之急。胡騰及令史南陽張敞共逃輔於零陵界,詐云已死。”“萌與叔俱之請所逃劒器所溏水中,得請所逃劒物”,謂萌與叔一起前往請藏匿所盜竊的劍器的地方,即水溏之中,從裏面找到了請所藏匿的劍器等物品。

六

倫以令舉度民田。今月四日,倫將力田陳祖、長爵番仲、小史陳馮、黄慮及蔡力度男子鄭尤、越、張昆等流樊田;力别度周本、伍談昭田。(簡 1140)

劉國忠認爲“舉度民田”的“舉”爲“舉薦,推舉”義。[②] 侯旭東認爲“舉”是動詞表“行事”義,表示“進行丈量民田的工作”。[③]《後漢書·劉般傳》所載的劉般的上書奏文中有“舉度田”:“而吏舉度田,欲令多前,至於不種之處,亦通爲租。”侯旭東認爲《後漢書》中的“舉”同《五一簡》的“舉”意義相同。《二十四史全譯·後漢書·劉般傳》將“吏舉度田”翻譯爲:“官吏舉報丈量田地。”[④]《後漢書今注今譯》翻譯爲:“官吏大舉丈量土地。”[⑤]今按:《五一簡》《後漢書》的“舉”均爲“記録,登記”義,非“舉薦”“舉報”等義。《左傳》襄公二十七年:“仲尼使舉是禮也,以爲多文辭。”陸德明釋文:“沈云:舉,謂記録之也。”《墨子·號令》:“悉舉民室材木瓦,若藺石數,署長短小大。當舉不舉,吏有罪。”岑仲勉《墨子城守各篇簡注》:“此言調查民間材木、瓦石之數。”“舉,查報也。”[⑥]又《雜守》篇:“先舉縣官室居、官府不急者,材之大小、長短及凡數,即急先發。”岑仲勉注:“舉者,調查登記也。”[⑦]“以令舉度民田”義爲按照律令登記丈量民衆的田地。

---

① 郭沫若:《管子集校》,《郭沫若全集·歷史編》第八卷,人民出版社 1985 年,第 232—233 頁。

② 夏笑容:《“2013 年長沙五一廣場東漢簡牘學術研討會”紀要》,《文物》2013 年第 12 期,第 91 頁。

③ 侯旭東:《湖南長沙五一廣場東漢簡 J1③:264-294 考釋》,簡帛網 2014 年 6 月 6 日,http://www.bsm.org.cn/?hanjian/6206.html。

④ 許嘉璐主編:《二十四史全譯·後漢書》,漢語大詞典出版社 2004 年,第 901 頁。

⑤ 章惠康、易孟醇主編:《後漢書今注今譯》,嶽麓書社 1998 年,第 1065 頁。

⑥ 岑仲勉:《墨子城守各篇簡注》,中華書局 1958 年,第 110 頁。

⑦ 岑仲勉:《墨子城守各篇簡注》第 147 頁。

七

見銅器,生疑發冢中物,請即持器去。出北索東行時,天雨,請辟雨怒門中,時生皆在門中辟雨,請解衣更浣濯捉。事已,復衣時,生、怒見請銅器。怒問請:若銅器寧賣? (簡 1771+1775)

"請解衣更浣濯捉"一句,請是人名,這句話的大概意思是:請脱掉(被雨淋濕的)衣服,更換(乾的)衣服,並將(被雨淋濕的)衣服洗滌乾净。其中"捉"字意義難解。今按:"捉"表示"緊攥"義,目的是將已經洗乾净的衣服擰乾。《説文·手部》:"捉,搤也。从手足聲。一曰握也。"王鳳陽《古辭辨》:"'捉'與'促'同源,《釋名·釋姿容》[1]'捉,促也,使相促及也'。正因爲'捉'來自'促',所以除了把握義之外,又附加了急促義,是緊緊地握住。"[2]劉釗、張傳官從多方面論證指出"捉"當爲"緊攥"義,而非簡單的"握持"義。[3] 並引馬王堆帛書醫書的例子爲證,如:"一,傷者,以續(斷)根一把,獨□長支(枝)者二廷(梃),黄(芩)二梃,甘草【□】廷(梃),秋烏家(喙)二□【□□□】吋者二甌,即並煎【□】孰(熟),以布捉取出其汁,以陳缊□【□】傅之。"(《五十二病方》17-18)"一,闌(爛)者,爵〈壽(擣)〉蘖米,足(捉)取汁而煎,令類膠,即冶厚柎,和,傅。"(《五十二病方》317/307)其中"捉"都是"緊攥"義,表示用力的擠壓,目的是瀝出藥物的汁液,即將藥物攥幹。《五一簡》中的"捉"的目的是擰乾被洗的衣服,後面"事已""復衣"也證明了"捉"這一行爲的特點和目的,只有將衣服擰乾後才能再穿上。"請解衣更浣濯捉"一句可以標點爲:"請解衣,更,浣濯,捉。"馬王堆帛書、《五一簡》均爲長沙地區出土的文獻,"捉"的這一用法有所承襲。

---

① 《古辭辨》引作《釋名·釋恣容》,今據《釋名》原書改。

② 王鳳陽:《古辭辨》(增訂本),中華書局 2011 年,第 686 頁。

③ 劉釗、張傳官:《談"一沐三捉髮"的"捉"》,《復旦學報(社會科學版)》2013 年第 6 期,第 31—36 頁;劉釗、張傳官:《再談"一沐三捉髮"的"捉"》,《漢字漢語研究》2018 年第 3 期,第 40—54 頁。汪維輝先生對此有不同意見,可參汪維輝:《訓詁基本原則例説》,《漢字漢語研究》2018 年第 1 期,第 75—94 頁;汪維輝:《漢語核心詞的歷史與現狀研究》,商務印書館 2018 年,第 572 頁。

漢長安城未央宫骨籤釋文訂補十三則*

胡孟强

摘　要:《漢長安城未央宫骨籤》一書公布了全部骨籤的釋文和圖版,但其中仍然存在一些未釋字,影響了我們對其内容的考察。由於骨籤内容多爲工官系統的中的人名,從人物繫聯和字形對比出發,可以將具有相似工官結構的骨籤釋文進行對比,從而對未釋字進行考釋,並對誤釋之字進行校訂,如骨籤中的"建""陽""武""收""後""傷""壽""競""賤""寄""賞""赦""豎"等人名。

關鍵詞: 骨籤文字　漢代文字　字形對比　釋文訂補

骨籤,是在具有一定形狀的骨片上刻寫文字,因其形狀和刻文内容類似現在某些物品的標籤,故而得名。① 其最早見於 1979—1980 年發掘的西漢長安城武庫第 4 號建築遺址,②1985—1987 年未央宫第 3 號建築遺址又大量出土,數以萬計,③2002 年城牆西南角又出土 2 枚。④ 由於骨籤數量巨大,時間跨度久(幾乎横跨整個西漢時期),

* 本文所引骨籤釋文和字圖均來自中國社會科學院考古研究所編《漢長安城未央宫骨籤·釋文編》(中華書局 2018 年)、《漢長安城未央宫骨籤·文字編》(中華書局 2020 年)。爲方便行文,釋文均已做處理並標點,釋文中加粗並加下劃綫的文字爲改釋字,首次出現時一並給出整理者意見,字圖後的阿拉伯數字爲《骨籤》一書中的骨籤編號,字圖下括號内的數字爲該組骨籤釋文前的序號。釋文中以"▨"表示殘斷,知道殘缺字數則用相應數量的"▨"補足,"……"表示缺字數量不明,"□"表示未釋字。

① 劉振東、張建鋒:《西漢骨籤的幾個問題》,《考古與文物》2006 年第 3 期,第 58 頁。

② 中國社會科學院考古研究所:《漢長安城武庫》,文物出版社 2005 年,第 121—124 頁。

③ 中國社會科學院考古研究所:《漢長安城未央宫》,中國大百科全書出版社 1996 年,第 91—123 頁。

④ 漢長安城工作隊:《西安市漢長安城城牆西南角遺址的鑽探與試掘》,《考古》2006 年第 10 期,第 49 頁。

其對考古學、文字學、歷史學、書法等方面的研究都有極爲重要的意義。

骨籤文字内容可分爲兩大類：一類爲物品編號及弓弩强度類，字數一般爲一行，6—7個字；另一類内容爲工官類骨籤，包括紀年、工官名稱、工官令、丞、嗇夫等各級官吏和工匠的名字，内容分2—4行書寫，字數在十幾到三、四十個字之間。[1]

2018至2020年，《漢長安城未央宫骨籤》(以下簡稱《骨籤》)一書出版，公布了全部骨籤的圖版和釋文，極大方便了研究人員。整理者對二十世紀出版的《漢長安城未央宫》一書中的不少骨籤釋文已經進行了訂正，但仍然有一些未釋字有待解決。于淼用人物繫聯的方式爲骨籤文字的研究提供了一個新的思路，她認爲"在年代相同或相近的一些工官類骨籤中，往往有相同的格式，且有重複出現的人名和相對固定的人物搭配"。[2] 本文即通過此種方式並結合字形對比，對骨籤中的未釋或誤釋字進行考釋。不當之處，敬祈方家指正。

一

(1) 三年，河南，工官令巨令、守丞⧄、作府嗇夫禄、工□造(17662)

(2) 三年，河南，工官令巨令、守丞⧄、作府嗇夫禄、工**建**造(1672)

(3) 三年，河南，工官令巨令、守丞年、作府嗇夫禄、工**建**造(2030)

以上三枚骨籤祇有紀年而無年號，年代應在漢武帝設置年號之前。其内容高度相似，應屬同一工官系統。(1)中工名整理者未釋，當釋"建"，對比其餘兩枚骨籤中的"建"字即知：

(1)　(2)　(3)

通過年份、工官、令丞、作府的名稱，我們可將上述三枚骨籤繫聯在一起。可以看出，在年份相近、人員相似的情况下，骨籤的内容也是相對固定的，體現了漢代工官系統的穩定性。于淼認爲這種固定搭配主要體現在"令、丞、作府、護工卒史等非具體勞動者"，而承擔具體工作的冗工或工没有搭配規律，[3]上述骨籤釋文讓我們看到，"冗

① 李毓芳認爲上述兩類内容的骨籤在數量上應相同。參看李毓芳：《略論未央宫三號建築與漢代骨籤》，《文博》1993年第2期，第7頁。

② 于淼：《漢長安城未央宫骨籤釋文訂補——以人物繫聯方式爲中心》，《簡帛》第10輯，上海古籍出版社2015年，第253頁。

③ 于淼：《漢長安城未央宫骨籤釋文訂補——以人物繫聯方式爲中心》第253頁。

工”或“工”名往往也有一定的穩定性。

二

(1) 始元二年,河南,工官令寬郤、**守**丞常賜德、護工卒史堯、作府嗇夫關、佐**陽**、冗工**克**富、工柱造(18550)

(2) 始元二年,河南,工官令寬郤石、丞賜尚德、護工卒史堯、作府嗇夫關、佐□、冗工**克**□、國造(32947)

(3) 始元二年,河南,工官令寬郤石、丞尚賜德、護工卒史堯、作府嗇夫關、佐**陽**、冗工**克**侈、工收造(3125)

(4) 始元二年,河南,工官令寬郤石、丞尚賜德、護工卒史堯、作府嗇夫關、佐**陽**、冗工樂敢、工富造(25755)

(5) 始元二年,河南,工官令寬郤石、丞尚賜德、護工卒史堯、作府嗇夫關、佐⍁、冗工□春、工衆造(32830)

(6) 始元四年,河南,工官令寬……賜德、護工卒史堯、作府⍁⍁關、佐**賜**、冗工**克**春、工文造(22365)

該組骨籤“佐”前人名基本固定,(1)中“守”字圖版不類,同組骨籤中的“常賜德”常作“丞”名,幾乎不用作“守丞”名。細審圖版,“守”字當爲“石”之誤釋,屬“令”名,令名“寬郤石”常見。

(2)中“佐”名整理者未釋,(6)中“佐”名釋“賜”。通過該組其他幾片骨籤的佐名“陽”字圖版可知,未釋字和所謂的“賜”字均應釋“陽”:

(1) (2) (3) (6)

(5)中冗工名“春”前一字整理者未釋,對比同組骨籤“克”字寫法,可知應爲一字:

(1) (2) (3) (5) (6)

整理者將(1)(2)(3)(6)中的冗工名皆釋爲“克”。“克”與“充”在《骨籤》文字編中又被歸到一起,大概是因爲整理者認爲兩字在骨籤中字形相同。實際上骨籤中的“充”和“克”字還是需要分開。西漢早期的“充”字作:

(馬·十六經27下)、(銀·壹619)

而“克”字作：

（北·老子 61）、（馬·周 7）、（馬·周 54）

“克”字右下角所加的飾筆是其與“充”字最重要的區别特徵。骨籤文字中整理者釋“克(充)”之字,未見漢代文字中“克”字的其他寫法,故上組骨籤中的“克”字應改釋爲“充”。

三

(1) ……年,穎川,工官令廣、丞……工充、令史□、作府⊠朝、冗工忌、工外造(15549)

(2) 始元年,穎川,工官令廣、守丞聖、護工充、令史□、冗⊠彶、工石造(51787)

(3) 始元二年,穎川,工官令廣、⊠⊠⊠、護工充、令史**武**、作府⊠賢、工困造(15610)

(4) 始元二年,穎川,工官令⊠、守丞聖、護工充、令史**武**、作府佐畢、年造(15659)

(5) 始元二年,穎川,工官令廣、丞……奉、護工充、令史**武**、作⊠佐禄、冗工賢、工安造(20117)

(6) 始元□□,穎川,工官令廣、丞……護工充、令史**武**、佐禄、冗工賢、工松造(24442)

(7) ⊠元□年,穎川,工官令廣、守丞聖、護工充、令史**武**、作府佐定、冗工畢、工寬造(24964)

(8) 始元二年,穎川,工官令廣、守丞成、護工充、令史**武**、作府佐寬、冗工柱、工充造(13494)

(9) 始元二年,穎川,工官令廣、⊠⊠成、護工充、令史**武**、作府佐□、冗工□、工□造(13232)

(10) 始元五年,穎川,工官⊠廣、守丞、掾廣、作……令史□、冗工寬……(49840)

以上部分可通過年號、工官、令、丞、護工、令史、作府等人名繫聯,人名較爲固定,年代相近。(10)中守丞名未寫,比較特殊。(6)和(7)的具體年份整理者闕釋,對比圖版即知應是“二”年。(6)中“護工”前一字整理者未釋,據圖版可知當釋“成”：

(1)(2)(10)中的令史名，整理者均未釋，對比可知均應釋“武”：

(1) (2) (3) (4) (5) (10)

骨籤中的“武”字草寫形體變化較大，可將其分爲如下四類：

A 48141、29406、15340

B 35337、44610、50676

C 14305、15158、15077、21318

D 2629、1050、11991、64252

其他漢代文字中的“武”字作：

北 · 老 196、馬 · 周 4、馬 · 戰 185、銀 · 壹 961、張 · 奏 36、肩 · 壹 73EJT10：307、肩 · 壹 73EJT9：114

其所从“止”旁或草寫成 Z 形，Z 形又繼續草寫成一折筆，骨籤中的“武”字大致能與其他漢代文字中的寫法對應。但骨籤中部分“武”字所从兩偏旁草寫較甚，組合位置又不定，以致難以辨認。(1)中未釋字應是由類寫法進一步訛變而成，(2)中未釋字屬於 C 類寫法，(10)屬於 C 類寫法，均能爲其字形找到源頭。

(9)中作府佐名圖版作：

“寬”字在骨籤文字中作：

E 12680、9743

F 9123、131、44610、16275

G 5323、35943

對比可知當釋“寬”。《説文》宀部：“寬，屋寬大也。从宀萈聲。”骨籤文字中“寬”字常作 E 類寫法，其所从“宀”旁或作“冖”“穴”，下部“萈”旁又進一步草寫成“見”形，如 F 組。“萈”旁上部或加一横筆，如 G 組寫法。(9)的下部應是 F 與 G 類寫法的雜糅。

四

(1) 始元五年,河南,工官守令若秦、丞千秋、護工卒史卒不害、令史都、作府嗇夫佘、佐肆、冗工充昌富、工**收**造(2617)

(2) 始元六年,河南,工官守令若秦、守丞畢、護工卒史不害、作府嗇夫丹、佐相、冗工充昌富、工□造(44115)

兩片骨籤年份相近,主要職官名稱稍有不同,但仍可繫聯考察。(1)中"護工卒史"後衍一"卒"字。冗工名首字整理者釋"克",已據前文改釋爲"充"。(2)中工名整理者未釋,與(1)中"收"字對比可知當釋"收":

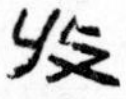

(1)  (2)

骨籤文字受到刻畫書寫方式的影響,筆畫多爲方折的直筆,少曲筆。(2)中"收"字顯然就是受到了這種書寫方式的影響。

五

(1) 元鳳三年,穎川,擭□□史春、工官令狀、守丞廣⊠、⊠掾昌、作府守夫廣漢、佐□、冗工術、工世尤造(50693)

(2) 元鳳三年,穎川,擭工卒⊠⊠、⊠⊠⊠⊠、守丞廣德、丞掾昌……夫廣漢、佐**後**、冗工術……造(50424)

雖然(2)中骨籤下部殘斷,根據有限的信息仍能繫聯起上述兩枚骨籤。(1)中"佐"名整理者未釋,對比可知應釋"後":

(1) 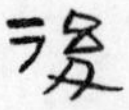 (2)

骨籤中其他"後"字作:

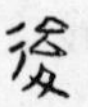

(230)、(53232)

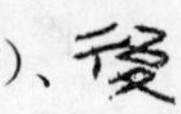

將"幺"省簡成"厶"形在骨籤文字中多見,如:

樂: 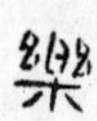 2825、  211

關： 11991、 28355

可知(1)是將“後”字所从“幺”省簡成“厶”，又將下部“夂”旁側置，遂難以識別。

六

(1) 二年，河南，工官謝、丞▨定、作府輔，工□▨(37884)

(2) □年，河南，工官謝、丞種定、作府輔、工**傷**造(2204)

(3) 二年，河南，工官謝、丞種定、作府輔、工**傷**造(9776)

(4) 二年，河南，工官謝、丞種定、作府輔、工**傷**造(10308)

(5) 二年，河南，工官謝、丞種定、作府輔、工**傷**造(11955)

此組骨籤屬“太初”年前，較爲特殊。一般來説，“太初”年前的工官系統較爲簡單，爲“令—丞—作府嗇夫”三層管理機制，除“作府嗇夫”或省寫成“作府”或“嗇夫”外，“令”與“丞”二字一般不省，但“二年河南工官”令名爲“謝”的骨籤，全部省去了“令”字，可利用此種特殊格式進行年代分析。

(1)中的“工”名整理者未釋，對比該組其他幾個“傷”字即知當釋“傷”：

(1) (2) (3) (4) (5)

該字寫法較爲特殊，其“人”旁與左半部分進行了連寫，遂難以識别。骨籤文字中的“人”旁位於左側時常居於文字左上角，如“倚”字作 (13470)，或进一步與主體部分連寫，如“佐”作 (395)等，未釋字“傷”的寫法即如此而來。

七

(1) 始元五年，穎川工官，護卒史春、令狀、丞福、掾廣、作府嗇夫凌友、左**壽**、冗工**惠**、工同造(13835)

(2) 始元五年，穎川工官，護工卒史春、令狀、丞福、掾廣、作府嗇夫凌友、左□、冗工**忠**、工同造(13944)

(3) 始元五年，穎川，護工卒史春、▨▨令狀、守丞福、掾廣德、作府嗇夫凌友、佐**壽**、冗工**忠**、工毋傷造(55234)

(4) 始元五年，穎川，護工卒史……**守**令狀、守丞福、掾廣德、▨府嗇夫凌友、

佐**壽**、冗工□、工始造(15080)

(5) 元鳳元年,穎川,護工▨史春、工官令狀、守丞福、掾賀、作府嗇夫凌友、佐**壽**、冗工**忠**、工横造(44367)

(6) 元鳳元年,穎川,擭工卒史▨、工官令狀、守丞福、掾賀、作府嗇夫凌友、佐**壽**、工寄造(14817)

上述一組骨籤屬漢昭帝時期,根據年份的不同將各個骨籤分開後,可以發現,在連續一段時間内,主要人名基本穩定,其年份、工官、護工、令、丞、掾、作府的人名繫皆是相似的。

(1)中"冗工"名,整理者原釋"惠",其所據圖版可摹寫作:

骨籤中的"惠"字作:

1428、11991、11876

看似相同但仍有細微的差别:未釋字上部除横畫外作"口"形,而"惠"字上部作"田"形。雖然骨籤中的"田"與"口"旁偶有混用現象,但骨籤中"惠"字上部所从的"田"形,却從來没有省寫作"口"形的。細審圖版,其所據圖版上部横畫應屬於"工"字筆畫,該字當釋"忠",對比該組繫聯的骨籤辭例及"忠"字即知:

(1)　(2)　(3)　(6)

(4)中"令狀"前的"守"字,圖版可摹寫作,當改釋爲"官"。人名"狀"在"始元"年間穎川工官中,除此一例外全部爲"令"名。以該組爲例,若"穎川"後不加"工官",則一般在"令"前加上"工官"二字,故"令"前一字當釋"官"。

上述骨籤中的佐名也可繫聯考察。(1)中"佐"名整理者釋"弎",其所據圖版作,應是嚴格隸定而不成字。細審圖版,整理者誤將該字下部筆畫釋作"冗",其與應屬一字而被强行拆開。(2)和(6)整理者在釋文編中皆未釋。如此繫聯考慮後,可知其均爲"壽"字:

(1)　(2)　(3)　(4)　(5)　(6)

骨籤中"壽"字草寫情況較爲複雜,字形可分爲如下幾類:

A 29981、 54111

B 13951、 33689

C 48970、 45728

“壽”字在骨籤中常作A形，這種寫法與其他漢代文字中的寫法是相同的。但中部或草寫、或省略，下部“口”旁也往往略去，這種省簡的寫法若加上草寫則更難辨認。

(1)是“壽”字常規寫法的變體，骨籤中的“壽”字上部往往作兩横或三横，刻寫者往往將多個並排横畫連寫，如：

丞： 150、 6849

嗇： 8885、 9538

這種並列筆畫又可以寫成交叉筆畫：

鬱： 41363、 41543

都： 32147、 204

(2)中“壽”字中部的交叉筆畫應來源此，其圖版右側原有一豎筆，但其形態與筆畫不類，細審圖版即可知其爲骨片上的勒痕，正確圖版已如上所示。該字整理者在《釋文編》中未釋，但在《文字編》中又被收入“蕃”字頭下，其下部从“口”“寸”，故絶不是“蕃”字，而與“壽”字常規寫法相同。

八

(1) 始元二年，穎川，工官令廣、守丞聖、擭工充、令史武、作府佐定、冗工畢、工□造(13833)

(2) 始元二年，穎川，工官令廣、守丞聖、擭工充、令史武、作府佐定、冗工畢、工競造(15501)

以上兩枚骨籤，内容上完全相同，從書寫風格來看，應爲同一書手所寫。(1)中工名整理者未釋：

(1)　(2)

其字形中部略有殘損，但並不影響整字的釋讀，對比可知當釋“競”。

九

(1) 始元五年,河南,工官守令若秦、丞☐秋、護工卒史不害、作府嗇夫☐、令史都、佐護、冗工昌□敢、工**賤**造(7133)

(2) 始元□年,河南,工官守令若秦、守丞千秋、護工卒史不害、作府嗇夫丹、佐鐃、冗工充昌棣、工**賤**造(18963)

(3) 始元六年,河南,工官守令若秦、守丞畢、護工卒史不害、作府嗇夫丹、佐魏、冗工充昌棣、工**賤**造(46405)

(4) 元鳳元年,河南,工官守令若秦、丞千秋、護工卒史安世、作府嗇夫相、佐直、冗工充昌棣、工□造(2632)

以上一組以工名"賤"爲切入點而繫聯,(4)中工名整理者未釋,對比該組其他工名即可知應釋"賤":

(1)　(2)　(3)　(4)

(4)中"賤"所从"戔"旁稍異。骨籤文字中的其他"賤"字作:

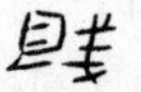

7744、6261、7133、5125

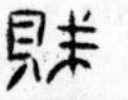

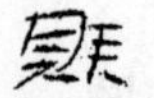

其左旁均从"貝",惟右旁有所不同。"賤"字本从"戔","戔"旁或省去一"戈"。兩"戈"旁往往借用中部豎筆,這種"戔"旁又加上草寫,遂難以辨認,(4)的寫法蓋因此而來。

十

(1) 始元年,南陽,工官令捐、守丞糾、作府嗇夫從、冗工安、工□□造。丙(8984)

(2) 始元年,南陽,工官令捐、守丞糾、作府嗇夫從、冗工安、工佴**寄**造。丙(13523)

(3) 始元年,南陽,工官令☐、守丞糾、作府嗇☐☐、冗工安、工比**寄**造(14430)

(4) 始元年,南陽,工官令捐、守☐糾、作府嗇夫從、冗工☐充、工□**寄**造。丙

(44612)

以上一組骨籤，除工名不同外，其餘工官結構大體相同，該組守丞名整理者或釋"幼""糾""紉""�"等，當是一字，我們在另文中將其改釋爲"糾"；作府嗇夫名整理者多釋"佗"，我們認爲當釋"從"。

(1)中工名，整理者未釋，對比可知當釋"寄"：

(1)　　(2)　　(3)　　(4)

(1)字下方省略了"寄"所从的"口"形，其所从"奇"旁上部又與常規寫法有異，以致難以識別。"可"旁在骨籤文字中確有此類省簡寫法，如：

寄： 5543、 9524

何：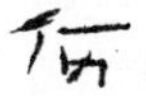 5575、 1860

值得注意的是，這種草寫後的"奇"字與骨籤文字中的"堯"字形體十分相近：

 3062、 3174、 35340

但"堯"字收筆作横畫，與"奇"作竪筆不同，應予以區分。

十一

(1) 二年，穎川，工官令廣、守丞□、攫工秋、作府佐……始、工横造(50367)

(2) 二年，穎川，工官令廣、守丞**當**、攫工秋、作府佐秋、冗工德、工始造(53218)

(3) 二年，穎川，工官令廣、守丞**當**、攫工秋、作府佐秋、⧄⧄德、工果造(189)

(4) 二年，穎川，工官令廣、守丞**當**、攫工秋、作府佐臂昌、冗工柱、工央造(515)

以上一組主要人名基本固定，可繫聯在一起考察。(1)中"守丞"名整理者闕釋，我們查閱了"二年穎川工官"中"令"名爲"廣"的所有骨籤釋文，除 15694 號骨籤"守丞"爲"福"，但圖版不清外，其餘"守丞"均爲"當"，可知(1)中守丞名也應是同一人，我們懷疑 15694 號骨籤中的"福"字也應是"當"之誤釋。

(1)中守丞名與該組其他"當"字形體不類：

(1)　　(2)　　(3)　　(4)

(1)或應釋"賞",該字下部所从"貝"的寫法又見於骨籤"實"字:

[字形] 13448

"賞"與"當"上古音均屬陽部,音近可通,《史記·貨殖列傳》:"戎王什倍其償。"《索隱》本"償"作"當"。上述骨籤中的"賞"與"當"應爲同一人名用字的不同寫法,這種現象在骨籤文字中多見。

十二

(1) ☐☐元年,……丞堯猜、作府嗇夫**仁**、冗工堯加足、工☐造(30573)

(2) 太始元年,河南,工官令曾子醉、丞堯猜、作府嗇夫**充**、冗工堯嘉足、工**望**造(1327)

(3) 太始元年,河南,工官令曾子醉、丞堯猜、作府嗇夫**充**、冗工堯嘉足、工**望**造(3744)

(4) 太始元年,河南,工官……丞堯猜、作府嗇夫**充**、冗工堯足、工**望**造(32103)

丞名"堯猜"多見於"太始元年"河南工官中,據此可繫聯上述一組骨籤。(1)中"仁"字不符合同時段的工官組合,據圖版當改釋爲"充":

[字形] (1) [字形] (2) [字形] (3) [字形] (4)

(1)中工名整理者未釋,圖版可摹寫作[字形]。骨籤中的"堅"字作:

[字形] 7705、[字形] 42517

其上部从"臤",下部从"土"。"又"與"攴"、"土"與"壬"旁在古文字中常常通用,骨籤文字中也是如此:

政:[字形] 49077、[字形] 27530

聖:[字形] 6781、[字形] 4181

若此,則未釋字當釋"堅",係將"臤"所从"又"旁換爲"攴"旁,"土"换爲"壬"旁,但此種寫法的"堅"字在骨籤文字中僅此一見。同組繫聯的骨籤提醒我們,所謂的"堅"字也可能是"望"字的訛寫:

(1)　(2)　(3)　(4)

“望”字在其他漢代出土文獻材料中或訛寫成“堅”形：

馬・老甲 133.6　—〈望—恍〉呵忽(惚)呵，中有物呵

張家山漢簡中有如下一字：

張・盜跖 12　臣得幸見於兄，願賜—履而拜見

整理者釋“堅”讀“臣”，[1]王挺斌改釋爲“望”，[2]可從。可見“望”字部分特殊寫法在漢代文字中與“堅”字易混，衹是骨籤中此字用作人名，不知是否爲“望”字，這裏存疑待考。

十三

除了將未釋字進行繫聯後對比釋讀外，骨籤中的一些未釋字構形清晰，完全可以分析字形後進而釋讀。

(1) 始元四年，河南，工官令萬歲、丞千秋、護工卒史堯、令史成、作府嗇夫巍、佐□、冗工**充**樂安世、工□造(50679)

工名整理者未釋，字形可摹寫作：

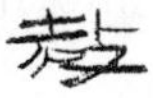

該字从“攴”“赤”聲，應釋“赦”。骨籤文字中暫未見“赦”字，其所从“赤”旁可與其他漢代文字中的“赤”字合觀：

馬・刑乙 62、北・老子 48

(2) ☒川工官，護工卒☒☒、☒☒、☒遂、守丞當、☒☒、☒☒賢、作府☒☒☒、☒☒☒、工□造(26363)

此片骨籤工名未釋，圖版可摹寫作：

① 彭浩主編：《張家山漢墓竹簡〔三三六號墓〕》，文物出版社 2022 年，第 148 頁。

② 王挺斌：《張家山三三六號漢墓竹簡文字小識》，簡帛網 2023 年 3 月 28 日，http://www.bsm.org.cn/?hanjian/8954.html。

原圖版整理者誤將右側“作”字所从“人”旁切入,遂不易識别,正確圖版已如上所示,應爲“豎”字。同片骨籤中的“賢”字作 ,其上部正可互證。

引用書目簡稱:

北·老子　《北京大學藏西漢竹書(貳)·老子》
肩·壹　《肩水金關漢簡(壹)》
馬·老甲　《長沙馬王堆漢墓簡帛集成(壹)·老子甲本》
馬·周　《長沙馬王堆漢墓簡帛集成(壹)·周易經傳》
馬·戰　《長沙馬王堆漢墓簡帛集成(壹)·戰國縱横家書》
馬·刑乙　《長沙馬王堆漢墓簡帛集成(壹)·刑德乙篇》
馬·十六經　《長沙馬王堆漢墓簡帛集成(肆)·十六經》
銀·壹　《銀雀山漢墓竹簡(壹)》
張·奏　《張家山漢墓竹簡:二四七號墓·奏讞書》
張·盜跖　《張家山漢墓竹簡:三三六號墓·盜跖》

附記:小文完成後見高明先生將 15549 號令史名釋爲“逆”,13833 號末兩字釋爲“玨篕”,本文觀點有所不同,見《漢長安城未央宫骨籤文字考釋二十則》,第四届跨文化漢字國際學術研討會論文集,成都,2022 年 7 月。文成後經黄德寬師、程燕師、李鵬輝老師、滕勝霖師兄指正,特此感謝!同窗張文成、程彪、朱國雷兄亦提出寶貴意見,匿名審稿專家對本文的修改幫助較多,一併致謝!文中謬誤,概由本人負責。

里耶秦簡户籍簡所見氏、名的著録*

——以户内妻、母等“曰某”的記録方式爲中心

祁　萌

摘　要： 里耶户籍簡登記户内成員均僅記録名，對於妻、母等則以“曰某”形式表述其名。户籍簡僅在户人的稱謂中記録氏，且並非指稱户人，而是用來指稱一户，户内成員不記氏的做法亦與此相關，是户籍事務中的特殊書式。

關鍵詞： 里耶秦簡　户籍簡　氏　名　文書格式

中國户籍制度起源很早，西周、春秋諸侯國都有關於人口登記的記載，但多爲傳世文獻的追述，亦有少量出土文獻中的蛛絲馬迹。① 不晚於戰國中期，各國逐漸建立

---

* 本文爲國家社科基金青年項目“出土户籍類文獻與周秦漢晋國家治理及社會變遷研究”（23CZS003）階段性成果。

① 池田温認爲西周時期就已經存在對民衆編户的做法，楊際平認爲齊桓公時齊已經有户籍制度。杜正勝認爲户籍制度出現在春秋中葉，宋家鈺認爲在春秋戰國之際。侯旭東則指出“户籍”可能出現較早，但對境内所有民衆編户的做法不會見於戰國之前。另一方面，杜正勝還指出春秋以前對於編户的記録主要來自《周禮》系統，尚無其他積極的證據，且在戰國之前，對人口記録和觀念或方式與後代截然不同，人口數附在官府各機構，無全國性記載，亦無專門管理人口簿册的機構。池田温：《中國古代籍帳研究》，龔澤銑譯，中華書局 1984 年，第 40—41 頁，日文初刊 1979 年；楊際平：《秦漢户籍管理制度研究》，《中華文史論叢》2007 年第 1 期，第 2—6 頁；杜正勝：《編户齊民》，聯經出版事業公司 1990 年，第 22 頁；宋家鈺：《唐朝户籍法與均田制研究》，中州古籍出版社 1988 年，第 4—10 頁；侯旭東：《中國古代人“名”的使用及其意義——尊卑、統屬與責任》，《歷史研究》2005 年第 5 期，第 15 頁，此據《近觀中古史》，中西書局 2015 年，第 19 頁。

起較爲嚴密的户籍制度。[①] 秦國亦在商鞅變法之後制定了編伍、分異等一系列户籍制度,對秦漢時代影響深遠。

里耶秦簡刊布之前,對於秦户籍的考察多依靠傳世文獻與睡虎地秦簡,對於户籍的登記細節缺少了解。随着里耶秦簡的陸續刊布,秦户籍制度的更多細節浮出水面,其中出土於里耶古城遺址北部護城壕中段凹坑的户籍簡提供的信息尤爲集中。目前已有不少圍繞里耶户籍簡的研究,時代、性質等問題大致明晰,[②]秦户籍的格式與編制方式,[③]與户籍相關的徭役、人口管理和基層行政問題,[④]家庭結構和規模,[⑤]奴婢與附

① 楊寬認爲三晋早於秦建立了户籍制度。陳絜也涉及戰國後期以來楚、秦户籍制度的對比分析,認爲里耶秦簡户籍簡正是戰國中期以來秦户籍制度的寫照。楊際平亦認爲戰國中期之後,户籍制度才更加嚴密。楊寬:《戰國史》,上海人民出版社 1998 年,第 234—235 頁;陳絜:《里耶"户籍簡"與戰國末期的基層社會》,《歷史研究》2009 年第 5 期,第 32 頁;楊際平:《秦漢户籍管理制度研究》第 2—6 頁。

② 《里耶發掘報告》即認爲這批牘爲"户籍簡牘",張榮强、陳絜等學者亦對這批牘的時代、性質做出了判斷,這批木牘應可視爲秦的户籍資料。不過,劉瑞對於這批簡牘是否屬秦提出了異議,並認爲這批簡牘應稱爲"遷陵縣南陽里户籍牒"。本文暫從通説,將其作爲秦的户籍資料討論。參湖南省文物考古研究所編著:《里耶發掘報告》,嶽麓書院 2006 年,第 203 頁;張榮强:《湖南里耶所出"秦代遷陵縣南陽里户版"研究》,《北京師範大學學報(社會科學版)》2008 年第 4 期,第 68—80 頁,此據《漢唐籍帳制度研究》,商務印書館 2010 年,第 7—8 頁;陳絜:《里耶"户籍簡"與戰國末期的基層社會》,《歷史研究》2009 年第 5 期,第 24—30 頁;劉瑞:《里耶古城北城壕出土户籍簡牘的時代與性質》,《考古》2012 年第 9 期,第 69—74 頁。

③ 邢義田:《龍山里耶秦遷陵縣城遺址出土某鄉南陽里户籍簡試探》,簡帛網 2007 年 11 月 3 日,http://www.bsm.org.cn/show_article.php?id=744;張榮强:《湖南里耶所出"秦代遷陵縣南陽里户版"研究》第 7—36 頁;田旭東:《里耶秦簡所見的秦代户籍格式和相關問題》,《四川文物》2009 年第 1 期,第 52—54 頁;黎明釗:《里耶秦簡:户籍檔案的探討》,《中國史研究》2009 年第 2 期,第 5—23 頁;沈剛:《里耶秦簡所見民户簿籍管理問題》,《中國經濟史研究》2015 年第 4 期,第 94—101 頁;于洪濤:《里耶秦簡文書簡分類整理與研究》,博士學位論文,吉林大學 2017 年,第 26—49 頁;韓樹峰:《里耶秦户籍簡三題》,《簡帛研究二〇一六(春夏卷)》,廣西師範大學出版社 2016 年,第 67—80 頁。以上論著多涉及户籍的各個方面,下面歸納的幾個研究方向基本都會涉及,盡量不重複舉出。

④ 劉欣寧:《里耶户籍簡牘與"小上造"再探》,簡帛網 2007 年 11 月 20 日,http://www.bsm.org.cn/show_article.php?id=751;陳絜:《里耶"户籍簡"與戰國末期的基層社會》,《歷史研究》2009 年第 5 期,第 23—40 頁;張春龍:《里耶秦簡所見的户籍和人口管理》,中國社會科學院考古所等編:《里耶古城·秦簡與秦文化研究》,科學出版社 2009 年,第 188—195 頁;王子今:《試説里耶户籍簡所見"小上造"、"小女子"》,《出土文獻》第一輯,中西書局 2010 年,第 221—231 頁;邢義田:《從出土資料看秦漢聚落形態和鄉里行政》,《治國安邦:法制、行政與軍事》,中華書局 2011 年,第 249—355 頁;金慶浩:《秦漢時期户口名簿的記載樣式和郡縣支配》,黎明釗主編:《漢帝國的制度與社會秩序》,牛津出版社 2012 年,第 105—138 頁;姚瀾:《東周晚期基層社會從血緣到地緣的轉變——以里耶户籍簡爲中心》,《淮北師範大學學報(哲學社會科學版)》2015 年第 3 期,第 36—39 頁。

⑤ 上舉研究多簡要涉及家庭問題,但並非完全聚焦於此,不重複舉出。此外,有不少研究涉及家、户的内部問題,多與律令有關,並非圍繞里耶户籍簡展開,亦不贅述。

籍問題都有所討論。[①] 還有研究將秦簡與漢代涉及户籍的簡牘、走馬樓吴簡各類名籍聯繫起來討論户籍的承襲演變,[②]嘗試全面分析秦漢三國時代的户籍制度。[③] 整體而言,既有研究討論了秦户籍的不少具體問題,户籍的製作、上報、登記方式以及秦漢間的承襲和演變等問題有一定推進。

不過,里耶户籍簡中對人名的記録存在一系列較爲特殊的做法,既有研究較少注意此類細節。里耶秦簡各類文書、簿籍均較少出現吏民的氏,[④]而這批户籍簡在户人的稱謂却集中記録了氏,對於户内成員則並不記録氏,僅稱私名。學者結合漢代、孫吴與户籍有關的出土簡牘,將這種現象理解爲"妻從夫姓"。[⑤]實際上户人、户内不同

---

① 里耶户籍簡中往往在末尾記録奴婢,相關研究一般都會涉及這一問題,但較少專門圍繞此討論。吴方基則從"附籍"角度認識。吴方基:《里耶"户隸"簡與秦及漢初附籍問題》,《中國史研究》2019 年第 3 期,第 54—69 頁。

② 如張燕蕊:《從走馬樓吴簡户籍書式看孫吴對秦漢户籍制度的繼承和發展》,《中國人民大學學報》2011 年第 1 期,第 20—27 頁;韓樹峰:《論漢魏時期户籍文書的著録内容》,《簡帛研究二〇一四》,廣西師範大學出版社 2014 年,第 248—264 頁;《論秦漢時期户籍概念與户籍實體的對應關係》,《國學學刊》2015 年第 4 期,第 88—98、144 頁。實際上,不以户籍制度的演變繼承爲重點的研究,仍多兼涉秦、漢、孫吴材料,限於篇幅,不具引。

③ 如楊際平:《秦漢户籍管理制度研究》,《中華文史論叢》2007 年第 1 期,第 1—35 頁;尹在碩:《秦漢時期的户籍制度與户口名簿》,《漢帝國的制度與社會秩序》第 67—104 頁。此外,還有學者聚焦於漢代問題,同樣簡要涉及秦簡,如胡平生:《新出漢簡户口簿籍研究》,《出土文獻研究》第十輯,中華書局 2011 年,第 249—284 頁,此據《胡平生簡牘文物論稿》,中西書局 2012 年,第 314—348 頁。還有不少研究聚焦於傳世文獻與出土律令,不過並非圍繞出土户籍簡牘實物展開。

④ 對於戰國、秦漢出土文獻中人私名前的稱謂,學界往往較爲籠統地稱爲"姓氏"或與私名連稱爲"姓名"。實際上,"姓"的説法幾乎没有出現在秦簡中,包山簡等其他戰國楚簡中亦幾乎不見"姓"的説法。與此同時,里耶秦簡中又能見到"族某氏"的身份記録方式,如 8 - 1555 是記録了小吏身份信息的檔案,其中即稱該吏"族王氏";張家山漢簡《奏讞書》案例三爲高祖時期的案件,亦以"族田氏"指稱涉案的女性。不僅如此,嶽麓秦簡五簡 1021 涉及通緝六國從人的"譺"文書的寫作要求,亦要求説明"名、族"等身份信息;更早的包山楚簡中,還能見到明確要求在名籍中説明"居尻(處)名族"("受期"簡 32)的規定。關於"族",鄭玄認爲"族者,氏之别名也"(《史記 · 五帝本紀》第 46 頁集解引鄭玄《駁許慎〈五經異義〉》),顧炎武持類似看法(顧炎武撰,黄汝成集釋:《日知録集釋》卷二十三"氏族"條,上海古籍出版社 2006 年,第 1278 頁)。李學勤亦認爲"族就是氏"(李學勤:《釋多君、多子》,胡厚宣主編:《甲骨文與殷商史》第一輯,上海古籍出版社 1983 年,第 13—20 頁)。就此而言,秦簡中雖然以單獨使用私名爲主,但恐怕私名前出現的稱謂在時人的理解中都應作爲"氏",其使用已經呈現泛化的色彩,對於男性、女性均使用此類稱謂,但並非今人籠統所講的"姓氏"或"姓名"。"姓""氏""族"問題需另文討論,本文以"氏"指稱户籍簡中私名前的稱謂。

⑤ 孫兆華、王子今:《里耶秦簡牘户籍文書妻從夫姓蠡測》,《中國人民大學學報》2018 年第 3 期,第 43—53 頁。

成員的指稱方式存在不少細節差異,值得結合文書書式與户籍的特殊性質重新考慮,並與其他涉及家、户的簡牘結合討論。

與此相關,此前學界對先秦的姓、氏的研究主要圍繞宗法制度等問題展開,[①]涉及戰國到秦代平民姓、氏則主要討論"姓氏普及""姓氏合流"等問題,[②]但亦相對籠統,尚較少結合新出土的文書簡,對於戰國末期到秦代基層行政、户籍等場合中氏的使用與功能留意不多。同時,文書簡研究中對氏在不同場合下使用與意義的分析亦尚不充分。本文從里耶户籍簡中氏、名的記録方式出發,試圖探尋戰國末期以來秦户籍事務中氏的使用與意義的一個側面。

一、里耶户籍簡中的氏、人名著録與"妻曰某"

里耶户籍簡出土時共 51 片殘片,經整理綴合,大致可以復原 20 餘枚記載户籍信息的木牘,其中字迹較爲清楚完整的有十餘枚。這批牘均形制很長,書寫格式比較一致,基本上在第一欄書寫户人,此後分欄書寫户内成員,包括妻、子女,亦涉及母、兄弟及其妻子、奴婢等,記載信息包括户人的里、爵、氏、名以及户内成員與户人的親屬關係、名等,男性亦涉及爵,但並未具體説明年齡,亦無賦役、財産信息。[③] 同時,按照户内成員的不同身份分欄登記,也是這批簡牘的明顯特徵。如下牘。

簡 1. 南陽户人荆不更黄得　　(第一欄)
妻曰嗛　　(第二欄)

① 姓氏問題是先秦宗法制度研究的重要領域,代表性研究如楊希枚:《〈左傳〉"因生以賜姓"解與"無骸卒"故事的分析》,《先秦文化史論集》,中國社會科學出版社 1995 年,第 74—105 頁,1954 年初刊,同書多篇論文與此關係密切;楊寬:《試論西周春秋間的宗法制度和貴族組織》,《古史新探》,復旦大學出版社 2016 年,第 131—152 頁,1965 年初刊;李學勤:《考古發現與古代姓氏制度》,《考古》1987 年第 3 期,第 253—258 頁;《先秦人名的幾個問題》,《歷史研究》1991 年第 5 期,第 106—111 頁,此據《古文獻叢論》,中國人民大學出版社 2010 年,第 90—106 頁;虞萬里:《姓氏起源新論》,《文史》2011 年第 4 期,第 5—36 頁。但本文並非聚焦於先秦宗法制度,相關研究不一一注出。

② "姓氏普及"的具體過程和時代存在不同的看法,但大致認爲這一過程發生在春秋戰國時代,最晚在兩漢之際完成。參徐復觀:《中國姓氏的演變與社會形式的形成》,《兩漢思想史》卷一,華東師範大學出版社 2001 年,第 174—206 頁,1972 年初刊;雁俠:《中國早期姓氏制度研究》,天津古籍出版社 1995 年,第 193—199 頁;陳絜:《商周姓氏制度研究》,商務印書館 2007 年,第 427—476 頁;張淑一:《先秦姓氏制度考索》,福建人民出版社 2008 年,第 92—106、135—137 頁。

③ 關於秦漢户籍記録財産、賦役問題,可參考韓樹峰的分析,相關學術史韓文亦有較全面歸納。參韓樹峰:《論漢魏時期户籍文書的著録内容》,《簡帛研究二〇一四》,第 248—264 頁。

子小上造台
子小上造寧
子小上造定　　　　　　（第三欄）
子小女虖
子小女移
子小女平　　　　　　　（第四欄）
五長　　　　　　　　　（第五欄）　　　　　　　　（K1/25/50）

簡1比較完整清楚，相關人員包括户人夫妻及其子女，分欄書寫，是所謂的“核心家庭”。①第一欄説明了户人的身份，其中“南陽”爲里名，②“户人”説明其身份爲户人，“不更”爲秦爵，以“荆”説明爲其在故楚地，③“黄得”爲氏＋名，户籍簡開頭明確説明里、爵的同時，也説明了户人的氏。這批牘中一部分户人信息殘缺，較爲完整可以釋讀者有十幾枚，如下表。④

表一　户籍簡中户人的稱謂

簡　號	對户人的表述	備　注
K27	南陽户人荆不更蠻强	下八簡較清楚，以氏＋名指稱。
K1/25/50	南陽户人荆不更黄得	
K28/29	南陽户人荆不更黄□	

① 不少研究以家庭結構爲綫索分析户籍簡，即核心家庭、主幹家庭、聯合家庭等。登記在户籍的内容確實反映爲這幾種家庭結構，但是“户”與“家”未必完全相同，這些木牘所表述的是户的場合，以家庭結構爲研究綫索可能遮蔽這些簡牘的某些特殊性質，故不采用這種分析綫索。

② 學界基本把“南陽”視爲里名而非南陽郡。不過，黎明釗認爲這些編户民可能是自南陽郡遷來的黔首，但也認爲“南陽”爲里名。參張榮强：《湖南里耶所出“秦代遷陵縣南陽里户版”研究》第24頁；黎明釗：《里耶秦簡：户籍檔案的探討》，《中國史研究》2009年第2期，第19—20頁。

③ 整理者認爲“荆不更”是舊楚爵，即秦統治者承認故楚人的爵位。但邢義田、劉欣寧、張榮强、陳絜等人都認爲是秦爵，而以“荆”表示故楚地。邢義田還認爲K30/45漏寫了“荆”。參張榮强：《湖南里耶所出“秦代遷陵縣南陽里户版”研究》第26—27頁；陳絜：《里耶“户籍簡”與戰國末期的基層社會》，《歷史研究》2009年第5期，第25頁；邢義田：《從出土資料看秦漢聚落形態與鄉里行政》第303頁。

④ 表1、2釋文、綴合及順序參湖南省文物考古研究所編著：《里耶發掘報告》第203—210頁。《里耶發掘報告》也指出對户人多用氏（原文稱“姓”）＋名。K3、K5、K6、K7、K12、K19、K15、K26、K32、K35、K36、K51相關内容殘缺，不贅述。

續 表

簡 號	對户人的表述	備 注
K17	南陽户人荆不更黄□	
K30/45	南陽户人不更彭奄	
K4	南陽户人荆不更緣喜	
K2/23	南陽户人荆不更宋午	
K31/37	[南]陽户人荆不更李[獾]	
K43	南陽户人荆不更大□	下七簡未能完整釋出。
K8/9/11/47	南陽户人荆不更五亻□□	
K42/46	南陽户人荆不更□□	
K13/48	南陽户人荆不更□□	
K38/39	南陽户人荆不更□☑	
K18	[南][陽]户人荆夫(大夫)☑	
K33	南陽户人荆不更□疾	

對户人的基本書式爲"里＋户人＋爵＋人名",其中的人名如"黄得""彭奄""宋午"等即應是包含氏。後7簡有殘缺,但多可推測寫在爵位後的人名應包含兩個字,聯繫到前八條中的書寫格式,未釋出的人名爲氏＋名的可能性較大。這種以氏＋名指稱的人稱使用方式與里耶秦簡的一般情況非常不同。里耶簡絶大多數情況下都要以里爵＋名指稱民衆,涉及官吏犯罪、計課等還要説明官吏的爵里,官府内部文書則以官名＋名指稱官吏,不書吏、民的氏,以一份同時涉及吏、民的爰書爲例。

簡2. 卅二年六月乙巳朔壬申,都鄉守武爰書:高里士五(伍)武自言以大奴幸、甘多,大婢言、言子益Ⅰ等,牝馬一匹予子小男子産。 典私占。初手。Ⅱ (8－1443＋8－1455)

六月壬申,都鄉守武敢言:上。敢言之。/初手。Ⅰ

六月壬申日,佐初以來。/欣發。 初手。Ⅱ

(8－1443背＋8－1455背)

簡2是一份都鄉上報民衆授受財物的爰書,文書以"都鄉守武"的口吻上報,書手和送文書的吏均爲"初",送達後開啓文書的是"欣",負責監督財物授受的則是名叫"私"的"典",四名涉事官吏均僅記名;而財物授受雙方爲"自言"的"高里士五(伍)武"和其子"小男子産",亦均不記録氏,基本代表了里耶簡記録吏、民時的一般做法。① 結合表一,户籍簡中基本以氏+名指稱户人,與里耶一般的文書、簿籍有不小差别,暗示户人稱謂中記録氏可能是與户籍有關的場合中某種特殊的做法。

再來看户内成員。簡1户内成員包括户人的妻、子女,妻單獨寫在第二欄,三個兒子、三個女兒則分别寫在第三、第四欄,②第五欄還有"五長",即説明户人是伍長,③亦説明編伍對於户籍的重要性,需要特别説明户人的伍長身份。④ 第五欄除記載户人的伍長身份外,對於户内有奴婢者,也在第五欄説明,寫在"五長"前,筆迹不同,如K27第五欄在户人前一行記載"臣曰聚",即户内有名字叫"聚"的男奴。⑤ 對兒子的表述均爲"子+爵+名",⑥即以"子"表明其與户人的親屬關係,繼而説明其爵和名;對於女兒的表述則均爲"子+小女+名",女子無爵,所以在説明與户人的親屬關係之後,以"小女+名"指稱。

從户籍簡的一般情況來看,涉及的户内成員有户人的母親、妻、子女、兄弟、兄弟的

---

① 除户籍簡外,還有幾類涉及氏的表述:(1)《里耶秦簡(貳)》所見十餘條"某某受令"的簡,應該是氏名連用,但性質不明。(2) 各種通緝令有的直接使用氏+名,有的單獨説明"族某氏",但是數量亦很少。(3) 上述記載小吏閥閲,單獨説明"族某氏",目前僅見8-1555,也有其他少量與"族"有關的表達,但簡文有不少殘缺。(4) 私記、私檢。相關問題,另文詳述。

② K17、K4在第一欄户人後書寫了户人的兒子,如K17"子不更昌",K4"子不更衍",與書於第三行的兒子不同,書於第三欄者爵位均爲"小上造"。上引劉欣寧文認爲分欄書寫的方式爲出於便於區分賦役身份進行的分類。不同爵位的子分欄書寫亦可參考此説。對於每欄記載内容和基本書式的歸納,還可參邢義田:《龍山里耶秦遷陵縣城遺址出土某鄉南陽里户籍簡試探》,簡帛網2007年11月3日,http://www.bsm.org.cn/show_article.php?id=744;張榮强:《湖南里耶所出"秦代遷陵縣南陽里户版"研究》第15頁。

③ 田旭東:《里耶秦簡所見的秦代户籍格式和相關問題》,《四川文物》2009年第1期,第53頁;黎明釗:《里耶秦簡:户籍檔案的探討》,《中國史研究》2009年第2期,第16頁。

④ 説明户人爲伍長的還有K27、K42/45,K36殘缺,但殘留字迹可辨識出"五長",均書於第五欄末尾。

⑤ 記載户内奴婢的還有K2/23,對於奴婢以"曰某"形式記録。關於奴婢入户籍問題,相關研究多會涉及,比較集中的討論參張榮强:《湖南里耶所出"秦代遷陵縣南陽里户版"研究》第14—15頁;陳絜:《里耶"户籍簡"與戰國末期的基層社會》,《歷史研究》2009年第5期,第35—37頁;黎明釗:《里耶秦簡:户籍檔案的探討》,《中國史研究》2009年第2期,第14頁;楊際平則討論了漢代奴婢入户籍的問題,參楊際平:《秦漢户籍管理制度研究》第30—35頁。

⑥ "小上造"應爲未成年人獲得的小爵,且非楚爵。見劉欣寧:《里耶户籍簡牘與"小上造"再探》,簡帛網2007年11月20日,http://www.bsm.org.cn/show_article.php?id=751。

妻與子女、户人的妾、奴婢等。[①] 對奴婢外的男性成員一律在説明與户人的親屬關係後,以"爵+名"指稱,均無氏。實際上,無論户人的子女還是兄弟及其子女都應與户人同氏。

但是對於母、妻的表述則存在微妙的差異。這批牘均於第二欄記户人妻,母、兄弟妻等也均寫在第二欄。[②] 簡1對户人的妻表述爲"妻曰嗛",即"妻名叫嗛",對母的表述有的也采用"母曰某"的形式,有的比較簡單寫作"母某",對户人兄弟妻的表述也與此類似,多用"某妻曰某",即以丈夫的名加上親屬關係確定其在户内的關係,然後以"曰某"的形式説明其名。此外,當涉及妾、奴婢的時候,亦有"曰某"的形式,如表二。

表二　户籍簡中"曰某"的表述形式

簡　號	相關簡文	備　　注
K5	妻曰縛	下12簡爲對户人妻的表述。 本簡上下均殘。
K6	妻曰□□	上下均殘。
K8/9/11/47	妻曰繒	
K13/48	妻曰有	下文還有對母的記述,但具體内容殘缺。
K15	□妻曰差	上下均殘。
K17	妻曰不實	
K27	妻曰嗛	
K28/29	妻曰負芻	
K31/37	妻曰𦹁	
K33	疾妻曰娩	"疾"爲户人
K43	妻曰嬽	

① 兄弟一般寫在第一欄户人後,包括K43、K30/45、K2/23,這種記載順序同樣應與征收賦役有關。秦有分異户口的制度,即一户之内不應有兩個以上成年男性。但里耶户籍簡中則能看到不少"聯合家庭"。黎明釗認爲是出於生産的考慮,兄弟組成更大的生産團隊後能得到更大的經濟利益,故願意承擔重税;亦可能與貧困導致無法自立分户有關。胡平生也同意貧困或傷殘導致無法分户的看法。黎明釗:《里耶秦簡:户籍檔案的探討》,《中國史研究》2009年第2期,第18—19頁;胡平生:《新出漢簡户口名簿籍研究》第334—335頁。

② 參陳絜:《里耶"户籍簡"與戰國末期的基層社會》,《歷史研究》2009年第5期,第39—40頁附表。

續 表

簡 號	相關簡文	備 注
K42/46	妻曰[義]	同牘有母,見下條。
K42/46	母睢	下兩條爲對母的表述。
K30/45	母曰錯	母后書"妾曰□",無户人妻。
K2/23	熊妻曰□□ 衛妻曰□	下爲對户人兄弟妻的表述。 本條文意即"(户人弟)熊的妻名叫某某",(户人弟)衛的妻名叫某。未出現户人的妻。
K43	慶妻規	即"(户人弟)慶的妻規",書於户人妻後。
K5	□妻曰□ [下]妻曰嬃	本條相對特殊。另有"下妻"等書於户人妻下。可能都是"下妻"之類,也可能是兄弟(名叫"下")的妻。

目前所見所有可以釋讀出的户人"妻"均以"妻曰某"的形式表述。僅一個不同表述爲K4"妻大女子媅",下面還有"隸大女子華",但其他户籍簡並不寫妻等人的"大女子"身份,K4可能是某種書寫錯誤,亦可能有其他用途。可以發現,户籍簡基本以"曰某"指稱户人妻,對於户人母、户人兄弟的妻,"曰某"與直接用名的做法均存在,但以"曰某"形式爲主[①]。雖然"曰某"與上文歸納"某"僅爲細微的差别,但語氣上已經有了不小的區别,即對子女、兄弟直書其名,而"曰某"則是以描述性的口吻説明指稱對象。

實際上,妻、母、兄弟妻在未嫁之前,同樣會被登記在其父(或兄等)的户籍上,此時的書寫格式無疑要采用上文的"子小女某"形式,只是在出嫁之後,才在夫家的户籍上被表述爲"妻/母曰某";里耶户籍簡中所涉户人的女兒在出嫁移入夫家户籍後,亦不應繼續表述爲"小女某",而應按照"妻曰某"的形式登記。可以説,"曰某"是户籍簡中對妻、母相對固定的記述方式,對於明確與户人同氏的其他户内成員,則直書其名,未見使用"曰某"。[②] 就這種區别對待的做法而言,妻、母僅記私名未必可以理解爲某

① 如表所示,K42/46第五欄記"母睢",K43第二欄記"慶妻規",並未采用"曰某",但在這批簡牘中屬於極爲個别的做法,可能是製作過程中的漏寫,也可能對兄弟妻、母的記録方式並不十分嚴格,但對户人妻,則必須以"曰某"來記録。

② 另需説明,上述妻等一般寫在第二欄,子女寫在第三、四欄,但對於子女不用"曰"並非承前省。應注意到,如K17第一欄有"子不更昌"、K43第一欄有"弟不更[慶]",敘述位置均在第二欄的妻前,亦未使用"曰"來描述子、弟,顯然對於妻、母之外的人不寫"曰"並不是承前省。

種嫁後"從夫姓(氏)"。

二、秦簡所見"曰某"與户籍事務中妻、母等户内成員的表述

妻、母"曰某"的表述形式並不僅見於户籍簡,里耶秦簡涉及户籍的事務中,也能見到類似表達,甚至在《封診式》中也能發現"妻曰某"的文書模板。首先來看里耶秦簡與户籍有關的事務中如何以"曰某"表述妻。

簡 3. 楊里户人司寇寄、妻曰備,以户罨(遷)廬江,卅五年☐ (8-1873+8-1946)[①]

簡 4. 夫下妻曰泥。☐ (9-2037)[②]

簡 5. 高里户人小上造匿 ☐ AⅠ
弟小女子檢。☐ AⅡ
下妻曰嬰 B (9-2237+9-2045)

簡 6. ☐…… ☐
☐□啓妻曰忘戌,年十六歲。 ☐ (9-3276)

上舉簡 3—簡 6 均殘,完整内容已無法解讀,但包含對妻的描述。簡 3 大致可理解爲"陽里户人司寇寄,妻叫備,全户遷往廬江……",時間爲秦始皇三十五年,但下文殘缺,不知是否是遷户的時間。其中户人的身份爲司寇,並非平民,但司寇可單獨定居立户。[③] 簡 3 用以説明户口遷徙情況,[④]説明官府對户口的變動有嚴格的管理,遷徙需要上報登記。《二年律令·户律》即規定"有移徙者,輒移户及年籍爵細徙所,並封。留弗移,移不並封,及實不徙數盈十日,皆罰金四兩;數在所正、典弗告,與同罪。鄉部

① 據何有祖綴合。何有祖:《里耶秦簡牘綴合(八則)》,簡帛網 2013 年 5 月 17 日,http://www.bsm.org.cn/show_article.php?id=1852。此外,涉及"司寇寄"的還有 8-1946"陽里户人司寇寄☐",爲同一人,但僅有一行文字,詳細内容不明,下文還會涉及。

② 9-2037 可與 9-2059 拼合,爲節省篇幅,僅節引相關材料,下文涉及 9-2059 處詳述。

③ 孫聞博:《秦及漢初的司寇與徒隸》,《中國史研究》2015 年第 3 期,第 73—96 頁;于洪濤:《里耶秦簡文書簡分類整理與研究》第 45—46 頁。

④ 于洪濤即以此爲"户遷籍",于洪濤:《里耶秦簡文書簡分類整理與研究》第 45 頁。

嗇夫、吏主及案户者弗得，罰金各一兩”，[①]説明在漢初時，仍然對遷徙户口有嚴格規定，對於不按要求登記上報者，要追究相關負責人。[②] 但簡3文意不完整，可能前後還有可以編連的簡，亦可能是遷徙户口時需要向對方郡縣説明，並在原户籍地備注時所留下的文書。[③] 就此而言，簡3並非原始户籍，但其場合是户作爲整體遷徙，而非單個人的移動，表述亦針對整體的户。在這一場合中，户人雖然没有寫氏，但是對户人妻的表述采用“曰”某的形式。

簡4、5則均説明了“下妻”的名，[④]簡6則描述了“啓的妻名叫忘戌，十六歲”。上述里耶秦簡極少出現人的氏，但簡8-1065是私檢，即私人信件所用封檢，簡文爲“私進令史忘季自發”，也就是寫信人向被稱爲“忘季”的令史私自呈上信件。其中“令史忘季”，“忘”爲收件人的氏，“季”爲排行名，是一種私記中的諱名現象。[⑤] 與此相關，亦能找到名前有“芒”的文例。所以也不能完全排除簡6的“忘戌”爲氏+名。但無論是否爲氏和名，仍然采用了“曰”的形式。4枚簡均以“曰某”的形式表述妻，“曰”後亦應

① 釋文據張家山二四七號漢墓竹簡整理小組編：《張家山漢墓竹簡（二四七號墓）》（釋文修訂本），文物出版社2006年，第54頁。

② 關於司寇的户籍管理問題，除孫聞博文外，還可參沈剛：《〈里耶秦簡〉（壹）所見作徒管理問題探討》，《史學月刊》2015年第2期，第22—29頁；王彦輝：《論秦及漢初身份秩序中的“庶人”》，《歷史研究》2018年第4期，第19—36頁。

③ 張榮强結合《二年律令》及荆州高臺十八號墓告地策性質的35號木牘等認爲，秦漢户籍應該一式兩份，“正本藏鄉，副本呈縣”，移籍後，正副本都要注銷，而遷入地則要辦理入籍手續，遷出地應向遷入地發出文書，説明情況。韓樹峰也有關於移籍手續的分析。參張榮强：《讀岳麓秦簡論秦漢户籍制度》，《晋陽學刊》2013年第4期，第54頁；韓樹峰：《論漢魏時期户籍文書的典藏機構的變化》，《人文雜誌》2014年第4期，第75頁。

④ 學界對“下妻”有不同看法。劉增貴認爲“下妻”“偏妻”等均爲妾，王子今、彭衛、于洪濤等認爲“下妻”與正妻相對，是嫡庶關係，瞿兑之認爲“下妻”指未婚配的妻。從秦漢簡牘對下妻、妾的區分來看，恐怕不能認爲二者相同，“下妻”應該身份高於妾，但並非正妻。參瞿兑之：《漢代風俗制度史》，上海文藝出版社1991年，第195頁，1928年初刊；劉增貴：《漢代婚姻制度》，華世出版社1980年，第19頁；王子今：《“偏妻”“下妻”考——張家山漢簡〈二年律令〉研讀劄記》，《古史性别研究叢稿》，社會科學文獻出版社2004年，第219—231頁；《論走馬樓簡所見“小妻”——兼説兩漢三國社會的多妻現象》，《學術月刊》2004年第10期，第79—84頁；彭衛：《傳世文獻與出土簡牘中的“下妻”、“偏妻”和“中妻”》，《中國社會科學報》2009年9月10日，第5版；于洪濤：《里耶秦簡文書簡分類整理與研究》第35—36頁。關於“外妻”較新的研究還可參考孫玉榮：《秦及漢初簡牘中的“外妻”》，《史學月刊》2020年第3期，第5—16頁。簡5户人等相關問題下詳。

⑤ 參考祁萌：《秦代私記人稱使用現象初探——以里耶秦簡爲中心》，《文史》2021年第3輯，第63—90頁。

以稱名爲主。[①] 僅就殘留内容無法判斷其性質和使用場合,但可以看到户籍簡之外的名籍、文書中,也存在以"曰某"形式指稱各類妻的做法,就簡 3 來看,這種做法又應該與整體説明一户的事務有關。

還有一枚内容殘缺,語義不甚完整的簡需要加以説明。

簡 7. ☑大夫强,下妻曰京,癘,卌四年☑　　(8-585+8-238)[②]

簡 7 大致可以理解爲"大夫强的下妻叫京,有癘病……","癘病"是嚴重的傳染病,[③]需要隔離甚至殺死。[④] 簡 7 亦采用"曰某"的形式,"京"作爲人妻被表述,這枚簡是對其本人生病情況的描述,但恐怕亦涉及該户的問題,甚至可能牽涉對這一户整體的隔離處置問題,與上文討論户籍簡記録一户整體情況的場合有一定相似性。不過從行文來看,簡 7 未必可以理解爲"籍",而可能是某種文書的一個部分。

不過,對妻也有其他表述方式。[⑤]

簡 8. 陽里户人□☑
　　小妾無蒙☑　　(8-126)

簡 9. 成里户人司寇宜。☑
　　下妻𡡉。☑　　(8-1027)

簡 10. 東成户人士五(伍)夫。☑ AⅠ
　　妻大女子沙。☑ AⅡ
　　子小女子澤若。☑ AⅢ
　　子小女子傷。☑ AⅣ

① 類似的還有 8-2150"☑曰姘,爲人大女子☑ ☑□□□□□今□☑",但殘損嚴重。

② 據何有祖綴合,何有祖改釋"曰"爲"田"。本文從《里耶秦簡牘校釋》釋文作"曰"。參何有祖:《里耶秦簡牘綴合(五)》,簡帛網 2012 年 5 月 26 日,http://www.bsm.org.cn/show_article.php?id=1704。此外,8-238 下端似並無殘缺痕迹,但本簡爲單行書寫,殘存簡文顯然文意不完整,且"曰"下似乎有淡淡的編繩痕迹,應該可以與其他簡編連。

③ 《睡虎地秦簡·法律答問》121 簡"癘者有罪,定殺",整理小組則認爲其中的"癘"應該指麻風病,于洪濤也持類似説法,並稱該簡爲"户病籍"。釋文據陳偉主編:《秦簡牘合集·釋文注釋修訂本》(壹),武漢大學出版社 2016 年,第 230 頁。還可參于洪濤:《里耶秦簡文書簡分類整理與研究》第 46—47 頁。

④ 《睡虎地秦簡·法律答問》簡 121、122、123 均涉及患"癘"病問題。對於患病者,既有針對有罪者"定殺",也就是淹死或活埋的處理方式,也有針對作徒"遷癘所"隔離的做法。參陳偉主編:《秦簡牘合集·釋文注釋修訂本》(壹),第 230—231 頁。

⑤ 上舉户籍簡、簡 3—簡 6 及本段討論已經包含了目前所見里耶簡中涉及妻的絶大多數簡牘,過於殘缺者暫不討論。

子小男子嘉。☐ BⅠ

夫下妻曰泥。☐ BⅡ (9-2037+9-2059)

簡8爲某種與户有關的表述,但形制爲簡,與形制爲長牘的"户版"明顯不同。查圖版,簡8下殘,殘長5.2釐米,寬1.6釐米,兩行書寫,未分欄,兩行文字未對齊。其中户人下面一字殘,不能釋讀,不知其下是否還有字,[1]但其中涉及的是"小妾"而非妻。"小妾"亦多見於睡虎地秦簡,即未成年的女性奴隸,由主人控制。[2] 表2亦涉及妾,如K30/45,但其中的妾書寫於第二欄,而非一般書寫奴婢的第五欄,結合形制、分欄書寫來看,記録的形式與簡8中的"小妾"有所不同。但是簡8殘留信息太少,殘存部分的格式與户籍簡存在不少差異,性質應與壕坑出土的户籍簡不同。不過,亦不能斷定秦户籍檔案只有一種形式。可能還存在多種與户有關的檔案資料,因功能而存在不同格式,但以"曰某"表述妻、母並分欄書寫,無疑是出土於壕溝的户籍簡比較明顯一致的特徵,是否使用這種書式,亦應與名籍的性質、功能有關。

簡9、10均下殘,文字均書寫於上方,殘缺部分可能無字。其中簡9殘長22.5釐米,寬1.8釐米,兩行文字書於頂端,中間有較大空隙,未分欄。簡10殘長12.2釐米,寬2.8釐米,四行文字對齊書於頂端。與户籍簡對比,簡9、10已殘,無法準確對比形制,但出土地不同,户籍簡集中出土於壕坑,簡9、10則出於1號井;簡9、10與户籍簡書寫格式亦有很大不同,户籍簡均分欄書寫,除爵爲"不更"的子、弟外,户内成員不與户人寫在同一欄,簡10則將若干女性與户人寫在同一欄。由此來看,簡9、10可能是某種與户有關的文字記録,但未必與户籍簡性質相同,更可能是爲某種需要,從原始户籍中摘録謄抄而來。簡9、10對妻的表述没有采用"曰某"的形式,但簡10對下妻却稱"下妻曰泥",也説明"曰某"的形式在某些場合可能不甚嚴格。

此外,簡8-60+8-656+8-665+8-748是一份比較完整的文書,涉及文書中對妻的表達。簡文如下:

簡11. 十二月戊寅,都府守胥敢言之:遷陵丞膻曰:少内巸言冗Ⅰ佐公士僰道西里亭貲三甲,爲錢四千卌二。自言家能入。Ⅱ爲校□□□謁告僰道受責。有追,追曰計廿八年□Ⅲ責亭妻胥亡。胥亡曰:貧,弗能入。

① 于洪濤認爲可能爲"不",即認爲下文有户人的爵位"不更"。但于文認爲8-126是户口籍,恐不確。于洪濤:《里耶秦簡文書簡分類整理與研究》第28頁。

② 陳偉主編:《里耶秦簡牘校釋》第一卷,武漢大學出版社2012年,第67—68頁。

> 謁令亭居署所。上真書謁環。□□Ⅳ輮道弗受計。亭謾當論,[①]論。敢言之。☐Ⅴ (8-60+8-656+8-665+8-748)
>
> 十二月己卯,輮道鄣敢告遷陵丞主,寫☐Ⅰ事,敢告主。/冰手。/六月庚辰,遷陵丞昌告少内主,以律令□☐Ⅱ手。/六月庚辰水十一刻刻下六,守府快行少内。☐Ⅲ六月乙亥水十一刻刻下二,佐同以來。/元手。☐Ⅳ (8-60背+8-656背+8-665背+8-748背)

該簡是一條跨境處理居貲追債的文書,其中轉述了"冗佐公士輮道西里亭"的妻的自言。對妻的表述方式爲"亭妻胥亡",即"亭的妻胥亡",没有用"曰某"的形式。但是結合該簡的事務來看,重點在與處理追債問題,並非聚焦於"妻胥亡",而是作爲"亭"的家屬轉述她説的話,和上舉户籍簡以妻爲描述對象的場合有所不同,亦不是用於説明家、户的整體情況。

實際上,關於"妻曰某"的表述形式,睡虎地秦簡中也可以看到類似的律文,即規定在以妻爲表述對象的時候如何使用人稱。睡虎地秦簡《封診式》"封守"條説:

> 鄉某爰書:以某縣丞某書,封有鞫者某里士五(伍)甲家室、妻、子、臣妾、衣器、畜産。·甲室、人:一宇二内,各有户,内室皆瓦蓋,木大具,門桑十木。·妻曰某,亡,不會封。·子大女子某,未有夫。·子小男子某,高六尺五寸。·臣某,妾小女子某。·牡犬一。·幾訊典某某、甲伍公士某某:"甲黨(倘)有當封守而某等脱弗占書,且有辠(罪)。"某等皆言曰:"甲封具此,毋(無)它當封者。"即以甲封付某等,與里人更守之,侍(待)令。[②]

《封診式》規定了文書寫作的"模板",本條則説明如何寫作"封"罪犯家室財産的文書。除規定將被"封"對象表述爲"封有鞫者某里士五(伍)甲",將其子女、奴婢等表述爲"大女子某""小男子某""臣某""妾小女子某"外,明確説明要以"妻曰某"來指稱被封對象的妻。在表述妻的時候,明確説明要區别對待户内的其他成員。對比里耶秦簡,《封診式》中經常出現的"某"或"甲"、"乙"對應實際文書中的私名,"妻曰某"也就是"妻叫什麽名"。更爲重要的是,"封守"亦非針對單個的人,而是以犯罪者的家和室爲整體,描述的對象不僅僅有家内成員(同居者),還有房屋、財産等,與描述一户整體情況的户籍簡場合相似,説明以"曰某"形式表述妻應當是整體表述一户時比較固定的

---

① 此據劉樂賢調整後的釋文。參劉樂賢:《秦漢行政文書中的"謾"字及相關問題》,《簡帛》第十五輯,上海古籍出版社2017年,第133—150頁。

② 釋文據陳偉主編:《秦簡牘合集·釋文注釋修訂本》(壹),第269頁。

文書格式,有律令作爲使用文書用語的依據。[①] 不過漢代以後與户有關的簡牘以及魏晉以降的紙質户籍中,已經没有“曰”的記録方式,或説明秦的文書寫作要求在漢以後有所變動,在“曰某”的書寫上並未嚴格承襲秦簡。

實際上,不僅僅是妻、母,里耶户籍簡中奴婢也有“曰某”記録形式,如K27“臣曰聚”、K2/23“臣曰禯”等。若非生而爲奴,成爲私奴婢之前,生於某個家庭,若父親有氏,則自然會繼承父親的氏,只是在成爲私奴婢後,才被表述爲無氏。整體記録一户的場合下,妻作爲來自其他家/户的人在被登記於户籍,作爲户内成員被表述時,多用“曰某”形式與户内同氏成員區别對待,從户人父親(已故)的角度看,户人的母親同樣娶自其他的户,並非出生在這一户,母與妻亦可類比理解。説明與妻本人有關的某種情況,而非記録一户整體狀况時,則未必使用“曰某”的書式。同時“曰某”表述方式相對一致,亦有相關律令規定,應不是某種約定俗成的習慣性做法,而是整體表述一户情况時的格式要求。

三、其他身份女性的表述方式

作爲對比,再來觀察不作爲人妻的場合下如何表述平民女性。

簡 12. 東成户人大夫寡晏。☑Ⅰ
子小女子女巳。☑Ⅱ
子小女子不唯。☑Ⅲ (9－567)[②]

簡 13. 南里户人大女子分。☑Ⅰ
子小男子□☑Ⅱ (8－237)

簡 14. 南里小女子苗,卌五年徙爲陽里户人大女嬰隸。 (8－863＋8－1504)[③]

簡 15. 高里户人大女子杜衡。☑ (9－43)

簡 16. 高里户人大女子䁯。☑ (9－1474)

以上5支簡均以女性爲户人。簡12殘長17.5釐米,寬2.2釐米,三行文字對齊書於頂端,距離下殘部分較遠,内容應該比較完整。“大夫寡晏”意爲原先作爲户人的丈夫去世

① 關於文書書式與律令之間的關係,可參邢義田:《從簡牘看漢代的行政文書範本——“式”》,《治國安邦》,第450—472頁,1998年初刊;張俊民:《簡牘文書格式初探》,《簡牘學論稿·聚沙篇》,甘肅教育出版社2014年,第63—82頁;陳偉主編:《秦律研究》第3章《秦漢式的類别與性質》,武漢大學出版社2017年,第106—125頁。

② 8－1623“南里户人大夫寡茆。☑ □□公士□☑”與此近似。

③ 8－1546與此簡文相同。

後,户内無成年男性也無子,故以寡妻爲户人。其書寫形式與户籍簡有很大不同,没有分欄書寫。其中對作爲户人的寡婦稱謂"大夫寡晏","大夫寡"用來説明此户原先的爵位,"晏"即寡妻的名,没有用"曰某"的形式。簡 13 下殘,殘長 9.4 釐米,寬 1.2 釐米,兩行書寫,與簡 9、10、12 有明顯不同,外形與簡 8 類似,可能是功能類似的文書。其中稱呼户人爲"大女子分",户内成員還有其幼子,同樣没有采用"曰某"形式。簡 14 内容記録了"南里小女子苗"成爲"陽里户人大女嬰"的奴婢,對"嬰"亦未采用"曰某",但該簡應該是某種用於上報户籍變更情況的文書而非簿籍。簡 15 長 19.8 釐米,寬 2.9 釐米,格式與户籍簡非常類似,而與簡 9、10、12 不同,寫明了户人的氏,但並未見同牘有其他内容,没有對户内成員的表述,不易判斷是某種特殊場合形成的文書,還是對僅有户人一人的户的完整記録。但無論如何,簡 15 對作爲户人的女性同樣不以"曰某"表述。簡 16 下殘,殘長 8.8 釐米,寬 1.8 釐米,文字書於右端,左邊全部空白,與簡 15 不同,對户人的表述並没有氏,形制也較窄,對女性户人稱呼也不是"曰某"。可以説,對於各類作爲户人的女性,不稱"曰"是常見的做法。

還有女性立户之外的情况。

簡 17. 丗五年七月戊子朔己酉,都鄉守沈爰書:高里士五(伍)廣自言:謁以大奴良、完,小奴嚋、饒,大婢闌、願、多、□,Ⅰ禾稼、衣器、錢六萬,盡以予子大女子陽里胡,凡十一物,同券齒。Ⅱ

典弘占。Ⅲ　(8-1554)

七月戊子朔己酉,都鄉守沈敢言之:上。敢言之。/□手。Ⅰ

(8-1554 背)

簡 17 是彙報民衆之間財物授受情況爰書,與簡 2 類似。大意爲都鄉守沈上報説,高里的士五廣自言,他把若干奴婢、禾稼、衣物、錢財交給了其女兒陽里的大女子胡,並由典弘監督。從上面討論的户籍簡可知,奴婢需要著録於主人的户籍下,所以"廣"與"胡"之間的授受需要官方監督上報,更改户籍,簡 14 亦涉及奴婢户籍變更,需要報備官府。簡 17 中的"大女子陽里胡"表述爲"廣"的"子",也就是女兒。"廣"的户籍地是高里,"胡"的户籍地則是陽里,作爲"廣"女兒的"胡"應已出嫁,因而離開了父親的户,作爲另一個户人的妻,但這一場合中對"胡"的稱謂方式並没有使用"曰某"的形式,而是作爲其父的女兒直呼其名。[①] 還有不少散簡與此類似,涉及各種場合下對女性的指

① 從另一個角度講,如果存在某種"妻從夫姓"的習慣,那麽"胡"也可能使用丈夫的姓(氏),但在本簡中,"廣""胡"皆没有寫氏。結合簡 2 來看,這也與里耶秦簡普遍不書氏的做法有關,不能據此討論"胡"是否使用夫氏。

稱,所針對的基本不是妻或母,亦未使用"妻曰某"的形式,不再一一贅述。[①] 可以説女性不作爲人妻的場合中,不會使用"曰某"的表述形式,"曰某"亦不用於記録妻、母本人事項的文書,而用於記録一户整體情況的場合,並以"曰某"形式與其他户内同氏成員直呼其名的記録方式作出明確區分。

四、户人稱謂中的氏

要理解這種户内成員均不寫氏,却又區别對待妻、母與同氏户内成員的做法,還要結合户人稱謂中的氏來分析。户籍簡中均寫明户人的氏,且與名連用。那麽以氏+名指稱是否是針對户人的特殊記録方式?

簡 18. 陽里户人大夫刀,丗五年新買大奴曰齊☑ (8-834+8-1604)[②]

簡 19. 東成户人大夫印小臣遬,廿六□☑ (8-1765)

簡 20. ☑陵鄉成里户人士五(伍)成,隸☑ (8-1813)

簡 21. 陽里户人司寇寄☑ (8-1946)

簡 22. 南里户人官大夫布。☑Ⅰ
口數六人。☑Ⅱ
大男子一人。☑Ⅲ
大女子一人。☑Ⅳ
小男子三人。☑Ⅴ (9-2295)

簡 22 下殘,殘長 6.5 釐米,寬 2.2 釐米,全部内容分五行對齊書於上端。實際上簡 5、8、9、10、12、22 都有類似之處,[③]涉及多個不同鄉的里,形制均爲多行書寫的牘,文字也均對齊寫在頂端。學界對這幾枚牘有不同看法,如于洪濤基本將相關的簡視爲各

① 如簡 8-437、8-920、8-1444、8-1549、8-1575、8-1892、9-786、9-1976、9-2236、9-2552、9-2553。此外,還有幾條明確説明女子氏/族+名的材料,但多與通緝"從人"有關,如 8-1070、8-2098,另文詳述。這兩條簡没有"曰某"的表述形式,同時,所述女性與均被表述爲"丹"的女兒。

② 釋文及綴合參陳偉:《從"臣妾"、"奴妾"到"奴婢"》,簡帛網 2017 年 1 月 27 日,http://www.bsm.org.cn/show_article.php?id=2715。

③ 上文簡要涉及了簡 5,除已討論第二欄内容爲"下妻曰嬰"外,第一欄分兩行書寫了"高里户人小上造匽☑ AⅠ弟小女子檢☑ AⅡ",户人是"小上造",應尚未成年,但户内無成年男性,故作爲户人。對户人没有記録氏,但從記録格式來看,户人與其妹記録在同一欄,明顯與户籍簡有所不同。

種不同功能的"户口籍",[①]游逸飛指出簡10與壕坑出土的户籍簡有區别,[②]晏昌貴認爲這些牘與上引簡13等凡出現"户人"的都是户籍簡牘,"某受令"簡(9-1625)也被認爲是上報户籍所留存的檔案,[③]但是這些簡無論形制、格式、内容都有差異,應不完全相同,孫兆華則稱這些牘爲"關於户人的材料"。[④]這幾枚牘雖然都有户人的信息,但是户内成員未分欄書寫,又與户籍簡格式、順序有明顯不同,互相之間也有不少細節差異,恐不能認爲彼此性質一致;這些簡散見於1號井8、9層,如果是某種作爲檔案的册書,應該統一保存,零散分布在井中也不合理,更可能是因爲各種需要從户籍中抄出,與縣廷等機構的其他文書放在了一起。[⑤] 但是聯繫到里耶秦簡比較一致的形制、書式,這些簡與出土在壕溝的户籍簡應有明確的性質差異。簡22未記載户内成員的具體信息,僅有針對不同身份的統計資料,更應是從户籍中抄出用作它途。

簡18—簡21則更爲值得注意,這幾枚簡均爲單行書寫,木牘較窄,與户籍簡明顯不同。這幾枚簡均下殘,語義不完整,恐怕可以與其他簡編連。共通之處在於對户人均未稱氏。從殘存内容看,文意似乎主要圍繞户人的某種活動。簡18内容比較明確,爲"户人大夫刀"購買奴婢並上報情況的文書,簡14也與此類似,爲奴婢轉入另一個户内,兩份文書均涉及户内成員的變化,屬於與户籍有關的事務,"刀"和"嬰"都需要以户人的身份書於文書,並上報本户的變更情況,但兩名户人的稱謂中都没有記録氏[⑥]。

---

① 于洪濤:《里耶秦簡文書簡分類整理與研究》第28、35、43頁。

② 游逸飛、陳弘音:《里耶秦簡博物館藏第九層簡牘釋文校釋》,簡帛網2013年12月22日,http://www.bsm.org.cn/show_article.php?id=1968。

③ 晏昌貴、郭濤:《里耶簡牘所見秦遷陵縣鄉里考》,《簡帛》第十輯,上海古籍出版社2015年,第151頁。

④ 孫兆華、王子今:《里耶秦簡牘户籍文書妻從夫姓蠡測》,《中國人民大學學報》2018年第3期,第47—48頁。

⑤ 也不能完全排除當時户籍書寫格式尚不嚴格,存在不同的記述方式。如這幾條簡都不屬"南陽里",而與高里、陽里、東成、南里有關,是否不同的里在製作不同功能的檔案時有細微差異,還需要更多簡牘才能明晰。不過,從西北簡卒家屬廪名籍、各類東漢户籍資料以及走馬樓吴簡相關名籍來看,户人稱謂中書寫氏(漢代以後則可理解爲姓)是漢、吴户籍的通行做法,恐怕秦簡中這些記録一户信息却無户人氏的簡不會是基礎户籍檔案。漢、吴相關簡牘的分析匯總,參孫兆華、王子今:《里耶秦簡牘户籍文書妻從夫姓蠡測》,《中國人民大學學報》2018年第3期,第48—52頁;凌文超:《四川渠縣城壩遺址J9漢代户口簡考——兼論課役身分"老"的形成與演變》,《出土文獻》第十四輯,中西書局2019年,第333頁。

⑥ 還需説明,户人未記録氏可能與氏尚未充分普及有一定關係,但恐怕更主要的原因在於秦簡特定的著録格式。一方面,結合器物銘文、私印等戰國晚期以來的資料,氏在戰國晚期恐怕已經有很高的普及率。如秦私印即以稱氏+私名爲主,戰國晚期多個平民墓葬均出土了帶有刻劃銘文爲"某氏若干斗"的陶器,用氏來表示器物的所有。而戰國中期三晋兵器銘文中,不少工師也都有氏,包山楚簡亦以稱氏+(轉下頁)

與户籍簡不同的是，簡 14、18 並非登記一户的整體情況的簿籍，而記録是與户人本人有關的某種事項的文書。① 户人稱謂中没有氏應與這幾份文書的這種性質、場合有關，即户人單獨出現的時候，往往不在其稱謂中記録氏，表述方式與里耶各類官文書中的吏、民没有什麽不同；而目前所見，幾乎只有在記録一户整體狀況的基礎户籍檔案里，户人的稱謂中才會書寫氏。實際上，遷陵吏民中必定有不少是户人，但未必標明"户人"身份，如簡 2 中的"武"，簡 17 中的"廣"都應該是户人，但是作爲户人，即使涉及奴婢授受的户籍事務，亦不會被書寫氏，可旁證記録氏並不是對待户人的特别稱呼方式，而應是户籍簡在登記一户整體情況時的某種特定做法。由此，或可以認爲户籍簡中出現的氏同樣未必在這一場合中對應户人的本人，而應是以户人的稱謂爲載體，對户進行的某種標識。户籍簡中的氏當有其特殊意義，與户人本人的關係更爲密切的則是户人的私名，在户籍簡之外的文書中，私名也仍然作爲户人本人的稱謂普遍使用。②

與此同時，户内成員無論是與户人同氏的子女、兄弟，還是不同氏的妻、母等人，

(接上頁)私名爲主。就此而言，雖不能準確判斷氏是否已經完全普及，但普及率應該已經較高。實際上，就 K 類簡來看，所有户人都有氏，本身恐怕就説明氏已經比較普及，同時里耶簡中有不少私記，即私人書信，其中收信人多見"王柏"、"吕柏"、"毛季"、"李季"等，前述"柏"、"季"爲行第，而行第前基本都有氏，也可旁證氏在遷陵已經比較普及。另一方面，K 類簡中所有户人都有氏，而 K 類簡以外提到的户人均稱私名，若理解爲出現在 K 類簡外的户人均巧合尚未得氏，似乎不妥。私器銘文、私印的研究及釋文匯總，可參袁仲一、劉鈺：《秦陶文新編》，文物出版社 2009 年，第 182—186、188—190、220—225 頁；王輝、陳昭容、王偉：《秦文字通論》，中華書局 2016 年，第 347 頁。三晋兵器銘文的整理可參蘇輝：《秦三晋紀年兵器研究》，上海古籍出版社 2013 年。楚簡中人名的整理可參巫如雪：《包山楚簡姓氏研究》，碩士學位論文，臺灣大學 1996 年；許全勝：《包山楚簡姓氏譜》，碩士學位論文，北京大學 1997 年；王穎：《包山楚簡詞彙研究》，博士學位論文，厦門大學 2004 年，第 360—397 頁；朱曉雪：《包山楚墓文書簡、卜筮祭禱簡集釋及相關問題研究》第三章第五節《姓氏》，博士學位論文，吉林大學 2011 年，第 662—674 頁。

① 簡 19、簡 20 已殘，但從殘留内容來看，恐怕也是某種描述性的内容。更爲重要的是，簡 19—簡 21 形制均爲簡，而秦漢尚未見到簡册形態的户籍資料，以簡册爲各類名籍大宗的主要是吴簡。就此而言，簡 19—簡 21 原先屬於某幾個文書簡册的可能性更大。關於户籍編寫與書寫載體的分析，參張榮强：《中國古代書寫載體與户籍制度的演變》，《武漢大學學報(哲學社會科學版)》2019 年第 3 期，第 92—106 頁；張燕蕊：《從走馬樓吴簡户籍書式看孫吴對秦漢户籍制度的繼承和發展》，《中國人民大學學報》2011 年第 1 期，第 23 頁。

② 韓樹峰分析了漢唐之間對户主稱謂的變化，指出從"户人"到魏晋以後的"户主"，背後是户人身份和國家統治方式的變遷。"户人"在漢代户内地位相對一般，"户主"則有更大的權力。參韓樹峰：《從"户人"到"户主"》，《漢魏法律與社會——以簡牘、文書爲中心的考察》，社會科學文獻出版社 2011 年，第 95—96 頁。從這一角度講，户人在魏晋以前身份較户内成員並非十分特殊，似無在户内對其進行特定表述的需要。

户籍簡亦均没有在其稱謂中記録氏;但是,對於妻、母等却比較一致地采用了"曰某"的形式描述其私名,與户内同氏家屬有明確的區分。這種區分做法的存在,亦説明户主稱謂中的氏不是她們實際的氏,否則便没有必要另外記爲"曰某",徑直采用與子女等一致的書式直書其名即可。實際上,從傳世文獻中不難找到嫁後仍保有原先姓氏的女性,如經歷過秦到漢初的高祖后妃中,吕后、戚夫人、薄姬等均使用原先的氏,其中亦有故楚地人,即使到漢代,婦女嫁後沿用原有姓氏也是全國範圍内的普遍現象,[①]如果里耶户籍簡中僅記妻私名背後存在某種女性嫁後"改姓"或"從夫姓"的因素,顯然與傳世文獻給我們留下的印象不同。與户人類似,名是她們主要的身份符號,氏本身不直接對應户人本人,更不應指稱嫁入該户的妻。

另一方面,妻、母與子女的區别對待也暗示,如何在户内記述不同氏的人,包含着對户與户關係的界定,從另一户移入者,要在稱謂方式上做出區分,即使依照秦簡僅記名的一般書式不記録其氏,在記述其名的時也不能直接記録爲同氏下的"某"。里耶秦簡絶大多數情況下氏、名不連用,無論官吏、民衆、作徒,登記時均以名指稱,户籍中包括妻、母在内,僅寫户内成員私名的做法亦應該與此相關。這一問題背後還存在時人對人、户、名、氏關係的認識,可待繼續挖掘。

五、餘　論

秦簡户籍場合下氏存在著相對特定的功能,氏與户、人的關係亦較爲特殊。户内成員一律不寫氏,户人在其他場合亦僅稱名,均暗示人與名的結合比較緊密;聯繫到里耶秦簡其他文書、簿籍乃至睡虎地、岳麓等秦簡,氏在其他場合很少出現,亦表明氏在秦官府的表達中,一般不與個别的人結合。[②] 同時,整體指稱一户時,户人稱謂中的

---

① 劉增貴也舉出一些秦漢女性以"夫姓"稱呼的例子。參劉增貴:《漢代婦女的名字》,李貞德、梁其姿主編:《婦女與社會》,中國大百科全書出版社 2005 年,第 46—91 頁,1996 年初刊。雖然存在"稱夫姓"的情況,但結合下引彭衛整理的資料,秦漢女性嫁後仍稱原先氏/姓則是主流。"稱夫姓"的情況亦值得分析特定場合中稱謂的特定含義,特别是這些特定場合與登記户籍時的差異性。即使某些時候"稱夫姓",也未必可以等同爲"從夫姓",即"稱夫姓"未必可理解爲在包括官方户籍檔案在内的各種場合下,女性嫁後均放棄了其原來的氏/姓。相關資料的整理,參彭衛:《漢代婚姻形態》附録甲表一《漢代帝后妃家庭狀況簡表》、表二《漢代貴族、平民婚姻家庭狀況簡表》,三秦出版社 1988 年,第 356—391 頁。

② 結合戰國中期以後秦的兵器、陶器、漆器銘文和墓誌瓦文、青川木牘、封宗邑瓦書等,亦可發現不録氏是秦國長期以來的做法,而非倏然出現在戰國晚期以後的秦簡中。氏與人相對疏遠的關係,恐怕存在不少商鞅變法以來的因素,尚待探索。相關兵器、陶器銘文的彙編整理,參袁仲一、蘇輝、王輝等人論著,不贅述。

氏往往用作一户的標誌,而不是通常理解的人的稱謂,説明氏與户的關係比較緊密;秦官府的表達中,氏的主要使用場合之一即應用作户的某種標識。

類似的現象並非僅見於里耶秦簡,西北漢簡戍卒家屬出入符、戍卒家屬廩名籍中都有類似的情況。東牌樓漢簡、尚德街漢簡、四川城壩遺址簡牘等"户口簡"對户的記録也與此類似,往往僅記録户人的氏+名、對户内成員一律只稱名。[1] 吴簡中與派役、征賦有關的名籍中,亦涉及對户的記録,同樣能看到户人稱謂中記録氏+名,户内成員一律僅記名的做法。[2] 相關簡牘雖然時空跨度較大,但並非孤立,彼此間的共性亦應存在某些實際聯繫,基層官府在户籍的具體編制事務中,應存在一些相對固定的做法,並在較長的時段中比較穩定地承襲。在辦理此類事務時,户籍等名籍中的氏與户的關係密切,甚至有可能作爲某種"户氏"或"户姓"。氏在户籍場合中特定的功能和意義,是否與戰國中期户籍制度建立的過程以及氏的普及有關,甚至是否存在編户過程中國家以户爲單位向普通民衆"賜氏"的情況,尚待進一步分析。

附記:本文寫作及修改過程中得到侯旭東、阿部幸信、郭偉濤、王彬、孫梓辛、馬力、鄭相俊、屈濤、高智敏、吴貞銀、孫小敏、陳韻青、曹天江、張琦、王偲、成鵬、張欣毓、趙悦等師友的指教;初稿曾提交 2017 年 3 月 23 日清華大學第 52 次簡牘研讀班討論;後作爲另一長文的一部分,於 2019 年 11 月 2 日提交"清華·東京·南開歷史學研究生論壇暨清華歷史系論文報告會"宣讀,得到評議人關健贇及佐川英治老師的指正。匿名審稿專家亦提供審稿意見,頗有助益。謹一併致謝。

---

① 凌文超:《四川渠縣城壩遺址 J9 漢代户口簡考——兼論課役身分"老"的形成與演變》,《出土文獻》2019 年第 1 期,第 333 頁。

② 孫兆華、王子今亦注意到這一現象。孫兆華、王子今:《里耶秦簡牘户籍文書妻從夫姓蠡測》,《中國人民大學學報》2018 年第 3 期,第 51—52 頁。

馬王堆帛書《刑德》甲篇刑德大游相關問題補議*

高 潔 程少軒

摘 要： 馬王堆帛書《刑德》甲篇是數術理論與實踐經驗相結合的文本，其中與刑德大游相關的内容有較多問題。本文發現該篇刑德大游的起算年份爲劉邦稱帝建立漢朝之己亥年，繪製出該篇《太陰刑德大游圖》的另一種復原方案，並在此基礎上理清了《淮南子・天文》與帛書諸篇中刑德大游的關係。

關鍵詞： 馬王堆 帛書 刑德 大游

馬王堆帛書《刑德》甲篇、乙篇、丙篇及《陰陽五行》乙篇中都有《刑德占》，除《刑德》丙篇之外，其他三篇的《刑德占》都由《太陰刑德大游圖》《刑德小游圖》和《刑德解説》三部分構成。其中刑、德的運行可以分爲大游與小游兩種，大游指刑、德隨年的干支變化在東西南北中五方移徙，與之相關的内容見於諸篇的《太陰刑德大游圖》及《刑德解説》。①

馬克、陳松長、陶磊等學者已經總結出《刑德》乙篇及《陰陽五行》乙篇中刑德大游的基本運行規律，②其結論得到了學界的廣泛認可，《長沙馬王堆漢墓簡帛集成》也采

* 本文爲國家社科基金冷門絶學項目"簡帛數術文獻圖文轉換及相關問題研究"（編號：20VJXG043）、國家社科基金重大項目"簡帛陰陽五行類文獻集成及綜合研究"（編號：20&ZD272）和古文字與中華文明傳承發展工程規劃項目"阜陽漢簡整理與研究"的階段性成果。

① 《刑德》丙篇的《刑德占》中只有《刑德小游圖》和《刑德解説》，其《刑德解説》也比其他篇簡單許多，没有與刑德大游運行法則相關的内容，此處的"諸篇"不包括《刑德》丙篇。

② 陳松長：《馬王堆帛書〈刑德〉研究論稿》，臺灣古籍出版有限公司 2001 年，第 113—126 頁；馬克：《馬王堆帛書〈刑德〉試探》，《華學》第一期，中山大學出版社 1995 年，第 82—101 頁；陶磊：《馬王堆帛書〈刑德〉甲、乙本的初步研究》，《簡帛研究二〇〇四》，廣西師範大學出版社 2006 年，第 104—111 頁。

用了這套方案。

但《刑德》甲篇的文本較爲特殊,其《太陰刑德大游圖》旁寫有"【今皇】帝十一年,大(太)陰在巳。"該篇的刑德小游中也有具體的紀年信息"十一年十二月"和"十一年"。陳松長指出該篇與漢高祖十一年密切相關,是一種以刑德法來占測當年戰爭勝負、人事吉凶的實用性文獻。① 此説頗資參考,《刑德》甲篇是理論與實踐相結合的產物,比純理論性質的《刑德》乙篇、《陰陽五行》乙篇更加複雜,其中與刑德大游相關的内容仍有不少待解決的問題。

一、《刑德解説》中的刑德大游

《刑德》乙篇與《陰陽五行》乙篇的《刑德解説》(以下簡稱《解説》)中有關刑德大游的記述幾乎完全相同。爲便於討論,我們將《刑德》乙篇中的相關内容摘録如下:

> 德始生甲,大(太)陰始生子,荆(刑)始生水₌(水。水,)子,故曰荆(刑)德始于甲子。1 荆(刑)、德之歲徙也,必以日至之後七日之子、午、卯、酉。德之徙也,子若午;2 荆(刑)之徙也,卯若酉。荆(刑)、德之行也,歲徙所不朕(勝),而荆(刑)不入宫中,居四隅。3 甲子之舍始東南以馮(馴—順)行,廿(二十)歲而壹₌周₌(一週,一週)而荆(刑)德四通,六十歲而周₌(週,週)于癸亥4 而復從甲子始。● 荆(刑)德初行六歲而并於木,四歲而離₌(離,離)十六歲而復5 并木;大(太)陰十六歲而與德并於木。②

這種刑德大游的運行是從甲子年開始,德自東方(木)、刑自北方(水),各按五行相克的原則"徙所不勝",即轉入五行屬性可以克制原方位的位置,但刑不入中宫。刑德的方位在二十年間會按所有可能的方式搭配一次,因此其運行的小週期爲二十年;六十是太陰週期(十二年)、德週期(五年)、刑週期(四年)的最小公倍數,因此一個大週期是六十年,六十年之後再從甲子年開始循環。

《刑德》甲篇的《解説》中也有刑德大游,但其表述與《刑德》乙篇、《陰陽五行》乙篇(以下簡稱"兩乙篇")迥異。該篇對刑德大游的敘述並不十分集中,以下是其中内容較爲完整的一段:

> 荆(刑)、德之大游也,十年【并】居木,十一年并居金,十二年并【居火,十

① 陳松長:《馬王堆帛書〈刑德〉甲、乙本的比較研究》,《簡帛研究文稿》,綫裝書局 2008 年,第 151—152 頁。
② 裘錫圭主編:《長沙馬王堆漢墓簡帛集成(伍)》,中華書局 2014 年,第 36 頁。

三年并居水】，85十四年德與荆（刑）離，德居土，荆（刑）居木，離【=（離，離）廿（二十）歲而復并居】86水，德從水徙土，荆（刑）【從水】徙木。87①

從刑德所居宫位的變化來看，其主要運行原則與兩乙篇相同：刑德徙所不勝，刑不入中宫，循環週期爲二十年。但二者之間也有顯著差異：漢高祖十年、十一年、十二年、十三年、十四年的干支分别是甲辰、乙巳、丙午、丁未、戊申，②若按照兩乙篇中刑德大游的運行法則，甲辰年德居木、刑居水；乙巳年德居金、刑居木；丙午年德居火、刑居金；丁未年德居水、刑居火；戊申年德居土、刑居水，五年中刑之宫位五行與《刑德》甲篇所述無一相合。我們注意到，《刑德》甲篇没有如兩乙篇那樣專門説明刑德起於甲子，因此該篇中刑所居方位與兩乙篇的不合可能是由刑德起點的差異造成的。

如果説《刑德》甲篇中刑德大游的起始年份不是甲子，那應該是什麽呢？《長沙馬王堆漢墓簡帛集成》的整理者認爲是庚辰、庚子或庚申，秦統一天下之年（秦始皇二十六年，公元前 221 年）爲庚辰年，該篇刑德大游的起點或許與之相關。③ 通過排列下表一，我們發現此推算有誤：若起點是庚辰、庚子或庚申，④則十年德居土、刑居水，十一年刑德并居木，十二年并居金，十三年并居火，十四年并居水，與帛書不合。

表一　以庚辰、庚子、庚申爲刑德大游起始年份運行表

序號	實際歷史紀年	帛書年份	太陰紀年	刑之宫位	德之宫位
1	漢高祖六年（BC201）		**庚子**	**北方水**	**東方木**
2	漢高祖七年（BC200）		辛丑	東方木	西方金
3	漢高祖八年（BC199）		壬寅	西方金	南方火
4	漢高祖九年（BC198）		癸卯	南方火	北方水

① 第 86 行第二句原釋文爲“德徙土”，按“徙”當改釋爲“居”；第 87 行末句原釋文爲“刑居木”，按“居”當改釋爲“徙”，且根據帛塊方位可知“徙木”之前還有兩個字的空間，此句應改釋爲“刑從水徙木”，詳參裘錫圭主編：《長沙馬王堆漢墓簡帛集成（伍）》第 25 頁；裘錫圭主編：《長沙馬王堆漢墓簡帛集成（壹）》，中華書局 2014 年，第 217 頁。

② 漢高祖十三年、十四年實爲漢惠帝元年、二年，帛書抄寫時漢高祖還未駕崩，因此帛書編者直接寫出十三、十四年。該篇第 140 行還有“十五年”“十六年”，情況與此相同。

③ 裘錫圭主編：《長沙馬王堆漢墓簡帛集成（伍）》第 25 頁。

④ 由於刑德運行的小週期是二十年，而庚辰、庚子、庚申之間相差二十，因此以這三者爲起始年份推算出的刑德運行表是相同的。

續　表

序號	實際歷史紀年	帛書年份	太陰紀年	刑之宫位	德之宫位
5	漢高祖十年(BC197)	10	甲辰	北方水	中央土
6	漢高祖十一年(BC196)	11	乙巳	東方木	東方木
7	漢高祖十二年(BC195)	12	丙午	西方金	西方金
8	漢惠帝元年(BC194)	13	丁未	南方火	南方火
9	漢惠帝二年(BC193)	14	戊申	北方水	北方水

事實上,只有以己卯、己亥、己未爲起算時間才能與此處的刑德大游相合。如下表二所示,以這三個年份爲起始則漢高祖十年到十四年刑德的運行情況與帛書所述完全相同。其中屬於漢高祖在位期間太陰紀年的只有己亥,即高祖五年(公元前202年),這一年中劉邦稱帝建立漢朝,意義重大。此外,該年在曆法上也有重要變革,各月朔小餘被修改,李忠林指出張家山漢簡《曆譜》所載就是漢高祖五年改定的新曆。[①] 因此將己亥年確定爲刑德大游的起點,在當時的數術家看來是非常合理的。

表二　以己卯、己亥、己未爲刑德大游起始年份運行表

序號	實際歷史紀年	帛書年份	太陰紀年	刑之宫位	德之宫位
1	漢高祖五年(BC202)		**己亥**	**北方水**	**東方木**
2	漢高祖六年(BC201)		庚子	東方木	西方金
3	漢高祖七年(BC200)		辛丑	西方金	南方火
4	漢高祖八年(BC199)		壬寅	南方火	北方水
5	漢高祖九年(BC198)		癸卯	北方水	中央土
6	漢高祖十年(BC197)	10	甲辰	東方木	東方木
7	漢高祖十一年(BC196)	11	乙巳	西方金	西方金

① 李忠林:《秦至漢初曆法研究》,中華書局2016年,第144頁。

續 表

序號	實際歷史紀年	帛書年份	太陰紀年	刑之宫位	德之宫位
8	漢高祖十二年(BC195)	12	丙午	南方火	南方火
9	漢惠帝元年(BC194)	13	丁未	北方水	北方水
10	漢惠帝二年(BC193)	14	戊申	東方木	中央土
11	漢惠帝三年(BC192)	15	己酉	西方金	東方木
12	漢惠帝四年(BC191)	16	庚戌	南方火	西方金
13	漢惠帝五年(BC190)		辛亥	北方水	南方火
14	漢惠帝六年(BC189)		壬子	東方木	北方水
15	漢惠帝七年(BC188)		癸丑	西方金	中央土
16	吕后元年(BC187)		甲寅	南方火	東方木
17	吕后二年(BC186)		乙卯	北方水	西方金
18	吕后三年(BC185)		丙辰	東方木	南方火
19	吕后四年(BC184)		丁巳	西方金	北方水
20	吕后五年(BC183)		戊午	南方火	中央土

《刑德》甲篇的編者采用了刑德大游的主要理論,但考慮到最近的甲子年即秦王政十年(公元前 237 年)並没有什麽特殊影響,於是根據實際情況調整了起算年份,[①]其運行規則可表述爲"刑德始於己亥,初行六歲而并於木,四歲而離。"

除第 85—87 行之外,該篇《解説》中還有兩處關於刑德大游的記述。一處在第 103 行,該行文字漫漶,諸家的處理方式不同。陳松長在《馬王堆帛書〈刑德〉研究論稿》中所録釋文爲"刑在木,德在火□□□□□□□。"[②]《長沙馬王堆漢墓簡帛集成》的釋文爲"荆(刑)在木,德在火,皆徙【金】。"整理者在陳著的基礎上多釋

① 目前我們還無法確定對刑德大游起算年份的調整是否是《刑德》甲篇編者的首創。嚴格來説,修改起點的數術家可能是《刑德》甲篇的編者,也可能是其所據祖本的編者,甚至可能出現其他更複雜的情况。爲使表述簡潔,除涉及底本問題的討論之外,本文徑將《刑德》甲篇的編者視爲刑德大游新起點的首創者。

② 陳松長:《馬王堆帛書〈刑德〉研究論稿》第 105 頁。

出“皆徙”二字，並將其後一字補爲“金”，注云“該段講刑、德之小游。”[①]其補字及判斷依據是同篇刑德小游第75—76行“甲子荆(刑)居東北〈東南〉，德居南。庚午荆(刑)、德并居西宫。”[②]刑在東南方(木)、德在南方(火)，之後皆徙西方(金)，似乎與該行内容相合。賀璐璐也認爲這是一種刑德小游，只是運行規則比較特殊，刑由五行木徙至五行金，其運行順次爲徙所不勝；德由五行火徙五行金，其運行順序爲徙所勝。[③]

仔細核對帛書圖版，我們發現前説是有問題的。“皆徙”之後還存三字，首字雖然僅剩數點，但筆勢與“金”並不相同：

第二字存左半邊“户”，第三字“不”的筆畫較爲清晰。我們認爲“皆徙”後爲“其所不”，三字與同篇中確定的“其”“所”“不”字形對比見下表三。結合帛書中的“荆(刑)、德之行也，歲徙所不朕(勝)”，[④]這句話當作“荆(刑)在木，德在火，皆徙其所不【勝】。”[⑤]

表三　《刑德》甲篇第103行殘字對比

其			
所			
不			

① 裘錫圭主編：《長沙馬王堆漢墓簡帛集成(伍)》第26—27頁。

② 此處刑之宫位“東北”改爲“東南”的意見從陳松長，詳參陳松長：《試論帛書〈刑德〉甲、乙本的撰抄年代》，《簡帛研究文稿》，第157頁。

③ 賀璐璐：《簡帛數術文獻中二元對立神煞研究——以馬王堆帛書爲中心》，博士學位論文，湖南大學2021年，第41頁。

④ 裘錫圭主編：《長沙馬王堆漢墓簡帛集成(伍)》第36頁。

⑤ 《刑德》甲篇的編者有多加“其”字的習慣，例如第61行“荆(刑)、德以其庚子并居西宫。”

改釋之後,我們重新分析這句話中的刑德宫位。刑在木,徙所不勝則至金;德在火,徙所不勝則至水,《刑德》甲篇的刑德小游中没有與之相合的記録。在帛書其他篇的刑德小游中,除刑不入中宫之時外,刑德所處宫位五行均相同,所以此處記録並非刑德小游,而應是大游。在《刑德》甲篇中,刑德大游的宫位往往用五行表示,而小游的宫位則多用具體方位表示,例如第62—63行"丙午荆(刑)、德并居南宫。壬子荆(刑)居東北宫,德復居西宫。"[①]我們的結論與帛書編者的表達習慣相合,更爲可信。

若按照上文所述以己亥爲刑德大游的起點推算,刑居木、德居火對應秦始皇二十二年(公元前225年)、漢高祖二年(公元前205年)及吕后三年(公元前185年),其中與該篇撰抄時間最接近的是漢高祖二年,這一年中發生了著名的楚漢彭城之戰。值得注意的是,《刑德》甲篇中屢次出現與"戊戌奇風"相關的内容,例如第111行"凡占戰之道,必以戊戌之奇風,至于折木發室,剽(飄)礫石,必戰"、第94—95行"【謹】司(伺)三戊以觀四旁戊午、戊子、戊戌軍陳(陣)之氣也,若見戈雲、鉤雲、帚雲,【若清】寒疾風,勠(戮)殺暴疾,發屋折木,天下昏□,是氣也戰,在【邑】兵起。"[②]程少軒指出這些都是根據《刑德》丙篇《地剛占》改寫,其所據史實正是彭城之戰。[③] 我們認爲這並不是巧合,此處刑德大游的起算年份很可能也是己亥。

另一處記録在《刑德》甲篇末尾的第140行:"荆(刑)、德十五年合木,十六年合金。"[④]漢高祖十五年爲己酉年,十六年爲庚戌年,若按照兩乙篇中以甲子爲起點的大游來推算,這兩年刑德確實合於木、金;而若以己亥爲起點推算,己酉、庚戌年時刑德並非同宫(詳參本文表一),這似乎與前文所述矛盾。

我們認爲出現這種矛盾的原因可能有以下幾種:

第一,編者有兩種起點不同的刑德大游底本,前兩處刑德大游所據底本起算年份爲己亥,後一處所據底本起算年份爲甲子。在帛書中,由於來源不同造成前後不合的例子並不罕見,例如《刑德》丙篇《解説》第9—12行"倍(背)荆(刑)迎德戰者,不勝,毋(無)工(功),不出三年將死。迎德倍(背)㓝〈荆(刑)〉戰者,勝,得地=(地,地)復歸,幾不二年將死。"兩句刑德方位相同,但占辭内容却相反。前一句中"刑"字寫法與同篇

① 裘錫圭主編:《長沙馬王堆漢墓簡帛集成(伍)》第24頁。

② 裘錫圭主編:《長沙馬王堆漢墓簡帛集成(伍)》第25—27頁。

③ 程少軒:《馬王堆帛書"戊戌奇風"與楚漢彭城之戰》,《簡帛研究二〇一四》,廣西師範大學出版社2014年,第208—213頁。

④ 裘錫圭主編:《長沙馬王堆漢墓簡帛集成(伍)》第29頁。

均有别,“無功”寫作“毋工”,用字也較爲特殊,整理者認爲該句可能與其他占辭來源不同。[1]

第二,編者只有一個完全依據理論模型,即以甲子年爲起算年份的刑德大游底本,考慮到最近的甲子年並無特殊意義,因此編者在前兩處刑德大游中修改了起點。但在該篇末尾處,編者又直接按照底本寫了十五、十六兩年的刑德大游宫位。

第三,編者在寫末句時推算失誤。我們認爲這種情況發生的可能性極小,末句中刑德於十五年合木,十六年合金,可見編者清楚木徙所不勝則至金。前文中刑於十四年居木,編者也無疑知道下一年應徙至金,而不是仍居木。且帛書中明確寫出“十四年德與荆(刑)離,德居土,荆(刑)居木,離【=(離,離)廿(二十)歲而復并居】水”,十四年之後的兩年必然也是“刑德離”。以編者個人的推算失誤來解釋德徙而刑未徙似乎有些牽强,在其他情況可以合理解釋原文時,還是應盡量立足於原文,避免使用寫誤、算誤之説。

那麽爲何會出現前後所據底本不一或前文修改起點而後文沿用底本的情況呢?仔細觀察該篇兩種刑德大游,可以發現其敘述模式及書寫風格均有所不同,前一種表達習慣是“刑德某年并居某”,後一種則是“刑德某年合某”;前一種筆畫較爲平直,而後一種則相對波折,這在“年”字之横筆與“十”字之豎筆上表現得比較明顯,具體字形對比見下表四,因此兩種刑德大游或許並非由同一人所寫。

表四　《刑德》甲篇兩種刑德大游字迹對比

	年	木	十	德
前一種字迹				
後一種字迹	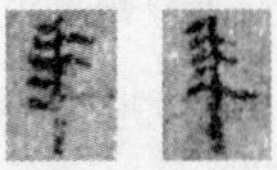			

不過筆畫的波折也可能是布帛本身在書寫時並未鋪平、或是後期遭到撕扯所致。[2] 在這種情況下,前後的刑德大游應該不是一次性寫成的。撰抄完戊戌日之風及己卯日之雨占軍事、刑德方位占軍事、諸神占測等内容後,《刑德》甲篇的結構已經完

① 裘錫圭主編:《長沙馬王堆漢墓簡帛集成(伍)》第56—57頁。

② 此承匿名審稿專家指出,謹致謝忱。

整。後來抄手發現帛書上還有不少空間,於是接着前文的十四年繼續寫刑德大游的運行情況。抄手可能並未核對其中的細節,忘記前文中刑德大游的起算年份已經變爲己亥,直接按照符合理論模型的底本寫出十五、十六兩年的刑德方位。

不論是哪種情況,從所處位置、書寫篇幅等角度綜合來看,在《刑德》甲篇中篇末這句話的重要程度遠低於前文所述以高祖稱帝之己亥年爲起點的刑德大游。

二、《太陰刑德大游圖》

討論完《刑德》甲篇《解説》中的刑德大游,我們再來看該篇的《太陰刑德大游圖》(以下簡稱《大游圖》)。該圖由六十幅小鉤繩圖構成,每個鉤繩圖右下方注明太陰紀年干支,圖上的點表示太陰、刑、德隨年之干支運行的方位。《大游圖》左旁有説明文字"【青者大(太)】陰也【ㄴ】,黑者德也ㄴ,白者【荆(刑)】也。"但圖中只能看到兩種顏色深淺不同的點,而不見表示刑的白色點。孫沛陽推測白色爲鹼性顔料,由於被酸性棺液溶解而消失。[1] 整理者繪製的《刑德》甲篇《大游圖》復原圖(見文末附圖一)與《刑德》乙篇基本相同,依據爲後者《解説》中的刑德大游運行法則,即刑德始於甲子,德居木,刑居水。

整理者的復原圖有其合理性,《刑德》甲篇中確實出現了符合《刑德》乙篇《解説》的刑德大游内容,或許後一位書手正是按照此《大游圖》寫了十五、十六兩年的刑德宫位。

不過除此方案之外,我們認爲《刑德》甲篇《大游圖》還有另一種可能性,即根據該篇《解説》中以己亥爲起點的刑德大游來繪製,新的復原圖見文末附圖二。如此一來,在《刑德》甲篇中,除末句之外其他與刑德大游相關的信息都保持一致、邏輯自洽。此外,新的復原方案還有利於解釋《淮南子·天文》中刑德大游的運行法則,在下面一個部分中我們將對此展開詳細討論。

三、與《淮南子·天文》的關係

《淮南子·天文》中也有關於刑德大游的内容:"太陰在甲子,刑德合東方宫,常徙所不勝,合四歲而離,離十六歲而復合。所以離者,刑不得入中宫,而徙於木。"[2]其基

① 裘錫圭主編:《長沙馬王堆漢墓簡帛集成(伍)》第19頁。

② 張雙棣:《淮南子校釋(增訂本)》,北京大學出版社2013年,第399頁。

本的運行法則與帛書諸篇相同,唯一的差别是太陰在甲子時,《淮南子·天文》中的刑德均居於東方,而兩乙篇《解説》中德居東方,刑居北方。

不少學者對此發表看法,馬克認爲《刑德》乙篇中的"六"可能本爲"廿",即"刑德初行,廿歲而并於木",[①]胡文輝也認爲《刑德》乙篇中的大游運行方式有訛誤,其本當作"刑德初行而并於木,四歲而離,離十六歲而復并木。"[②]《刑德》乙篇、《陰陽五行》乙篇《解説》中明確指出"荆(刑)始生水",按照刑以水爲起點排列宫位符合後文所述"荆(刑)德初行六歲而并於木,四歲而離,離十六歲而復并木。"前後一致,可相互印證,因此二者的差異不可簡單以誤字來解釋,兩説似不妥。

末永高康則嘗試用太陰超辰來解釋這種不同:太陰發生超辰現象時,德與太陰聯動,隨之跳過一宫,但刑不一定同步變化。例如從壬戌年到甲子年太陰超辰,越過癸亥,德亦不入中央(土),直接從北方(水)遷徙至東方(木)。此時若刑只進一宫,則從南方(火)遷徙至北方(水);若同樣跳過一宫,則遷徙至東方(木),不同的情況分别對應兩種刑德大游。[③] 下面我們以表格形式直觀展示此説:

表五　末永高康之説

太陰紀年	德	刑(不同步變化)	刑(同步變化)
壬戌	北方水	南方火	南方火
甲子	東方木	北方水	東方木

我們認爲末永高康之説亦有可商榷之處。首先,在《刑德》甲篇、乙篇的《大游圖》中,"壬辰""乙巳""乙卯""丁未"四個太陰干支旁標注了"張楚""今皇帝十一""秦皇帝元""孝惠元"四個帝王年號,若將這些干支繼續向後排列,可與史書所載自漢武帝太初元年開始連續推算的紀年干支完滿銜接。陶磊據此提出太陰超辰在太初以前的紀年實踐中並未真正出現過,[④]劉樂賢也認爲太陰超辰的説法不能成立。[⑤] 其次,没有任何證據表明太陰只與德聯動遷徙。刑與德作爲古代數術文獻中常見的二元對立神

① 馬克:《馬王堆帛書〈刑德〉試探》第91頁。

② 胡文輝:《中國早期方術與文獻叢考》,中山大學出版社2000年,第180—181頁。

③ 末永高康:《帛書"刑德"小考》,《中國思想における身體·自然·信仰——坂出祥伸先生退休記念論集》,(東京)東方書店2004年,第162—166頁。

④ 陶磊:《〈淮南子·天文〉研究——從數術史的角度》,齊魯書社2003年,第91頁。

⑤ 劉樂賢:《馬王堆天文書考釋》,中山大學出版社2004年,第224頁。

煞，將其强行區分是不可取的。

通過梳理《刑德》甲篇的刑德大游，我們發現《淮南子・天文》中刑德特殊的宫位其實源自調整過起算年份的刑德大游。如前文所述，《刑德》甲篇中刑德大游的起點是己亥，以此方案推算，在甲子年時刑德恰好合於東方。從我們復原的《刑德》甲篇《大游圖》中可以更直觀地看出這一點：在右上角第一個小鉤繩圖中，刑德并居東方，這與《淮南子・天文》中的刑德大游完全相同。

雖然兩乙篇未采用《刑德》甲篇的刑德大游起點，但此模式並未就此失傳，而是以另一種形式保留在了《淮南子・天文》中。帛書面世後，學者們以《淮南子・天文》中的刑德大游爲標準，嘗試校釋與之不同的兩乙篇。但諸篇真正的邏輯順序是先有兩乙篇中的刑德大游理論，之後《刑德》甲篇的編者根據實際情況調整了起點，刑德大游的起算年份變爲己亥。在此系統中，甲子年時刑德合東方宫，即《淮南子・天文》所述。《刑德》甲篇中的刑德大游是整個演變過程中不可或缺的中間環節，弄清楚該篇的大游之後，才能釐清諸篇之間的關係。

綜上所述，《刑德》甲篇中刑德大游的總體運行法則與兩乙篇相同，但編者根據實際情况將其起算年份調整爲劉邦稱帝建立漢朝之己亥年。《刑德》甲篇《大游圖》很可能與之相合，我們據此繪製了該圖的另一種復原方案。在此基礎上，我們發現《淮南子・天文》中的刑德大游應該源自《刑德》甲篇的模式，從而理清了其間的關係。

附圖

一、《刑德》甲篇《太陰刑德大游圖》整理者復原方案[①]

① 裘錫圭主編:《長沙馬王堆漢墓簡帛集成(壹)》第 214 頁。原圖所用青色有誤差,本文已徑改(灰色代替青色)。

二、《刑德》甲篇《太陰刑德大游圖》新復原方案

西北漢簡所見漢代邊縣縣長吏設置雜考

楊憲傑

摘　要： 從西北漢簡來看，漢代西北邊縣在設置縣令長、縣丞、縣尉的同時，至少還設有縣獄丞、縣塞尉等二百石縣長吏。與西漢中後期一些内郡縣不設縣尉相比，西北邊縣之縣尉應是必設之職。並且即便是邊縣内部，其長吏的設置也未必相同，如作爲首縣和郡治所在地的邊縣，一般都會增設縣獄丞這一縣長吏。又因爲邊地部分屬縣轄境設有烽隧，因此其治下還會設立獨具邊地特色的縣長吏——縣塞尉一職。

關鍵詞： 西北邊縣　縣長吏　縣尉　縣獄丞　縣塞尉

秦統一中國後實行郡縣制，並建立起行政官僚系統，而屬縣即是這一體系的最下端。《漢書・百官公卿表》記"縣令、長，皆秦官，掌治其縣。萬户以上爲令，秩千石至六百石。減萬户爲長，秩五百石至三百石。皆有丞、尉，秩四百石至二百石，是爲長吏。百石以下有斗食、佐史之秩，是爲少吏"。閻步克指出：從秩禄角度來講，漢代縣級吏員秩禄等級，最早見於《張家山漢簡・二年律令》，經過經過數次秩禄改革，到成帝時期形成了縣長吏秩級介於千石到二百石之間，而縣長吏屬吏以下降級爲百石及百石以下斗食吏、佐史的格局。[①] 上言《漢表》以秩級爲依據區分縣"長吏"與縣"少吏"，正是繼承西漢到成帝時期秩禄制度改革的結果。學界也習慣於以此爲據，將漢縣二百石以上官吏稱爲"長吏"。[②] 又受《漢表》影響，學者一般將漢縣"長吏"定義爲縣

---

① 閻步克：《從爵本位到官本位：秦漢官僚品位結構研究》，生活・讀書・新知三聯書店 2009 年，第 285—293 頁；黄怡君：《西漢官吏的選拔和遷轉》，博士學位論文，臺灣大學 2020 年，第 64—66 頁。

② 鄒水傑：《秦漢"長吏"考》，《中國史研究》2004 年第 3 期，第 41—42 頁。

令長、縣丞和縣尉。[①] 然而縣丞、縣尉作爲縣令長佐官雖是常設職位,但並不意味着漢代所有屬縣都只設丞、尉輔佐令長。僅就西北邊縣而言,除去秩禄二百石以上的縣令長、丞、尉之外,尚有部分邊縣設置有縣獄丞、縣塞尉等二百石以上朝廷命官,它們也應屬於縣"長吏"的範疇。因此,以下内容我們將以西北漢簡爲中心,[②]關注點不僅涉及對漢代西北邊縣縣令長、丞、尉的考察,還會注意到邊地縣獄丞、縣塞尉的設置問題。

一、西北漢簡所見漢代邊縣縣令長設置

秦代縣長官有令,又稱"嗇夫",但正式稱謂只有令。[③] 李昭君先生通過梳理秦及漢初材料,推測"縣在其産生之初皆設令,而縣分令、長時間相當晚"。[④] 换言之,随着屬縣設置和制度運作的成熟,漢廷開始通過區分任命縣令或縣長來彰顯漢縣等級之不同。然而對於同一屬縣,受制於史料限制,我們以往只能從静態上感受其長官的設置狀態。而從西漢印章中既出現了涪令之印、新都令印、嚴道令印,還見涪長之印、新都長印、嚴道長印可以推測,漢代涪縣、嚴道縣、信都縣都曾出現過縣長官在令、長間轉變的情况。[⑤] 具體到西北漢簡,由於其主體内容多系軍政文書,較少涉及邊縣行政,再加上受制於簡牘刊發時間的限制,致使漢代邊縣縣令長職位是否存在變動這一問

① 顧立雅著,楊品泉譯:《中國官僚制的開始:縣的起源》,《中國史研究動態》1979年第1期,第25—28頁;鄒水傑:《秦漢"長吏"考》第41—46頁;張欣:《秦漢長吏再考——與鄒水傑先生商榷》,《中國史研究》2010年第3期,第139—154頁;張俊民:《西漢簡牘文書所見職官長史識小》,《國學學刊》2015年第4期,第68—73頁;沈剛:《秦縣令、丞、尉問題發微》,《出土文獻研究》第17輯,中西書局2018年,第211頁。

② 本文所謂"西北漢簡",相關材料多出自臺北簡牘整理小組編:《居延漢簡》(壹)—(肆),"中研院"歷史語言研究所2014—2017年;張德芳主編:《居延新簡集釋》(一)—(七),甘肅文化出版社2016年;甘肅簡牘保護研究中心等編:《肩水金關漢簡》(壹)、(貳),中西書局2011—2012年;甘肅簡牘博物館等編:《肩水金關漢簡》(叁)、(肆)、(伍),中西書局2013—2015年;甘肅簡牘博物館等編:《懸泉漢簡(壹)》,中西書局2019年;甘肅簡牘博物館等編:《地灣漢簡》,中西書局2017年;張德芳、石明秀主編:《玉門關漢簡》,中西書局2019年。因此下文表格製作或材料引用涉及以上簡牘時,分别以《居》《新》《肩》《地》《玉》等簡稱指代,不再用注脚一一注明出處及頁碼等。所用簡牘材料超出以上範圍的,則以加注脚的形式説明。

③ 孫聞博:《商鞅縣制的推行與秦縣、鄉關係的確立——以稱謂、禄秩與吏員規模爲中心》,《簡帛》第15輯,上海古籍出版社2017年,第118頁;孫聞博:《里耶秦簡"守"、"守丞"新考——兼談秦漢的守官制度》,《簡帛研究二〇一〇》,廣西師範大學出版社2012年,第67頁。

④ 李昭君:《兩漢縣令、縣長制度探微》,《中國史研究》2004年第1期,第41—62頁。

⑤ 趙平安:《秦西漢印章研究》,上海古籍出版社2013年,第350、366、401頁。

題,最早並未引起學界的過多關注。[①] 直到敦煌懸泉漢簡相關材料公布,才有學者注意到敦煌郡屬縣縣令長設置狀態問題。[②]

敦煌懸泉漢簡出土有"失亡傳信册",因本節主旨在於考察邊地縣令長設置,故而以下僅列舉與此相關的六簡:

敦煌守長聖,守丞福 (ⅡT0216②:871)

淵泉守長長,丞馴 (ⅡT0216②:872)

效谷守長合宗,丞繫 (ⅡT0216②:873)

廣至守長光遂事,守丞賞 (ⅡT0216②:874)

冥安長遂昌,丞光 (ⅡT0216②:875)

七月庚申,敦煌太守弘、長史章、守部候脩仁行丞事,謂縣寫移使者,備縣置謹敬莊事,甚有意,毋以謁勞書務備毋解隋如律令。/掾登、屬建、書佐政。

(ⅡT0216②:876[③])

以上六簡屬於同一册書。據孫富磊先生研究,此簡册乃是敦煌太守府下發沿途各縣使者巡縣的相關文書。[④] 簡册中所見敦煌太守弘,僅在漢元帝"永光五年"(前 39 年)任職敦煌郡。[⑤]《漢書·地理志》記西漢敦煌郡轄六縣,分别是敦煌、冥安、效穀、淵泉、廣至、龍勒。因此除了此簡册所缺龍勒縣,如張俊民先生所言,永光五年敦煌郡所轄其他五縣長官皆爲縣長,而非縣令。[⑥] 在此基礎上,他又結合懸泉漢簡所見關於敦煌郡屬縣"敦煌令""冥安令"等記載,指出漢代敦煌郡屬縣縣長官的設置有兩種狀態:其一,敦煌縣、冥安縣等出現了縣長官在"令""長"之間的轉變;其二效穀縣、淵泉縣縣長官稱"長"一直未變。[⑦]

---

① 勞榦:《漢朝的縣制》,《勞榦學術論文集·甲編》(上册),藝文印書館 1976 年,第 784—785 頁;永田英正著,張學鋒譯:《居延漢簡研究》,廣西師範大學出版社 2007 年,第 335—336 頁;李昭君:《兩漢縣令、縣長制度探微》,《中國史研究》2004 年第 1 期,第 48、61 頁。

② 張俊民:《懸泉漢簡新見的兩例漢代職官制度》,《敦煌研究》2015 年第 6 期,第 97—99 頁。

③ 邢義田:《敦煌懸泉〈失亡傳信册〉的構成》,張德芳主編:《甘肅省第二届簡牘學國際學術研討會論文集》,上海古籍出版社 2012 年,第 6—7 頁。

④ 孫富磊:《懸泉置出土〈失亡傳信册〉再考》,《敦煌研究》2019 年第 6 期,第 100 頁。

⑤ 張俊民:《敦煌懸泉漢簡所見人名綜述(三)——以敦煌郡太守人名爲中心的考察》,《簡帛研究二〇〇五》,廣西師範大學出版社 2008 年,第 137 頁;張德芳:《兩漢時期的敦煌太守及其任職時間》,《簡牘學研究》第 5 輯,甘肅人民出版社 2014 年,第 168—169 頁。

⑥ 張俊民:《懸泉漢簡新見的兩例漢代職官制度》,《敦煌研究》2019 年第 6 期,第 97 頁。

⑦ 張俊民:《懸泉漢簡新見的兩例漢代職官制度》,《敦煌研究》2019 年第 6 期,第 97—99 頁。

如上所言,張俊民先生根據懸泉漢簡,指出了漢代敦煌郡屬縣縣令長設置的不同狀況。然而放眼於整個西北邊地,除去敦煌郡,我們依據西北漢簡總結張掖郡、酒泉郡所轄屬縣縣長官設置狀態如下:

西北邊郡	邊郡屬縣	邊縣縣令長設置
張掖郡	觻得縣	“觻得令”(《居》109.9)、“觻得長”(《肩》73EJT6:39)
	居延縣	“居延令”(《居》32.6、《肩》73EJT6:27)
	昭武縣	“昭武長”(《居》109.8、《肩》73EJT26:94)
	氐池縣	“氐池長”(《肩》73EJT23:862、《肩》73EJD:34)
	屋蘭縣	“屋蘭長”(《肩》73EJT23:862、《肩》73EJT34:43)
	驪靬縣	“驪靬長”(《肩》73EJT1:199)
	番和縣	“番和令”(《肩》73EJT30:59)
酒泉郡	禄福縣	“禄福長”(《肩》73EJT37:26)
	樂涫縣	“樂涫令”(VT1311④:82[1])、“樂涫長”(《懸》Ⅰ90DXT0110①:5)
	表是縣	“表是令”(《肩》73EJT30:231)

由此表知,漢代西北邊郡屬縣與内郡縣一樣,縣長官設置存在縣令和縣長之區别。然而更值得注意的是,除去張俊民先生所言敦煌郡部分屬縣縣長官出現了“令”“長”之間的變化之外,張掖郡觻得縣、酒泉郡樂涫縣也出現了同樣的情況。又從西北漢簡所記涉及居延縣的簡牘中,都一直稱其長官爲“令”來看,或可推測張掖郡重鎮居延縣之縣長官設“令”之後,其職位就再未出現變動。

總結而言,從西北漢簡所録涉及邊郡縣長官的簡牘可知,漢代西北邊縣縣令長的設置至少呈現兩種特徵:其一,西北邊縣地處邊陲,或因受到邊地政治軍事局勢的影響,導致一些縣長官也經歷了在“令”“長”之間的動態變遷(如張掖郡觻得縣、敦煌郡

[1] 張俊民:《敦煌懸泉置出土文書研究》,甘肅教育出版社2015年,第343—344頁。

敦煌縣、酒泉郡樂涫縣等)；[①]其二，部分邊縣很可能自設立始，其縣長官即爲“令”或“長”(如張掖郡居延縣、敦煌郡效穀縣)，長期以來地位保持不變。

二、西北漢簡所見漢代邊縣縣丞、縣尉設置

如《漢表》所言，漢縣一般皆設有縣令長、縣丞和縣尉。然而據尹灣漢簡《東海郡吏員簿》可知，東海郡作爲内郡，其下轄各縣雖皆置有縣丞一人，但並非所有屬縣皆設縣尉。[②] 我們知道，利用簡牘人物編年，來研究邊地職官設置和行政運作，是學界瞭解漢代西北邊政的重要手段。[③] 具體到西北邊縣，相關學者也曾嘗試通過對居延縣縣令和縣丞進行人物編年，來窺探漢代西北邊地縣行政的蛛絲馬迹。[④] 只是由於簡牘材料過於零散，導致相關研究成果並不理想。以下我們以西北漢簡爲例，通過集成相關簡牘，羅列西北漢簡所見主要邊郡各屬縣縣丞設置狀況如下：

西北邊郡	邊郡屬縣	邊縣縣丞設置
張掖郡	觻得縣	觻得丞(《居》15.19)、觻得守丞(《居》57.10)
	居延縣	居延丞(《居》32.6)、居延守丞(《地》86EJC：2)

① 據筆者考證，西北漢簡所見河西邊郡部分屬縣如觻得縣、樂涫縣、敦煌縣、冥安縣等，在宣帝甘露、黄龍到元帝、成帝時期，出現了縣長官由“令”降級爲“長”的情況；而這一局面則主要是在昭宣以來漢匈關係逐漸由戰争走向和平的背景下，西北邊縣政治軍事地位的急劇下降決定的。參見拙作：《西北漢簡所見邊地縣令長制度的變遷》，《簡牘學研究》第 12 輯，甘肅人民出版社 2022 年，第 106—110 頁。

② 廖伯源：《漢代縣丞尉掌雜考》，李學勤主編：《長沙三國吴簡暨百年來簡帛發現與研究國際學術研討會論文集》，中華書局 2005 年，第 438 頁。

③ 參見陳夢家：《漢簡綴述》，中華書局 1980 年，第 46—47 頁；李均明、劉軍：《居延漢簡居延都尉與甲渠候官人物志》，《文史》第 36 輯，第 125—143 頁；李永平：《漢簡所見西漢敦煌太守及相關事蹟考》，《出土文獻研究》第 8 輯，上海古籍出版社 2007 年，第 372—380 頁；張俊民：《敦煌懸泉漢簡所見人名綜述(三)——以敦煌太守人名爲中心的考察》，《簡帛研究二〇〇五》，第 116—144 頁；張文翰：《漢代邊郡候官研究——以甲渠候官的日常運轉爲中心》，博士學位論文，首都師範大學 2013 年，第 37—51 頁；張德芳：《兩漢時期的敦煌太守及其任職時間》，《簡牘學研究》第 5 輯，第 156—179 頁；侯旭東：《西漢張掖郡肩水候系年初編——兼論候行塞時的人事安排與用印》，《簡牘學研究》第 5 輯，第 180—198 頁等。

④ 李振宏、孫英民：《居延漢簡人名編年》，中國社會科學出版社 1997 年，第 52—53、106、204、225 頁；胡永鵬：《西北邊塞漢簡編年及相關問題研究》，博士學位論文，吉林大學 2016 年，第 657—673 頁；袁雅潔：《肩水金關漢簡所見主要官吏編年及相關問題研究》，碩士學位論文，西北師範大學 2018 年，第 15—48 頁。

續 表

西北邊郡	邊郡屬縣	邊縣縣丞設置
張掖郡	氐池縣	氐池丞(《肩》73EJT9：322)、氐池守丞(《地》86EDT7：2)
	删丹縣	删丹丞(《懸》Ⅰ90DXT0206②：7)、删丹守丞(《肩》73EJT33：40)
	昭武縣	昭武丞(《居》47.6)、昭武守丞(《肩》73EJT22：111)
	屋蘭縣	屋蘭丞(《肩》73EJT25：107)、屋蘭守丞(《肩》73EJT37：521)
	日勒縣	日勒丞(《肩》73EJT1：42)
敦煌郡	敦煌縣	敦煌□丞(ⅡT0213③：126[1])
	淵泉縣	淵泉丞(《懸》Ⅰ90DXT0111②：3)、淵泉守丞(《懸》Ⅰ90DXT0109S：148)
	冥安縣	冥安丞(《懸》Ⅰ90DXT0110①：10)
	效穀縣	效穀丞(《懸》Ⅰ90DXT0112③：92)、效穀守丞(《懸》Ⅰ90DXT0110①：27)
	龍勒縣	龍勒丞(《敦》1975)、龍勒守丞(《懸》Ⅰ90DXT0114①：79)
	廣至縣	廣至丞(《懸》Ⅰ90DXT0114①：127)
酒泉郡	禄福縣	禄福丞(《懸》Ⅰ90DXT0112②：141)、禄福守丞(《肩》73EJT37：26)
	樂涫縣	樂涫丞(《地》86EDT16：3)、樂涫守丞(《懸》Ⅰ90DXT0110①：5)
	會水縣	會水丞(《肩》73EJT10：400)
	玉門縣	玉門丞(《懸》Ⅰ90DXT0111②：75)
	表是縣	表是丞(《肩》73EJH2：49)

① 張俊民:《敦煌懸泉漢簡所見人名綜述(三)——以敦煌郡太守人名爲中心的考察》,《簡帛研究二〇〇五》,第128頁。

我們前面説過,《漢書・地理志》記敦煌郡下轄六縣。結合此表知,漢代敦煌郡屬縣與東海郡一樣,皆設有縣丞輔佐縣令長。據此或可確定,屬縣行政必設縣丞,應是漢代通制,即便是西北邊縣也不能例外。至於表中出現張掖郡、酒泉郡下轄邊縣所設縣丞並未涵蓋《漢志》所記其各自全部屬縣,則應是現有出土簡牘記載缺失的結果,並不意味著漢代西北部分邊縣可以不置縣丞。

又如前所言,從尹灣漢簡來看,西漢中後期以後並非所有屬縣都設縣尉。而西北邊縣是否存在這一情況,我們以西北漢簡所見張掖郡和敦煌郡屬縣縣尉的設置狀況爲例,進行整理如下:

西北邊郡	邊郡屬縣	邊縣縣尉設置
張掖郡	觻得縣	觻得尉(《居》97.10＋213.1)、觻得守左尉(《居》562.3)
	居延縣	居延左右尉(《新》EPF22：76)、居延守左尉(《居》116.8)、居延守右尉(《肩》73EJT7：36)
	氐池縣	氐池尉(《居》228.21)、氐池右尉(《居》C14)
	屋蘭縣	屋蘭尉(《肩》73EJT24：416)、屋蘭守左尉(《肩》73EJT1：178)、屋蘭右尉(《肩》73EJT22：111)
	昭武縣	昭武尉(《肩》73EJT37：1518)、昭武左尉(《肩》73EJT22：111)
	删丹縣	删丹守尉(《肩》73EJT22：111)、删丹右尉(《肩》73EJT22：111)
	番和縣	番和尉(《肩》73EJT37：422)
	顯美縣	顯美尉(《肩》73EJT24：416)
	日勒縣	日勒守尉(《肩》73EJT22：111)
	驪靬縣	驪靬尉(Ⅴ1511④：5[①])
敦煌郡	敦煌縣	"敦煌左尉"(II0215②：422[②]、IIT0214②：547A[③])

① 胡平生、張德芳:《敦煌懸泉漢簡釋粹》,上海古籍出版社 2001 年,第 227 頁。

② 胡平生、張德芳:《敦煌懸泉漢簡釋粹》第 96 頁。

③ 張俊民:《敦煌懸泉置出土文書研究》第 358 頁。

續 表

西北邊郡	邊郡屬縣	邊縣縣尉設置
敦煌郡	效穀縣	效谷左尉(《懸》Ⅰ90DXT0108②:5)
	廣至縣	廣至尉(《懸》Ⅰ90DXT0110②:11)、廣至守尉(《懸》Ⅰ90DXT0110①:27)
	冥安縣	冥安尉(《懸》Ⅰ90DXT0112②:141)
	淵泉縣	淵泉右尉(《懸》Ⅰ90DXT0207④:2)
	龍勒縣	龍勒左尉(ⅥT1222②:2[①])

按《漢書·地理志》記張掖郡、敦煌郡所轄邊縣合計十六個,而此表又記録了二郡全部屬縣。換言之,張掖郡、酒泉郡所轄十六縣中,皆可見縣尉的設置。由此可見,與西漢東海郡一些屬縣不置縣尉不同,西北邊郡所轄諸縣中,應皆設置有縣尉一職。[②]

與此同時,鄒水傑先生在研究漢代縣尉的設置時,曾説明西漢縣左、右尉"基本上實除,即使没人也要空出位置的情况"。[③] 這一點或能從上表所見居延縣同時設置縣左、右尉即可看出。又據上表可知,張掖郡至少有觻得縣、居延縣、氐池縣,昭武縣、屋蘭縣、删丹縣,敦煌郡至少有敦煌縣、效穀縣、淵泉縣、龍勒縣,皆分設縣尉爲左、右尉二職。鑒於此類邊縣所占數目衆多,所以我們懷疑漢代西北邊縣可能不僅設有縣尉,甚至還要分縣尉爲左、右二尉,以便對内主盜賊、掌刑獄,對外防禦和反擊外族入侵。《續漢書·百官志》記漢縣設縣尉言"大縣二人,小縣一人"。[④] 然而如上表所示,西北邊縣左、右尉的設置應與縣之大小無關,此或主要是由邊縣軍事職責的重要性決定的。

① 張俊民:《敦煌懸泉漢簡所見人名綜述(三)——以敦煌郡太守人名爲中心的考察》,《簡帛研究二〇〇五》,第123頁。

② 當然,由於尹灣漢簡對東海郡縣尉的相關記載對應的是特定年份;而以上表格對西北邊郡屬縣縣尉的統計,則是西北漢簡中多年的集成。因此,兩者之間不具備完全的對比性。此點承蒙匿名審稿專家提醒,萬分感謝。只是由於西北漢簡目前所見涉及邊縣的材料過於零散,使得我們難以統計出邊郡各屬縣同年度縣尉的設置狀况,導致此處我們只能根據現有材料,粗略估計西北邊縣縣尉一職的設置狀態。

③ 鄒水傑:《兩漢縣行政研究》,湖南人民出版社2008年,第77頁。

④ 《續漢書》志28《百官五》,中華書局1965年,第3623頁。

此外，關於縣尉的治所，嚴耕望、鄒水傑等學者皆傾向於漢代縣令長與縣尉異地而治。[①] 又内蒙古和林格爾出土漢墓壁畫見縣令長與縣尉皆在同一官署的情況，郭偉濤先生據此認爲漢代縣尉未必都與縣令長别治。[②] 居延漢簡有郵書簡如下：

其一封肩水倉長印，詣都尉府。•一封昭武長印，詣居延。
北書五封。夫人　一封觻得丞印，詣居延。一封氐池長印，詣居延。三月更戌日出七分，呑遠卒□
一封居延左尉印，詣居延。五分付不侵卒受王。
（《居》317.1）

其中由居延左尉發文居延縣的文書記録知，居延左尉與縣廷應是異地而治。除去此簡，肩水金關漢簡"73EJT24：26"又記"合檄一居延左尉詣居延廷"，或也可佐證以上結論。因此，僅就西北邊縣而言，其内部或確實存在縣尉與縣令長異地而治的情況。

三、西北漢簡所見漢代邊縣縣獄丞、縣塞尉設置

前面以西北漢簡爲據，我們考察了漢代西北邊縣縣令長、縣丞和縣尉的設置問題。然而從簡牘記載來看，西北邊縣除去有常規設置的縣令長、丞、尉等縣長吏之外，尚有部分邊縣還至少增設了縣獄丞、縣塞尉等縣長吏，以分擔縣政職責。

關於漢代"縣獄丞"的記載，西北漢簡見"禄福獄丞""陽翟獄丞"，如簡(1)—簡(2)：

(1) 建平五年十二月辛卯朔庚寅，東鄉嗇夫護敢言之：嘉平里☐
中，願以令取傳。［謹］案忠等，毋官獄征事，謁移過所縣邑、門亭、河津關，勿苛留，敢言之
十二月辛卯，禄福獄丞博行丞事，移過所如律令。/掾海、守令史衆。
（《居》495.12＋506.20A）
禄福獄丞印。（《居》495.12＋506.20B）

(2) ☐年九月丁巳朔庚申，陽翟邑獄守丞就兼行丞事，移函里男子李
立第臨自言，取傳之居延，過所、縣邑、侯國，勿苛留，如律令，候自發。
（《居》140.1A）

① 嚴耕望：《中國地方行政制度·甲部·秦漢地方行政制度》，"中研院"歷史語言研究所 1997 年，第 220 頁；鄒水傑：《兩漢縣行政研究》第 77—78 頁。

② 郭偉濤：《肩水金關漢簡研究》，上海古籍出版社 2019 年，第 137 頁。

陽翟獄丞。

☐長二丈二尺,直千六百錢,□曼□身乃予之。

……　　　　　　　　　　　　　　　　　　　　(《居》140.1B)

嚴耕望先生據此解釋,或是漢代特重刑獄,因此特置獄丞,專典訟獄;①陳直、沈剛先生根據祿福、陽翟"獄丞"可代理縣丞簽發私傳指出,縣獄丞與縣丞地位相當,秩級都應很高。② 又《尹灣漢簡集簿》記録東海郡郯縣吏員設置及禄秩時,明言"獄丞一人,秩二百石";③而懸泉漢簡也載"出錢萬八千,以給丞、獄丞、尉三人,秩各二百石,十月盡十二月積九月奉"。④ 由此可見,二位學者所言不虛,西漢縣獄丞應與縣丞、縣尉一樣,皆屬二百石或二百石以上縣長吏。

漢縣皆置縣獄,一般縣之刑獄訴訟,多以縣丞領之。⑤ 宫宅潔先生指出,作爲掌管縣獄的獄吏,有獄丞、獄掾、獄史等,獄丞秩二百石,獄史秩禄在百石以下;從尹灣漢簡東海郡只有郯縣設有獄丞來看,即便是縣獄也有等級大小之分。⑥ 廖伯源先生進一步解釋,東海郡諸縣中,僅郯縣有獄丞,此或與郯縣乃東海郡首縣,是郡守府所在地,各縣重大案件須呈報郡府,郡府或案驗重審,爲方便審理,於郯縣設置較大的監獄有關。⑦ 郯縣乃東海郡首縣、郡治所在地,已如前言。又按《漢書·地理志》,禄福縣、陽翟縣,則分别是酒泉郡、潁川郡首縣及郡治所在地。因此,宋傑先生在論及漢代監獄時也傾向於,郡治所在地的縣獄一般規模較大,獄吏較多,需設立主管官吏"獄丞"。⑧

綜合而言,學界一般認爲西漢縣獄有大小之分,作爲郡治所在地的首縣,會設置二百石縣長吏——獄丞一人幫助郡縣長官處理全郡重大刑獄事務。以西北邊郡爲例,除去前言酒泉郡郡治禄福縣設有獄丞之外,肩水金關漢簡還見"觻得獄丞",如簡(3)和(4):

---

① 嚴耕望:《中國地方行政制度·甲編·秦漢地方行政制度》第 220 頁。

② 陳直:《居延漢簡研究》,天津古籍出版社 1986 年,第 179 頁;沈剛:《漢代監獄設置與管理述略》,吉林大學古籍研究所編:《金景芳教授百年誕辰紀念文集》,吉林大學出版社 2002 年,第 308 頁。

③ 連雲港市博物館等編:《尹灣漢墓簡牘》,中國建築工業出版社 1997 年,第 79 頁。

④ 胡平生、張德芳:《敦煌懸泉漢簡釋粹》第 54 頁。

⑤ 廖伯源:《簡牘與制度:尹灣漢墓簡牘官文書考證》(修訂本),廣西師範大學出版社 2005 年,第 64 頁;宋傑:《東漢的洛陽獄》,《歷史研究》2007 年第 6 期,第 19—21 頁;鄒水傑:《兩漢縣行政研究》第 50 頁;宫宅潔著,楊振紅等譯:《中國古代刑制史研究》,廣西師範大學出版社 2016 年,第 219—220 頁。

⑥ 宫宅潔著,楊振紅等譯:《中國古代刑制史研究》第 219—220 頁。

⑦ 廖伯源:《簡牘與制度:尹灣漢墓簡牘官文書考證》(修訂本)第 65 頁。

⑧ 宋傑:《東漢的洛陽獄》第 21 頁。水間大輔也有類似觀點,參見[日]水間大輔:《里耶秦簡〈遷陵吏志〉初探——通過與尹灣漢簡〈東海郡吏員簿〉的比較》,《簡帛》第 12 輯,上海古籍出版社 2016 年,第 185 頁。

(3) 三月甲寅，觻得長福、獄丞護兼行丞事，謁移如律令。

(《肩》73EJT37：575A)

觻得獄丞。 (《肩》73EJT37：575B)

(4) 本始二年七月甲申朔甲午，觻得守獄丞却胡以私印行事，敢言之：肩水都尉府，移庾候官，告尉、謂游徼安息等，書到雜假捕此牒人，毋令漏泄先聞知，得定名縣爵里年姓官秩它坐或 (《肩》73EJT21：47)

據簡文知，簡(3)和簡(4)皆是觻得縣縣獄丞代理縣長吏發出的公文。由此可見，縣獄丞的職責不僅涉及對刑獄事務的處理，甚至還可以臨時代替縣令長、縣丞等處理縣廷政務。總之，從西北漢簡所見酒泉郡禄福縣和張掖郡觻得縣皆設置獄丞來看，漢代西北邊郡首縣應設有與縣丞、縣尉地位相當的二百石縣獄丞，綜合處理全郡範圍内刑獄訴訟事務。因此，與邊地普通邊縣相比，邊郡首縣除去縣令長、縣丞和縣尉之外，還應設置有縣獄丞這一長吏。①

至於縣"塞尉"，張家山漢簡《秩律》記有"縣有塞、城尉者，秩各减其郡尉百石"，②知漢初至少部分屬縣已設此職。具體到西北邊地，西北漢簡對"塞尉"的記録，主要集中在軍政系統之中，其秩二百石，爲候屬官。③ 劉欣寧還進一步指出"塞尉爲佐官，乃朝廷任命的長史，與令史、尉史的屬吏地位有别"。④ 但除去軍政系統所屬"塞尉"之外，西北漢簡又見"居延塞尉"、"觻得塞尉"，如簡(5)—簡(8)：

其一封居延都尉章，詣張掖。三月戊辰□□□□□受□□卒明。

(5) 南書三封。十七〤一封居延丞印，詣廣地候[官]。 餔時付卅井卒□。

一封居延塞尉印，詣屋蘭。 (《居》127.25)

(6) 南書二封。居延塞尉第十四 (《居》104.32+145.31)

三封張掖大守章，詣居延府。其二封詔書。六月□□辛丑起，七月辛亥東，中時永受沙頭吏趙

① 不少學者在考察東海郡郯縣縣長吏時，就已將其獄丞歸入長吏行列。參見廖伯源：《簡牘與制度：尹灣漢墓簡牘官文書考證》(增訂本)第65頁；紙屋正和著，朱海濱譯：《漢代郡縣制的展開》，復旦大學出版社2016年，第426頁。

② 張家山二四七號漢墓竹簡整理小組編：《張家山漢墓竹簡(二四七號墓)》(釋文修訂本)，文物出版社2006年，第80頁。

③ 陳夢家：《漢簡綴述》第51頁。

④ 劉欣寧：《漢代政務溝通中的文書與口頭傳達：以居延甲渠候官爲例》，《"中研院"歷史語言研究所集刊》2018年第89本第3分，第461頁。

(7) 月六日　　二枚角□塞尉,詣廣地□□□ 。　　　　卿,八分付莫當。

北書七封。一枚楊成掾□,詣肩水。

一封都尉,詣肩水。　　　　(《肩》73EJT23∶804B)

(8) 建平二年六月丙辰朔☑　　　　(《肩》73EJT37∶651A)

觻得塞尉印。　　　　(《肩》73EJT37∶651B)

簡(5)—簡(7)屬郵書簡;簡(7)"角□塞尉"應是王莽對西漢"觻得塞尉"的改稱;①而簡(8)出土於肩水金關,或是以"觻得塞尉"名義簽發的文書。以上四簡皆見"縣+塞尉"這一稱謂,是否意味著漢代西北邊縣也設置有塞尉?同時,肩水金關漢簡又見"廣地觻得守塞尉博",如簡(9)—簡(10):

(9) 建平二年五月丙戌朔丁亥,廣地觻得守塞尉博,移肩水金關部吏卒□

(《肩》73EJT37∶803A)

……

五月己丑以來□下□亭長惲。　　　　(《肩》73EJT37∶803B)

(10) 建平二年六月丙辰朔甲戌,廣地觻得守塞尉博兼行候事移肩水金關,

候長趙審寧歸屋蘭,名縣爵里年姓如牒,書到,出入如

(73EJT37∶651+716+727A)

觻得塞尉印,候史丹發,君前,守令史忠。

(73EJT37∶651+716+727B②)

關於以上二簡所見"廣地觻得守塞尉博",書式頗爲奇怪,有學者曾懷疑其書寫是否存在漏字或者謄録錯誤。③ 結合簡(7)—簡(8)知,西北漢簡確實存在"觻得塞尉"。因此"觻得塞尉"應是正式職官,與關吏謄録時是否出現錯誤或許無關。又西北漢簡多見邊地縣長吏代理候官吏職的簡例,如簡(11)所示:

(11) 綏和二年閏月丁酉朔乙丑廣地守候番和尉常移金關遣□北□☑

(《肩》73EJT37∶148+422)

此簡即是臨時代理廣地候官一職的番和縣尉發往肩水金關的文書。因此我們不能排

---

① 新莽時期"觻得"曾改名爲"角得""樂得",參見李建雄:《簡帛材料中的歷史地理信息研究——從張掖郡觻得縣的稱謂變化説起》,《檔案》2017年第7期,第17—22頁。

② 姚磊:《〈肩水金關漢簡(肆)〉綴合札記(十則)》,《簡帛研究二〇一六(秋冬卷)》,廣西師範大學出版社2016年,第235頁。

③ 郭偉濤:《漢代張掖郡廣地塞部隧設置考》,《出土文獻研究》第16輯,中西書局2017年,第214頁。

除簡(9)和簡(10)乃是觻得縣所轄縣塞尉臨時代理廣地候官塞事務的可能性。如果以上推測合理,我們或可認爲西漢初期部分屬縣所設“縣塞尉”這一武職,在西漢中後期的西北邊縣被保留和繼承了下來。

此外,我們之所以認定漢代西北邊縣設有縣塞尉,還與邊地屬縣轄境設置有烽隧有關。敦煌懸泉漢簡有簡(12):

(12) 敦煌大守丞破胡行縣塞蓬隧,
以令爲駕,一乘傳,七月戊申,過往來再食□(以上爲第一欄)
甘露元年七月甲午朔甲辰,敦煌大守步、長史奉憙、丞破胡,謂敦煌:
以次爲駕,當舍傳舍如律令。(以上爲第二欄) (ⅡT0113③:121[①])

據簡文知,簡(12)是敦煌太守府發往敦煌縣的文書,要求敦煌縣在郡守丞循行敦煌縣縣塞烽隧時妥善安排傳舍住宿問題。此簡既然出現“縣塞蓬隧”字樣,知面對複雜的邊境軍事形勢,漢代西北至少部分邊縣應設置有烽隧防備外敵。由敦煌太守親自派遣郡丞循行敦煌縣所轄烽隧可以看出,郡府對邊縣日常禦敵設施的重視。而且,面對郡府的重視,邊縣對所轄烽隧之督責也不敢放鬆。居延漢簡見簡(13):

(13) 殿 居延左尉義、游徼左褒,督蓬
二□、賞視事,五月放˙循 (《居》132.39)

據簡文知,居延縣也應設有烽隧,由縣左尉、游徼等武職對其進行督察,並以此作爲其政績考核的重要内容之一。

此外,敦煌一棵樹出土有簡(14):

(14) 郡縣亭隧,各置積薪十六,廣高各丈五☐ (《玉》DYK:3)

張俊民指出,此簡以制度的形式規定了邊縣所屬亭隧積薪的數量與大小。[②] 總之,由簡(12)—簡(14)可知,或許爲了應對巨大的軍事壓力,漢代西北邊縣轄境有必要設置烽隧來防禦外敵。因此爲方便平時對其進行管理,縣屬二百石縣塞尉這一長吏即應運而生。

綜上,從簡牘記載來看,西北邊縣縣長吏除去縣令長、縣丞和縣尉之外,至少部分

---

① 張俊民:《敦煌懸泉漢簡所見人名綜述(三)——以敦煌郡太守人名爲中心的考察》,《簡帛研究二〇〇五》,第123頁。

② 張俊民:《敦煌漢簡烽火品約中的“蓬”與其他》,《簡牘學研究》第10輯,甘肅人民出版社2020年,第57頁。

屬縣還設置有縣獄丞、縣塞尉兩個二百石朝廷命官。其中縣令長的設置有兩種情況:一些邊縣縣長官設置後出現過“令”“長”之間的職位變動;而另外一部分邊縣縣長官在“令”或“長”設立後一直趨於穩定。而且與内郡縣不同,縣令長以下在設有縣丞的同時,應還必須設置縣尉,甚至還要分縣尉爲左、右二職,來滿足邊縣面對内外壓力的需求。此外,即便是西北邊縣内部,其縣長吏的設置情況也有所不同。作爲首縣和郡治所在地的邊縣,如張掖郡觻得縣等,還需增設二百石縣獄丞這一長吏。又由於西北至少部分邊縣轄境設有烽隧,所以邊地還需設置二百石縣塞尉主理縣烽隧。總之,西北漢簡所見漢代西北邊縣縣長吏的設置,在繼承漢縣常規制度的同時,也兼顧了邊地特殊局勢的需要。

走馬樓吴簡所見州中倉、三州倉性質再探

——以州中倉"通合類"出米簡爲中心 *

崔啓龍

摘　要: 吴簡刊布以來,學界對於州中倉、三州倉性質和功能争議不斷。通過考察州中倉帳簿中的"通合類"出米簡可知,州中倉下有郡倉吏及諸縣倉吏分管倉米,州中邸閣郎中總成其事,其倉米由郡府支配,主要發往軍屯,其性質應是"郡倉",兼具部分"軍倉"職能。三州倉倉米則由臨湘侯國支配,其中相當部分運往州中倉,其性質應是"縣倉",兼有"轉運倉"職能。兩倉性質和職能的多元化,反映出隋唐以前官倉制度尚未完全定型的特點。

關鍵詞: 走馬樓吴簡　州中倉　三州倉　官倉制度

在走馬樓吴簡中,倉帳類籍簿的數量幾乎佔據了半壁江山,其中絶大部分是州中倉和三州倉兩倉的文書。但長期以來,學界對於州中倉、三州倉性質和功能争議不斷。目前,吴簡的整理工作逐漸走向尾聲,使我們有機會藉助新近公布的材料重審這一問題。可以發現,在州中倉出米簡中,有一類格式特殊的"通合類"出米簡。通過對這類出米記録集成、復原,可爲探究州中倉乃至三州倉性質、功能提供一些新綫索。

一、相關學術史評議

學界對於走馬樓吴簡中州中倉、三州倉的性質與功能聚訟已久,相關討論主要圍

---

* 本文得到北京故宫文物保護基金會和萬科公益基金會專項經費資助。

繞着兩組概念展開：正倉與轉運倉，郡倉與縣倉，前者以功能論，後者以所屬行政層級論，二者之間又互有交合，以下試述其要。①

最初，吴簡整理者根據唐代郡治所在縣只設郡倉，不設縣倉的現象，推測州中倉與三州倉雖然地處臨湘，但都不是縣倉。至於兩倉的性質，整理組内分有兩種意見：第一種認爲，州中倉是荆州下設臨湘的正倉，三州倉是吴國中央派出臨湘的轉運倉；第二種認爲，兩倉是置於水中洲上的轉運倉。② 此後胡平生又撰文，認爲三州倉吏鄭黑爲縣吏，故三州倉亦應是縣倉。③ 安部聰一郎、伊藤敏雄、何佳等學者沿襲了以倉吏身分爲判定標準的思路，進一步認爲兩倉倉吏俱是縣吏，故二者均應是臨湘縣倉，④但其中具體觀點又有不同：何佳認爲三州倉爲縣轉運倉，州中倉爲縣正倉。但安部聰一郎認爲轉運倉一般是中央直轄倉，不能直接接受民衆納米，故兩倉均非轉運倉。

針對以倉吏爲判定標準的思路，王素援引高敏"吏役"説，認爲臨湘雖是縣，但作爲郡治，其縣吏在郡中機構輪流服吏役是不難理解的，三州倉出米簡中"付州中倉吏黄諱潘慮受"也可以斷爲"付州中倉、吏黄諱潘慮受"，指出"倉"與"吏"實際上是兩個概念，"倉"是固定單位，"吏"則可以輪流調换，無論是縣吏黄諱、潘慮還是郡吏監賢，均可在州中倉任事，並在此基礎上堅持前説，認爲漢唐時期郡治所在縣只有郡倉而不存在縣倉，三州倉和州中倉也均應是郡倉，前者爲郡轉運倉、後者爲郡正倉。⑤ 這種觀點值得重視。縣吏給事郡府自秦漢以來有之，比如侯旭東在研究"給事"制度時，曾舉出蕭何與王尊的例子。⑥ 既然縣吏亦能服事郡府，那麽僅憑吏員身分，就不足以斷定所在機構的性質。因此，州中倉吏爲縣吏，並不能據此否認州中倉的郡倉性質。此外，還有一些證據也對"州中倉爲郡倉説"提供了有力支持，比如簡壹·4761 載有"米百廿□斛付州中郡倉吏監賢"，就明確將"州中"與"郡倉"聯繫起來。另外，侯旭東和

① 王素在《中日長沙吴簡研究述評》(《故宫學刊》第 3 輯，紫禁城出版社 2007 年)一文中對於學界觀點有詳細介紹，以下綜述部分多據此文。

② 王素、宋少華、羅新：《長沙走馬樓簡牘整理的新收穫》，《文物》1995 年第 5 期。

③ 胡平生：《嘉禾四年吏民田家莂研究》，長沙市文物考古研究所編：《長沙三國吴簡暨百年來簡帛發現與研究國際學術研討會論文集》，中華書局 2005 年，第 34—50 頁。

④ 安部聡一郎：《吏民田家莂にみえる倉吏と丘》，收入《嘉禾吏民田家莂研究——長沙吴簡研究報告》第 1 集，(東京)長沙吴簡研究會 2001 年，第 55—67 頁；伊藤敏雄：《關於長沙走馬樓簡牘中的邸閣、州中倉、三州倉》，長沙市文物考古研究所編：《長沙三國吴簡暨百年來簡帛發現與研究國際學術研討會論文集》第 113—123 頁。何佳：《長沙走馬樓吴簡所見倉、庫及倉吏、庫吏的研究》，西北師範大學歷史文化學院等編：《簡牘學研究》第四輯，甘肅人民出版社 2004 年，第 119—131 頁。

⑤ 王素：《中日長沙吴簡研究述評》。

⑥ 侯旭東：《長沙走馬樓三國吴簡所見給吏與吏子弟——從漢代的"給事"説起》，《中國史研究》2011 年第 3 期。

魏斌從轉運關係的角度,也認同州中倉爲郡倉的説法,但與王素不同的是,他們認爲三州倉是縣倉。[①]

但“州中倉爲郡倉説”同時也存在不少難以繞開的反證。首先,若縣吏黄諱、潘慮所給事的是郡倉,那麽其製作的“郡倉”籍簿似應上呈長沙郡倉曹才對,但從“君教”木牘看,黄諱、潘慮製作的旦簿、四時簿都是定期上呈臨湘右倉曹:

1. 君教　　　丞送新兵到漚口掾烝循如曹　　期會掾烝　　若校
   主簿劉　　　　　　　　　　　恒省 嘉禾三年二月三日白州中倉吏黄諱所列
嘉禾元年四月一日訖六月卅日米旦簿草 (牘·6)[②]

2. 君教 已核已校　丞出給民種粻掾烝循如曹期會掾烝　録事掾谷水校
   重核已出 主簿　　　　　　　　省 嘉禾三年五月十三日白州中倉領襍米起
嘉禾二年九月一日訖十一月卅日一時簿 (牘·23)

【注】“已校”爲朱筆批字;“已核”、“重核已出”爲墨筆批字。

魏斌此前推測,州中倉米簿出現在臨湘侯國檔案群中,可能是由於州中倉與三州倉業務聯繫緊密,故相關籍簿也需在臨湘備案。但從以上“君教”木牘反映的情況看,這些籍簿並不僅是備案性質,而是需要臨湘諸吏反復檢核,表明臨湘需對州中倉米簿的真實性負責。如州中倉爲郡倉,這似有違常理。其次,既然郡吏監賢與縣吏黄諱、潘慮同時在州中倉内辦公,前者位次也高於後者,爲何最終倉米籍簿是以兩位縣吏的名義上呈,而非郡吏監賢?再次,州中倉曾“被(承)縣書”向作柏船匠師出米(詳後),若州中倉爲郡倉,何以會聽從臨湘縣的出米指令?此外,吴簡中有將“臨湘倉吏黄諱、潘慮”與“郡倉吏監賢”並列的簡例:

3. 出臨湘倉吏黄諱、潘慮所領黄龍三年新吏限吴平斛米五千斛□倉吏監
   賢米六百　　　　　　　　　　　　　　　　　　　　　　(肆·5006)

這裏“倉吏監賢”前一字闕釋,戴衛紅認爲當作“郡”,核諸圖版,應是。這裏出現了“臨湘倉吏黄諱、潘慮”的説法,這究竟是指“臨湘倉之吏”還是“(來自)臨湘之倉吏”,若是前者,臨湘倉與州中倉及“郡倉”又是一種怎樣的關係?若是後者,那麽黄諱、潘慮所

---

① 侯旭東:《吴簡所見“折咸米”補釋——兼論倉米的轉運與吏的職務行爲過失補償》,長沙簡牘博物館、北京吴簡研討班編:《吴簡研究》第2輯,崇文書局2006年,第176—191頁;魏斌:《走馬樓所出孫吴貸食簡初探》,武漢大學中國三至九世紀研究所編:《魏晋南北朝隋唐史資料》第23輯,武漢大學文科學報編輯部2006年,第27—57頁。

② 爲與原釋文相區别,本文據圖版所增釋、改釋之字均用下劃波浪綫標記,據文意及相關簡例所補之字用方括號括出,後文以此類推,不再出注。另,《長沙走馬樓三國吴簡·竹木牘卷》相關信息得到了王素師、熊曲女史的惠助,在此謹致謝忱!

管領的糧米與“郡倉吏監賢米”又有何不同？這些都是必須回應的問題。

綜上,諸家争論主要集中在三州倉和州中倉的級别問題上,其中由於州中倉所涉材料多有相互歧異之處,性質尤難判定。面對如此複雜的情況,戴衛紅認爲在没有確鑿證據的前提下,還是應對三州倉、州中倉的性質持謹慎態度;[1]谷口建速則試圖彌合兩説,提出州中倉兼備郡倉與縣正倉兩種性質,[2]但這樣的解釋似乎仍有未尽之處。

在州中倉出米簡中,可以見到一類格式特殊的出米簡：它除了登記“州中倉吏”黄諱、潘慮的出米情況外,還包括郡倉吏及劉陽、醴陵等長沙屬縣倉吏的出米記録,並最終以“通合若干斛”作爲對以上出米總量的結計,爲便於敘述,暫將其稱作“通合類”出米簡。在研讀這類出米簡的過程中,我們發現,其中藴含的一些綫索可能是解開州中倉性質謎團的鎖鑰,以下擬在文書集成、復原的基礎上,嘗試對州中倉、三州倉及“郡倉”、“劉陽倉”、“醴陵倉”等倉的性質及相互關係進行考察。

二、州中倉“通合類”出米簡集成、復原

鄧瑋光在《對中倉十二月出米簡[肆]4012組的復原嘗試》與《走馬樓吴簡“出米簡”復原與研究》兩篇文章中,已經成功復原出兩組“通合類”出米簡。[3] 爲方便觀察這類文書的結構特徵,我們將鄧文修訂後的兩組釋文完整迻録如下：

4. 出倉吏黄諱、潘慮所領吴平斛米四千三百八十九斛八斗：其一百六十六斛黄龍元年十税米、六十斛吏帥客黄龍元年限米、八十九斛私學黄龍元年限米、一百廿三斛六十斗民還黄龍二年税米、八十八斛民還黄龍二年租米、九十一斛吏帥客黄龍二年限米、十五十二斛私學黄龍二年限米、一百七斛新吏黄龍二年限米、五十六斛七升三州倉十運黄龍二年小溪僦米、五十一斛五斗叛士黄龍二年限米、二百黄龍二年限米、十一千七百六十六斛六斗三升黄龍三年税米、一百六十四斛吏帥客黄龍三年限米、九十八十斛

① 戴衛紅：《長沙走馬樓吴簡所見孫吴時期的倉》,《史學月刊》2014年第11期等等。

② 谷口建速：《長沙走馬樓吴簡にみえる穀物財政システム》,工藤元男、李成市編：《東アジア古代出土文字資料の研究》,(東京)雄山閣2009年,第182—206頁,後收入其著《長沙走馬樓吴簡の研究——倉庫關連簿よりみる孫吴政權の地方財政》,(東京)早稻田大學出版社2016年,第139—180頁。

③ 鄧瑋光：《對中倉十二月出米簡[肆]4012組的復原嘗試》,蘇州博物館編：《蘇州文博論叢》第6輯,文物出版社2015年,第45—55頁;《走馬樓吴簡“出米簿”的復原與研究》,楊振紅、鄔文玲主編：《簡帛研究二〇一五》(春夏卷),廣西師範大學出版社2015年,第201—217頁。

佃吏黄龍三年限米、二百廿九斛私學黄龍□年限米、一百卅斛新吏黄龍十三年限米、六十八斛佃卒黄龍三年限米、一百八斛郵卒黄龍三年限米、二百廿五十斛新還民黄龍二年限米、一百六十二斛監池司馬鄧邵黄龍三年限米、八十一斛司十馬黄升屯田黄龍三年限米、一百一十九斛民還價人李綏米卌六斛、諸將黄武七年十佃禾准米、廿六斛吏文董備黄龍三年芋種賈米、廿四斛吏文水備鍛師佐十監寒等稟米、五十九斛大男常碩黄龍三年轉罪兵賈米，與劉陽倉周春十米一千五百六十斛，醴陵倉吏劉仨米五十斛二斗，通合吴平斛米六千斛，被督十軍糧都尉黄龍三年十二月廿一日己酉書，付監運掾楊遺運詣集【所】，三年十二月廿六日十付書史□應、杝師文平等

(肆·4012+4050+4029+5005+5003+5008+5026+4988+4978+4987+5138+4117+4100+4110+4097)

5. 出倉吏黄諱、潘慮所領雜吴平斛米一千五百卌一斛八斗：其五斗零陵桂陽私學十黄龍元年限米、一斛二斗四升民還黄龍元年租禾准米、一斛四斗八升黄龍元年租米、十三升佃吏黄龍元年限米、七斛三斗七升私學黄龍二年限米、四斛一斗九升新吏十黄龍二年限米、二升新吏黄龍元年限米、一斛六斗二升郵卒黄龍二年限米、十一斛八升佃卒黄龍二年限米、四斗三升叛士黄武二年限米、九斗三升佃吏黄龍十二年限米、一斛四升司馬黄升黄龍二年限米、七斛五升監運掾姃度漬米、四斛二十斗五升諸將黄武七年佃禾准米、七升黄龍二年定租准米、五斗黄龍三年醬賈十米、四斛監運兵曹張象備黄龍二年斧賈米、一千五百六斛黄龍二年盈湎米，與十郡倉吏監賢米一千一百五十六斛七斗四升，劉陽倉吏周春這牧米一千七百七十六斛十六斗四升，醴陵倉吏劉仨米二千二百□□斛□斗二升，通合吴平斛米六千十七百(斛)，被督軍糧都尉黄龍三年十月十六日乙卯書，付監運兵曹陳謙運詣集所，十黄龍三年十月廿一日付書史使盧、杝師夏軍

(肆·4032+4031+4173+4171+4894+4893+4846+4757+4754+4759+4752+4751)

與一般出米簡相比，"通合類"出米簡在文書發出單位、支出目的及承運者方面差别不大，特别之處在於"被督軍糧都尉"之前的内容：不僅列舉了倉吏黄諱、潘慮所出諸色糧米詳目及數額，其後還依次羅列了"郡倉吏""劉陽倉吏""醴陵倉吏"的出米數額，最後還有"通合"之數。所謂"通合"，即是對包括黄諱、潘慮在内各倉倉吏所出糧米的通

計，而一般出米簡只登記黄、潘二吏的出米情况，“通合”一詞則不會出現，如：

6. 出倉吏黄諱、潘慮所領襍吴平斛米五千六百斛：其四千三百二斛二斗七升嘉禾十元年税米、五百廿斛嘉禾元年粢租米、三百六十斛新吏嘉禾元年【新吏十嘉禾元年】限米、三百廿斛郵卒嘉禾元年限米、七斛佃吏黄龍元年限米、五十十斛七斗三升黄龍三年盈涵米、卌斛吏張晶備黄武六年適客限米，被督十軍糧都尉嘉禾元年十二月十九日庚戌書，付監運掾楊遺運詣集所，嘉禾十二年正月六日付書史孫應，杝師文平、戴壽、黄密、馬桑（捌・3248＋3239＋3218＋3217＋3216＋3214）

總之，“通合類”出米簡的格式一般有如下特徵：其一爲連記各縣倉吏所出糧米，其二爲“被軍糧都尉”前有“通合若干斛”字樣。循著這兩個特徵，我們在吴簡中又搜集到一些竹簡，其中一些可以復原爲較爲完整的記録，如以下三例：

7. 出臨湘倉吏黄諱、潘慮所領黄龍三年新吏限吴平斛米五十斛，與郡倉吏監賢米六百十五十斛，劉陽倉吏周春米七百八十斛，通合吴平斛米一千四百八十斛，被督軍糧（肆・5006＋4920）

8. 出倉吏黄諱、潘慮所領嘉禾元年税吴平斛米二百斛爲稟斛米二百八斛三斗三升一合，十與倉吏監賢稟斛米一百九十斛六斗六升八合，倉吏逢審、區胄稟斛米六十十一斛，通合稟斛米四百六十斛，被監作部都尉王晫嘉禾二年正月廿九日庚寅(書)，十給晫所領鍛師佐監寒等一百九十六人嘉禾二年二月直，其卌人人三斛、五十六人人二十斛五斗、百人人二斛，其年正月廿九日付吏烝承（柒・1996＋捌・3325＋3303＋3233＋3254）

9. 白米六千一百卌六斛八斗，倉吏監賢米一千四百□□斛六斗五升，劉陽倉吏【周春、這】十牧白米三百一十一斛九斗八升，醴陵倉吏劉仨白米□百一斛四斗二升，通合吴平斛米十八千五百斛，被督軍糧都尉三年八月卅日己巳書，付後部樓船都尉諸□【運】十詣集所，三年十月一日付倉曹章定、書史周□、杝師陳可（伍・123＋肆・3948＋肆・4051＋肆・4049）

還有一些與之相關的文書片斷及零簡：

10. 三千八百斛，通合□□七千六十斛，被督軍糧都尉□嘉禾元年三月四日庚午書，付十監運掾陳靓運詣集所，其年三月十四日付書史謝越，杝師張曯、陳中、趙衡、戴鵮（壹・1760＋1751）

11. 五百斛，通合六千四百斛，邸閣右郎中李嵩被督軍糧都尉嘉禾二年八

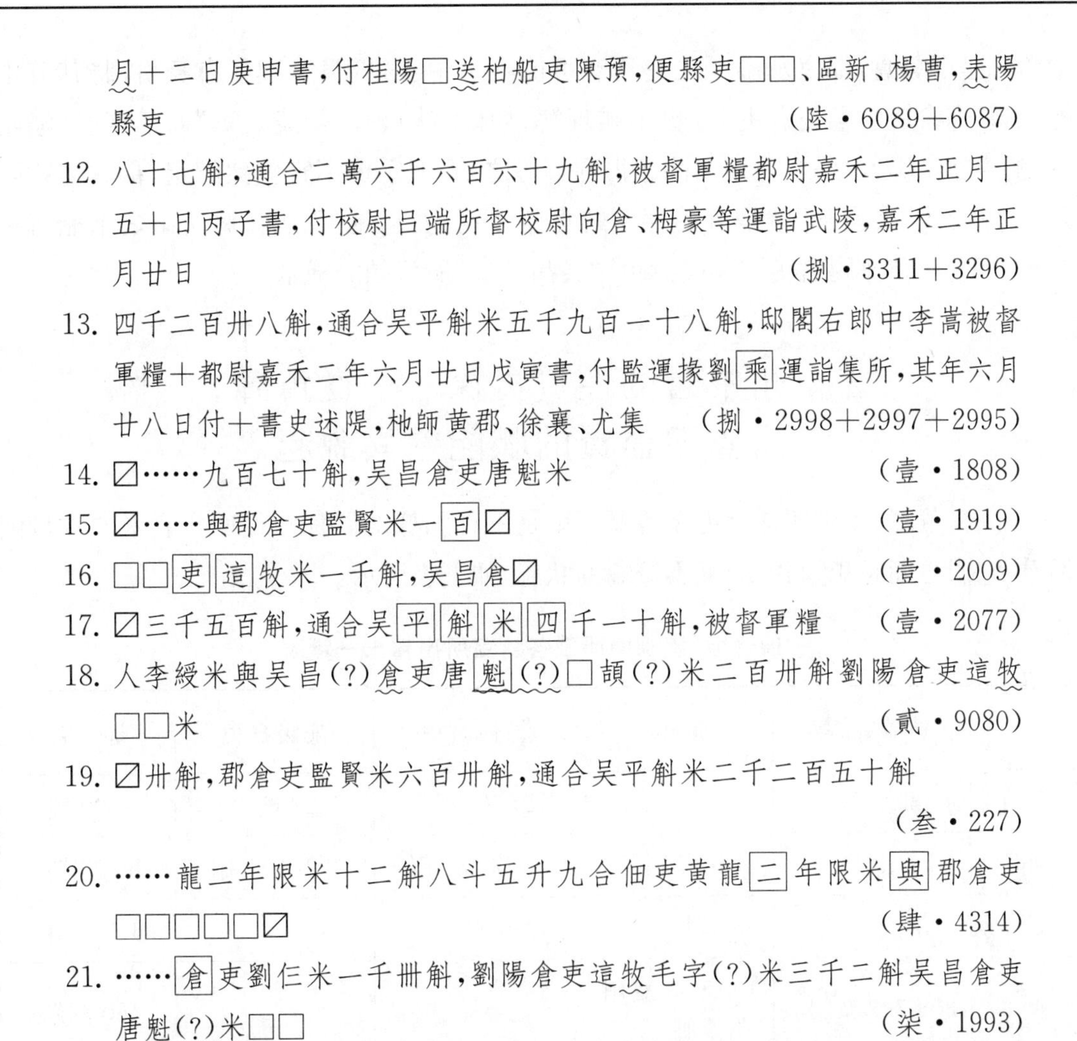

月十二日庚申書,付桂陽□送柏船吏陳預,便縣吏□□、區新、楊曹,耒陽縣吏 (陸·6089+6087)

12. 八十七斛,通合二萬六千六百六十九斛,被督軍糧都尉嘉禾二年正月十五十日丙子書,付校尉吕端所督校尉向倉、栂豪等運詣武陵,嘉禾二年正月廿日 (捌·3311+3296)

13. 四千二百卅八斛,通合吴平斛米五千九百一十八斛,邸閣右郎中李嵩被督軍糧十都尉嘉禾二年六月廿日戊寅書,付監運掾劉乘運詣集所,其年六月廿八日付十書史述隄,杝師黄郡、徐裏、尤集 (捌·2998+2997+2995)

14. ☑……九百七十斛,吴昌倉吏唐魁米 (壹·1808)

15. ☑……與郡倉吏監賢米一百☑ (壹·1919)

16. □□吏這牧米一千斛,吴昌倉☑ (壹·2009)

17. ☑三千五百斛,通合吴平斛米四千一十斛,被督軍糧 (壹·2077)

18. 人李綬米與吴昌(?)倉吏唐魁(?)□頡(?)米二百卅斛劉陽倉吏這牧□□米 (貳·9080)

19. ☑卅斛,郡倉吏監賢米六百卅斛,通合吴平斛米二千二百五十斛 (叁·227)

20. ……龍二年限米十二斛八斗五升九合佃吏黄龍二年限米與郡倉吏□□□□□☑ (肆·4314)

21. ……倉吏劉仨米一千卌斛,劉陽倉吏這牧毛字(?)米三千二斛吴昌倉吏唐魁(?)米□□ (柒·1993)

可以看出,"通合類"出米簡不僅登記"(臨湘)倉吏"黄諱、潘慮的出米額,同時包括"(郡)倉吏"監賢,"劉陽倉吏"周春、這牧、毛字,"醴陵倉吏"劉仨,"吴昌倉吏"唐魁的情況。這裏需要説明的是,此前不少學者將"郡倉""劉陽倉""醴陵倉""吴昌倉"徑直視作是實體倉廩之名。[1] 但在吴簡中,並無"郡倉""劉陽倉"等單獨出現的簡例,[2]其後必然連記有倉吏姓名,那麽這裏的"郡""劉陽""醴陵""吴昌"究竟是倉名,還是冠於倉吏之前、用表示各自行政歸屬的標記?以"醴陵倉吏劉仨"爲例,劉仨的身分是"醴陵倉之吏",還是"(來自)醴陵之倉吏"?如是前者,那麽"醴陵倉"確是一個獨立的實體倉廩,如是後者,則"醴陵"只是爲了標識劉仨原本的行政歸屬,按前揭王素所論,州

① 如谷口建速《長沙走馬樓吴簡にみえる穀物財政システム》、戴衛紅《長沙走馬樓吴簡所見孫吴時期的倉》等。

② 戴衛紅曾舉簡壹·4415、叁·3098,證明單獨"郡倉"出現,但核諸圖版,其字迹均不甚清晰,故釋文暫時存疑。此外,後者周邊均爲"貸食簡",釋文中"郡倉"可能爲"貸食"之誤。

中倉如是郡級倉,郡吏及屬縣之吏均有可能在倉中服役,爲識别各自身份,將其分别標記爲"郡倉吏""醴陵倉吏"等也不難理解,如此,就只有"醴陵倉吏"而無實體"醴陵倉"的存在。職是之故,在這一問題得到解答之前,似乎還不宜貿然認定"郡倉""劉陽倉""醴陵倉""吴昌倉"就是實體存在的倉廩,爲穩妥起見,我們暫將所出之米籠統視作是"郡倉吏""劉陽倉吏""醴陵倉吏""吴昌倉吏"所管領的糧米。

三、州中倉的性質再探——從黄諱、潘慮與監賢的職能差異説起

那麽,黄諱、潘慮與郡倉吏及各縣倉吏是一種怎樣的關係?從所領倉米的數量關係看,它們之間是相對獨立、互不統屬的狀態,如下表所示:[①]

"通合類"出米簡所載各倉吏所出糧米一覽表

	黄諱、潘慮	郡倉吏	劉陽倉吏	醴陵倉吏	通　合
簡 4	4 389.8 斛		1 560 斛	50.2 斛	6 000 斛
簡 5	1 541.8 斛	1 156.74 斛	1 776.64 斛	2 224.82 斛	6 700 斛
簡 7	50 斛	650 斛	780 斛		1 480 斛
簡 8	208.333 稟斛	190.668 稟斛/61 稟斛			460 稟斛

在此類特殊的出米任務中,黄諱、潘慮與其他倉吏需要在邸閣郎中的安排之下,根據督軍糧都尉的指令共同湊足"通合"之數,進而交付承運單位或受米者。换言之,郡倉吏、劉陽倉吏、醴陵倉吏及吴昌倉吏的糧米並不在黄諱、潘慮的管轄範圍之内。但如此一來,便又會生出疑問:黄諱、潘慮既是州中倉吏,也負責制作州中倉每月"旦簿",按理説應當統管州中倉所有倉米的出入情況,然而,同在州中倉任事的郡倉吏監賢,爲何還領有相當一部分黄、潘二人管轄之外的糧米?要解决這一問題,首先必須弄清黄諱、潘慮、監賢在州中倉實際運行過程中的職責。

黄諱、潘慮是三州、州中兩倉籍簿中出鏡率較高的倉吏,常常成對出現,在不同的文書中,對他們的稱呼也有所差異,除了此前學者業已指出的"縣吏",檢索吴簡,發現至少

① 吴昌倉吏的相關竹簡由於未能有效復原爲完整記録,故數據暫不列入表格。

還有"吏黄諱、潘慮"(壹・3120)"吏黄諱、史番慮"(貳・498)"掾黄諱、史潘慮"(三・1344)"中倉吏黄諱、潘慮"(肆・4162)"州中倉吏黄諱、潘慮"(壹・2039)"監倉掾黄諱、史潘慮"(捌・3864)"臨湘倉吏黄諱、潘慮"(肆・5006)七種稱呼。這些簡例的時間斷限基本均在黄龍三年至嘉禾三年,在這段時間内,黄、潘二人一直在州中倉任事,未曾發生過改變。因此,以上稱呼應當是不同文書中對於二人職銜的不同描述:其中"監倉掾、史"應是二者最爲正式的職官名稱,有時又可簡稱作"掾""史";"中倉吏"/"州中倉吏"和"縣吏"則更像是一種籠統性稱呼,前者突出其工作地點,後者則强調其行政隸屬關係。此間差異,可能與各書手書寫習慣的差異有關。這裏需要稍作説明的是"臨湘倉吏黄諱、潘慮",這種稱呼在吴簡中僅有上舉簡 7 一例。所謂"臨湘倉吏",似與"州中倉吏"的身份相扞格,戴衛紅認爲這可能與黄、潘二人的職務遷轉有關,[①]谷口建速則認爲"州中倉吏"是臨湘侯國内對二人的稱呼,而"臨湘倉吏"則是外界的稱呼。[②] 從以上復原情況來看,簡 7 就是州中倉"通合類"出米簡,表明黄、潘二人的身分依然是州中倉吏,之所以被書手寫作"臨湘倉吏",可能是爲了與其後"郡倉吏""劉陽倉吏"相區别。由此來看,谷口氏的意見應當更接近實際情況,"臨湘倉吏"也是"州中倉吏"的一種别稱。至於這種别稱的特殊意義,詳見後説。綜之,黄諱、潘慮的身分應當被完整表述作:在州中倉内任事的臨湘縣吏,前者爲監倉掾、後者爲監倉史。

我們還注意到,同時期的州中倉吏除了黄諱、潘慮外,另有一位名叫"李金"者,常與二人並列出現於籍簿中,如:

22. 領二年佃吏限米五百六十斛二升 百八十斛二升付吏黄諱潘慮
四斛付吏李金 (陸・2583)

23. 其一萬四千六百八十斛三斗一升運集中倉付[吏]李金黄諱潘慮 (陸・2557)

24. 領二年貸食嘉禾元年帥客限米三百七十九斛四斗五升運集中倉 二百七十九斛四斗三升付李金
一百斛付黄諱潘慮 (陸・3291)

這三枚簡應當出自三州倉倉米簿,從所領糧米的年份看,文書年代大致應在嘉禾二年到三年前後,其中記載了三州倉所領倉米及其去向,可以看出,倉米在運抵州中倉後,一部分交付黄諱、潘慮,一部分交給李金。除此之外,還有不少李金單獨領受倉米的記録,限於篇幅不便具引。由此看來,李金所領糧米似乎獨立於黄、潘二人。但在另外一些竹簡中,我們又能看到這樣的記録:

---

① 戴衛紅:《長沙走馬樓吴簡所見孫吴時期的倉》。

② 谷口建速:《長沙走馬樓吴簡にみえる穀物財政システム》,《長沙走馬樓吴簡の研究——倉庫關連簿よりみる孫吴政權の地方財政》,第 156 頁。

25. 料中倉吏李金起十月廿二日訖卅日受四年粢租米卅六斛八斗六升九合　　十月卅日史潘慮白(陸·1028[1])

26. 吏番慮謹列[核][料]州中倉吏李金所領嘉禾二年黄龍二三年民還所貸禨米簿　(陸·3326)

27. [史][潘][慮]謹料剌州中倉吏[李][金]所領嘉禾三年禨米要簿　(柒·3321)

簡27中"四年"應是嘉禾四年。自嘉禾二年至四年,監倉史潘慮一直負責審核李金所領各色糧米。這説明雖然同在一倉工作,但李金的工作却受潘慮的指揮,其地位要低於潘慮,自然也就更不及監倉掾黄諱。此外,在吴簡中也未看到李金支出糧米及上呈月旦簿的記録,由是我們推測,李金作爲州中倉吏雖然可以獨立承擔一部分收受糧米的工作,但只是協助監倉掾史辦公而已,其所領糧米最終還是需由黄諱、潘慮統一管理。

從州中倉倉米簿來看,黄諱、潘慮的日常工作是收支糧米和定期製作月旦簿。二人所領倉米的來源,一部分爲三州倉委托船師轉運,另一部分則是臨湘民衆自行繳納。這在入米簡中有所反映:

28. 右嘉禾三年租米二千一百一十七斛二斗二升　其六百八十三斛五斗二升民[自][入]
其一千四百卅三斛七斗三州運　(柒·3322)

29. 右嘉禾二年租税禨限米卌九斛八斗　其卅七斛二斗民自入
其十二斛六斗三州[米]　(捌·5435)

可見無論是何種性質的米,來源無非"民自入"與"三州倉運"兩種。而三州倉的倉米原本也是征自臨湘當地。因此,納入途徑雖有不同,但黄諱、潘慮所領糧米的源頭均應是臨湘民衆上繳的各色"租税禨限米",二人每月製作的"州中倉月旦簿",統計的也是這些糧米的收支情况。最終,"月旦簿"還需上呈臨湘右倉曹審核,並由侯國長吏勾檢。如此看來,黄諱、潘慮所管領倉米的性質仿佛就是臨湘侯國的"縣倉"儲備。

然而,從其倉米的出用情况看却並非如此。根據州中倉的出米流程,一般是州中邸閣郎中在接到督軍糧都尉的指示後,安排倉吏出給糧米。在此過程中,倉吏雖然是臨湘縣吏,但只是聽命出米而已,無論是督軍糧都尉還是邸閣郎中,都未曾知會過臨湘縣廷,這表明臨湘方面對於其他機構支用州中倉米似乎是無權干涉的。那麽,臨湘本縣對於黄、潘二人所領州中倉米有權支用嗎?在州中倉出米簡中,確實可以找到兩例"被(承)縣書"的記録:

30. 出倉吏黄諱、潘慮所領黄龍三年税吴平斛米四斛八斗爲稟斛米五斛,被縣黄龍三十年十月廿九日庚寅書,給作柏船匠師朱哀朱德二人三年十月

十一月直：其一人月一斛十五斗，一人月一斛。三年十一月一日付哀、德

(肆·4136+4137+4890)

31. 出倉吏黄諱、潘慮所領嘉禾元年税吴平斛米六斛七斗二升爲稟斛米七斛，邸閣十右郎中李嵩承縣嘉禾二年閏月四日癸巳書，給作柏船匠師朱德、鄭十有二人嘉禾二年閏月訖六月直：其一人月二斛，一人月一斛五斗。其年閏月十七日付徒南。 (捌·3004+3002+209)

這兩例都是支給"作柏船匠師"稟米的記録。文書中的"縣"應當是指臨湘侯國，"船曹"應是臨湘縣廷諸曹之一，負責修造"柏船"是其分内工作，這些"作柏船匠師"應當就是臨湘官府雇傭或征發的造船匠人。關於吴簡文書中之"被"字，此前學者已闡釋頗明，即下級承受上級文書之用語，而簡34之"承"字在吴簡中却出現不多，詳檢東漢以來的史料，可知其多有"上承"之意，與"被"字的用法相差無幾。[①] 故"承文書"即是"被文書"。單從文書内容看，臨湘侯國可以根據自身需要，直接命令邸閣郎中安排黄諱、潘慮向指定人員支出倉米，顯示臨湘對於倉米仍有一定程度的支配權。但這裏又存在一個問題：此前學者指出邸閣是郡級單位，它在收到臨湘縣廷發來的文書時，不應使用"被""承"這類下級對上級的用語。事實上，"草刺"簡中相關記録顯示，實際行政流程並没有出米文書中記録的那般簡單：

32. 草言府：移邸閣李嵩出米十五斛給稟柏船匠師……事　閏月八日船曹掾番棟白 (陸·575)[②]

該簡從屬於"閏月草刺册"，據徐暢集成分析，該簡册是臨湘縣諸曹在嘉禾二年閏月上呈長沙太守府的發文記録。徐文還對該簡背後反映出的行政流程作了復原："嘉禾二年閏月八日船曹掾番棟上言請求郡、縣長吏移書邸閣右郎中李嵩，令其出米稟給柏船、匠師，文書送至門下，經侯國長吏審定，所言事涉及郡府，需繼續上行。"這裏需要指出，"給稟"的"柏船匠師"應是"作柏船匠師"之省稱，並非"柏船、匠師"兩類人群。值得注意的是，這枚草刺簡與簡34所涉事件發生於同月，内容也高度相關，只不過前者爲"給稟"米15斛，後者爲"給直"米7斛，時間上也相差了數天。儘管兩份記録存在

① 如《無極山碑》中有"制約可。大尚承書。"之語，參洪适《隸釋》卷3《無極山碑》，中華書局1985年，第45頁；再如《三國志·魏書·王基傳》載："詔征南將軍王基部分諸軍，使烈督萬人徑造沮水，荆州、義陽南屯宜城，承書夙發。"

② "嵩"字原缺釋，據徐暢修訂釋文補，詳參其文《草刺、行書刺與三國孫吴縣級公文運轉機制——從長沙吴簡閏月草刺册的集成切入》，《文史》2020年第4輯，第72頁。

一定差異,所指向的可能並非同一次出米事件,但草刺簡所示行政流程應當具有代表性:縣廷如需支用州中倉糧米,不能直接向邸閣發書,更不能直接命令縣吏黄諱、潘慮出米,而需上呈郡府請示批准,最終以郡府的名義命令邸閣支出糧米。這也就解釋了出米簡中爲何邸閣郎中會"被"臨湘侯國的"縣書":所謂"被縣書",應當是"被郡府移臨湘縣書"的簡略寫法。如此來看,黄諱、潘慮所領"州中倉米"雖然基本均來源於臨湘,每月倉米收支帳也需提交臨湘縣廷審核,但臨湘對於這批糧米却不能擅自支配,换言之,當糧米繳入州中倉的一刻,臨湘就只有"管理權"而没有"使用權"了。因此,黄諱、潘慮雖是縣吏,但所領倉米實際已在郡府的掌控之下。

以下我們再來考察監賢的情況。監賢在吴簡中的稱謂也不盡相同,至少有"倉吏"(壹·3079)、"郡吏"(貳·1095)、"郡倉吏"(貳·415)、"州中郡倉吏"(壹·4761)、"監倉掾"(柒·126)五種,根據上文對黄諱、潘慮不同稱謂的考察,我們有理由認爲,針對監賢的五種稱謂,應當也與不同書手書寫習慣的差異有關,監賢本人的職事並未發生任何改變,可以完整表述爲:在州中倉内任事的郡監倉掾。前已提及,雖然均在州中倉内任事,但監賢所領糧米是相對獨立的,並不在黄諱、潘慮的管轄範圍内。那麽,其糧米來自何處呢?吴簡中"黄龍二年入鹽米簡"可以提供一些綫索。

這批入米簡主要集中在《竹簡[壹]》中,侯旭東、谷口建速、蘇俊林等學者均對其做過集成研究,由於所涉竹簡衆多,限於篇幅暫不備舉,以下僅選取其中一例典型簡例如下:

33. 入吏朱謙二年鹽米九斛六斗黄龍三年三月三日關邸閣郭據付倉吏監賢受
(壹·3079)

蘇俊林將此類竹簡格式總結爲:

入+交納者身份+姓名+(二年)鹽米+數額+交納日期+關邸閣郭據+付倉吏監賢受

可見,所入鹽米無一例外地均在邸閣郎中郭據的監臨下由監賢受取。所謂"鹽米",又稱"鹽賈米",即是出售食鹽所得之米。[①] 據考察,當時長沙郡的食鹽是郡府分包給郡

① 關於吴簡中"鹽米"的研究,請參侯旭東:《三國吴簡所見鹽米初探》,北京吴簡研討班編:《吴簡研究》第1輯,崇文書局2004年,第249—260頁;王子今:《走馬樓許迪割米案文牘所見鹽米比價及相關問題》,長沙市文物考古研究所編:《長沙三國吴簡暨百年來簡帛發現與研究國際學術研討會論文集》,第99—100頁;谷口建速:《塩米——孫吴政権の塩鉄政策》,《長沙走馬楼呉簡の研究:倉庫關連簿よりみる孫呉政権の地方財政》,第239—272頁;蘇俊林:《走馬樓吴簡所見鹽米的初步整理與研究》,《鹽業史研究》2018年第1期;趙義鑫:《孫吴長沙郡的鹽政與地方行政權力運作的變化》,《湖南社會科學》2020年第4期。

縣吏員及部分平民負責銷售,因此竹簡顯示入鹽米者的身分也參差不一。[①] 銷售完畢後,他們將所獲糧米直接繳入州中倉吏監賢處,“入鹽米簡”便由此形成。除了這一途徑,一些銷售者也會選擇先將鹽米繳入三州倉,再由三州倉交付船師轉運州中倉,因此在三州倉倉米簿中,可以見到不少關於鹽米的記録,如:

34. ☐故吏周□□□□鹽米二斛就畢‖㐅嘉禾元年八月九日盡丘潘主付倉吏谷漢受 (叁・3723)

35. 入鄉吏蔡脩黄龍元年鹽賈米十七斛六斗四升 (叁・4745)

36. 入郡吏雷濟黄龍三年鹽賈米四百一十六斛五斗□□不收僦 (叁・4782)

37. 其一千七百九十斛一斗郡吏雷濟黄龍三年鹽賈米 (叁・4396)

38. 其廿二斛郡司馬烝餘黄龍三年鹽賈米 (叁・7915)

39. 其四斛黄龍三年貸食黄龍元年鹽賈米 (玖・4296)

簡 34 從形制上看應屬“入米莂”,簡 35、36 是月旦簿中對於當月入米種類的分計,簡 37—簡 39 亦應是月旦簿中對於“承餘”或“定領”倉米種類的分計。其中,簡 34 有“就(僦)畢”字樣,根據學界對於“僦米”“僦畢”的研究,可知民衆向三州倉繳納糧米時,一般均需繳納相應數量的僦米,用於官府代雇船師將糧米轉運至州中倉,而直接送往州中倉者則無需繳納。[②] 就簡 34 所反映的情況看,交至三州倉的鹽米需要同時繳納僦米,用於鹽米的最終目的地是州中倉。簡 36 特别標明了“不收僦”,這在三州倉文書中極爲少見,究其原因,是這筆收入最終直接供給了駐扎在當地的屯營吏士,無需再轉運至州中倉。關於這一點,我們已另文探討,今不贅。可見,在一般情況下(如簡 35),吏民交入三州倉的鹽米同樣需要照常支付僦米,這看起來與臨湘百姓繳納租税限米時的情況類似。但與租税限米不同,鹽米在轉運至州中倉時,負責實際簽收的吏員是監賢而非黄諱、潘慮:

40. ☐□年貸食黄龍元年鹽賈米四斛運集中倉付吏監賢 (貳・696)

關於這方面的完整簡例較少,我們只找到以上一例,雖只是民衆所還“貸食”之“鹽賈米”,但按照孫吴倉廩按米種歸類管理的慣例,這應當能反映出鹽賈米的最終去向就是州中倉吏監賢。此外,鄧瑋光對黄龍三年十月、十一月州中倉旦簿有完整復原,從

① 趙義鑫:《孫吴長沙郡的鹽政與地方行政權力運作的變化》。

② 孫東波、姜望來:《走馬樓吴簡所見“肻畢”及相關用語試釋》,《船山學刊》2008 年第 2 期;鄧瑋光:《試論吴簡“肻畢”及相關問題》,卜憲群、楊振紅主編:《簡帛研究二〇一三》,廣西師範大學出版社 2014 年,第 228—235 頁。

其中所列黄諱、潘慮管領的倉米細目中,我們找不到“鹽米”或“鹽賈米”的分計項,這從一個側面説明,無論是吏民直接交入的鹽米,還是由三州倉轉運的鹽米,最終均是監賢負責簽收管理的,而與黄、潘二人無涉。

郡吏管領鹽米,可能與當時的食鹽銷售體制有關。趙義鑫曾指出,郡一級單位在孫吴地方鹽政上起到了决定性的作用,全面控制著食鹽的銷售。① 這一判斷應當是正確的。還可補充的是,不僅是食鹽的銷售,鹽賈米的徵集、“鹽米簿”呈報等工作很可能都是由郡直接統轄的,除了上文所論郡倉吏監賢掌鹽米的例證,吴簡中還有“府鹽(賈)米”的稱謂:

41. 規用黄龍元年王君占賣府鹽米二百九十五斛　　(伍·1679)

42. 規用黄龍元年吏沅奉所迎府鹽賈米二百六十一斛八斗　　(伍·1708)

這種稱謂將郡府與鹽米直接聯繫起來,從一個側面反映出鹽米的歸屬。此外,“許迪割米案”相關文書也有重要綫索:

43. 尚書前言:長沙郡所列嘉禾二年官鹽簿,淕口典鹽掾許迪賣鹽四百廿六斛一斗九升八合四勺,得米二千四百卌九斛一升,不列鹽米量。設移部督軍蔡規功曹隱核別處　　(捌·4061+4078+4095)

這裏所謂“嘉禾二年官鹽簿”應當就是長沙郡府關於所領鹽及鹽米出入情况的年度報告,從“尚書”指出帳簿中“典鹽掾許迪賣鹽四百廿六斛一斗九升八合四勺得米二千四百卌九斛一升不列鹽米量”這一細節可知,這種“官鹽簿”所載内容十分詳細,應當是一本詳載出入的明細帳,而非如兩漢時期郡府據各縣上報數據匯總製成的“概括式帳目”。② 這體現出郡府對於郡内各縣的鹽政是一種“垂直管理”,無論是鹽的分銷還是所得鹽米的收繳,均在郡府的直接掌控之下。因此,州中倉鹽米由郡吏監賢專管也就在情理之中了。這同時也反映出,郡府對於“郡倉吏”所領糧米也是直接管理,可想而知,監賢亦會如黄諱、潘慮一樣,每月製作旦簿之類的月度報表,只不過上呈的是郡府。

除了鹽米,監賢還領有“郡吏限米”“還湘關漬米”“湘關所敗米”及“員口漬米”:

44. 出郡吏區香黄龍二年限吴平斛米卌斛,黄龍三年二月付大男毛主運詣州中十倉,主以其月十三日關邸閣□□,付倉吏監賢　(肆·4933+4934)

① 趙義鑫:《孫吴長沙郡的鹽政與地方行政權力運作的變化》。

② 侯旭東:《湖南長沙走馬樓三國吴簡性質新探——從〈竹簡(肆)〉涉米簿書的復原説起》,長沙簡牘博物館編:《長沙簡帛研究國際學術研討會論文集》,中西書局 2017 年,第 85 頁。

45. 出臨湘還湘關漬米卌三斛|||㐅嘉禾三年二月十七日市掾潘羜關邸閣李嵩,付監倉掾監賢受 (柒·126)

46. 出湘關黄龍三年所敗米二斛還滲米四斗|||㐅嘉禾二年正月廿四日邑下民劉女關邸閣李嵩,付倉吏監賢受 (柒·117)

47. 入吏趙野還員口漬米□□|||㐅嘉禾二年十一月廿四日關邸閣郭據,付倉吏監賢受 (壹·3088)

簡 44 中郡吏區香所繳之“限米”可能是郡府督責郡吏耕種限田所得之米,這些米也是由船師從三州倉轉運至州中倉。簡 45、46 從形制上看應是莂券類文書,從内容上看明明應是官倉入米記録,但不知爲何起首爲一“出”字。所涉米的種類與“湘關”有關。“湘關”在《三國志》中僅一見,在《吴書·吕蒙傳》:“魏使于禁救樊,[關]羽盡禽禁等,人馬數萬,托以糧乏,擅取湘關米。”①盧弼作集解引《方輿紀要》曰:“吴、蜀分荆州,以湘水爲界,置關水上,以通商旅,謂之湘關。”“湘口關在永州府北十里,瀟、湘二水合流處也。”②在吴簡中,確有“零陵湘關”的記載:

48. 府前言:遣吏許佃到零陵湘關丞,受漬米賦與吏民、貿易□(捌·5406)

49. 討還書言:受得漬米二千五百卌八斛六斗九升七合,隨本所□ (捌·5408)

可證《三國志》中之“湘關”,或即是《方輿紀要》所載“湘口關”。簡 53、54 的相關文書的完整内容現已難以復原,但其顯示長沙郡府曾經派遣吏員至零陵之湘關“受漬米賦與吏民貿易”,説明長沙郡市面上曾有一批總額爲 2 500 餘斛的“湘關漬米”在流通,而簡 45、46 很可能就是這批漬米“賦予吏民貿易”過程中産生的記録。既然漬米是長沙郡府出面派遣郡吏領受,大概也是由郡府直管,那麽最終交付郡吏監賢管領也屬順理成章。至於簡 47 所載“員口漬米”是否也與長沙郡府有直接關係,限於史料暫不可知,關於“員口”的地望學界尚有争議,③但從“地名+漬米”的登記方式看,員口漬米的性質很可能也與湘關漬米類似,是長沙郡從郡外接管的某種糧米。

---

① 《三國志》卷 54《吴書·吕蒙傳》,中華書局 1982 年,第 1278 頁。

② 盧弼:《三國志集解》,中華書局 1982 年,第 1021 頁下欄。譚其驤《中國歷史地圖集》據此將“湘關”定點在零陵郡治泉陵(即宋代永州府治)以北,見其主編:《中國歷史地圖集》第三册《三國·吴》圖組,中國地圖出版社 1982 年,第 28—29 頁。

③ 王子今:《“烝口倉”考》,北京吴簡研討班編:《吴簡研究》第 1 輯,第 327—333 頁;戴衛紅:《長沙走馬樓吴簡所見孫吴時期的倉》。

我們注意到，有入米簡顯示監賢似乎還領有一部分“稅米”：

50. 入男子毛禮二年稅米六斛|||米 黄龍二年三月廿三日□□關邸閣郭據付倉吏監賢受　　（壹·6009）

相關記録僅此一例，顯示監賢曾收到過男子毛禮的 6 斛稅米。據此前學者對“田家莂”的研究，可知稅米是耕種“二年常限熟田”的吏民普遍繳納的定額田租，如若監賢也領有臨湘稅米，那麼其職能可能就與黄諱、潘慮有一定程度的重合。但當核諸圖版，我們發現“稅米”之“稅”字字迹較爲漫漶，寫作，看不出明顯“稅”字的結構，反倒下部依稀可辨爲“皿”，似更像“鹽”字。此外，簡文格式也可爲旁證，侯旭東已指出，入鹽米簡與一般入租稅米簡格式不同，後者在入米者前均要標識所屬鄉名，但前者均無。[1] 這枚竹簡只記“大男毛禮”而不載所屬鄉名，與入鹽米簡格式相符。綜合以上兩點來看，“稅”字實應改釋作“鹽”，簡 50 所載入米種類也並非稅米，實應爲鹽米。總而言之，監賢所領米種與黄諱、潘慮並無交集。

通過對黄諱、潘慮與監賢在州中倉所任職事的詳細考察，不難看出二者間存在的顯著差别：其一，黄、潘二人爲縣吏，所領倉米基本均來源於臨湘縣吏民日常繳納的租稅限米，監賢則爲郡吏，所領的鹽米、郡吏限米、漬米等是郡府直接管理的特殊糧米種類；其二，黄、潘每月製作的旦簿是上呈臨湘縣廷審核、存檔，監賢可能也會編制類似帳簿，但最終可能是直接上呈郡府。同時，二者也有一些共同點，比如：黄、潘與監賢均爲州中倉吏，聽受邸閣郎中的出米安排；糧米納入的途徑均爲“民自入”和三州倉付船師轉運兩種。值得注意的是，監賢雖爲郡吏，但其所領糧米需倚仗臨湘當地轉運系統才能送達，郡級層面似乎並無獨立的轉運能力。這些情況表明，州中倉的内部構成較爲複雜：黄、潘雖然號稱“州中倉吏”，每月也製作所謂“中倉旦簿”，但其所管領的只不過是州中倉内與臨湘侯國關係密切的那部分糧米，“中倉旦簿”所反映的也非州中倉全部倉米的收支情況。在其之外，至少還有相當一部分倉米歸由郡倉吏監賢管領，他們之間涇渭分明，除了處在同一地理空間外，相互之間似乎並無業務往來，只有在各倉吏協同出米的特殊情況下，才會比肩出現於“通合類”出米簡中。

如此，我們可以進一步追問，州中倉中除了郡吏監賢和臨湘縣吏黄諱、潘慮之外，是否還有其他長沙屬縣的吏員參與其中，“通合類”出米簡中一同並列的“劉陽倉吏”“醴陵倉吏”“吴昌倉吏”所領糧米是否也在州中倉之中？我們認爲這種可能性很大。此前有學者認爲，這些冠以縣名的“倉”，均是散布在各縣境内的“縣倉”。然而這樣的

[1] 侯旭東：《三國吴簡所見鹽米初探》。

説法存在疑點。首先,從"通合類"出米簡以及"草刺"簡 32 來看,無論是倉吏黄諱、潘慮所領米,還是郡倉吏監賢、劉陽/醴陵/吴昌倉吏所領米,均需在邸閣左右郎中郭據、李嵩的安排下付與受米者。有學者業已指出,這裏的"邸閣"全稱應是"州中邸閣":①

51. 州中邸閣汝南李嵩 (肆・4644)

52. 其卌九斛五斗付州中邸閣李嵩倉吏黄諱番慮領 (陸・3369)

結合前文所考,可知其是駐扎州中倉内的監管機構。因此,郭、李二人作爲州中邸閣郎中,所負責的自然應是州中倉相關事務,劉陽、醴陵、吴昌倉吏若分處各縣、不在州中倉内,何以能够聽受州中邸閣郎中的安排支出糧米?其次,從糧米轉運的角度也難以講通。"通合類"出米簡顯示,雖然所出糧米是出自不同的倉吏名下,但所交付的承運者往往只有一位監運官吏,臨湘倉吏和郡倉吏所領米均在州中倉,如果劉陽、醴陵、吴昌倉吏所領糧米分處各縣,承運者豈不是需要先到州中倉,然後再依次奔赴各縣,才能集齊所需軍糧最終"運詣集所"。這種轉運形式令人難以置信,也與當時的實際情況相悖。據考察,吴簡所見倉米轉運分爲兩段,負責押運的人員有明顯區别:三州倉至州中倉航段由臨湘雇賃當地船師或本縣"監運吏"承擔運輸任務,州中倉至集所(大屯)航段,則由包括監運都尉系統在内的各督運軍將承擔,本質上是軍事押運,從未見到有督運軍將直接到三州倉取米的記録。② 此外,在安成縣倉米簿所反映的郭浦倉出米簡中,也均是船師押運倉米,未見到督運軍將的記録。③ 由此推知,督軍糧都尉常駐的州中倉應當才是長沙郡向外輸出軍糧的唯一窗口,④督運軍將們在此領受軍糧

① 相關觀點及學術史梳理,可詳參王素:《長沙走馬樓三國吴簡的新材料與舊問題——以邸閣、許迪案、私學身份爲中心》,《中華文史論叢》2009 年第 1 期。

② 崔啓龍:《走馬樓吴簡所見孫吴的糧食轉運體系》(待刊稿)。

③ 安成縣郭浦倉出米簡集中見於《竹簡[伍]》中,成鵬已對此類竹簡有過集成,詳參其文《走馬樓三國吴簡倉賬簿復原研究》,清華大學 2021 年碩士學位論文,第 220—225 頁。

④ 關於督軍糧都尉的駐所,可以在州中倉出米簡中找到答案。一組完整的州中倉出米簡中一般載有兩個時間點:督軍糧都尉文書下達時間和實際出米時間。兩者之間的時間差長短不一。我們發現,有一些出米記録顯示,文書下達時間和實際出米時間是同一天,如:

出倉吏黄諱、潘慮所領嘉禾元年稅吴平斛米一百卌一斛一斗二升爲稟斛米一百卌十七斛,邸閣左郎中郭據被督軍糧都尉嘉禾二年二月一日辛卯書,給十監運掾李練所領士七十三人嘉禾二年三月直,其二人人二斛五斗,七十一人人二斛,十其年二月一日付書史鄧蘘(捌・3144+3145+3143+3129)

説明督軍糧都尉下達出米指令的當天,監運掾及屬下書史等人就領取了需要轉運的糧米,這表明督軍糧都尉的駐所應當就在州中倉。

即可,無須再轉赴他處。

因此我們認爲,"通合類"出米簡中的"劉陽倉吏"周春、這牧、毛字,"醴陵倉吏"劉仨,"吴昌倉吏"唐魁,同"臨湘倉吏"黄諱、潘慮和"郡倉吏"監賢一樣,均是本縣派駐在州中倉工作的"監倉掾"。但限於材料,我們並不清楚他們與各自本縣保持着怎樣的業務聯繫,不過,想必應當與臨湘倉吏黄諱、潘慮和臨湘侯國的情況相差不遠:即從本縣接收租税限米,並且每月製作旦簿上呈本縣縣廷審核。這些倉吏在州中倉内部的稱呼應當是以原本所屬機構區分,如"郡倉吏""臨湘倉吏""劉陽倉吏"等,但在各自派出單位中的稱呼,可能就籠統稱爲"州中倉吏"或"中倉吏",因此,黄諱、潘慮既是"臨湘倉吏",又是"州中倉吏",二者並不矛盾,其餘諸縣倉吏亦是同理。

由此來看,與其將州中倉比作一艘體量龐大的"軍艦",不如將其視作是一個由郡倉吏和各縣倉吏共同組成的"聯合艦隊",諸倉吏所領倉米互不統屬,在與各自派出單位(諸縣)保持密切的業務往來的同時,也共同受到郡級州中邸閣郎中的監管。此外,從臨湘侯國與州中倉的關係可以窺知,諸縣糧米繳入州中倉後,雖然仍由本縣指派縣吏負責日常管理,但倉米的最終支配權已收歸郡府,諸縣若需支用,則必須向郡府提出申請,再由郡府指示邸閣郎中安排相應倉吏出米。郡倉吏所領倉米原本就由郡府直管,其支配權自不待言。因此,將州中倉稱作"郡倉"是恰如其分的。但如果考慮到督軍糧都尉亦常駐於此,其支出用途絶大部分又均是作爲軍糧,似可認爲州中倉同時也兼具"軍倉"的色彩。

當明瞭了州中倉的内部結構,邸閣(郎中)在倉中的地位和職能就值得被重新審視。目前學界在討論入米簡中"關邸閣"的含義時,大都傾向於認爲"關"有關白之意,指吏民在向倉吏納米的同時,還需知會邸閣(郎中),體現出邸閣(郎中)對於倉的監督功能。[①] 鄧瑋光在此基礎上,進一步指出邸閣可能是"一倉之長的官方名稱",惜未詳論。[②] 從州中倉出米簡、尤其是"通合類"出米簡可以看出,鄧文的意見應當是可取的。據考察,在州中倉出米過程中,督軍糧都尉是最初的發令者,他將屯營、吏士所需米數及受米人等基本信息告知邸閣郎中,而非直接告知倉吏。在一般情況下,由於州中倉下倉吏衆多,邸閣郎中在收到督軍糧都尉的出米指令("被書")後,首先需確定承擔此次出米任務的倉吏,並將相關指令轉發給他,由他向承運單位的書史和柂師實際交付糧米;但如果需要動用州中倉中數個倉吏所管領的糧米時("通合類"出米簡),邸閣郎

① 王素:《中日長沙吴簡研究述評》。

② 鄧瑋光:《走馬樓吴簡"出米簡"的復原與研究》,楊振紅、鄔文玲主編:《簡帛研究二〇一五(春夏卷)》,廣西師範大學出版社 2015 年,第 201—217 頁。

中就需要根據此次出米總額，先酌情確定是由哪幾個倉吏共同出米，並按一定比例各自分攤，最終湊足"通合"之數一併交給承運單位。可見，邸閣郎中不僅在入米時發揮著監督作用，在出米時更是直接指揮、協調各倉吏的關鍵人物。因此，將"邸閣（郎中）"稱作"一倉之長"毫不爲過。只不過對於州中倉而言，它是由左、右邸閣郎中共同領導的。至於兩位邸閣郎中在州中倉内如何分工，囿於史料，暫時不得而知，有待將來進一步探索。

邸閣郎中作爲"一倉之長"，要想有效地支配倉米，必須以實際掌握各倉吏所領倉米出入情況爲前提。但根據學界對旦簿的復原研究，州中倉下各縣倉吏每月編制的收支報告（即"旦簿"），均是直接交由本縣倉曹審核、收檔的，邸閣郎中何以知曉相關信息？以下這枚草刺簡可以提供一些啓示：

53. 草言：移州中、三州李、董二邸閣料四年所白入租税襍米事　十二月四日倉曹史趙野白　（柒·3093）

草刺簡是臨湘縣廷的發文記録，有學者指出，該簡起首之"草言"是"草言府"的簡省，這類草刺所涉事務一般是"涉及更高級行政機構，無法在縣廷内部處理完畢，諸曹需依據相關情況重新起草言府/督郵的上行文書（草言府類草刺），繼續向上彙報"。[1] 可知此簡是臨湘倉曹史趙野上書縣廷，請求繼續上行郡府的記録，所涉事項爲"移州中、三州李、董二邸閣，料四年所白入租税襍米"，這裏的"州中、三州李、董二邸閣"應當就是指州中邸閣郎中李嵩和三州邸閣郎中董基。"料四年所白入租税襍米"的意涵不甚清晰，根據一些相關標題簡及呈文簡推測，可能是指倉曹料核完畢的"入租税襍米簿"：

54. 　月十九日倉吏鄭黑白　（陸·2586）

55. □□倉謹列起受嘉禾二年租税襍限米種領斛[數][簿]　（陸·2587）

56. 三州謹列所領嘉禾二年租税襍限米種主簿　（玖·5752）

其中簡55、56是標題簡，簡54緊鄰簡55，可能是與之相關的呈文簡，可知這種"租税襍米簿"是由倉吏製作的記録當年收入租税雜限米情況的籍簿，最終以"白"的形式上呈縣倉曹審核，因此草刺簡中"四年所白入租税襍米"應當指的是州中倉、三州倉倉吏上呈臨湘倉曹的嘉禾四年"入租税襍米簿"，臨湘倉曹在料核完畢後，又經縣廷、郡府之手最終轉交給州中、三州邸閣郎中。"入租税襍米簿"如此，每月製作的"旦簿"想必

① 沈剛：《吴簡所見孫吴縣級草刺類文書處置問題考論》，《文史》2016年第1輯；徐暢：《草刺、行書刺與三國孫吴縣級公文運轉機制——從長沙吴簡閏月草刺册的集成切入》。

亦是如此。由此可以推知,倉吏所制籍簿雖是直接由屬縣倉曹檢核、收檔,但最終縣倉曹會將籍簿(或副本)呈送邸閣郎中,而這也成爲邸閣郎中管理、調配倉吏所領倉米的基本依據。

以上我們著重對州中倉的性質、内部構成及管理模式等方面作了探析,認爲:州中倉下有郡倉吏及諸縣倉吏分管倉米,由郡級州中邸閣左、右郎中總成其事;黄諱、潘慮是臨湘侯國派駐州中倉的倉吏,負責管理臨湘吏民繳入的租税雜米,其製作的相關籍簿上呈本縣倉曹審核,最終可能還需經由縣廷、郡府轉交邸閣郎中;州中倉倉米的最終支配權歸屬郡府,屬縣不得擅自調用;督軍糧都尉常駐於州中倉,通過向邸閣郎中發布指令的形式,調配倉米作爲軍糧供給屯營及軍將。綜合以上情況,我們認爲州中倉應當屬於"郡倉",同時兼具部分"軍倉"的職能。

四、三州倉性質的再思考

從上述討論可總結出一點,即判定倉廩的性質,最關鍵還是要看倉米的最終支配權以及主要出米用途,至於倉吏所屬單位、入米來源等應當只能算作次要參考因素。如果以這樣的標準衡量三州倉,結果又當如何呢?

首先來看三州倉倉米的支配權問題。在學者復原的三州倉出米簡中,下達轉運指令的用語有"被縣書""被(縣)吏黄階勑"和"被邸閣董基勑"三種,其中"被縣書"最多,而前兩者又均與臨湘縣廷有關,可見,臨湘縣廷在三州倉出米時發揮的作用最爲顯著。但如前所考,州中倉出米簡中的"被縣書"實爲"被郡府移臨湘縣書"的簡省,本質上並非縣廷直接指示倉吏出米,三州倉出米簡所記"被縣書"理論上也存在這種可能。因此如要判定州中倉性質,必須另尋綫索。

除了出付州中倉,三州倉的另一大支出是賑貸貧民,然而,在出米簡中還未見到這方面的明細記録。以往學者在討論吴簡中"種糧給貸"制度時,[1]大都依靠入米簡中吏民所還"貸食"米記録以及"種糧給貸簿"(又稱"取禾簡"),但這些文書均未表明,在最初給貸時倉吏是以何種形式支出糧米,臨湘縣廷在其中又發揮着怎樣的作用。我們在草刺簡中找到了一枚這樣的竹簡:

57. 草白□三州倉米以貸貧民謝□□□[事] 三月十九日倉曹史□□[白]

(柒·4470)

---

① 相關研究參魏斌:《走馬樓所出孫吴貸食簡初探》;熊曲、宋少華:《走馬樓吴簡中的種糧給貸簿研究》,武漢大學簡帛研究中心主辦:《簡帛》第12輯,上海古籍出版社2016年,第253—268頁。

表明倉曹史某曾爲出三州倉米出貸貧民謝某一事上書縣廷,這裏需要注意的是簡首的"草白"二字,"草白"類草刺簡不同於"草言(府)",它未言所白對象,沈剛、徐暢均認爲應是"草白縣"之省略,即所涉事務在本縣内即可解决,無需上行郡府。若此説不誤,那麽此簡即可證明臨湘在動用三州倉米給貸貧民時,可自行决定,無需上請郡府批准,這與上舉簡32臨湘請求郡府從州中倉出米的行政流程形成了鮮明對比。這説明,臨湘對於三州倉米擁有獨立支配權。如此,則三州倉出米簡中的"被縣書"應當也可認定是臨湘直接下書三州倉吏,無需經由郡府周轉文書。

但同時不可忽視的是,長沙郡府對三州倉事務也頗有干預,三州邸閣郎中董基的存在,本身就很好地説明了這一點。董基作爲郡級吏員,實際參與到了倉務管理中:在吏民入米時需要親自監臨("關邸閣"),也可自行勑令倉吏出米付與州中倉("被邸閣董基勑")。然而,若僅從倉米支配的角度看,臨湘縣廷也可以直接指令三州倉出米,且出米簡中"被縣書"和"被(縣)吏黄階勑"的簡例要遠多於"被邸閣董基勑",表明臨湘縣廷才是三州倉最主要的支配者。因此,將三州倉認作是郡府監管下的臨湘"縣倉",似乎並非是向壁虚説。

其次,再看三州倉的倉米用途。前文已述,三州倉出米主要有賑貸貧民、出付州中倉及給稟"留屯吏士"三種用途,其中出付州中倉在吴簡中最爲常見,在三州倉出米簡、州中倉入米簡中均有大量簡例,從中可以看到,出付數額動輒成百上千斛,這也成爲三州倉米最主要的流出方向。此外,從吏民至三州倉繳納租税限米時需要另付僦米("冑米")的情况可以推知,當時官方已經默認州中倉才是三州倉米的最終歸宿。值得注意的是,吏民在向三州倉歸還貸米的時候,同樣需繳納僦米("冑米"):

58. 入樂鄉嘉禾二年還所貸食黄龍二年私學限米四斛冑畢𝍡嘉禾二年十二月十日田浭丘張行關邸閣董▨ (壹・5154)

59. 入樂鄉民還所貸三年私學限禾准米四斛冑畢𝍡嘉禾二年九月廿九日領山丘謝▨ (壹・5190)

60. 入樂鄉嘉禾二年還所貸食黄龍三年税米四斛□畢𝍡嘉禾二年十二月廿一日□丘鄭□關邸閣董基▨ (壹・5573)

這表明臨湘縣廷指令三州倉吏賑貸貧民的糧米,原本也是應歸於州中倉,只不過是因爲特殊原因而臨時出借,在民衆歸還以後,仍需派人運送州中倉。如此看來,臨湘縣廷對於三州倉倉米的支用雖然頗有話語權,但就倉米的最終用途而言,"郡倉"州中倉似乎才是最終歸宿,真正用於本縣事務的幾乎寥寥。此前有學者認爲三州倉具有"轉運倉"性質,不無道理。

三州倉給稟"留屯吏士"的簡例不多,擬另文探討,於此不贅。從相關簡例看,倉吏鄭黑是"被督軍糧都尉書"向"留屯吏士"們發放稟糧的,三州倉或也具有"軍倉"的部分職能,但由於記録太少,我們並不能確定這是否是一種常態。

結 語

綜上,我們重新探討了走馬樓吴簡中州中倉、三州倉的性質,指出前者是"郡倉",兼具部分"軍倉"的職能,而後者是郡府監管下的"縣倉",兼有"轉運倉"的部分職能。可以看出,兩倉的性質並非單一,而是兼具多種功能。張弓論隋唐以前官倉的發展特點時曾説道:

> 隋唐以前歷代的某些倉,專門職能還沒有完全確定,往往兼有後來的幾種專門倉的職能。這些事實表明,隋以前的倉制還處在自身發展過程的前期,尚未成熟定型。①

這是十分敏鋭地觀察。但在走馬樓吴簡出土前,有關漢晋時期倉廪制度,尤其是反映郡縣倉廪運行實態的文獻資料極爲匱乏,使人難以對其進行系統、深入的考察,張先生的這一觀點並無太多材料可以佐證。吴簡的刊布可以説填補了材料方面的空白。通過以上對文書的復原與考察,我們不僅可以證實張先生的推論,對於三國時期倉廪制度運行的諸多細節也有了更直觀的認識。但吴簡畢竟歷經千年,其中所載信息多有殘泐,而倉廪文書又所涉竹簡衆多,復原原貌更難,故在論述中我們有時也不得不面臨著材料短缺的尷尬處境,推論就在所難免,最終結論是否確然如此,只能留待更多材料出現後加以驗證。

① 張弓:《唐朝倉廪制度初探》,中華書局 1986 年,第 166 頁。

被罷棄的西漢皇陵：北陵

［韓］金秉駿

一

在張家山 M336 漢簡《功令》中出現了傳世文獻中未見的皇帝陵墓名稱。[①]

七十七　制曰：萬年、長陵、安陵、北陵民爲吏五百石以下至屬尉佐，不欲罷以令罷者，【皆上】功勞復用。132

《功令》第七十七條令中出現了萬年、長陵、安陵、北陵 4 個陵墓名稱。其中，北陵未見於傳世文獻。但衆所周知，萬年是埋葬太上皇的陵墓（《漢書・高帝紀》："秋七月癸卯，太上皇崩，葬萬年。"），長陵是埋葬高祖的陵墓（《漢書・高帝紀》："五月丙寅，葬長陵。"），安陵是埋葬惠帝的陵墓（《漢書・惠帝紀》："九月辛丑，葬安陵。"）。因此北陵無疑也是皇帝的陵墓。張家山 336 號墓的年代，學界公認在文帝初期，因此這時登上過皇帝的位子、但其名未在史書上作爲皇帝記録的人，有高后、前少帝和後少帝三人。

高后死後，大臣們殺害了吕氏一族，然後聲稱"少帝及梁、淮陽、常山王，皆非真孝惠子也"（《史記・吕太后本紀》），並迎接了高帝的兒子文帝來取代後少帝。後九月晦日己酉日，文帝在到達長安以後，留在了代邸接受擁戴。接着，興居與滕公對後少帝説"足下非劉氏，不當立"，然後滕公讓後少帝留在了少府。之後，文帝進去未央宫，並在當天殺害了後少帝。也就是説，儘管後少帝登上過皇帝的位子，但被正式認定非劉氏之人，並最終被大臣們殺害。很難認爲曾爲這樣的後少帝建造過陵墓。因此北陵

---

① 彭浩主編：《張家山漢墓竹簡[三三六號墓]》，文物出版社 2022 年。下文所提及《功令》《漢律十六章》皆見于此書，不另出注。

不可能是後少帝的陵墓。

下面我們來看高后的可能性。高后在惠帝去世後很早就聲稱"號令一出太后""太后稱制"(《史記・吕太后本紀》),並如同《功令》第九十條令所見那樣使用自己的年號,從這可以看出高皇后與實際上的君主並無差别。司馬遷在《史記》中設立《吕太后本紀》,班固在《漢書》中設立《高后紀》也是出於這個原因。但高后並没有登基爲皇帝,而是被稱爲"高后""高皇后"。因此,高后無疑要按照傳統方式被陪葬在丈夫高祖的長陵。

這樣的話,就應該把北陵的主人公看作是前少帝。前少帝不是惠帝皇后的兒子,而是惠帝與美人生下的兒子,並聲稱要處决殺害自己母親的人,因此在即位四年後被高后廢黜。另外,他即位之後也存在高后稱制的事實。但很顯然,他是惠帝之子,又曾即位皇帝。因此,完全可以設想爲了曾是皇帝的前少帝建造過陵邑。前少帝4年被廢位時,吕后表示原因在於"病久不已,乃失惑惛亂,不能繼嗣奉宗廟祭祀,不可屬天下,其代之"(《史記・吕太后本紀》)。雖然《史記》中記載吕后"幽殺"了他,但如果不是公開殺害,他在明面上就可能被認爲是病死的,並爲他建造了陵邑。即,北陵的主人公是前少帝。

二

有趣的一點是有的令文在萬年、長陵、安陵之後就那樣記録了前少帝的陵墓北陵(《功令》第七十七條令),但也有令文在萬年、長陵、安陵後留下了空白(見附圖1)。

> 五十九　外郎、執戟家在萬年、長陵、安陵【　】以令罷而欲爲吏者,其縣有秩、斗食、令史節(即)缺,以功多能118宜者補之。上造以下事比簪裹,勿令爲典、求盗、船人、郵人。119

《功令》第五十九條令中出現的空白有兩種可能性。第一種是寫下文字又將其剔除,第二種是從一開始就没有寫文字而以空白的形式保留了下來。[①] 如果是第一種可能性即寫下文字又剔除的話,可以認爲是由於《功令》第七十七條令中出現的"北陵"被取消建造,根據這一舉措《功令》第五十九條令也將其剔除了。《嶽麓秦簡》4卷1組亡律中所看到的"縣道官"被看作是伴随着對法令的修正,去除了原

---

① 根據荆州博物館彭浩老師的指教,在照片中找不到剔除的痕迹。

本寫有"縣官"兩個字的部分，而被替換成了"縣道官"三個字。《功令》第五十九條令可能也同樣是後來對法令條文修正的結果。另一方面，即便是第二種可能性即從一開始就留有空白，這也可能是因爲當時收到取消建造北陵詔令的影響，重新抄寫已經剔除了"北陵"兩個字的法律條文，而在這一過程中以空白的形式沿襲了那些被去除的部分。在張家山 M336 漢簡《漢律十六章》中也能找到同樣的事例：

(1) 有罪當耐，其法不名耐者，庶人以上耐爲［司寇，司寇耐］爲隸＝臣＝妾。【　　】有耐罪，毄(繫)城旦舂130

(2) 城旦舂亡，黥復城旦舂ᒪ。鬼薪白粲亡，黥爲城旦舂。不得者皆命之。230 隸臣妾【　　】亡盈卒歲，毄(繫)城旦舂六歲；不盈卒歲，毄(繫)三歲。自出毆，笞百。其去毄(繫)三歲亡，毄(繫)241 六歲；去毄(繫)六歲亡，完爲城旦舂。242

上揭律文在張家山 M247 漢簡《二年律令》中分别與以下條文内容相同：

(1) 有罪當耐，其法不名耐者，庶人以上耐爲司寇，司寇耐爲隸臣妾。隸臣妾及收人有耐罪，毄(繫)城旦舂六歲90

(2) 城旦舂亡，黥，復城旦舂。鬼薪白粲也，皆笞百。164 隸臣妾、收人亡，盈卒歲，毄(繫)城旦舂六歲；不盈卒歲，毄(繫)三歲。自出毆(也)，笞百。其去毄(繫)三歲亡，毄(繫)六歲；去毄(繫)六歲亡，完爲城旦舂。165

但是張家山 M336 漢簡律令中"及收人""收人"這些文字被去除了(見附圖 2—附圖 3)。同時，這個部分以空白的形式保留了下來。這是由於受文帝元年 12 月"除收帑諸相坐律令"的影響，當時要變更過去的法令條文。但是這也和《功令》第五十九條令一樣從圖片上很難找到剔除的痕迹。筆者認爲這是由於，受"除收帑諸相坐律令"措施的影響，法律條文中去除"收人"這些文字後，在對其抄寫的過程中會以空白的形式處理那些被去除的部分。《功令》第五十九條令也是如此。

那麼，北陵爲什麽消失了？北陵的建造可能開始於前少帝因病廢位(高皇后 4 年)前後，而《功令》第七十七條令可能也頒布於此時。這之後的某個時點，北陵的建造被中斷了。因此在既有文獻中北陵這一存在也就消失了。這一具體時點難以推測。

但馬王堆漢墓出土的《五星占》可能會提供一些綫索。這裏記載着文帝以前皇帝的紀年,能看到了秦始皇、張楚、漢元、孝惠、代皇、高皇后,但不見前少帝和後少帝中的任何一個。[①] 再仔細考察一下,可以發現在木星行度的部分能看到秦始皇帝、漢元年、孝惠元年、代皇元年、(文帝)元年,但代皇 2 年之後的文字無法確認(見附圖 4)。土星行度的部分不見代皇,取而代之的是高皇后(見附圖 5)。金星行度的部分也同樣用高皇后取代了代皇(見附圖 6)。惠帝去世後,前少帝或後少帝的時期表現爲代皇、高皇后兩個年號。在《功令》"九十　丞相、御史請,外郎出爲吏者以補三百石。·制曰:可。·高皇后時八年八月丙申下。152"中,記有"高皇后時八年八月丙申下"。從此來看,兩個年號中高皇后可能比代皇更晚使用。高皇后去世於八年七月辛巳,而"高皇后時八年八月丙申下"相當於那之後的 8 月 15 日,因此這時仍然是後少帝在位的時期。[②] 因此《功令》第九十條令應是後少帝下達的。即便如此,這裏並没有記成少帝,而是記作高皇后。這説明後少帝從之前開始就一直在使用高皇后的年號。我認爲,這一時點即前少帝被廢位之時。這時,由於"皇太后爲天下齊民計所以安宗廟社稷甚深,群臣頓首奉詔"(《史記·吕太后本紀》),因此可能是爲了彰顯高后名副其實地掌握了天下的權力這一事實,而改變年號爲"高皇后"。再者,《史記》説"不稱元年者,以太后制天下事也",由此可知,"代皇某年"可能全部被置换成了"高皇后某年"。在《五星占》木星行度的部分中,代皇二年以後缺失了,筆者臆測,正如土星部分中秦始皇三十八年旁追記了"張楚"那様,木星部分的代皇四年旁也可能追記了"高皇后"。

代皇和高皇后其含義完全不同。代皇即代替皇帝,而高皇后却意味着自己統治。將"代皇元年"到"代皇四年"全部改爲"高皇后元年"到"高皇后四年",這無異於是否認了前少帝即位皇帝的事實。只是如果説把前少帝因病失惑惛亂當成是廢位的理由,這之後雖然幽殺了前少帝但仍公開是病死,可能並不會立即取消北陵的建造。過了一段時間,等高皇后的勢力更爲鞏固時,在提及過去前少帝的問題的同時正好停止北陵的建造。若《功令》第五十九條令的空白是被剔除的結果,那《功令》第五十九條令就可能是這一時期聽到了停止北陵建造詔令,而在令文中剔除了北陵。即使從一開始就留有空白,《功令》第五十九條令就應該是再過了一會兒,把已剔除了北陵的令文照様抄寫時留下空白的。

① 劉樂賢:《馬王堆天文書考釋》,中山大學出版社 2004 年。

② 王玉:《張家山 M336〈功令〉"九十"注釋商兑》,簡帛網 2023 年 3 月 17 日,http://www.bsm.org.cn/?hanjian/8931.html。

三

《功令》中還有另外一條提及皇陵的條文。這次和《功令》第五十九條令不同，萬年、長陵、安陵之後未出現北陵一詞，也不存在空白。

> 九十五　丞相上奏〈奉〉常書言，令曰：萬年、長陵、安陵縣中吏得上功勞與它縣官吏通課、遷。·今萬年官毋乘169車吏，而有有秩三人，毋所遷。請移其功勞内史通課、遷，便。御史奏，請許。制曰：可。170

該條文可能頒布於惠帝的安陵建造之後，但北陵還没有營造之前。當然，也不排除該條文頒布於北陵的建造完全被取消之後、北陵這一詞語不再使用之時的可能性。但至少明顯是先制定了《功令》第七十七條令，然後才是《功令》第五十九條令。就是説，與北陵相關的令文順序被推翻。

《功令》有1到120的序號，所以一般很容易認爲這是按照頒布順序進行記録的。然而，從張家山M336漢簡《功令》來看，《功令》第六十條令記載了文帝2年11月（"二年十一月戊子下"），《功令》第九十條令記載了高皇后8年8月，以及看似以追加形式出現的簡中分别記載了文帝元年6月（簡160"元年六月戊辰下"）和文帝2年10月（簡161"二年十月戊申下"）。也就是説，《功令》不一定是按照時間先後順序排列的。那麽，與北陵相關的令文順序被推翻也是出於同樣的原因。

對此，需要再次提醒的是，標記北陵的方式也很不規範。北陵有被原封不動地記録下來，也有被抹去或乾脆一開始就被省略的情況。常識上認爲，如果令文被彙編成令集，在整理令集時，會考慮其中包含的所有條文並統一地對内容進行整理。儘管北陵被廢棄了，但在《功令》第七十七條令中還是那樣記録了北陵，這説明對令集的修改並不全面。

筆者曾指出，在皇帝的詔令到達郡後，官吏對繁雜的詔令進行過省略，用"及"字將其重新組合並進行修改，然後根據各部門的需要將其編纂成了令集。而已經包含在令集中的令文也因其他需要摘録了下來，並歸屬到了其他令集中。[①]

> (1) ·諸當衣赤衣冒氈，枸櫝杕及當鉗及當盜械而擅解衣物以上弗服者，皆以自爵律論之，…… 諸當鉗枸櫝杕者，皆以鐵鐕盜械，械者皆膠致桎梏。不從令，貲二甲。·廷戊十七　　（《岳麓秦簡（伍）》簡220—223）

① 金秉駿：《秦漢時期詔令的頒布與令的修改》，《法律史譯評》第十一卷，2023年11月。

(2)·諸當衣赤衣[冒赤氈,枸櫝杕及當鉗及當盗械而擅解衣物以上弗服者,皆以自爵律]論之,諸當鉗枸櫝杕者,皆以鐵鐳盗械,械者皆膠致其桎梏。不從令者,貲二甲。·十五 —…… ▌廷内史郡二千石官共令 ·戊 ·今庚

(《岳麓秦簡(伍)》簡37—42,簡60)

屬於(1)"廷令 第戊"的令文在和(2)"内史郡二千石官共令"合併後,在記有原本屬於戊的情況下,同時再追加了令文移動到了第庚的事情。之所以出現這種現象,是因爲令集的編纂是以郡爲單位根據自己的工作需要方便而任意地進行的。

總之,在《功令》中不規則記録北陵的原因在於,前少帝因病廢位時,決定建造前少帝的陵邑爲北陵,便決定由高后直接進行統治,與此同時將前少帝的年數重新改爲高后某年,並否定了作爲皇帝的前少帝,但再過了一段時間,等高皇后的勢力更爲鞏固時,取消了北陵的建造。但是,並非所有記録北陵的令文都進行了修改,而且其排列也没有按照時間順序進行,這是因爲當時的令文是以郡爲單位進行令集編纂的,這種編纂非常便利和随意。

四

北陵原本在哪呢?衆所周知,高祖的長陵位於渭水對面、長安城的中軸綫延長的地方。二代皇帝惠帝的安陵位於長陵的西側。那麽再之後的皇陵即前少帝的北陵就很可能位於高祖的長陵東側。

與此相關可能作爲反證的是,文帝霸陵的位置並不在渭水北側的皇陵區。三代皇帝文帝的霸陵不在渭水北側,而位於長安城的東南邊,四代皇帝景帝的陽陵則位於渭水北側長陵的東邊。此前,由於研究者們完全没有意識到前少帝皇陵的存在,所以他們都將文帝和景帝皇陵的位置與古代的昭穆製度結合起來進行説明。①

只是即便儀禮的規範再怎麽重要,如果説試圖將自己的陵墓建造在祖先陵墓聚集的陵區更爲自然,那麽可能存在着除昭穆制度這一規範以外的其他理由。其理由可能正是北陵的存在。也就是説,文帝的霸陵不在渭水北側,而位於長安城的東南側,其原因難道不正是因爲要避開這個地方嗎?畢竟儘管中間被中斷,但渭水北側曾經是營造北陵這個前少帝陵墓的地方。如果説在秦代的王陵中找不到能够反映昭穆制度的事實,漢代的昭穆制度未必開始就皇陵排列的原則。那麽反而可能更合適的

① 中國社會科學院考古研究所:《中國考古學》(秦漢卷),中國社會科學出版社2010年,第309—310頁。

看法在於，是在這樣營造、廢止北陵的現實狀況中才產生了適用昭穆制度的必要性。

附圖：

1.《功令》118 簡

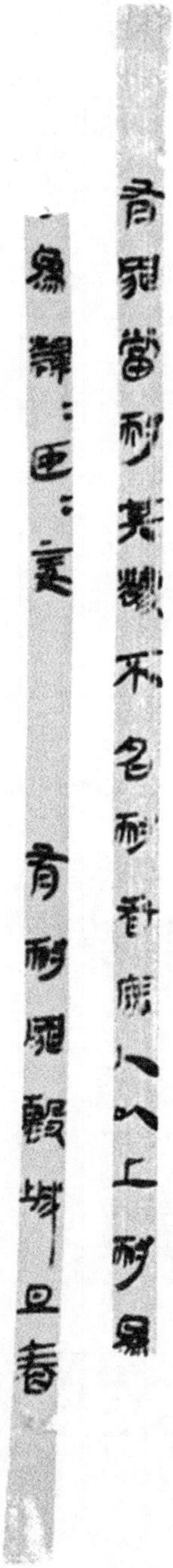

2.《漢律十六章》130 簡

3.《漢律十六章》241 簡

相與營=(營室)晨出東方[一]	秦始皇帝元·	三	五	七	九 76上	【二】76下
與東辟(壁)晨出東方	二	四	六	【八·張楚】	【十】77上	【三】77下
與婁晨出東方	三	五	七	【九】	【一】78上	【四】78下
與畢晨出東方	四	六	八	【四十】	【二】79上	【五】79下
與東井晨出東方	五	七	九·	漢元·	孝惠【元】80上	【六】80下
與柳晨出東方	六	八	卅(三十)	二	二 81上	【七】81下
與張晨出東方	七	九	一	三	【三】82上	【八】82下
與軫晨出東方	八	廿(二十)	二	【四】	四 83上	【元】[二] 83下
與亢晨出東方	九	一	三	五	五 84上	二 84下
與心晨出東方	十	二	四	六	六 85上	三 85下
與斗晨出東方	一	三	五	七	七 86上	86下
與婺=(婺女)晨出東方	二	四	六	八·	代皇[三] 87上	87下

圖 4

【□】與營=（營室）晨出東方[一]	元・秦始皇	一	二 90上
與營=（營室）晨出東方	二	二	三 91上
與東辟（壁）晨出東方	三	三	四 92上
與畦（奎）晨〖出〗東方	四	四	五 93上
與婁晨出東方	五	五	六 94上
與胃晨出東方	六	六	七 95上
與茅（昴）晨出東方	七	七	八 96上
與畢晨出東方	八	八・張楚・	元[二] 97上
與觜=（觜觿）晨出東方[三]	九	九	二 98上
與伐晨出東方	十	卌（四十）	三 99上
與東井晨出東方	一	・漢元	100上
與東井晨出東方	二	二	101上
與=（與輿—輿）鬼晨出東方	三	三	102上
與柳晨出東方	四	四	103上
與七星晨出東方	五	五	104上
與張星（晨）出東方	六	六	105上
與翼（翼）晨出東方	七	七	106上
與軫晨出東方	八	八	107上
與角晨出東方	九	九	108上
與亢晨出東方	廿（二十）	十	109上
與氐晨出東方	一	一	110上
與房晨出東方	二	二	111上
【與】心晨出東方	三	・孝惠元	112上
與尾晨出東方	四	二	113上
與箕晨出東方	五	三	114上
與斗晨出東方	六	四	115上
與牽=（牽牛）晨出東方	七	五	116上
與婺=（婺女）晨出東方	八	六	117上
與虛晨出東方	九	七	118上
與危晨出東方	卅（三十）	・高皇后元	119上

圖5

正月與營室（東壁）晨出東方以十二月與虛夕出西方	【秦始皇帝元】	【九】	【七】	五	三	漢元	九	五	六
以八月與軫晨出東方	【二】	【十】	【八】	六	四	二	十	六	七
以八月與翼夕出西方	三	【一】	九	七	五	三	一	七	八
以三月與昴晨出東方	四	【二】	廿	八	六	二	四	【高】皇后	元
以三月與婁夕出西方以十一月與箕晨出東方	五	【三】	【一】	九	七	五	惠元	二	二
以九月與心夕出西方	六	【四】	【二】	【卅】	【八】	六	二	三	三
以六月與輿鬼晨出東方	七	【五】	【三】	【一】	【九】	【七】	三	四	
以五月與東井夕出西方	八	【六】	【四】	【二】	【卌】	【八】	四	五	

圖 6

2018—2020年日本學界中國出土簡帛研究概述(下)

[日] 草野友子　中村未來　海老根量介*

前　言

本文是2018年、2019年、2020年在日本發表的中國出土簡帛研究成果概述。所涉簡帛資料年代上起戰國下迄三國魏晉。考慮到三年成果概述篇幅過大而分上、下兩篇發表：上篇由草野友子執筆，介紹了相關專書、論文集、譯注和概論性著作的要點、戰國秦漢簡綜合性研究的概要等。① 下篇是楚簡研究（中村執筆）、秦簡和秦漢簡研究（草野執筆）、漢簡（包含馬王堆帛書）、吴簡、魏晉簡研究（海老根執筆）概述，由曹方向譯爲中文。日本的《史學雜誌》"回顧和展望"、《日本中國學會報》"學界展望"等便於瞭解學術概況，是本文的重要參考文獻。三年間研究成果豐富，難免挂漏，加之篇幅所限，介紹不得不求簡潔，敬請讀者注意、理解。②

* 本文受到日本學術振興會科學研究費(JSPS科研費)19KK0013的支持。本文由海南師範大學國際教育學院曹方向翻譯。

① 草野友子：《2018—2020年日本學界中國出土簡帛研究概述(上)》，武漢大學簡帛研究中心主辦：《簡帛》第24輯，上海古籍出版社2022年5月。

② 《2018年の歷史學界——回顧と展望》，《史學雜誌》128-5，史學會2019年6月。《2019年の歷史學界——回顧と展望》，《史學雜誌》129-5，史學會2020年5月。《2020年の歷史學界——回顧と展望》，《史學雜誌》130-5，史學會2021年5月。《學界展望》，《日本中國學會報》71，日本中國學會2019年10月。《學界展望》，《日本中國學會報》72，日本中國學會2020年10月。《學界展望》，《日本中國學會報》73，日本中國學會2021年10月。

一、楚簡研究概述

關於楚簡研究,清華簡、上博楚簡方面的論考成果較多,研討内容涉及思想、歷史、制度、語學、書法、術數等方方面面。其中尤以清華簡研究成果最豐碩。郭店楚簡、安大簡、包山楚簡和曾侯乙墓竹簡等的研究也繼續推進。

(1) 清華簡

《詩》《書》類研究:谷中信一對比清華簡《命訓》和傳世文獻的用語和概念,認爲該篇簡文雖與管子學派有關係,但不是像《逸周書·命訓》那樣在齊地抄寫,是根據齊地流傳來的文獻重新用楚文字抄寫而成。① 谷中還撰文從文獻學角度强調了利用清華簡發掘《逸周書》資料價值的必要性。② 草野友子釋讀清華簡《封許之命》,指出簡文能對照青銅器和《尚書》的册命形式,是探尋"命"這種古代政論文的重要文獻。③ Martin Kern 指出含有《蟋蟀》《敬之》等詩的《耆夜》、《周公之琴舞》是在口頭傳述和文字書寫兩種文本不斷相互作用而形成的記憶文化。④

關於諸子文獻,曹峰指出《湯在啻門》中的"五行"是狹義的"五行";從氣論、鬼神觀念等方面看,可以認爲是黄老道家思想發源階段的文獻。⑤ 淺野裕一指出《治政之道　治邦之道》與《墨子》相比,其政治、治國的主張語氣較爲緩和,是綜合應用"十論"形成的統治論,大概是在戰國前期(前 403—前 343)鉅子時代的著述。⑥

關於史書、故事類竹書,有多篇關於《繫年》的論考。水野卓認爲,《繫年》中出現表示時間觀念的用語時,前後文基本上是"晋""楚"視角的記述,一定程度上可認爲是以晋、楚兩個諸侯國的記録爲編寫《繫年》的素材;⑦他還認爲《繫年》極可能編成於楚

---

① 谷中信一:《清華簡〈命訓〉の思想と成立について》,《東洋文化》98,2018 年 3 月。

② 谷中信一:《清華簡からみた〈逸周書〉の文獻價值の檢討》,《中國出土資料研究》23,2019 年 7 月。

③ 草野友子:《清華簡〈封許之命〉の基礎的檢討》,《待兼山論叢》哲學篇 53,2019 年 12 月。

④ Martin Kern(新津健一郎譯):《〈詩經〉"蟋蟀"とその意義——古代中國の詩とテクスト研究の諸問題》,《東洋文化》99,2019 年 3 月。

⑤ 曹峰(小林文治譯):《清華簡〈湯在啻門〉に見える"五"の觀念について》,《中國古代の法·政·俗》,(東京)汲古書院 2019 年 12 月。

⑥ 淺野裕一:《清華簡〈治政之道　治邦之道〉の墨家思想》,《集刊東洋學》123,2020 年 6 月。

⑦ 水野卓:《清華簡〈繫年〉の時間觀念——その素材に關する一考察》,《資料學の方法を探る》18,2019 年 3 月。

國,編纂時特别關注楚的王族。[①] 藤田勝久討論了《繫年》第十五到第二十章的史料性質及其與《史記》體例的關係。[②] 平勢隆郎認爲《繫年》有力地支持了他的著作《新編史記東周年表》的觀點,也討論了《楚居》的文字釋讀、《繫年》的稱元法等問題。[③] 小寺敦發表《鄭武夫人規孺子》的譯注,[④]並認爲清華簡歷史叙事性質的各篇是篩選楚國和中原地域共有的"史實"、在楚地編纂的歷史故事。[⑤] 小寺還發表《子犯子餘》《晋文公入於晋》的日文譯注,[⑥]並認爲竹書對待晋文公及其近臣的態度,説明當時晋國代表的中原價值觀已深刻影響了楚國。[⑦]

文獻學和文字書寫方面,竹田健二關注《越公其事》簡背普通的劃痕和孫沛陽所説的"逆次簡册背劃綫"並存的現象,[⑧]認爲可能是書寫或編聯之際出現失誤才會出現"逆次簡册背劃綫"。[⑨] 金卓指出《越公其事》取材於多種原始文獻並且很可能是歷經多次分開書寫而成。[⑩] 中村拓也認爲《保訓》的用筆法和一般楚系文字不同,接近戰國秦石鼓文,可見楚系簡牘文字中既有通用字體,也有官方的正式字體。[⑪] 福田哲之利用書法樣式(例如楚系樣式、晋系樣式等)以及具有區别價值的字(如"少""余"字等),從字迹、形制、内容方面考察清華簡前七册的字迹分類。[⑫] 片倉峻平探討清華簡前六册的用字避複,指出清華簡用字避複頻度非常低,用字避複具有"顯示書寫者的知識"的功能。[⑬]

---

① 水野卓:《清華簡〈繫年〉が描く"覇者"——編纂者の意圖に關する一考察》,《資料學の方法を探る》19,2020年3月。

② 藤田勝久:《〈史記〉楚世家と清華簡〈繫年〉の春秋史——楚莊王から昭王の叙述》,《資料學の方法を探る》19,2020年3月。

③ 平勢隆郎:《平勢隆郎春秋戰國〈年表〉與其後出土的文獻》,《東洋文化研究所紀要》176,2020年2月。

④ 小寺敦:《清華簡〈鄭武夫人規孺子〉譯注》,《東洋文化》99,2019年3月。

⑤ 小寺敦:《清華簡〈鄭武夫人規孺子〉に關する初歩的考察》,《東洋文化》98,2018年3月。

⑥ 小寺敦:《清華簡〈子犯子餘〉譯注》《清華簡〈晋文公入於晋〉譯注》,《東洋文化研究所紀要》177,2020年3月。

⑦ 小寺敦:《楚からみた晋——清華簡〈子犯子餘〉を起點として》,《日本秦漢史研究》20,2019年11月。

⑧ 孫沛陽:《簡册背劃綫初探》,《出土文獻與古文字研究》4,2011年12月。

⑨ 竹田健二:《清華簡〈越公其事〉の竹簡排列と劃痕》,《中國研究集刊》64,2018年6月。

⑩ 金卓:《清華簡〈越公其事〉の文獻形成初探——兼ねて竹簡排列の問題を論ず》,《東京大學中國語中國文學研究室紀要》23,2020年11月(據附記,該文初稿於2019年在武漢大學"簡帛網"發表)。

⑪ 中村拓也:《清華大學藏戰國竹簡〈保訓〉文字字形考》,《大東書道研究》26,2019年3月。

⑫ 福田哲之:《清華簡の字迹とその關係性——第Ⅰ類A・B・C種を中心に》,《中國研究集刊》64,2018年6月。

⑬ 片倉峻平:《清華簡を中心とした楚簡の用字避複についての考察》,《中國出土資料研究》24,2020年7月。

另外還有學者發表了《趙簡子》《赤鳩之集湯之屋》和《子産》日文譯注和概説。[①]

(2) 上博楚簡

思想研究,今田裕志認爲,《論語》中最重要的德目"仁",在上博簡《君子爲禮》中地位並不突出,簡文既有來自《論語》也有儒家以外的影響。[②] 岡本光生分析了上博簡《鬼神之明》的内容不見於《墨子》的理由,是《鬼神之明》對天和鬼神是否具備完全的賞罰應報産生了疑問。[③] 菊池孝太朗指出,《鬼神之明》和《凡物流形》兩篇雖然具有南方的地域性特點,但表現出"無鬼"的思想傾向,説明即使在和這類文獻關係密切的中國古代楚地的鬼神觀念當中存在信仰鬼神和利用鬼神的兩面性。[④] 菊池還指出,在中國古代鬼神的類型中,《凡物流形》所見的鬼神是"天地萬物之主宰者"或者是"祖先神"都有可能。[⑤] 熊奕淞認爲《凡物流形》用"一"置换"道",再導出"無爲"的思想,是《老子》"道=無"的"無爲"思想的一個發展。[⑥]

文獻學、文字學方面,范常喜將上博簡《卜書》的三個兆象名"狆(旆)""旐(末)""扞(旝/旃)"解釋爲望山遣册簡的"白市(旆)""彤扞(旝/旃)""黄末"三種旌旗名。[⑦] 曹方向認爲《靈王遂申》没有缺簡,同時討論了簡文一些字詞的釋讀。[⑧]

(3) 郭店楚簡

谷中信一指出郭店楚簡《老子》既没有嚴厲的儒家批判和"一"的哲學,關於"道"的哲學也是未完成的論述,簡文没有談及的以愚民政治、專制政治爲核心的黄老思想。至於郭店楚簡《老子》中没有這些内容,應視爲戰國中期以降黄老學派所加,由此也促進了《老子》的經典化。[⑨] 西信康重新解釋《太一生水》後半部分所見

---

① 宫島和也:《清華大學藏戰國竹簡(柒)〈趙簡子〉譯注》,《中國出土資料研究》22,2018年7月。李筱婷:《清華簡〈赤鳩之集湯之屋〉譯注》,《中國出土資料研究》24,2020年7月。渡辺葉月:《子産研究ノート》,《中國研究集刊》65,2019年6月。

② 今田裕志:《上博楚簡〈君子爲禮〉における德目の分化》,《東洋文化》98,2018年3月。

③ 岡本光生:《墨家の鬼神論》,《先秦思想史上の墨家》第5章,119—128頁,(東京)汲古書院2020年4月。

④ 菊池孝太朗:《中國古代の楚地における鬼神觀の考察——上博楚簡〈鬼神之明〉〈凡物流形〉を手がかりにして》,《中國研究集刊》66,2020年8月。

⑤ 菊池孝太朗:《上博楚簡〈凡物流形〉における"鬼神"》,《待兼山論叢》哲學篇54,2020年12月。

⑥ 熊奕淞:《〈凡物流形〉における"一"の思想——"無爲"の根據として》,《中國出土資料研究》24,2020年7月。

⑦ 范常喜:《〈上博九·卜書〉中三個兆象名考釋》,《東洋文化》99,2019年3月。

⑧ 曹方向:《上博簡〈靈王遂申〉再研究》,《中國出土資料研究》23,2019年7月。

⑨ 谷中信一:《郭店〈老子〉二千言は何を語るか》,《斯文》133,2018年9月。

"功""名""身""有餘""不足"以及"天道"等内容及其編寫目的。[①] 雷欣翰指出《鶡冠子・環流》篇和《度萬》篇的宇宙生成體系可以對比上博簡《恒先》和郭店簡《太一生水》的生成論,闡明這些資料間複雜的思想關聯,在探討出土文獻和傳世文獻的變遷過程方面大有裨益。[②] 徐剛認爲過去將《楚辭・離騷》"相觀民之計極"的"計"解釋爲計策的"計"是誤讀,根據郭店簡《緇衣》、今本《禮記・緇衣》等的記述,該字當讀爲"訓",與"極"字同義,是準則、榜樣之意。[③]

(4) 安大簡

安徽大學藏戰國竹簡《詩經》的論考和文獻提要等陸續發表。蘇建洲指出,安大簡《詩經》(簡4)的"是□是□"據《毛詩・周南・葛覃》舊注應釋讀爲"是刈是濩",並强調出土文獻和傳世文獻有機結合之所以成爲可能,正是要避免不合適的"立異"。[④] 大阪大學中國學會的《中國研究集刊》登載了《安徽大學藏戰國竹簡概述》[《文物》2017年9月(總第736期)]的日語翻譯以及《詩經》研究的重要參考文獻等。[⑤]

(5) 其他

包山楚簡的研究方面,柏倉優一根據文書簡的記述對戰國中期楚國的縣制作了較爲具體的分析。[⑥] 新井儀平指出,包山楚簡含有介於篆書字形"□"(以)和秦代隸書字形"□"(以)之間的變化("□ 70""□ 77"等),大概是源於書寫之際倉促的快速運筆狀態。[⑦] 宮島和也分析了曾侯乙墓竹簡"左(左)""䢍(右)"所從"工"的寫法。[⑧] 瀨筒寛之指出曾侯乙墓竹簡不同於其他楚簡字形,推測是因曾侯乙墓竹簡的年

---

① 西信康:《稱謂・存在・處世——郭店楚簡〈太一生水〉下篇に關する覺え書き》,《中國哲學》45・46合册,2018年12月。

② 雷欣翰:《〈鶡冠子〉宇宙生成論中的"気"》,《中國出土資料研究》22,2018年7月。

③ 徐剛:《〈離騷〉"計極"考:兼釋郭店楚簡〈緇衣〉"黎民所訓"》,《開篇:中國語學研究》36,2018年7月。

④ 蘇建洲:《"趨同"還是"立異"? 以安大簡〈詩經〉"是刈是濩"爲討論的對象》,《中國出土資料研究》24,2020年7月。

⑤ 黄德寬著,草野友子監譯,鳥羽加壽也、原每輝、六車楓譯:《安徽大學藏戰國竹簡概述》,《中國研究集刊》64,2018年6月;鳥羽加壽也:《安大簡〈詩經〉を讀むために——〈詩經〉關連文獻提要(一)》,《中國研究集刊》66,2020年8月。

⑥ 柏倉優一:《包山文書簡よりみる戰國中期楚國の縣制》,《中國出土資料研究》24,2020年7月。

⑦ 新井儀平:《包山楚簡文字字形考——戰國に出現した"□"(以)字"變形の字形"について》,《大東書道研究》26,2019年3月。

⑧ 宮島和也:《也談曾侯乙墓竹簡的"左""右"》,《開篇:中國語學研究》36,2018年7月。

代是戰國早期,與戰國中期書寫的其他楚簡時代差異較大。[①] 海老根量介考察了九店楚簡《日書》編寫的背景及使用群體。[②]

戰國簡和傳世文獻的綜合研究：齋藤道子根據《左傳》等的傳世文獻和上博簡《容成氏》、睡虎地秦簡《法律答問》等材料分析了先秦時代殘障者的相關問題。[③] 野原將揮認爲書母"少"與心母"小"没有諧聲、通假關係,可能是"少"與"小"先同義换讀,再改讀爲其他文字。[④] 野原整理了關於以母的若干先行研究,以"夜"爲例探討了出土資料中與以母字通假的音理問題。[⑤] 鳥羽加壽也認爲春秋以前楚國一部分去聲是入聲類,但這類去聲當中,牙音韻尾的在北方先發生變化,唇音韻尾及舌音韻尾的在南方先發生變化,且兩種變化速度也不同。[⑥] 笠川直樹發表子彈庫《楚帛書》十三行文的日文譯注。[⑦]

(中村未來)

二、秦簡和秦漢簡研究概述

(1) 睡虎地秦簡

渡邉英幸以睡虎地秦簡爲中心,分析了戰國秦的"邦"的字義,並重新探討"故秦""中縣"等與畿内意識相關的語句。[⑧] 晋文(川見健人翻譯)利用睡虎地秦簡和相關的秦簡討論了授田制的原則和一些細節問題,並重新分析"盗徙封""部佐匿諸民田""百姓不當老,至老時不用請"等材料。[⑨] 大野裕司認爲睡虎地秦簡《日書・詰》篇是唯一

① 瀬筒寛之:《曾侯乙墓竹簡の書法に關する一考察》,《鹿兒島大學教育學部研究紀要》人文・社會科學編70,2019年3月。

② 海老根量介:《戰國における〈日書〉の利用について》,《東洋文化》98,2018年3月。

③ 齊藤道子:《古代中國における身體障害者——"境界者"としての性質をめぐって》,《中國史學》28,2018年10月。

④ 野原將揮:《"少"の上古音再考——義通换讀から見た上古音再構》,《中國文學研究》44,2018年12月。

⑤ 野原將揮:《"上古音以母"再構に關する初步的考察》,《中國古籍文化研究　稲畑耕一郎教授退休記念論集》上卷,(東京)東方書店2018年3月。

⑥ 鳥羽加壽也:《上古漢語の聲調における地域時代差——特に去聲と入聲の分類について》,《中國研究集刊》65,2019年6月。

⑦ 笠川直樹:《子彈庫〈楚帛書〉十三行文釋注》,《漢字學研究》7,2019年9月。

⑧ 渡邉英幸:《戰國秦の"邦"と畿内》,《東洋史研究》77-3,2018年12月。

⑨ 晋文(川見健人譯):《睡虎地秦簡と授田制研究に關する若干の問題》,《東洋史苑》91,2019年1月。

一篇能讓我們探索日書編者主體意識等相關問題的材料,其編寫負責人大概是巫者。[①] 趙容俊從"逐疫除凶"和"儺"舞活動兩個方面分析了《日書·詰》篇中記録的惡鬼妖怪擊退方法,認爲這兩項既是巫術的方法也是巫者的職責。[②]

(2) 天水放馬灘秦簡

末永高康認爲天水放馬灘秦簡《日書·乙種》"入八月四日己丑旦心"條(簡55貳)可能是睡虎地秦簡《日書》八月部分的殘存,並分析了天水放馬灘簡八月心宿的對應時日和睡虎地《日書》存在的時間差,又圍繞這個偏差闡述了秦《日書》和《淮南子》的關連性。[③]

(3) 里耶秦簡

青木俊介根據里耶秦簡考慮遷陵縣的官吏異動,探討秦代的守官任職者。[④] 池内早紀子等考察里耶秦簡醫方中的"菌桂",認爲這種藥材或許是用於治療心肌梗塞之類的疾病,並因此而讓人産生了"菌桂"有起死回生和延年功效的認識。[⑤] 張琦根據里耶秦簡封檢的題署,研究當時行政文書管理方法以及掌管行政文書的"廷""曹"的特點。[⑥] 畑野吉則彙集里耶秦簡與文書傳遞相關的材料考察了秦代縣級文書傳遞的實際狀況。該文作者曾經針對遷陵縣廷檔傳遞的結構及文件的去向,嘗試還原過遷陵縣廷文件的發送過程,本文則是嘗試還原縣内文件和縣外文件的傳遞動態,以此推測秦代縣級文件傳遞系統的整體情況。[⑦]

(4) 嶽麓秦簡

水間大輔探討嶽麓書院藏秦簡《秦律令·貳》第208簡"不孝罪"的成立要件,在另一篇論文中,水間分别探討了秦漢"不孝"和"不孝罪"。[⑧] 莊卓燐比較嶽麓秦簡(伍)

---

① 大野裕司:《睡虎地秦簡〈日書〉詰篇にみる神·鬼·人——〈日書〉の担い手を探る》,東アジア恠異學會編,(京都)臨川書店,2018年12月。

② 趙容俊:《睡虎地秦簡〈日書·詰〉篇所見之醫療巫術活動考察》,《中國出土資料研究》24,2020年7月。

③ 末永高康:《天水放馬灘秦簡〈日書〉乙種"入八月四日己丑旦心"をめぐる一考察》,《中國研究集刊》64,2018年6月。

④ 青木俊介:《秦代における縣の守官任職者について——遷陵縣の官吏異動狀况から》,《東洋史研究》78-4,2020年3月。

⑤ 池内早紀子、山本優紀子、大形徹:《里耶秦簡の医方で用いられる藥物の一考察——菌桂を中心として》,『人文學論集』(大阪府立大學)38,2020年3月。

⑥ 張琦:《里耶秦簡題署考略》,《中國出土資料研究》24,2020年7月。

⑦ 畑野吉則:《里耶秦簡にみえる行書空間》,《東アジア文化交渉研究》11,2018年3月。

⑧ 水間大輔:《嶽麓書院藏秦簡〈秦律令(貳)〉第二〇八簡と不孝罪》,《中央學院大學法學論叢》34-1,2020年8月;水間大輔:《秦漢律における不孝罪の成立要件と父母の"告"》,《中央學院大學法學論叢》33-1,2019年7月;水間大輔:《秦漢律令において"不孝"とされる行爲》,《史滴》42,2020年12月。

的條文與《史記》中的秦始皇天下巡遊記録。①

發表譯注的人比較多。以京都大學人文科學研究所爲中心的秦代出土文字史料研究班發表了嶽麓書院藏簡《秦律令(壹)》譯注稿(二)(三)。② 早稻田大學《史滴》連載嶽麓書院藏秦簡《秦律令(壹)》徭律譯注(一)(二)、尉卒律譯注(一)和金布律譯注。③ 陶安發表《嶽麓秦簡司法文書集成〈爲獄等狀等四種〉譯注稿》,④還發表了《嶽麓書院秦簡〈爲獄等狀四種〉第三類、第四類卷册釋文、注釋及編聯商榷》(《中國出土資料研究》23,2019年7月)以及《嶽麓書院秦簡〈爲獄等狀四種〉第二類卷册案例十二和十三釋文、注釋及編聯商榷》(《中國出土資料研究》24,2020年7月)。

(5) 北大秦簡

草野友子發表北京大學藏秦簡牘《教女》的日語譯注,通過與班昭《女誡》的比較分析了關於古代女性史研究的一些問題。⑤

(6) 秦簡綜合、秦漢簡

鈴木直美利用嶽麓秦簡和里耶秦簡研究秦代以家僕爲目的的户口遷移和作爲官府下屬的社會屬性遷移,談了"隸"或"小史"的身份問題。⑥ 鈴木還以里耶秦簡所見漆的采購和使用爲題材,研究了秦代縣級機構中手工業的重要性和作爲原料的漆的廣泛流通;通過里耶秦簡博物館藏品的調查瞭解製作過程,嘗試復原遷陵縣和漆相關的業務。⑦

---

① 莊卓燐:《始皇帝の二六年巡行をめぐって》,《日本秦漢史研究》21,2020年12月。

② 秦代出土文字史料の研究班:《嶽麓書院藏秦簡〈秦律令〉譯注稿その(二)》,《東方學報》93,2018年12月;秦代出土文字史料の研究班:《嶽麓書院藏秦簡〈秦律令(壹)〉譯注稿その(三)》,《東方學報》95,2020年12月。

③ 小林文治:《嶽麓書院藏秦簡〈秦律令(壹)〉徭律譯注(一)》,《史滴》40,2018年12月;小林文治:《嶽麓書院藏秦簡〈秦律令(壹)〉徭律譯注(二)》,《史滴》42,2020年12月;楯身智志:《嶽麓書院藏秦簡〈秦律令(壹)〉尉卒律譯注(一)》,《史滴》41,2019年12月;柿沼陽平:《嶽麓書院藏秦簡〈秦律令(壹)〉金布律譯注》,《史滴》42,2020年12月。

④ 陶安あんど:《嶽麓秦簡司法文書集成〈爲獄等狀等四種〉譯注稿——事案五・六》,《法史學研究會會報》21,2018年3月;陶安あんど:《嶽麓秦簡司法文書集成〈爲獄等狀等四種〉譯注稿——事案七》,《法史學研究會會報》22,2019年3月;陶安あんど:《嶽麓秦簡司法文書集成〈爲獄等狀等四種〉譯注稿——事案八》,《法史學研究會會報》23,2020年3月。

⑤ 草野友子:《北京大學藏秦簡牘〈教女〉譯注》,《學林》70,2020年7月。

⑥ 鈴木直美:《秦簡にみえる働く少年・少女——世帶内部の多樣性と社會的流動性理解への一助として》,《法史學研究會會報》21,2018年3月。

⑦ 鈴木直美:《秦代遷陵縣における漆の調達と利用》。

横田恭三以秦始皇統一前後的秦簡爲中心,以秦隸(戰國末—秦代的書寫字體)爲基礎,描述草篆→秦隸→草隸的變遷,認爲草隸在秦的統一戰争時代就已出現。横田還探討嶽麓書院藏秦簡的書風特徵,指出其變異的豐富性和特異性。[①] 新井儀平積極評價了里耶秦簡的書法學價值,認爲秦始皇時期隸書、草書分途且草書的傾向更强。[②]

名和敏光利用出土簡帛的數術、養生以及秦漢行政文書中相關的用語用例,重新釋讀《抱朴子·登涉》篇的咒語,糾正以往的斷句問題並提出新的解讀。[③]

椎名一雄認爲"庶人"不僅僅是以往所理解的農民,更是用於指稱獲釋的刑徒時使用的特殊術語,並認爲國家爲照顧鄉里社會的需要而設定的"庶人"身份是社會與國家之間的聯繫點,秦漢時代區别於先秦的國家形態由此誕生。[④] 平野太士以"庶人"的勞動和貢獻爲研究中心,指出"庶人"是刑徒恢復士伍身份前的過渡狀態。文章還討論了漢初"庶人"大量存在和文帝刑法改革的關係。[⑤]

多田麻希子從里耶秦簡、居延漢簡等的簿籍類簡牘中整理出户籍記録,根據形式對這些户籍進行了分類,在分類基礎上推測户籍上可能記載的項目,以此探索西漢晚期到東漢時代"室""同居"等家族形態。[⑥] 福島大我分析近年來在秦漢簡牘史料中所見逃避國家管理的行爲和國家的應對措施,試圖闡明該時期的社會面貌和國家特質。[⑦] 宫宅潔論述了秦漢勞役負担在持續性和暫時性兩種類型上存在徵收方法的差異,認爲"持續性勞役"的主要任務是邊境防略,其徵收方法很可能是逐漸普及的。[⑧] 石原遼平討論了秦漢時代的"徭",主要涉及運用範圍、義務日數、徵發方法等,强調了作爲勞役制度的"徭"和"更"的主要差異。[⑨] 楯身智志通過對嶽麓書院藏秦簡《秦律令(壹)》尉卒律的解讀,指出秦律、漢律是由多個條文(=詔文)的合、追加而成,其背後

---

① 横田恭三:《"草隸"の實態とその定義》,《大學書道研究》12,2019年3月;横田恭三:《嶽麓書院藏秦簡の形式とその書風》,《迹見學園女子大學文學部紀要》55,2020年3月。

② 新井儀平:《秦始皇帝時期に通行の草書的文字——里耶秦簡でわかった新事實》,《大東書道研究》27,2020年3月。

③ 名和敏光:《〈抱朴子〉所見呪語の遡及的考察》,《東方宗教》131,2018年11月。

④ 椎名一雄:《〈庶人〉が結ぶ中國古代の社會と國家》,《歷史學研究》976,2018年10月。

⑤ 平野太士:《秦漢期の"庶人"》,《明大アジア史論集》24,2020年3月。

⑥ 多田麻希子:《秦漢時代の簡牘にみえる家族關連簿集成稿》(三)、(四),《專修史學》64、65,2018年3月、11月。

⑦ 福島大我:《中國古代における逃亡の歷史的意義》,《歷史學研究》989,2019年11月。

⑧ 宫宅潔:《秦代徵兵制度研究の現在——基本史料の解釋をめぐって》,《歷史と地理》716,2018年8月。

⑨ 石原遼平:《秦漢時代の"徭"》,《東洋文化》99,2019年3月。

隱藏著充分利用媒體"擴張性"的簡牘文化。[①] 佐佐木滿實研究了秦代到漢初刑罰制度的變化對刑徒存在方式的影響,重點探討對於刑徒之間差别對待、身份恢復、刑徒家庭三個問題,並認爲刑徒管理制度變化是爲了有效榨取勞動力。[②]

(7) 其他

鷲尾祐子根據秦漢簡户籍類材料分析了當時婦女地位的特殊性。[③] 宫宅潔結合秦代徵兵制的研究史闡述了現有出土史料的研究問題,討論了史料的句讀和理解,還分析了新出史料給中國古代史研究帶來的影響和研究現狀。[④] 飯尾秀幸回顧了關於國家與社會關係的中國古代思想史研究的論點,評述了新出簡牘資料影響下以闡明鄉里社會各種關係爲目標的研究觀點及現狀,思考中國古代國家形成的相關問題。[⑤]

(草野友子)

三、漢簡(包含馬王堆帛書)、吴簡、魏晋簡研究概述

(1) 馬王堆帛書研究

用字、用詞習慣方面: 水野卓探討了《春秋事語》中君主的稱謂,各篇開頭大多爲"國名+謚號+爵號"這種格式,雖然省略很普遍,甚至有一部分因省略而不能確定君主的例子,認爲張政烺提出的《春秋事語》是"選抄或節録本"的教科書、是"兒童讀本"等説法(張政烺《〈春秋事語〉解題》,《文物》1977 年第 1 期,第 37 頁)值得肯定。[⑥] 李筱婷分析《春秋事語》用字,指出其中混雜著齊、楚、晋等國的用字而以齊系影響最强。[⑦]

思想史方面: 池田知久據帛書《老子》甲本第五十四章和第八十章指出,可以

---

① 楯身智志:《秦・漢律の條文形成過程に關する一考察——嶽麓書院藏秦簡〈秦律令(壹)〉尉卒律を手がかりに》,《教育と研究(早稻田大學本莊高等學院研究紀要)》38,2020 年 3 月。

② 佐々木滿實:《秦代・漢初の刑徒——刑徒間の差異について》,《人間文化創成科學論叢》22,2020 年 3 月。

③ 鷲尾祐子:《中國古代の户籍と家族》,《中國ジェンダー史研究入門》,(京都)京都大學學術出版會 2018 年 2 月。

④ 宫宅潔:《秦代徵兵制度研究の現在——基本史料の解釋をめぐって》,《歷史と地理》716,2018 年 8 月。

⑤ 飯尾秀幸:《中國古代國家史研究の論點と課題》,《歷史評論》837,2020 年 1 月。

⑥ 水野卓:《〈春秋事語〉に見える君主の稱謂》,《資料學の方法を探る》17,2018 年 3 月。

⑦ 李筱婷:《馬王堆漢墓帛書〈春秋事語〉用字研究》,《中國出土資料研究》23,2019 年 7 月。

推測其中設定了位於權力之巔的天子、皇帝統治全天下人的政治秩序。① 横山裕認爲《老子乙本卷前古佚書》是法家之作,旨在解決法家不能限制君主違法行爲這個老問題,重點是將限制君主恣意行爲的標準從“度”置换爲人爲範疇外的“道”。②

術數學方面:小倉聖認爲《刑德》甲篇所見的“上朔”是可以從《陰陽五行》甲篇“上朔”的上朔週期和《陰陽五行》乙篇的太陰刑德大遊圖推導出來的“年上朔”(每年可見的上朔)。③ 小倉還分析了《刑德》甲篇所見刑德小遊中刑德的運行。他認爲“刑”能移動到中宫是因爲尚未引入“三合”理論,而“德”與刑德大遊中“德”的移徙和聯動都是受刑德大遊影響所致。④ 名和敏光復原整理了《陰陽五行》甲篇“堪輿”圖版,⑤並利用《陰陽五行》甲篇和北大漢簡《揕輿》討論“堪輿”占的内容,⑥在另一篇論文中,名和在討論《抱朴子》所見“禹步”“敢告”“皐”“諾”等詞語時也談到了秦簡、漢簡和馬王堆帛書的相關材料。⑦

(2) 西漢簡研究

北京大學藏漢簡的研究成果是西漢簡研究的重頭戲。陳侃理根據《揕輿》以及傳世文獻中與“堪輿”有關的記載指出,“堪輿”的本義爲“北斗”,堪輿術是以北斗爲核心的擇日數術。⑧ 藤田勝久認爲,《趙正書》這類秦代故事文本,因司馬遷獨特的楚、漢正統觀影響而未能進入《史記・秦始皇本紀》的敘事系統。⑨ 村田進指出《反淫》極重視

---

① 池田知久:《〈老子〉における“天下”全體の政治秩序の構想——馬王堆帛書甲本に基づいて》,谷中信一編:《中國出土資料の多角的研究》,(東京)汲古書院2018年3月。

② 横山裕:《法家思想からみた“道は法を生ず”の理論構造について——〈馬王堆漢墓帛書老子乙本卷前古佚書〉を中心にして》,《九州中國學會報》57,2019年5月。

③ 小倉聖:《馬王堆漢墓帛書〈刑德〉篇の刑德小遊と上朔》,工藤元男先生退休記念論集編集委員會編:《中國古代の法、政、俗》,(東京)汲古書院2019年12月。

④ 小倉聖:《馬王堆漢墓帛書に見える刑德小遊と三合説》,《中國出土資料研究》23,2019年7月。

⑤ 名和敏光:《北京大學漢簡“揕輿”と馬王堆帛書〈陰陽五行〉甲篇“堪輿”の對比研究》,谷中信一編:《中國出土資料の多角的研究》,(東京)汲古書院2018年3月。

⑥ 名和敏光:《堪輿占考》,水口幹記編:《前近代東アジアにおける〈術數文化〉》,(東京)勉誠出版2020年2月。

⑦ 名和敏光:《〈抱朴子〉所見呪語の遡及的考察》,《東方宗教》131,2018年11月。

⑧ 陳侃理:《北大漢簡所見的古堪輿術初探及補説》,谷中信一編:《中國出土資料の多角的研究》,(東京)汲古書院2018年3月。

⑨ 藤田勝久:《〈史記〉秦代史と北大漢簡“趙正書”——秦、楚、漢の正統論》,《資料學の方法を探る》18,2019年3月。

無爲之治、虚静恬愉的心術,應該屬於黄老道家。① 湯淺邦弘分析了北大漢簡《陰陽家言》、銀雀山漢簡《陰陽時令、占候之類》中的時令思想與《吕氏春秋·十二紀》和《禮記·月令》等典型的時令説的不同,推斷漢代初期之前可能並存各種系統的時令説。② 草野友子指出《周馴》引《詩》是戰國時期到漢初儒家引《詩》的常見方式而非黄老學派的習慣,不應將《周馴》定性爲黄老文獻。③ 此外,羅濤、福田哲之分别探討了《妄稽》《蒼頡篇》的編聯問題。④

銀雀山漢簡方面:椛島雅弘比較了《天地八風五行客主五音之居》等所見八風占,認爲作爲兵學的八風占的基礎最遲在漢代已經確立。⑤ 對於《孫子兵法·形》篇熊征比較了銀雀山漢簡本和十一家注本,指出兩者之間不但存在文字差異,也存在對"攻守"的不同認識,而簡文更符合孫武的思想。⑥ 石井真美子指出銀雀山漢簡《將義》篇所列將領的素養(如"義""仁""德""信""智勝""决"等)是戰國亂世背景下的産物。⑦ 石井等還發表了《銀雀山漢墓竹簡〔貳〕》的日文譯注。⑧

廣瀨薰雄研究了老官山漢代醫簡《逆順五色脈藏驗精神》《敝昔診法》和《難經》《脈經》部分篇章的成書年代。⑨ 户内俊介分析了海昏侯墓木牘《論語》用字和語法,認爲該文本無論與今本還是定州簡本都没有直接繼承關係。⑩ 福田哲之根據句式和押韻,指出水泉子漢簡《蒼頡篇》是爲了提高識字書的功能而在《蒼頡篇》文本添加注釋

① 村田進:《漢簡〈反淫〉にみえる道家思想について》,《學林》66,2018年5月。

② 湯淺邦弘:《時令説の展開——北京大學竹簡〈陰陽家言〉、銀雀山漢墓竹簡〈陰陽時令、占候之類〉を中心として》,《漢字學研究》6,2018年10月。

③ 草野友子:《北大漢簡〈周馴〉の思想史的研究——〈詩〉の引用を中心に》,《漢字學研究》6,2018年10月。

④ 羅濤:《北大簡〈妄稽〉篇補釋及編聯問題》,《東洋文化》98,2018年3月;福田哲之:《北京大學藏漢簡〈蒼頡篇〉の綴連復原》,《漢字學研究》6,2018年10月。

⑤ 椛島雅弘:《銀雀山漢墓竹簡〈天地八風五行客主五音之居〉における八風理論とその變遷——客主觀を中心として》,《中國出土資料研究》22,2018年7月。

⑥ 熊征:《〈孫子〉"形"篇の攻守觀について——竹簡本と十一家注本の比較を中心に》,《研究論集》19,2019年12月。

⑦ 石井真美子:《銀雀山漢簡〈將義〉篇に見る將の要件》,《立命館文學》664,2019年12月。

⑧ 石井真美子、村田進、山内貴:《〈銀雀山漢墓竹簡〔貳〕〉譯注》(7)、(8)、(9)、(10),《學林》66、67、68、69,2018年5月、11月、2019年5月、11月;石井真美子:《銀雀山漢墓竹簡〈地典〉譯注補》,《學林》67,2018年11月。

⑨ 廣瀨薰雄:《老官山漢簡醫書に見える診損至脈論について》,谷中信一編:《中國出土資料の多角的研究》,(東京)汲古書院2018年3月。

⑩ 户内俊介:《海昏侯墓出土木牘〈論語〉初探》,《中國出土資料研究》24,2020年7月。

形成的版本。[①]

(3) 西北邊境出土漢簡研究

西北出土漢簡的綜合研究居多。Giele Enno(紀安諾)評述關於西北出土漢簡所見邊防兵員社會結構的現有成果並做了研究展望。[②] 佐藤達郎綜合利用傳世文獻和居延漢簡等西北出土簡牘探討了漢代從西北到東北邊境各民族及其管理、統轄和軍事動員機構的若干問題。[③] 金秉駿利用傳世文獻和西北漢簡研究了部都尉的構成和性質。[④] 門田誠一結合傳世文獻和居延漢簡中的材料考察《三國志·魏書·東夷傳》倭人條的"檄"。[⑤] 李周炫主要基於漢簡討論了秦漢時代官方運送方式和勞動力問題。[⑥] 青木俊介評述了迄今爲止日本學界的西北漢簡研究。[⑦]

有學者集中研究某一地點出土的簡:鷹取祐司利用以肩水金關漢簡爲中心的西北出土漢簡考察居延、肩水地區長城警備的實情,並分析了成帝中期以後的變化。[⑧] 鷹取通過對肩水金關通關證件的整理分析嘗試復原出入名籍和登記出入信息的程序,[⑨]還全面考察了肩水金關漢簡的出入名籍及關防審查的内容和目的。[⑩] 青木俊介根據肩水金關漢簡考察了馬匹經過關口時的限制和實際執行情况。[⑪] 廣瀨薰雄根據

---

① 福田哲之:《水泉子漢簡七言本〈蒼頡篇〉再考——七言本成立の背景》,《中國研究集刊》65,2019年6月。

② Giele Enno(紀安諾):《漢代西北邊境防備軍の社會構造——出土史料の分析に基づく方法論的考察》,宮宅潔編:《多民族社會の軍事統治——出土史料が語る中國古代》,(京都)京都大學學術出版會2018年4月。

③ 佐藤達郎:《漢代における周邊民族と軍事——とくに屬國都尉と異民族統御官を中心に》,宮宅潔編:《多民族社會の軍事統治——出土史料が語る中國古代》,(京都)京都大學學術出版會2018年4月。

④ 金秉駿:《漢帝國の邊境支配と部都尉》,宮宅潔編:《多民族社會の軍事統治——出土史料が語る中國古代》,(京都)京都大學學術出版會2018年4月。

⑤ 門田誠一:《魏志倭人傳にみえる檄——文獻と漢簡からの考察》,《歷史學部論集》10,2020年3月。

⑥ 李周炫:《漢簡からみた國家の物資輸送と雇用勞動》,伊藤敏雄、關尾史郎編:《後漢、魏晋簡牘の世界》,(東京)汲古書院2020年3月。

⑦ 青木俊介:《西北漢簡研究の沿革と新段階》,《古代文化》70-3,2018年12月。

⑧ 鷹取祐司:《漢代長城警備體制の變容》,宮宅潔編:《多民族社會の軍事統治——出土史料が語る中國古代》,(京都)京都大學學術出版會2018年4月。

⑨ 鷹取祐司:《漢代の民用通行證と通關名籍——肩水金關遺址出土通關名籍分析のための預備作業》,《立命館文學》664,2019年12月。

⑩ 鷹取祐司:《肩水金關を通った民とその檢察——漢代肩水金關遺址出土通關名籍の分析から》,《立命館文學》668,2020年3月。

⑪ 青木俊介:《漢代の關所における馬の通行規制とその實態——肩水金關漢簡の分析から》,鶴間和幸、村松弘一編:《馬が語る古代東アジア世界史》,(東京)汲古書院2018年2月。

小方盤城出土簡牘研究了小方盤城和玉門都尉府、玉門關的位置關係。[①] 高村武幸主張地灣漢簡所見"甲卒"是王莽初期在地灣周邊駐扎的戰鬥部隊,是包含了材官或與材官相當配置的主力兵。[②]

(4) 東漢簡研究

長沙出土簡牘是東漢簡研究的中心。福田哲之認爲張芝草書《秋涼平善帖》和長沙東牌樓東漢簡牘草書書風、格式和用詞相似,其原本或可追溯到東漢後期。[③] 井田明宏依據長沙五一廣場東漢簡牘將東漢中期的新書風分爲兩個系統並描述其特徵。[④] 高村武幸介紹了《長沙五一廣場東漢簡牘(壹)、(貳)》以及《長沙五一廣場東漢簡牘選釋》所收東漢簡牘的文書內容,並分析了文書的用途。[⑤] 飯田祥子發表了對《長沙五一廣場東漢簡牘(壹)、(貳)》內容的介紹性研究。[⑥] 水間大輔結合傳世文獻的記載研究了長沙尚德街簡牘中"大不敬""不敬"的相關條文。[⑦]

(5) 吴簡、魏晋簡研究

安部聰一郎認爲走馬樓吴簡所見"劉口度卒驛兵""漻口度卒""漻口驛兵"等記載中的"劉口""漻口"指瀏陽河河口,該渡口承擔開船和徵税業務的卒就是"度(渡)卒"。[⑧] 熊曲整理走馬樓吴簡中"貧民"與官府借米的賬簿,考察官府向"貧民"借出米的程序和借米的數量,判定"貧民"的標準等問題。[⑨] 楊芬根據"史潘慮料刺中倉吏李金所領嘉

① 廣瀨薰雄:《1998年敦煌小方盤城出土簡牘初探——兼ねて玉門都尉府と玉門關を論ずる》,高村武幸、廣瀨薰雄、渡邉英幸編:《周緣領域からみた秦漢帝國2》,(東京)六一書房2019年9月。

② 高村武幸:《甲卒小考——地灣出土の甲卒簡牘から》,《明大アジア史論集》23,2019年3月。

③ 福田哲之:《手紙がひらいた書の文化——木簡から紙へ》,《第13回若手研究者支援プログラム 漢字文化の受容—手紙を學ぶ,手紙に學ぶ—報告集》,奈良女子大學古代學學術研究センター,2018年3月。

④ 井田明宏:《後漢時代中期の新書風について——長沙五一廣場後漢簡牘に注目して》,《書藝術研究》11,2018年3月。

⑤ 高村武幸:《長沙五一廣場後漢簡牘の概觀》,伊藤敏雄、關尾史郎編:《後漢、魏晋簡牘の世界》,(東京)汲古書院2020年3月。

⑥ 飯田祥子:《〈長沙五一廣場東漢簡牘(壹)(貳)〉——後二世紀初,中國長沙における火葬事例の紹介を兼ねて》,《竜谷史壇》150,2020年3月。

⑦ 水間大輔:《漢律令"大不敬"考》,《中央學院大學法學論叢》33-2,2020年2月;水間大輔:《漢律令"不敬"考》,《中央學院大學法學論叢》34-1,2020年8月。

⑧ 安部聰一郎:《臨湘縣の地理的環境と走馬樓吴簡》,伊藤敏雄、關尾史郎編:《後漢、魏晋簡牘の世界》,(東京)汲古書院2020年3月。

⑨ 熊曲(小野響譯):《"嘉禾五年貧民貸食米斛數簿"について》,伊藤敏雄、關尾史郎編:《後漢、魏晋簡牘の世界》,(東京)汲古書院2020年3月。

禾三年雜米要簿”討論了受米的種類、入米的方法、倉米的監查和倉的財政收支的管理等問題。① 鷲尾祐子認爲吏民簿第一類(確定徭役徵發對象的户數類型的文簿)有三月和七到八月的兩種編制,分别和三月小案比、八月案比相關。② 蘇俊林利用走馬樓吴簡研究了孫吴的鹽政管理機構、運營和監督系統等問題。③ 門田誠一利用《漢書》等文獻和長沙走馬樓吴簡分析了《三國志・魏書・東夷傳》倭人條所見的“生口”。④

伊藤敏雄整理樓蘭魏晋簡並按照簡牘形狀和功能、内容等因素作了分類,還比較了樓蘭魏晋簡的券與長沙吴簡券的異同。⑤ 町田隆吉指出臨澤黄家灣灘墓群 23 號墓出土“案册”和走馬樓吴簡的文書格式的共同點,還利用河西地區出土畫像資料考察了“案册”中成爲爭奪對象的“塢”的性質。⑥

(6) 綜合研究

最後介紹綜合研究漢簡、吴簡和魏晋簡的成果。鈴木直美根據記載内容對西漢後期至魏晋時期的衣物疏簡進行分類,並對其年代性、地域性及變遷作了概述。⑦ 永田拓治撰寫了包括南京市博物館、六朝博物館陳列及其他散見南京出土吴、西晋簡牘的釋文,並分析了南京城秦淮河南岸出土與物資運送有關的簡牘和各地人士的名刺簡的緣由。⑧ 關尾史郎全面整理了漢代和魏晋的名刺簡,按照格式進行分類並考察了每種格式的功能。⑨ 伊藤敏雄主要研究了樓蘭魏晋簡中“關,省”簡和“白”“言”文書

① 楊芬(石原遼平譯):《走馬樓吴簡“史潘慮料刺中倉吏李金所領嘉禾三年雜米要簿”に關する一考察》,伊藤敏雄、關尾史郎編:《後漢、魏晋簡牘の世界》,(東京)汲古書院 2020 年 3 月。

② 鷲尾祐子:《走馬樓吴簡吏民簿の編製時期について》,伊藤敏雄、關尾史郎編:《後漢、魏晋簡牘の世界》,(東京)汲古書院 2020 年 3 月。

③ 蘇俊林:《走馬樓吴簡から見た孫吴の鹽政》,伊藤敏雄、關尾史郎編:《後漢、魏晋簡牘の世界》,(東京)汲古書院 2020 年 3 月。

④ 門田誠一:《魏志倭人傳にみえる生口の檢討》,《歷史學部論集》9,2019 年 3 月。

⑤ 伊藤敏雄:《樓蘭魏晋簡の再檢討——樓蘭魏晋簡の分類と券の書式を中心に》,伊藤敏雄、關尾史郎編:《後漢、魏晋簡牘の世界》,(東京)汲古書院 2020 年 3 月。

⑥ 町田隆吉:《甘肅・臨澤出土の西晋簡をめぐって——訴訟關係文書と“塢”、“塢舍”の理解を中心に》,伊藤敏雄、關尾史郎編:《後漢、魏晋簡牘の世界》,(東京)汲古書院 2020 年 3 月。

⑦ 鈴木直美:《前漢後期から魏晋にいたる隨葬衣物疏簡の展開》,高村武幸、廣瀨薰雄、渡邉英幸編:《周緣領域からみた秦漢帝國 2》,(東京)六一書房 2019 年 9 月。

⑧ 永田拓治:《南京出土三國吴、西晋簡について》,伊藤敏雄、關尾史郎編:《後漢、魏晋簡牘の世界》,(東京)汲古書院 2020 年 3 月。

⑨ 關尾史郎:《名刺簡をめぐる諸問題》,伊藤敏雄、關尾史郎編:《後漢、魏晋簡牘の世界》,(東京)汲古書院 2020 年 3 月。

簡,指出"關"和"省"分別指"負責報告"和"調查後的最終確認"。伊藤還分析了樓蘭魏晋簡所見"白"、"言"文書簡的特徵。[1] 大橋修一通過《薦季直表》等世傳鍾繇作品與長沙東牌樓簡牘、走馬樓吳簡文字的對比考察其書寫風格。[2] 安部聰一郎以吳簡爲中心評述了魏晋簡牘的研究動態。[3]

（海老根量介）

① 伊藤敏雄:《樓蘭魏晋簡中の"關,省"、"白"、"言"文書簡について——長沙吳簡等の書式との比較を中心に》,《歷史研究》57,2020年3月。

② 大橋修一:《鍾繇書・試論——新出の簡牘及び殘紙を手がかりとして》,《大東書道研究》27,2020年3月。

③ 安部聰一郎:《魏晋簡牘研究の現在——走馬樓吳簡を中心に》,《古代文化》70-3,2018年12月。

2022年中國大陸戰國出土文獻研究概述

劉國勝　袁　證

本文擬簡要介紹2022年中國大陸戰國出土文獻（包含楚簡、戰國金文、陶文等）的研究情况。

一、楚簡研究

安徽大學漢字發展與應用研究中心編、黄德寬、徐在國主編《安徽大學藏戰國竹簡（二）》由中西書局出版，包含《仲尼曰》《曹沫之陳》兩篇文獻。徐在國、顧王樂《安徽大學藏戰國竹簡〈仲尼〉篇初探》（《文物》2022年第3期）討論了《仲尼曰》的内容及價值。

清華大學出土文獻研究與保護中心編、黄德寬主編《清華大學藏戰國竹簡（拾貳）》由中西書局出版，收録長篇戰國竹書《參不韋》。石小力《清華簡〈參不韋〉概述》（《文物》2022年第9期）介紹了簡文内容。

2022年中國大陸楚簡方面的研究論文發表情况，擬從簡牘編聯、文字釋讀、古漢語研究、文獻研究及歷史文化研究等方面分類介紹。

（一）簡牘編聯

黄愛梅《楚竹書〈吴命〉再綴連兼談吴楚與陳國的關係》（《社會科學》2022年第2期）基於"意義群分析"和"關鍵詞繫聯"，對《吴命》簡的簡序編排進行了調整。

李鵬輝《據安徽大學藏戰國竹簡〈曹沫之陳〉談上博簡相關簡文的編聯》（《文物》2022年第3期）結合安大簡，對上博簡《曹沫之陳》重新編聯，比較異文，從古文字形體及詞源學的角度探討簡帛詞匯演變的意義。

劉松清《包山楚簡的簡背劃綫及相關簡序調整》(《簡帛》第24輯)分析了包山簡背劃綫的形態,並利用簡背劃綫、竹節形態等信息,調整了包山楚簡中"用車"簡267—277號和"貣金"簡103—114號的簡序。

(二)文字釋讀

1. 清華簡

張飛《談清華簡〈祭公〉〈邦家處位〉中的"䢔"字》(《文物春秋》2022年第3期)將《祭公》中的"䢔"讀爲"及",訓追,認爲與今本《逸周書・祭公》對應的"追"是同義替代的關係。《邦家處位》中的"䢔"亦讀"及",訓至。

曹雨楊《清華簡(壹)劄記四則》(《中國文字博物館集刊》第3輯)將《皇門》簡7"立王"解爲"扶持、扶立王"。《皇門》簡7、《祭公》簡17"家"解爲動詞"立家"。《祭公》簡18"康="讀爲"康荒",訓昏亂、好樂怠政。認爲《金縢》《祭公》的"𤮊""𤮊"上半部分是由"𧏡"外部訛變成的"戕"又雜糅了"𧏡"所演變的"𢦏"形而成。

張崇依《讀清華簡〈説命上〉札記三則》(《簡帛研究二〇二一・秋冬卷》)將"王命氒百攻向"之"向"讀爲"嚮",訓趨、往。"迺踐,邑人皆從"之"踐"訓爲履居。"是爲赤俘之戎"之"戎"訓爲戎人。

賈旭東《楚簡札記三則》(《中國文字學報》第12輯)認爲《芮良夫毖》簡8"誰適爲王"爲賓語前置句,"適"應理解爲襯音助詞。《子犯子餘》簡4"閈"當讀"扡",爲抵制、抵距義。

連劭名《清華大學藏楚簡〈厚父〉與〈説命〉新證》(《文物春秋》2022年第2期)對《厚父》《説命》二文進行了疏證。

侯乃峰《清華簡〈赤鳩之集湯之屋〉篇箋釋衍説》(《文史哲》2022年第5期)將"孰渮吾羹"的"渮"字釋爲"偷"。"湯乃"下一字釋"祟"。原釋"心疾"合文之字釋爲"疾心"合文。

蔡飛舟《清華簡〈筮法〉"梪夏"試釋》(《周易研究》2022年第5期)將《筮法・祟》章"艮祟"所見之鬼神名"梪夏"讀爲"蚩尤"。"勞祟"所見之"風"解作"風伯","巽祟"所見之"巫"解作巫咸之類。

王磊《釋清華簡〈厚父〉的"泆"字》(《簡帛研究二〇二一・秋冬卷》)將簡6"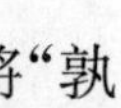"釋爲"泆",表放縱。

羅小華、賈連翔《"規"字補説》(《簡帛研究二〇二一・秋冬卷》)認爲《鄭武夫人規孺子》中的"䂓"是規勸之"規"的專字。

張新俊《釋清華簡〈越公其事〉中的“伋（及）”》（《出土文獻》2022年第1期）將原釋“伩”之字改釋作“伋”，讀“及”，表示遭遇灾禍一類的消極義。

滕勝霖《金文與楚簡合證二則》（《中國文字學報》第12輯）聯繫少府盉“”字，將《趙簡子》簡10“”字讀爲“絺”，訓刺綉。

薛培武《説楚簡中兩個“知”的用法》（《簡帛》第24輯）認爲《趙簡子》簡8“亦知諸侯之謀”的“知”既可訓接、參與，亦可訓主掌、主管。

孔德超《清華簡（七）字詞解詁二則》（《考古與文物》2022年第3期）認爲《趙簡子》中的“籖”當讀“笠”，訓傘。《晋文公入於晋》中的“閍”爲“閒”字異體，訓夾，“閒處”可理解爲“夾在”。

吴毅强《清華簡〈越公其事〉“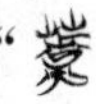”字補論》（《出土文獻》2022年第3期）分析从艸、允、炅，允、炅均是聲符，讀“爨”“炊”。

袁證《從清華簡〈趙簡子〉篇談趙簡子的職與責》（《簡帛》第25輯）將“鼻將軍”讀爲與上將軍相對的副將稱號“偏將軍”，並將楚文字中一些从“黽”之字讀作从“扁”聲的字。

王輝《一票居讀簡記（十一）》（《文博》2021年第6期）認爲《攝命》屬周夷王“燮（燮）”即位前孝王對他的告誡，簡28—30“䊗毀”讀“折毁”，指虧欠和毁失。《邦家之政》簡7“�”爲“謠”“諄”異構，讀爲“佞”。《邦家處位》簡2—3“敿”爲“播”異體，簡3“攸”讀爲“更”，訓改。《治邦之道》簡11“褰”讀爲“黜”。《天下之道》簡1“樝隃”讀爲“渠譫”，爲抵擋箭矢的盾。

周翔《清華簡（八）（九）新見專字選釋五則》（《中國文字學報》第12輯）認爲“粹”是表示器物純粹之“粹”的專字，“訮”是表示聲音變化之“變”的專字，“忧”是表示過錯之“尤”的專字，“桼”是表示祭祀名“蘳”之專字，“寶”是表示襲奪財物之“襲”的專字。

蔡一峰《清華簡字詞散記四則》（《簡帛》第24輯）認爲《天下之道》簡1“樝隃”讀“柤陷”，指木欄和陷阱。《禱辭》簡2“佃＝”和簡8“迪＝”本可形容人流繁多，“徇＝”和“砃＝”皆讀“徇徇”，有繁盛衆多義。《禱辭》簡13和《四告》簡1所見祭品數量詞“元”訓首、頭。《皇曰》與“寒”對舉之字，寫作从火从肉（或訛爲月）之形，該字是“然”的異體，从火从省聲。

黄德寬《清華簡〈攝命〉篇“劼姪毖攝”訓釋的再討論》（《中國語文》2022年第4期）認爲該句與金文册命之辭的語言表達習慣一致，是一個名詞性非主謂結構。“侄”與“攝”是同指關係，“劼”和“毖”是其修飾成分；“劼”“毖”同義，表“勤勉、敬慎”義。

王永昌《論清華簡第八輯中的晋系文字因素》（《中國文字博物館集刊》第3輯）分

析《邦家之政》等篇中的晋系文字特徵是受所傳抄底本文字影響。

張飛《清華簡〈治政之道〉補釋三則》(《簡帛研究二〇二一·秋冬卷》)對簡 8—9 的部分語句重新斷句,將“弼”訓爲輔佐、協助;簡 9“悀”讀“痛”,訓怨恨;簡 18—19“作事”訓處事、做事或施政。《説清華簡〈禱辭〉中的幾個農業害蟲》(《中國文字研究》第 36 輯)認爲《禱辭》中的“弜”指“稻蛀螟”,“疶”指“螃蠇”,“蠦”指“根蛆”,都是農業害蟲。

段凱《釋清華簡〈成人〉篇中的“戚”字》(《簡帛研究二〇二二·春夏卷》)釋“夬”爲“戚”之省形,讀“就”,訓因循、依從。

何家興《清華簡〈廼命〉〈四告〉與諸梁鐘合證及其他》(《出土文獻》2022 年第 2 期)考察《廼命二》簡 1“淫”“内”二字字形,並結合文意,將諸梁鐘銘的“”和《四告》簡 26“”釋爲“淫、内”的合文。

羅濤《清華簡九〈治政之道〉補釋》(《漢字漢語研究》2022 年第 2 期)認爲簡 8“祀”讀“嗣”;簡 28“埊”爲“極”表“至”義的專字;“趣鹿”讀“貔鹿”;“青黄”讀“青璜”;簡 43“示”讀“祇”;“祈”讀“刏”,乃刲割犧牲的一種祭祀。

何義軍《讀清華簡第九册札記》(《出土文獻》2022 年第 3 期)將《治政之道》中的“𦘔”讀爲“疾”,訓速。《成人》簡 17 的“坥主”讀爲“譎主”,意爲欺詐主上。

趙國華《清華簡〈四告〉中一字形對應多詞現象探析》(《殷都學刊》2022 年第 1 期)認爲《四告》中一字形對應多詞的現象多是由文字假借造成的,少數是因漢字孳乳分化導致。《四告》中不僅存在着一字形對應多詞,而且存有豐富的一詞對應多字形現象。,

趙平安《“司慎”考——兼及〈四告〉“受命”“天丁”“辟子”的解釋及相關問題》(《簡帛》第 24 輯)將“司新”讀爲“司慎”,屬“皋繇”的職司或者官名,“主司過詰咎”和“司不敬者”。簡文受命、天丁、辟子、司慎都爲修飾皋繇之詞。

單育辰《清華拾〈四告〉釋文商榷》(《簡帛》第 24 輯)對“娩”“”“失居”等字詞進行了新的釋讀。

陳哲《清華簡〈四時〉“逾”字釋讀——兼説晋侯蘇鐘銘的“逾往”》(《簡帛研究二〇二二·春夏卷》)將《四時》中原釋“追”之字和晋侯蘇鐘銘“”字釋爲“逾”。

俞紹宏、孫振凱《讀楚簡五記》(《漢字漢語研究》2022 年第 1 期)認爲楚簡中的“丨”可釋“杖”,在《五紀》中讀“戕”或“蕩”。《五紀》中的“上甲”即《春秋》三傳中存在的用“上＋天干字”紀日的形式,爲處於某月上旬之甲日。

石小力《清華簡〈五紀〉新用字現象舉例》(《出土文獻綜合研究集刊》第 15 輯)分

析了《五紀》中表“規”“廟”“用”“官”“咸”“飽”“髮”的新用字。

陳民鎮《清華簡〈五紀〉“洪水章”試讀》(《國學學刊》2022年第3期)對開篇的“洪水章”進行了疏證。《略説清華簡〈五紀〉的齊系文字因素》(《北方論叢》2022年第4期)認爲《五紀》中一些文字構形與用字習慣表現出齊系文字的特點,其底本與齊魯地區關係密切,可與其思想内涵相呼應。

黄德寬《清華簡〈參不韋〉“肅明”解——兼説金文中的“𩂣明”》(《出土文獻》2022年第4期)認爲“䏍”字由“肅”訛變而來,可用作“畬”“翌”“熊”,或作“熊”的聲符。楚文字中“罷”和“羆”所从的聲符“能”,實際上是“肅”的訛省之形。“肅明”一詞與典籍“欽明”相當,訓敬慎黽勉。西周金文“𢦏明”與“肅明”“欽明”記録的可能是同一古成語。

賈連翔《跳出文本讀文本:據書手特點釋讀〈參不韋〉的幾處疑難文句》(《出土文獻》2022年第4期)依書手字迹對“剬”“兵”“古”“囩”“湄”“民”等字進行了新的釋讀。

程浩《清華簡第十二輯整理報告拾遺》(《出土文獻》2022年第4期)對“誓”“让”“還”“[illegible]”“攺”等字提出新的釋讀意見。

石小力《據〈參不韋〉説“罰”字的一種異體》(《出土文獻》2022年第4期)認爲在戰國簡帛中从“網”从“刑(型)”之字過去多誤釋爲“刑”,該字實爲“罰”字的一種異體。

趙國華《清華簡中新見同義連用詞語探析》(《昆明學院學報》2022年第2期)列舉了“昵因”“豈庸”“瞻顧”等19組同義連用情況,認爲同義連用是漢語單音節詞向複音節詞發展的一個過渡現象。

2. 上博簡

賈旭東《楚簡札記三則》(《中國文字學報》第12輯)認爲《孔子詩論》簡5、6“秉文之德”的“文”非“文王”之“文”,應爲文德之文,訓美、善。

李家浩《談〈説文〉“梏”字説解》(《出土文獻綜合研究集刊》第15輯)結合《容成氏》等材料,認爲《説文》“梏”字説解“手械也”當改爲“首械也”,即戴在頭上的刑具。

陳晨《〈詩〉簡讀札三則》(《簡帛》第25輯)引《周頌·昊天有成命》,將《民之父母》“夙夜基命宥密”之“基”讀爲“諆”,訓謀。

王磊《楚簡文字考釋四則》(《中國文字學報》第12輯)認爲《曹沫之陳》簡61+53B的“贛”爲“黔”的專字。《孔子見季桓子》簡10从“虍”之字當釋“丘”。《成王即邦》簡1“訪”下一殘字當釋“於”。

薛培武《説楚簡中兩個“知”的用法》(《簡帛》第24輯)將《柬大王泊旱》簡18“痼瘢智於邦”中的“智”讀“知”,訓顯現。

張榮輝《上博簡殘滤字擬補四則》(《出土文獻》2022年第1期)將《弟子問》簡11首端殘字補爲“酙”;簡17、18舊釋作“欹”的殘滤字補爲“卽”;附簡“謂”下一殘滤字補爲“身”,讀作“仁”。將《凡物流形》甲本簡 8 首端殘漶字補爲“自”,認爲是“百”字的訛寫。

季旭昇《上博五〈姑成家父〉“爲士忨”新説》(《出土文獻綜合研究集刊》第 15 輯)將“  ”隸作“夗/宛”,讀爲“忨”,“爲士忨”就是“爲官貪忨”。簡 1“君”下提示符“ 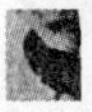 ”的作用是提醒讀者,此“君”指“姑成家父”。

程邦雄、徐清清《楚簡〈三德〉里的  、  》(《語言研究》2022 年第 3 期)釋  、  爲“免”,進而討論了楚簡所見“免”字自甲骨文“  ”以來的演變。

劉雲《説上博簡〈鮑叔牙與隰朋之諫〉之“人之與者而食人”》(《語言科學》2022 年第 4 期)認爲“與”應讀“舉”,撫育意,“食”指給別人吃。

張榮輝《上博簡〈志書乃言〉5 號簡殘字新考》(《漢字漢語研究》2022 年第 4 期)將“又”下殘字釋爲良。

3. 安大簡

王輝《一票居讀簡記(十一)》(《文博》2021 年第 6 期)認爲《詩經》簡 1“要翟”是“窈窕”的另一種異文,要、翟二字不宜分訓。

周翔《談安大簡〈詩經〉中的特殊字形及相關問題》(《簡帛研究二〇二一·秋冬卷》)認爲《詩經》中的特殊字形表明了該材料書寫風格的一些個性,也反映了戰國文字尤其是楚文字字形歧異、多元的文字發展態勢,進而提出對所謂字形“訛誤”的判斷應持謹慎態度。《安大簡〈詩經〉虚詞異文考略》(《北方論叢》2022 年第 4 期)梳理和討論了簡本與《毛詩》等傳世本的虚詞異文,認爲其反映了戰國至漢代漢語字詞關係的發展、流變,而簡本與《毛詩》在虚詞上統一性大於差異性則説明《詩經》文本應有較早的定本。

俞紹宏、孫振凱《讀楚簡五記》(《漢字漢語研究》2022 年第 1 期)認爲從聯綿詞的發展史與學術研究史角度,《關雎》“要翟”讀“腰嬥”具有合理性,傳世本“窈窕”因失去構詞理據而出現了多個轉語書寫形式。

程浩《安大簡〈詩經〉“同義换用”現象與“窗”字釋讀》(《文獻語言學》第 14 輯)從“同義换用”的角度將《召南·采蘋》中對應《毛詩》“牖”的“杅”字讀爲與“牖”義近的“窗”。

李二年《釋安大簡〈詩經〉“墻有蒺藜(茨)”》(《漢字文化》2022 年第 9 期)認爲  、  二字所从並非“虫”,而是蒺藜的表意符,二字就是蒺藜。古文字中的“齊”本義是蒺藜,薺之本字。

陳晨《〈詩〉簡讀札三則》(《簡帛》第 25 輯)認爲《詩經·碩鼠》簡 81“適皮樂＝或＝”

“適皮樂=土=”、簡82“適皮樂=蒿=”中的重文符號皆應從《毛詩》讀三遍，這是《詩經》類文獻中獨有的一種重文符號的特殊用法。

侯乃峰《安大簡〈詩經〉中的“蝺”字試析》（《安徽大學學報（哲學社會科學版）》2022年第6期）認爲“蝺”是“爲”字的後起分化字，可直接隸定成“爲”。戰國古文字材料中，“蝺”字形已經分化出來，分擔了母字“爲”的部分表義功能。

楊鵬樺《安大簡〈詩經〉讀札（六則）》（《出土文獻》2022年第4期）認爲簡54“思”用作“息”，簡81“樂=或=”等與清華壹《耆夜》“藥=脂=西=”等及尹灣漢簡《神烏賦》“雲=”相類，“與”不應破讀，簡86“諹”讀“揚”（或視作“揚言”之“揚”的專字），簡88“”實从犬，“玉僐（瑱）象啻（揥）也”應處理作“玉僐（瑱）、象啻（揥）也”。

洪波《〈安徽大學藏戰國竹簡〉（二）獻苴及其他》（《漢字漢語研究》2022年第3期）讀《仲尼曰》中的“耑”爲“彖”，訓斷定。《曹沫之陳》中的“非山非澤”意爲“無論是山還是澤”，表達周遍性範圍，與後文“亡又（有）不民”相契合；曹沫（蔑）與曹劌（翽）的差異與楚地方言較齊魯方保留更古讀音有關。

4. 其他

王磊《楚簡文字考釋四則》（《中國文字學報》第12輯）將曹家崗楚簡5號簡之“”字釋爲“杭”。

朱曉雪《楚簡拾零四則》（《江漢考古》2022年第2期）認爲天星觀楚簡中所載卜筮工具“管”應釋“朿著”，讀“黯著”，指一種黑色的蓍草。望山1號楚墓19號簡中“鞋愢”讀“廣莿”，指一種較寬的蓍草。包山231號簡字釋“聅”，讀“珏”；256號簡記載的“德豆”即馬王堆漢墓遣策簡中的“鰱鷬”，指乾魚肉一類的食物。

范常喜《信陽楚簡“樂人之器”所記編鐘、鐘槌名新釋》（《文物》2021年第12期）釋“”爲“胥”，讀“延”，訓長；釋“”爲“欘”，讀“椓”，意爲敲打、錘擊，此處用作名詞。

李家浩《關於〈窮達以時〉中舊釋爲“㕣繇”和“㕣埊”的釋讀》（《中國文字學報》第12輯）將簡3和簡10的“㕣”改隸“㠯”，“㠯繇”即“傅説”。“埊”爲“棘”，讀爲“楇”，“㠯埊”讀爲“負楇”。“駒”讀爲“疲”。“空”讀爲“困”。

鄧躍敏、張卉《郭店楚簡幾組代詞的調查分析》（《阿壩師範學院學報》2022年第2期）分析了郭店簡中“之、諸、焉”“自、身、己”“是、此、而、斯、其、然”“莫、或、無”“者、所”等5組代詞的語法功能和意義。

吴昊亨《郭店簡〈六德〉第31—33簡再考》（《簡帛研究二〇二二·春夏卷》）將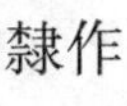隸作“蓊”，讀爲“蘿”，指蘿蒿。隸作“芔”，讀爲“芷”，指白芷或白芷的根。隸作

“酘”，讀爲“梗”，訓大略，“梗梗”表示密密麻麻的狀態。“㒷”讀爲“縝”，縝密之義。把仁比作蘿，把義比作芷，分别闡明了“仁”柔和、面向家族内、目標廣泛的特點和“義”剛强、面向家族外、目標具體的特點。

李芳梅、劉洪濤《郭店竹簡唐虞之道“湩”字考釋——兼論上博簡凡物流形和天星觀卜筮簡的“繫”字》(《簡帛》第25輯)將《唐虞之道》舊多釋“湅”之字改釋爲“湩”，讀爲“繼”，訓接續、傳續。上博簡《凡物流形》和天星觀卜筮簡中的“繫”也讀爲“繼”。

劉國勝、劉松清《包山楚簡文字釋讀剩義》(《江漢考古》2022年第3期)藉助紅外掃描的清晰照片，新釋簡163背面“弗聖(聽)”、簡274“鞓”“拜”；改釋簡128“與”爲“塱”、簡130未釋字爲“枈”、簡146“緩”爲“緢(紳)”、簡274“貝”後一字爲“覗”，簡121原釋“葚”或“蒉”之字爲“蓙”；又將簡156第二個“命”字屬下讀。

羅小華、侯愷文《包山楚簡中的“朵”和“美”》(《長江文明》2022年第1輯)將包山楚簡原釋“美”或“郱”的部分字改釋爲“朵”。“美”“郱”讀“養”，與“朵”皆屬姓氏。

宋華强《曾侯乙墓車軎銘文新釋》(《出土文獻》2022年第2期)將 釋爲“之軝”二字合文，指車軎。 釋爲从金、毌聲之“⿰金毌”，讀“鍵”，指車轄。包山簡竹牘1、竹簡276號“鋲”讀“軝”，指車軎，兩個“鈦(軑)”字，前一個指車輨，後一個指車轄。

于夢欣《〈楚地出土戰國簡册合集〉圖版札記二則》(《漢字漢語研究》2022年第3期)認爲曾侯乙簡、望山簡中的“毚”字和包山簡从“毚”之字有“隹”“勹”共筆現象。新釋曾侯乙簡一未釋字爲“兕”。

李春桃《出土文獻所見觜宿名稱考》(《出土文獻綜合研究集刊》第16輯)整理了觜宿在考古材料中的各種名稱，如曾侯乙墓漆箱中的“此隹”、北大漢簡中的“觜畦”、占卜漆盤中的“觜巂”、東漢壁畫中的“觜戈”等，這些不同寫法多屬音近通假。

蔣魯敬《試説戰國楚簡中的“鼘”字》(《出土文獻》2022年第1期)認爲“鼘”字所从“戈”旁應是“弋”旁之訛，該字是从泉从聿的“肅”字的異體。龍會河簡的“鼘”字當讀爲“蒐”。

趙曉斌《荆州棗林鋪彭家灣183號、264號楚墓出土卜筮祭禱簡》(《出土文獻》2022年第1期)對二墓出土的卜筮祭禱簡文進行了釋讀。

蔡升奕《楚簡文字“傘”考》(《韶關學院學報·社會科學》2022年第1期)將 、 等12個楚文字隸定爲从“丕”之字，認爲是“傘”字異體。

劉凱先《戰國楚簡“耕”字的構形演變及隸定標準探討》(《湖南師範大學社會科學學報》2022年第1期)認爲“耒”和“力”兩個構件不存在通用的情况，“力”與“争”因“爪”形的增減成爲同形構件。“耕”字右旁應隸作“争”，省“爪”的“争”可隸作“力”。

以"力"爲偏旁的字形中,雖有部分"力"與"争"同形,因累增的"爪"符是羨符,不應隸作"孚"或"争"。

吕敏《戰國簡帛文獻漢字派生考察四則》(《龍岩學院學報》2022 年第 1 期)舉戰國簡帛文獻中的五組漢字派生現象,總結漢字派生方式主要有增加構件和改换構件。字形派生與文字職能的明確分工不完全同步。戰國秦簡帛與楚系簡帛文獻在派生字的使用和派生階段方面各有差異。

孟蓬生《"反㡭(絶)爲𢇍(繼)"成因試探》(《語文研究》2022 年第 1 期)認爲"反㡭(絶)爲𢇍(繼)"不符合古文字構形正反無别的通例,不符合先秦文字的用字習慣。"㡭""𢇍"正反無别,而"絶""纘"古音相通,秦漢之際,"反㡭(絶)爲𢇍(纘)"之"𢇍(纘)"同義换讀爲了"𢇍(繼)",經漢代人轉抄的先秦文本存在"𢇍(纘)""𢇍(繼)"相亂的情況。

俞紹宏、孫振凱《楚簡"絶""繼"考辨》(《民俗典籍文字研究》第 29 輯)認爲《説文》以"㡭"爲"絶"字古文源於戰國晋系中山王器" "類字形;又以"𢇍"爲"繼"字。與《説文》相反,楚系簡帛中"𢇍"爲"絶"字,"㡭"爲"繼"字,曾侯乙墓簡中多見的"㡭聶"可讀作"麃攝"。戰國時期,字形"𢇍""㡭"在楚系文字内部不混淆,但在不同系别文字之間,由於字形與字種關係的不統一而産生混淆。

石小力《説戰國楚文字中用爲"一"的"翼"字》(《中國語文》2022 年第 1 期)認爲"罷"是羽翼之"翼"的異體,所从"能"由甲骨文"翼"的象形初文演變而來。"罷"从羽,翼聲,是爲羽翼之"翼"所造的形聲字。象形的"翼"演變爲"能"形,既有變形聲化的現象,也有類化的作用。

謝明文《談"寶"論"富"》(《文獻》2022 年第 1 期)認爲从"宀"、从"玉"或"貝"(或兼从"玉"从"貝")之形應該是"寶""富"共同的表義初文,後添加"桴/缶"聲即成"寶"字,添加"畐"聲即成"𡨦(富)"字。兩周金文中"富""寶""福"關係密切,彼此可構成糅合字形。

朱學斌《出土簡帛"牸"字的歷時演變》(《簡帛研究二〇二一·秋冬卷》)認爲名詞"牸"的概念由動詞"字"分化而來,意爲可生育的雌性牲畜。雌性牲畜的記録在商代已開始使用"牝",在戰國可能已使用"子",西漢早期以降使用"字",至遲在三國已經使用"牸"。周家臺秦簡《病方》的"牛子母"意爲"牛的子與母";馬王堆帛書《木人占》的"字乳"即後世"孳乳",意爲生育,"俘人"指的是"乳哺"。

馬文傑、孟蓬生《試論楚簡中的"慮"及相關字形》(《民俗典籍文字研究》第 29 輯)認爲楚系文字中"虗"與"虘"、"𧆞"與"虘"皆爲以"虘"爲終點的單向訛混,因此从"𧆞"的"慮"和从"虗"的"慮"不存在相混的問題。郭店簡《老子》"慮"當讀爲"詐",上博簡

《三德》"慮"當讀爲"作",上博簡《競建内之》"簏"字从"慮"得聲,讀爲"籍"。

俞紹宏、孫振凱《讀楚簡五記》(《漢字漢語研究》2022 年第 1 期)認爲楚簡中多見的"褮"用作"勞"是"褮"假借爲"營"再同義换讀爲"勞"的結果。

張峰《楚簡从屯、毛、豐、屰之字辨析》(《江漢考古》2022 年第 1 期)辨析屯、毛、豐、屰四字,進而將 、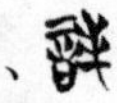、、、 釋爲从"屰"之字。《越公其事》簡 32 的"詬顛足見"讀爲"指攣足蹇",指的是手指屈曲、足跛。

徐在國《説"咠"及其相關字》(《中國文字學報》第 12 輯)將  釋作"咠",認爲是"揖"的初文。

方翔《楚文字訛混現象舉隅》(《文物春秋》2022 年第 2 期)討論了楚文字中"  "形訛寫成"  "形的情況。據此,清華九《成人》簡 1"諻"應改隸"詨"。上博四《内豊》"戭"與《逸詩》"剴"應是一字異體,讀"豈"。《逸詩》"皝"所从"岂"與"幾"的一種省體類似。上博七《武王踐阼》簡 1"幾"和簡 2"微"寫法不同,應是有意區分。

張景業《試論"寅"字本義及字形演化軌迹》(《大連大學學報》2022 年第 3 期)認爲"寅"字在戰國時期字形産生劇變,小篆與之同步演化,箭矢頭部與下部分離,演化成宀,後被隸書傳承下來。

聶潔娜《古文字中"聖""聽"字際關係論析》(《語言與文化研究》第 23 輯)結合出土文獻材料,對"聖""聽"二字字義的相互關係及其分化孳乳進行研究,認爲二字同源。

俞紹宏、張大英《楚簡"藕"字補釋——兼談一種特殊的漢字結構》(《上古漢語研究》第 4 輯)認爲楚文字"  "是"藕"的象形初文," 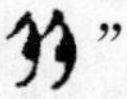 "由二"藕"會"偶"義,同時从"藕"得聲;"  "釋"瓜",在上博簡《命》中讀"虞",度、謀義。从"  "的" 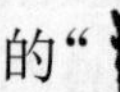 "即《説文》之"菰"。兩個相同偏旁構成的合體字中,這兩個相同的偏旁不僅可標音,且共同參與構成新意。"  "是从"艸"、从"  "得聲的形聲結構的"藕"字異體。

蔡一峰《用爲"邇"之"逐"諸字補説》(《古漢語研究》2022 年第 3 期)提出作爲"邇"字異體的"逐"是"遻"的省聲字,可以上溯到甲骨文時代。"豕"旁不表音,文獻中也不存在"豕"聲字與"爾"聲字的通用關係。

馬麗娜《簡帛文獻"疒"旁字研究》(《漢字文化》2022 年第 17 期)將簡帛文獻"疒"旁字與《説文》"疒"部字相結合,對"疒"旁字的字形、字義作了整理考釋。

胡傑《論戰國楚簡裏的"鼠"符字》(《語言研究》2022 年第 4 期)認爲"鼠"符字在晉系出土文獻中的用例,反映晉系文字受楚文字影響較大。"鼠"符字在曾侯乙墓簡中使用頻次最多,但常用義"狐""獊"又多使用犬符的通用字,反映其同時受到中原與楚文化的雙重影響。"鼠"符字大量出現,是楚人造字時注重動物生活習慣這種獨特視角的體現。

劉燕《從甲骨、簡帛等上古文獻看"兑""説""悦"的關係》(《中國語言學報》第20期)認爲"兑"表"愉悦"義早於"説"和"悦","兑"與"悦"是古今字關係,不是"説"的本字。"説"晚於"兑",早於"悦",最初表達"言説"義,"悦"的本字或意義不來自"説",出土竹簡中"説""悦"同用是同音假借關係。

秦鴻雁《論"師""𠂤""帀"三字關係》(《中國文字博物館集刊》第3輯)考察"師""𠂤""帀"三字演變,認爲三字在春秋晚期和戰國時逐漸混用和兼并,"𠂤""帀"最終消亡。

唐佳、肖毅《楚簡"戔"字補釋》(《簡帛》第25輯)結合楚簡"戔"字變體或近"小""少"形,而"小""少"又可與"雀"通假的情況,認爲《尚書·秦誓》中的"截截"即"戝戝"之訛,古韵應歸"元部",與其異文"戔戔""諓諓"爲一字異體,當從僞《孔傳》訓察察。《四告》中的兩個"截"字,亦是"戝"字訛體,分别讀爲"察告""察叩",可與包山簡互證。

王凱博《談楚簡中兩個"卯"聲字的讀法》(《簡帛》第25輯)認爲《性情論》簡38"累"、《殷高宗問於三壽》簡19"留"讀"穆",意即安、和、静。

王精松《説"晨"》(《中國文字研究》第36輯)將"晨"看作"振舉"之"振"的表意初文。金文至戰國文字中"晨"寫作从"臼""辰","臼"形表示"晨"一類的音。通行的"農"字寫法源於"晨"與"農"的雜揉。

王挺斌、趙平安《試論近代漢字與古文字的關係》(《漢語史學報》第27輯)探討近代漢字學與古文字學之間的關係,列舉部分藉助古文字學進行近代漢字溯源和利用近代漢字資料考釋古文字的實例。同時强調應注意同形字以及字的時代性問題。

何余華《近代漢字對楚系用字的傳承襲用探論》(《漢語史學報》第27輯)列舉了部分近代漢字體現出的對楚系用字直接或變異後沿用的情況。傳承的楚系用字多數與秦文字存在構形聯繫,以秦系用字或其構件作爲構形成分。沿用一是因積習難改,或受底本影響;二是楚系用字形義關係更清晰、區别度高,更符合漢字義音化、合體化演變趨勢。

(三)古漢語研究

任荷、蔣文《清華簡〈四告〉及金文中的及物狀態動詞"宜"》(《出土文獻》2022年第1期)認爲上古漢語中及物狀態動詞"宜"的真正語義是"適配",在句中可翻譯爲"適合……、與……相配"。

胡波《先秦兩漢"打獵"義動詞更替考——基於出土文獻、傳世文獻與異文材料的綜合考察》(《語文研究》2022 年第 2 期)認爲戰國晚期“獵”已取代“田”成爲“打獵”義動詞的常用詞,其原因當與“多義衝突”有關,也可能與秦“書同文字”的政策有關。

張富海《試説書母的塞音來源》(《語言研究集刊》第 29 輯)認爲中古書母有多個上古來源,除了清鼻流音以外,根據諧聲,尚有少量的軟腭塞音和齒齦塞音來源。塞音演變爲擦音書母,屬不規則音變。

賈海生《由安大簡〈詩經〉論仇的上古音》(《先秦文學與文化》第 10 輯)利用體現上古音特點的閩語方言數據重新審視“仇”的上古音,論證安大簡《詩經》“戟”與《毛詩》“仇”同音。

董守軒、劉鴻雁《古楚語詞“蹠”義考》(《寧夏大學學報(人文社會科學版)》2022 年第 4 期)認爲古楚語詞“蹠”的本義爲“跳”“跳躍”,此在歷代文獻中都有記載,隨時代發展而不斷演變。

王志平《“虐”字的音讀及其他》(《上古漢語研究》第 4 輯)認爲古文字中“虐”即“唬”字,一字多音,諸異讀的古音關係密切,可靈活通轉,這反映了上古音中固有的語音演變。

尉侯凱《先秦時期臣下稱君爲“爾”“汝”現象新論》(《出土文獻》2022 年第 3 期)認爲在戰國後期,特别是秦統一後,等級觀念導致臣下不敢再以“爾”“汝”稱呼帝王。漢代整理時可能摻入了後世的一些思想觀念,而“六經”中的《尚書》《詩經》等一般不敢輕易改動,故而保留了若干臣下稱君爲“爾”“汝”的原始材料。《釋“焉以”》(《古漢語研究》2022 年第 4 期)認爲《左傳》“授師孑焉以伐隨”應在“孑”下斷句,“焉以”是表示“於是”的連詞“焉”與介詞“以”組成的固定搭配。“焉以”或作“安以”“案以”。

趙長才《上古漢語“諸”的再探討》(《中國語文》2022 年第 5 期)判斷前人認爲“諸”表示合音的觀點不能成立。從與“V 諸 NP”和句末“V 諸”相關的句法格式來看,“諸”與“之”在這些格式中的句法功能具有高度的一致性,都是用作回指的代詞。

史文磊《從出土文獻看上古漢語{娶}的及物性與綜合性》(《中國語文》2022 年第 5 期)結合出土文獻,認爲在殷商至西漢末,“娶”只寫作“取”,且一直是典型的及物動詞,並非准他動詞或綜合性動詞。寫作“娶”則是晚至西漢末才開始出現的,並且一出現就作不及物動詞。“娶”的不及物或綜合性用法體現在 N 範疇作受事時没有專門形式表達。

周翔《談“牝”“牡”諸字的競争與替代》(《古籍研究》總第 76 輯)研究“牝”“牡”兩個動物性别專字,認爲在發展過程中,二字取代其他字成爲抽象記録動物性别乃至對立概念的通行字,其他字則漸次廢棄。專字的競争與替代不可避免,其決定性因素一是專字所記録概念的社會職能與地位,二是字詞關係的調整。

李林芳《〈老子〉諸本的四字句與早期文本的演變規律——基於出土文獻與傳世文獻的文本比對研究》(《古籍研究》總第76輯)通過對比《老子》出土、傳世文本,發現藉助增減虚詞的方式,四字句占比隨文本年代的推進而逐漸升高。四字句在《老子》文本内部和其他衆多早期文本的所有句式中占比最高的事實誘發了這一變化,漢語語言本身的特質又爲該變化提供了可能。這一變化更可能是隨興的改易。

(四)文獻研究

1. 文本體例、屬性

侯乃峰《清華簡〈赤鳩之集湯之屋〉篇箋釋衍説》(《文史哲》2022年第5期)認爲《赤鳩之集湯之屋》是目前所能見到的中國古代最早的小説文本,反映出當時民衆所處的社會生活環境。其内容所體現的道德教化意義已受儒家思想影響。

劉麗《清華簡〈封許之命〉探析》(《簡帛研究二〇二二·春夏卷》)認爲《封許之命》並非周初分封許國命書的原始形態,而是周王分封許國的命書與周王之誥的雜糅。

黄一村《清華簡書類文獻中保留早期文字現象的初步整理》(《簡帛研究二〇二二·春夏卷》)認爲《封許之命》《攝命》《厚父》三篇應抄自帶有較多早期文字的底本,抄寫者有意保留了部分早期文字。這可能與這三篇文獻作爲教材使用有關。

陳丹奇《孔子"聞之曰"言論承傳模式的生成及演化——以上博簡〈從政〉爲中心》(《河北學刊》2022年第3期)認爲《從政》"聞之曰"是對"丘聞之某人(或某文本)有言曰"的縮略改寫,象徵孔子言論承傳的一種模式,即靈活運用口傳與書寫兩種形態來傳播孔子的轉述話語。

黄愛梅《楚竹書〈吴命〉再綴連兼談吴楚與陳國的關係》(《社會科學》2022年第2期)認爲《吴命》"記言"的性質非常明顯,在表述中人稱轉换頻繁,更符合吴國方面向周王匯報時的原始完整表達,其原始性很可能在《國語》之上。

陳民鎮《論安大簡仲尼曰的性質與編纂》(《中國文化研究》2022年冬之卷)認爲《仲尼曰》文本的形成相對較遲,且一些語句並非真正意義上的孔子之言。《仲尼曰》的摘編者在内容和形式上有自身的偏好,並有意追求内容的前後對比與齊整的句式。

徐建委《牘與章:早期短章文本形成的物質背景》(《文獻》2022年第1期)認爲牘是先秦兩漢時代古人日常書寫時的主要用具,著述、文書的起草,記録廷議與師説,牘版都應是原初載體,西漢以前的古書中短章占比很高,是受到牘版這種物質載體的潛在影響。

2. 成書年代、來源

何曉歌《清華簡〈封許之命〉所載賞賜物略考》(《江漢考古》2022年第4期)根據賞

賜物判斷簡文最初的成文年代是西周早期,但在流傳過程中受西周中晚期册命金文和春秋時期金文用語的影響有所改寫,其抄寫年代在戰國中晚期。

郭永秉《先秦古書源流的二重證據研究試探——以清華簡〈厚父〉與傳世經籍的關係爲例》(《中國文化研究》2022 年秋之卷)認爲《厚父》的著作時代可能晚於《吕刑》,並對《孟子》引《書》的上下文句作了新的校勘標點。

田實祥《先秦墨學研究的新視角: 從墨子"十論"到清華簡〈治邦之道〉》(《社會科學論壇》2022 年第 6 期)認爲《治邦之道》的寫作時間或與《墨子》相當,或比《墨子》稍晚。《治邦之道》或出自墨子門人,或出自受墨學影響甚深、與墨家關聯甚密之士階層。

劉亞男《〈詩經〉文本的變化——以安大簡〈詩經〉和毛詩的對比爲中心》(《簡帛研究二〇二二・春夏卷》)認爲在戰國早中期之前,《詩經》已有定本存在,但之後文本仍有變化。二者爲同源異流。

劉光勝《〈論語〉成書新證及其方法論反思》(《中原文化研究》2022 年第 6 期)認爲《論語》有 10 篇被戰國中晚期以前的出土文獻引用,這爲《論語》成書於戰國前期提供了證據支撑。郭店簡引《論語》,與今傳本語序、文字、虚詞多有不同,"子思領纂《論語》"説可商榷。

3. 簡牘形制與書手書風

李松儒《談清華簡〈心是謂中〉的書寫情況》(《簡帛研究二〇二一・秋冬卷》)認爲《心是謂中》與《筮法》《子産》屬同一書手所寫。《心是謂中》與《子産》形制相近,二文合編在一起的意見可信。

肖芸曉《試論清華簡書手的職與能》(《簡帛》第 25 輯)認爲清華竹書的不少副文本特徵,如篇題、簡號與標識符號的分類都與筆迹分類高度吻合,這些特質的成因與書手密切相關。這些符號當被理解爲書手對於竹書文字意義的控制,而非某一讀者反復閲讀理解的痕迹。書手在掌控文字内容之外,或許對文本的物質型態與文意的固定與流動也發揮了關鍵作用。

4. 文獻校勘

姚道林《利用安大簡〈詩經〉補釋〈毛詩〉字詞二則》(《安徽農業大學學報(社會科學版)》2022 年第 4 期)認爲《鄘風・鶉之奔奔》中的"强"當讀爲"競",訓逐;《召南・小星》中的"肅"應改讀"蹙",訓急。

趙棚鴿《安大簡〈詩・葛覃〉"是刈是穫"異文考辨》(《社會科學論壇》2022 年第 1 期)認爲傳世《詩》文"是刈是濩"乃描寫采葛練葛的忙碌過程,而非割了又割動作的簡單重複。

郝敬《安大簡〈詩經〉的異序問題——兼論先秦文獻文本的非穩定性》(《安徽大學學報(哲學社會科學版)》2022年第6期)認爲安大簡《詩經》僅是《詩經》早期面貌的一個側面呈現,不能完全判斷其爲《詩經》“祖本”,也不能隨意據簡本改毛詩。

蘇建忠《清華簡〈四告〉校讀舉隅》(《濱州學院學報》2022年第1期)將《尚書・立政》與清華簡《四告》進行對讀,認爲《尚書・立政》“咸”可能是“箴”之訛誤,是周公對成王的箴告之辭。

薛培武《根據“亙”與“亟”的訛混校讀〈尚書〉一例》(《古籍研究》總第76輯)據出土文獻有“亙”“亟”相混現象,認爲《尚書・洛誥》“和恒四方民”中的“恒”實乃“亟”字,經傳抄誤寫爲“亙”,後又被寫作“恒”。

杜文君《〈禮記・緇衣〉“民情不貳”發微》(《孔子研究》2022年第2期)認爲“民情不貳”之“貳”釋“二”是錯誤替換導致的文字訛誤。今本“民情不貳”可能原作“民情不慝”。

辛亞民《〈周易・坤卦〉卦名新探——秦簡〈歸藏〉及清華簡〈筮法〉的啓示》(《現代哲學》2022年第2期)認爲卦名“黄”當爲“寅”,早期“黄”“寅”二字同形,後世逐漸發生分化。“寅”通“坤”,卦名仍然遵循了《周易》古經“依筮辭而題卦名”的一般規律,而且坤卦卦義“地”及卦德“順”也都是據卦名聲訓而來。

王克松《〈左傳〉“齊侯疥,遂店”疑義辨證》(《民俗典籍文字研究》第29輯)認爲改“疥”爲“痎”的觀點有誤,“疥”“店”的本義與文本語境契合。改字的動因與中古音的語音狀況、時代的學術風氣有關。

岳曉峰《〈左傳〉“坐甲”新證》(《中國史研究》2022年第1期)聯係上博簡《陳公治兵》,解釋“甲”爲甲士,“坐”爲右膝抵地,左膝抬起的跪姿,代指坐陣,“坐甲”即以坐陣布列甲士。

黄傑《〈左傳〉“荆尸”考》(《文史哲》2022年第2期)分析《左傳》莊公四年“荆尸”應解爲舉行某種祭祀,與清華簡《楚居》“夜而内(入)层”的“层”有密切關係。宣公十二年“荆尸”應解作月名,傳文本身包含了表明“荆尸”是時間狀語的關鍵證據。

劉國忠《據清華簡釋〈中庸〉“武王末受命”》(《學術界》2022年第2期)討論“武王末受命”一語中的“末”當訓最終。

周翔《從安大簡〈仲尼曰〉談孔子語録類文本的相關問題》(《中國文化研究》2022年冬之卷)比較《仲尼曰》與《論語》《禮記》等傳世文獻,總結了簡本文字詳於傳世材料、簡本文字略於傳世材料、簡本與傳世材料内容相近而文字表述不同、簡本内容爲傳世材料未見之佚文、簡本與傳世材料文字内容基本一致等五類情況。

廖名春、李佳喜《〈荀子〉所引〈詩〉本義四考》(《國學學刊》2022年第3期)將《荀子·勸學》篇引《詩》“無恒安息”的“恒”字讀作“極”,《仲尼》篇引《詩》“永言孝思”讀作“永焉孝事”。

吴昊亨《據戰國竹簡校釋〈荀子·勸學〉之“流魚”及相關問題》(《簡帛》第25輯)認爲“流魚”當作“沈魚”,指“潛在水中的魚”。“沈”最早在戰國時可能寫作一個以“蚩”或者“蚩”爲聲符的字,在轉寫過程中被誤作“流”。《荀子》的《非十二子》《大略》《君子》篇中的一些“流”字原本也應當作“沈”。

李佳喜《據出土合文校釋〈荀子〉一則》(《出土文獻》2022年第4期)認爲《荀子·蠶賦》“身女好而頭馬首”的“女好”應作“女子”,屬誤讀“女子”合文所致。

楊瑩《〈老子〉“自視者不彰”校讀》(《出土文獻綜合研究集刊》第15輯)認爲今本《老子》二十二章“不自是故彰”與二十四章“自是者不彰”的“自是”原應寫作“自視”,讀“自示”,意爲顯示、展示自己。今本《老子》“是”字蓋後人據文意和語音誤改。

5. 其他

鄧國軍《出土楚簡〈逸周書〉類文獻研究的回顧與展望》(《簡帛研究二〇二一·秋冬卷》)認爲目前學界的研究尚有三點不足:碎片化,需作爲專題加以綜合整理研究;需最大限度發掘文獻中的思想史、學術史内涵;勘誤工作應更深入地探討致誤的原因以及相關史源問題。

李守奎《古文字視野下的〈説文解字〉》(《中原文化研究》2022年第5期)列舉了出土文獻和《説文》互證的諸多實例。

楊博《戰國秦漢簡帛所見的文獻校理與典籍文明》(《中國社會科學》2022年第9期)認爲自名爲“録”的木楬,部分具有典籍“目録”的性質;篇目序列的固定與廣泛接受是典籍文本序列規範化的基礎。

李昭陽《出土“書”類文獻視域下〈群經平議〉之平議——兼及相關問題辨析與文句闡釋》(《出土文獻綜合研究集刊》第16輯)利用清華簡“書”類文獻相關篇目逐條分析《群經平議》校讀古書的方法與結論,發現俞樾的校讀頗有可取之處。

(五) 歷史文化研究

1. 名物

劉思亮《説“土螻”》(《出土文獻》2022年第1期)認爲信陽楚簡“樂人之器”中所載“土螻”是虡獸,而非鎮墓獸。文獻中所謂“飛虡”也是虡獸,曾侯乙墓編磬神獸形立柱,大概就是“飛虡”的標準形象。

向明文《楚系墓葬用俎類型與楚簡遣策所見禮俎的名物辨析》(《簡帛研究二〇二二·春夏卷》)討論了柤俎、橛(梡)俎、□俎、皇俎、小房俎、大房俎等的實物與楚簡所記組名的對應關係,總結各類組在形制上的特色。

何曉歌《清華簡〈封許之命〉所載賞賜物略考》(《江漢考古》2022 年第 4 期)將賞賜物分"玉器和鬯酒""車馬器""銅禮器"三類考察名稱和組合關係。

羅小華《嚴倉遣册簡中的"狗子之幹"》(《考古與文物》2022 年第 4 期)認爲"幹"是《説文》中的"斡",兩字諧聲通假,所指皆爲車轂上的一部分。傳世文獻中"輨"有時會寫作"斡",後來詞義縮小,指代轂飾。

2. 人物、族群

熊賢品《從甲骨文"咸爲成湯"談清華簡〈尹誥〉"尹既及湯咸有一德"》(《簡帛研究二〇二一·秋冬卷》)據甲骨文所見"咸"爲"商湯"名例,認爲清華簡《尹誥》中的"湯咸"系"名+名"的並列組合,"湯""咸"均指商湯。"一德"讀作"懿德",意爲"美德"。從簡文内容主要是分析夏代滅亡原因來看,伊尹和商湯討論的是相應的争取民衆的方法。

劉光勝、陳以鳳《克紹文武: 走出周公遮蔽的成王形象——以清華簡〈厚父〉爲中心的考察》(《孔子研究》2022 年第 2 期)認爲《厚父》"時王"是周成王的可能性居多。《厚父》使人們在成王效法祖考、諮政耆老、自儆自誡、勤勉國事,積極參與封建諸侯,征伐淮夷、商奄,建構以德悦天的理論體系等方面有了新的認知。

何艷傑《赤狄新考》(《殷都學刊》2022 年第 1 期)據《清華簡·繫年》,論述狄聯盟曾以"群戎之師"的稱號存在,奉晋國爲霸主,參與城濮之戰助晋伐楚;狄聯盟首領號稱"赤狄王",狄聯盟内部形成了王(部落聯盟首領)——子(各部落首領)——貴族——平民的分層社會。

楊繼承《"計然"考原》(《古典文獻研究》第 25 輯上)綜合清華簡《良臣》《越公其事》和相關傳世文獻,指出愈是晚出的文獻,記載的勾踐謀臣群體愈加龐大,進而論證《史記》等文獻中的"計然"非實際存在的人物。

王青《夏商周始祖出生神話的再考察》(《中原文化研究》2022 年第 3 期)認爲流行卵生神話的東方其他民族並無《子羔》篇中所記的背生情節,應該是夏族神話闌入所致。《子羔》篇中姜嫄所薦之"芺"當爲紫芺,即紫草。緯書中有後人出於各種目的的編造,但也有一部分説法至少可追溯到戰國時期。

陳穎飛《清華簡〈良臣〉"南宫夭"新論——兼議西周早期南宫伯達、南宫毛、南宫辪》(《簡帛研究二〇二二·春夏卷》)不贊同將"南宫夭"與荆子鼎聯係以及視其爲曾侯諫的觀點。

李靚《武成時期殷遺民政策的再考察——以新出土材料爲中心》(《古籍研究》總第 76 輯)分析了武成時期對於殷遺民的統治政策隨局勢的變化,從安撫懷柔改爲恩威並舉。這是當時的政治環境、周人的天命觀念、武王自身的條件以及周公的雄才大略等多方面因素綜合謀劃所決定的。

王紅亮《清華簡〈繫年〉所載"録子耿"及相關史事考》(《殷都學刊》2022年第3期)綜合傳世文獻、周初青銅器大保簋、《繫年》等資料,認爲"武庚""禄父""録子耿""録子聖"爲同一人。《繫年》所載,或爲錯抄所致,或爲戰國時期流傳的另一種説法。

3. 史事

張淑一《楚竹書〈吴命〉與周人"大姬"飾辭》(《社會科學》2022年第1期)認爲大姬在西周初年的婦女中被較多提及,與周人的"吾女"觀念有關,但這種世系關係已經很遥遠的"吾女"僅具有某些禮儀上、政治上的意義,"大姬"更多被與周有親緣關係的諸侯國拿來作爲譴責或討伐陳國的藉口。《吴命》中告勞簡文所指應該是魯哀公元年、六年吴王夫差兩次伐陳之事,"大姬"亦是吴國對陳宣示武力時的一個飾辭。

黄愛梅《楚竹書〈吴命〉再綴連兼談吴楚與陳國的關係》(《社會科學》2022年第2期)認爲《吴命》就是公元前484年吴國使臣獻功於周的告勞之辭,補充了《左傳》哀公十年"吴救陳"的細節,同時也反映出這一時期吴、楚兩國在該地區激烈的争奪。

白國紅《叔妘爲鄭武公元配及兩周之際相關史事考論》(《中原文化研究》2022年第2期)認爲傳統觀點將叔妘定義爲"鄶夫人"不可靠,這是三國時學者韋昭在爲《國語》作注時輕信《公羊傳》作者的解經之語而做出的錯誤判斷。叔妘實爲鄶國之女、鄭武公的元配。

李貝貝《從清華簡〈繫年〉論兩周之際局勢變遷》(《四川文物》2022年第2期)認爲在平王繼位與東遷相關史事上,《繫年》中的記述雖與諸多文獻看似不符,但只是記述角度不同,實際内容並非完全不可調和。

邵蓓《平王東遷的史料分析》(《簡帛研究二〇二二·春夏卷》)結合《史記》《竹書紀年》及清華簡《繫年》的記載,認爲《史記》所記平王元年爲公元前770年可以接受,《繫年》記平王立於京師後三年東遷更爲可信。

程平山《"共和行政"歷史再解讀》(《歷史研究》2022年第4期)綜合出土文獻古本《竹書紀年》、清華簡《繫年》與傳世文獻《左傳》等,認定"共伯和行政"是歷史真相,在周人看來,共和行政的14年間,歸屬於周厲王紀年,故可認爲周厲王在位51年。中國有確切紀年的歷史可以自共和元年上溯至周厲王元年。

阮明套《清華簡〈赤鵠之集湯之屋〉所見古史傳説》(《中國史研究》2022年第3期)認爲《赤鵠之集湯之屋》篇保存的古史傳説主要有兩方面内容:一是商湯用鵠鳥之羹祭祀上帝一事,這是商湯獲得天命的象徵,由此開始了商人滅夏的進程;二是伊尹作爲商族間諜,通過爲夏桀治病進而接近夏桀和妺喜,從此開始了情報刺探工作。

程浩《清華簡〈參不韋〉中的夏代史事》(《文物》2022年第9期)論述了《參不韋》中記載的史事,如“三不韋”多次强調夏啓乃是天帝所創設邦家的實際管理者;夏代在五行中的配比是土,這與夏代曆法的建正有關;鲧死而不葬,禹死後以匣爲棺、堆木爲椁等,認爲《參不韋》作者對於夏代歷史的認知總體上也未逾越各種春秋戰國傳世文獻。

汪鈺《〈竹書紀年〉“同惠王子多父伐鄶克之”條繫年辨誤》(《古籍研究》總第75輯)結合《繫年》等記載及《竹書紀年》遲至周平王二十一年仍以周紀年,認爲“同惠王子多父伐鄶克之”條之“二年”實爲周平王二年。

袁證《從清華簡〈趙簡子〉篇談趙簡子的職與責》(《簡帛》第25輯)認爲趙簡子突然向成鱄問詢田氏代齊之事,與當時晋國國内外的政治形勢有關,即齊國此時已成爲晋國最主要的對手,作爲晋國執政者的趙簡子理應高度關注其内政。

桂珍明《二重證據視閾下后稷史事考索》(《古籍整理研究學刊》2022年第5期)認爲上博簡《子羔》對后稷出生情形的記載比《周本紀》等質樸,上博簡《容成氏》等諸文獻都非常重視后稷的農業事功。

4. 地理

周秦漢《陶唐氏後裔四系新考》(《古代文明》2022年第2期)認爲《容成氏》“昔堯處於丹府與藋陵之間”表明堯早年居於今河南中南部,曾作爲南方君長討伐有苗一族,在丹水流域作戰有功,這也是其子丹朱被封於丹水的原因之一。郭店簡《唐虞之道》以“湯(唐)”指堯,知“堯爲唐氏”説並不晚於春秋末期。

劉光《清華簡〈鄭文公問太伯〉“齊酅之戎”地望考》(《簡帛研究二〇二二·春夏卷》)將簡文“齊酅之戎”讀爲“濟酅之戎”,該戎與《左傳》等文獻中的“北戎”無涉,而是濟水之戎的一支,分布在今河南范縣與濮水之間。

趙慶淼《不嬰簋“畧”地與〈繫年〉“少鄂”——兼論獫狁侵周的地理問題》(《江漢考古》2022年第5期)認爲《繫年》第二章載晋文侯迎納周平王的“少鄂”與不嬰簋“畧”地屬“同地異名”關係,毗鄰“西申”,在宗周西北的涇河上游左近。更稱“少鄂”是爲與同時期存在的其他“鄂”地區分。獫狁侵周的地理範圍在空間上大致呈現近乎扇形的平面,扇形“頂點”爲發動戰争的策源地。

5. 制度、思想

寧鎮疆、卜易《由周人的“巧利”之弊説到老子的“絶巧棄利”》(《中原文化研究》2022年第1期)認爲《老子》欲絶之“巧”乃巧僞、巧詐之“巧”,“利”指貨財之“利”。周人的“利而巧”之弊乃《老子》要“絶巧棄利”的真正原因。由“義”“利”關係及“絶巧棄利”看,今本《老子》第十九章的“絶仁棄義”明顯不合邏輯。

王晨光《刑法還是型範?——從清華簡〈成人〉檢討先秦刑德叙事》(《簡帛研究二

〇二一·秋冬卷》)認爲多數先秦文獻中出現的"型"應釋作型範或典範。《成人》絶非法制史文獻,全文呈現宗法制下以先王爲型範的觀念。簡文中"民"的失型也專指在王廷供職的大門宗子勢臣發生的離心離德,其所處理的是分封制下統治群體内部矛盾。而崇古、常德與不易等施政理念,其實都是基於宗法制結構而産生。

史逸華《從郭店楚簡〈五行〉篇"悳"字看先秦儒家心性論》(《西部學刊》2022 年第 3 期)認爲"悳"字當理解爲"直心之德",可以引申出"誠"意,由此開啓了儒家以"誠"爲核心的心性之學,主要代表即《中庸》。

鄧躍敏、張卉《郭店簡所見儒家理想社會理論體系及世俗性特徵》(《中華文化論壇》2022 年第 5 期)認爲郭店簡性情説探索人性本質,在此認識論基礎上有三個層級的理論: 德行論爲理想社會提供道德指引和人才保障,六位説成爲和諧社會關係的綱領,德政思想是基於社會現實的政治理想。這個理論體系具有明顯的世俗性特徵。

周翔《從安大簡〈仲尼曰〉談孔子語録類文本的相關問題》(《中國文化研究》2022 年冬之卷)認爲簡文中的一些言論在傳世的儒家類著作中找不到直接、明確的記載,而與墨、法、道等諸家著作中某些言論的觀點和思想有直接或間接對應。儒家與先秦諸子的思想傾向並非涇渭分明。周翔、鄭玉茹《安大簡〈仲尼曰〉所見孔子思想類型淺議》(《古籍整理研究學刊》2022 年第 4 期)認爲抄寫者重視個人修養與自我提升、强調個人對國家社會的責任、堅持原則與辨證思考等取向,也在一定程度上折射出楚地知識精英對儒家思想文化的學習與吸收。

張淑一、明鏡《戰國楚簡公文書人名記寫形式論議——兼與秦簡記名的比較》(《史學集刊》2022 年第 2 期)認爲楚簡公文的人名記寫存在省略情形;楚簡中還有提示人名的符號;楚簡公文記名對多數人都記姓和名,秦簡則多記名而不稱姓,只在特殊情況下另外加姓作爲補充;楚簡人名記寫習慣可能承自周人制度,與秦簡相比,更有利於達到識别個體的目的,以及保證公文作爲行政工具的效率。

李旭冉《"中庸"與"道統"——清華簡〈保訓〉新讀》(《孔子研究》2022 年第 2 期)認爲《保訓》中的"追中"猶言"求中","假中"意同《國語》中的"僥中",是請求某人主持公道之意。"中"與"中庸""道""一""極""天心"等概念含義相通,都是指自然的神聖法則。古人認爲掌握自然的神聖法則是"受命"的必要條件,而"中"的傳授譜系其實就是"道統"。對"中"的理解差異構成了先秦諸子的根本分歧,而"中"實是中國思想的根本源頭。

嚴輝發《論戰國楚系墓葬銅鼎的拼凑和調整》(《江漢考古》2022 年第 1 期)利用包山簡及其他考古資料對戰國時期楚國喪葬禮儀進行復原,發現鼎的使用會根據葬禮實際執行時的禮儀需要進行適應性調整。

姚小鷗、李文慧《〈周公之琴舞〉"視日""視辰"與商周天道觀之傳承》(《中原文化研究》2022年第2期)認爲"視日""視辰"皆與國事相關,是君主誥教執政大臣之語,其意義是天時乃國事之準繩。周人所繼承的不僅是夏商兩代的社會制度,還有商人的哲學理念。

馬文增《清華簡〈天下之道〉五題》(《衡水學院學報》2022年第2期)認爲《天下之道》闡述國之存亡在於君民是否同心的規律以及古之"三王"的用兵之道與春秋戰國時期流行的用兵之道的不同。

李均明《清華簡〈五紀〉之象神觀》(《出土文獻》2022年第2期)總結《五紀》以"象"之概念作爲物質存在的迹象包括"數算""五時""五度""五正""五章",與之對應的"神",既指精神、意識,又指神明、神仙等人們崇拜的對象。《五紀》凡列七十神祇,各有所司。神之負面則爲鬼。天地、神祇、人事之上乃爲把總之"天道",當屬自然規律。

劉成群《清華簡〈治邦之道〉與墨家經濟思想》(《簡帛研究二〇二二·春夏卷》)認爲從人口、分工、對工商業的重視以及"用""利"等經濟思想的角度來説,《治邦之道》中的觀念的更接近墨家的主張,與其他學派存在着較爲明顯的差異。

蔣魯敬《戰國楚墓出土卜筮祭禱簡制度探討》(《簡帛研究二〇二二·春夏卷》)認爲卜筮祭禱用簡的形制與墓主身份、職官有關,封地的大小、位置也是需要考量的因素,但與貞人無關。

程浩《周人所受"大命"本旨發微》(《文史哲》2022年第4期)認爲從清華簡《程寤》等文獻來看,"大命"是借由"太姒之夢"的機緣,由文王、武王從皇天上帝處獲得的,後代周王對"大命"亦有天然的繼承權。"大命"的本旨不止於滅商代殷,而是以替上天治理所降下的疆土人民爲主要内容。受"助上帝亂下民"之大命的,除了君王天子外,還包括輔佐其治政的公伯臣工。

張淑一、余蔚萱《清華簡人名所見謚號考論(下篇)》(《西部史學》第8輯)選取15個謚號用字和50個帶謚號的人名,分析了清華簡與傳世文獻對同一人名謚號的記載和用字上的異同、《逸周書·謚法解》對謚字的訓釋與該字本義的區别、謚號與典籍所載該人事迹的契合度等問題。

胡建升《楚簡䙴禱的文化闡釋》(《長江大學學報(社會科學版)》2022年第5期)認爲"䙴"是遠古天熊神話信仰的符號形式。䙴禱是一種承載了古老天熊神話信仰的祈禱儀式活動。先民們相信可以將自己變成天熊,由此可以溝通神秘世界,達到禳灾除害、治病救人的現實文化功能。

劉子珍《清華簡〈成人〉灾異觀的内涵與性質探析》(《國學學刊》2022年第3期)認爲"刑(型)"有"典範""效法"之義,"德"指上天運行之規律、自然萬物存在之法則,既涵蓋保民好生之德,同時又包含懲惡刑殺之德。《成人》有張揚理性精神及注重主觀能動性的時代色彩。簡文所見刑德觀體現爲規範與法度在天人合一思維觀念下的共通與融合。

馬楠《清華簡〈參不韋〉所見早期官制初探》(《文物》2022 年第 9 期)認爲《參不韋》涉及早期職官與職文可能也是《周禮》文獻來源之一。

賈連翔《清華簡〈參不韋〉的禱祀及有關思想問題》(《文物》2022 年第 9 期)認爲《參不韋》反映出在"刑德"思想影響下"則""德"融合的現象;君王的"視明""聽皇""言章"可掌握民情;《周禮·春官·大宗伯》將祭祀禱告的對象分爲天神、地祇、人鬼三類,而簡文則分爲四類,天神有所細分。

方韜《從〈左傳〉"保首領"看楚與殷商的關係》(《中國典籍與文化》2022 年第 4 期)認爲《左傳》《國語》中宋、楚兩國常有的"保首領"實與殷商的斬首祭祀有關。宋是殷商之後,而清華簡《楚居》記述了楚先祖季連曾與商聯姻,其後代可能亦出自殷商。

田寶祥《先秦墨學研究的新視角:從墨子"十論"到清華簡〈治邦之道〉》(《社會科學論壇》2022 年第 6 期)認爲《治邦之道》攝取了墨子"十論"的主要理論成果。墨子"十論"思想一方面與時代特徵與歷史氛圍判若水火,另一方面也與彼時差異化之社會構成、自由化之生命要求大相徑庭。此二方面亦是"墨學中絶"的内在原因。

趙益《清華簡〈五紀〉與"關聯式宇宙論"》(《古典文獻研究》第 25 輯下)認爲《五紀》是戰國至秦漢時期關聯式宇宙論的歷時性、共時性的表現之一。"關聯式宇宙論"經過了長期的積澱、整合、淘汰、更新,《五紀》正是在這個過程中被淘汰的文本之一,原因是它所代表的傳統在很大程度上是非主流的,甚至是異端的。

6. 其他

何駑《楚帛書創世章與良渚玉琮藴含的創世神話比較研究》(《江漢考古》2021 年第 6 期)認爲良渚文化玉琮所藴含的良渚創世神話是楚帛書創世章神話系統的源頭,屬獨具特色的"伏羲—女媧—四子"傳説體系。

趙運濤《先秦時期"周鑒"意識與話語符號的生成》(《古代文明》2022 年第 1 期)梳理了自周厲王被逐至戰國時期,"周鑒"意識的發展過程。

王亞龍《從"燕國"改名談到"燕"字的來源》(《北方文物》2022 年第 1 期)認爲出土文獻資料中的燕國一般寫作"匽","燕"字是燕國人爲取悦秦始皇而新造的一個字形,"燕"字與"匽""晏""宴"等字都存在語音與意義上的密切關係。

廖群《"説體""托體"與回到"疑古""信古"之間——以先秦兩漢出土文獻爲例》(《文史哲》2022 年第 4 期)認爲先秦有些著述存在援用"説體"和采用"托體"以叙事、説理的現象。

熊賢品《簡牘文獻商周史事記載的改編與訛誤》(《西部史學》第 8 輯)認爲簡牘所

見商周史事的真實性問題是與内容改編、擬托及所據原始材料有關。

劉愛敏《清華簡〈四時〉“靈星”考》(《出土文獻》2022 年第 3 期)認爲《四時》中星名“靈星”應爲大火星,而非織女星。

李秀强《清華簡所見先秦〈詩〉文本的史學特質》(《史學月刊》2022 年第 12 期)認爲楚地流傳一種“詩史合流”的《詩》文本,其特點是“依史作詩”“以詩志史”。

二、戰國金文、陶文和璽印文字等材料研究

2022 年中國大陸戰國金文、陶文等研究論文發表情况,分文字釋讀、歷史文化研究兩部分介紹。

(一) 文字釋讀

1. 金文

張振謙《國之公戈考》(《漢字漢語研究》2022 年第 1 期)將舊釋“國之公戈”改釋爲“國之云卒”。

滕勝霖《金文與楚簡合證二則》(《中國文字學報》第 12 輯)認爲《集成》9452 少府盉的“  ”可分析爲从糸,从刃,谷聲,讀爲“璩”,指蓋上的連環。

張麗敏《公祭鼎銘文考釋》(《中國國家博物館館刊》2022 年第 4 期)認爲鼎銘“祭”字所从的“又”旁具有楚國文字特徵;“官”字减省了上部的宀,以自代官,這種寫法見於洛陽金村所出銅器。

李琦《讀金札記二則》(《簡帛》第 24 輯)認爲濫公鼎作器者名中所謂“脂”字應改釋爲“晋”。將新公布的一件青銅戈銘中的作器者名中原釋作“令”之字改釋爲“丏”。

馬超《燕侯脮磬銘文補説》(《簡帛》第 24 輯)認爲“山巤”是石磬的名字;“ ”應釋爲“畏(魏)”,讀爲“懷”;“朕剸吝(文)武”句中“文武”是指文德武功,不是指文王與武王,“剸”讀爲“惠”,訓善;末句中“ ”應改釋爲“玄”,讀爲“懸”,“大”通“世”。

孫超傑《中山王方壺“隔息”一詞試解》(《出土文獻》2022 年第 2 期)將“隔息”讀爲“隔塞”。

范常喜《徐沈尹鉦鋮銘文新釋》(《語言科學》2022 年第 4 期)將“次虘竘稈”中的“竘稈”讀爲“稍鈒”,訓作長矛與短矛,認爲此句與其後接“備至劍兵”相照應,統指將鑄好的鉦鋮備列於矛、劍等長短兵器當中。將末句斷讀作“皿(盟)皮(彼)吉人、亯(享)士,余是尚”,“亯(享)士”即獻身之士,“余是尚”指我尊尚實有這件鉦鋮。

徐文龍《戰國題銘零釋(五則)》(《中國文字研究》第 35 輯)將《銘圖三》廿七年戈之“魏宮”改釋爲“成雍”,或即周國之“成”地;褱令陽�戈之“陽僕”、“世”分別改釋爲“配備”、“上”,屬人名;屯留令邢丘㞷戈之“含”、“戀”改釋爲“唯”、“㬎”,爲人名和姓氏;燕王戎人矛之“萃鈦”改釋爲“翏釪”,“戮矛”即“殺矛”,指擊殺之矛;邗令時印距末之“㤅”改釋爲“懍”,屬人名。

張志鵬《廿一年陖戈考釋》(《考古》2022 年第 8 期)釋戈銘中的“”爲“墜”,“”爲“邨”,讀“析”爲“析”。認爲“宺(匋)”應是三晉某邑的大夫“令”之名,“邨刃析”是受器者之名。

劉秋瑞《新見陽曲矛考》(《出土文獻》2022 年第 3 期)考釋陽曲矛和合陽矛銘文同是“十(?)年陽匚(曲)庫冶臣”。

郭理遠《苛意匜銘文新解》(《文史》2022 年第 3 輯)將苛意匜銘文中舊多釋爲从人、鑄聲之字改釋爲“逷(遺)”。認爲周羽劍銘“遺周羽”、余𧨾壺銘“余𧨾”、李徛壺銘“李徛”都是同格式銘文的簡省。

陳斯鵬《新見阜平君鐘虡自名試釋》(《出土文獻》2022 年第 4 期)認爲鐘虡自名當釋作“虎𣪊(虡)”。

李丹《韓兵器雜識》(《出土文獻綜合研究集刊》第 16 輯)將新見的二年冢子韓政兵器銘的“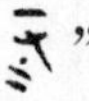”釋爲“政”,“”釋爲“賗”,“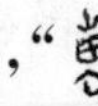”釋爲“艁”,讀爲“造”。認爲甗雍令戟刺中過去釋爲“韓匡”的監造者名應釋爲“韓政”;二年梁令張猷戟刺中“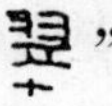”應釋爲“端”,讀爲“短”。

張飛《讀〈商周青銅器銘文暨圖像集成三編〉札記四則》(《出土文獻綜合研究集刊》第 16 輯)將 1415 號戈銘“”釋爲“牥”,1520 號戈銘“”釋爲“坧”,“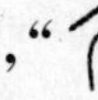”釋爲“厗”,贊同“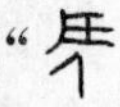”釋爲“長”的觀點並加以申述。

趙堉燊《四年咎奴蓸令戈“蓸”字小考》(《中國文字研究》第 36 輯)認爲“蓸”字讀“造”,表鑄造義。

2. 陶文

楊爍《燕齊陶文零釋(十二則)》(《出土文獻綜合研究集刊》第 15 輯)新釋讀了燕齊陶文中的“發”“䣊(郙)”等十二則疑難詞。

劉秋瑞《新見三晉陶文考釋》(《古籍研究》總第 75 輯)新釋三晉陶文中的“英父”“芓妥”等疑難字詞。

3. 璽印文

張振謙《燕璽殘字考釋五則》(《中國文字學報》第 12 輯)利用電腦技術修補筆畫,

釋讀了燕璽中的“纚”“綿”“蘿”“脽”“倠”等字。

張飛《古璽考釋五則》(《中國文字學報》第 12 輯)對六枚戰國私璽印文進行考釋,改釋“謝”“射”“族”“茜”四字,新釋“長”“崲”兩字。

禤健聰《説“筲”》(《中國文字研究》第 35 輯)認爲戰國齊系璽印、封泥中出現的“筲”字爲从“竹”“自”聲,是表示箭靶義的“臬”字異體。“職筲”是官名,爲掌管箭靶等射擊器械或射擊訓練的職官。

屈彤《讀璽札記五則》(《出土文獻》2022 年第 3 期)將《古璽彙編》1654 號末字釋爲“褱”,2784 號第二字釋爲“女”,4900 號璽文讀爲“慎和敬聽”或“敬聽慎和”,《“國立”歷史博物館藏印選輯》第 14 頁晋璽印文釋爲“女盲”合文,讀“毋望”或“毋忘”。

侯健明、肖毅《説齊文字中“密”的一種異體》(《出土文獻》2022 年第 3 期)將《古璽彙編》0174、0176 號兩方齊官璽中的“”隸作“峇”。“峇”“戓”“武”即“宓(密)”之異體,或爲齊文字“密”的特有寫法。

4. 其他

黄德寬《戰國齊系文字中舊釋“馬”字的再探討》(《漢字漢語研究》2022 年第 1 期)論證戰國齊系文字中舊釋爲“馬”的字應改釋“希”,讀“肆”。齊璽所謂“司馬”應從唐蘭説改釋“司肆”,是管理市場的職官。該字與商周甲骨金文“叙”“肄”“緆”所从“希”一脉相承。

陳曉聰《續論“厷”及相關諸字》(《中國文字學報》第 12 輯)將古文字中从又从日之字釋爲“厷”,並對這種寫法的相關形體進行梳理。

曹磊《戰國文字雜識(五則)》(《出土文獻綜合研究集刊》第 15 輯)將燕陶文“左市攻(工)□”中的未識字釋爲“書”;將“公孫士恚”之“士”改釋爲“㞢(生)”;將相邦吕不韋戈銘文“”、“王我”分别釋爲“讐”、“義”。

鄔可晶、施瑞峰《説“朕”“弅”》(《文史》2022 年第 2 輯)認爲“弅”字是象一人“具設”“同”中插入璋一類玉器之形的簡體,在西周金文中或用爲讀“纂”之字的聲旁,應是古書訓具的“撰”的表意初文。“弅”及从“弅”聲之字在戰國文字資料中可用爲“尊”“寸”“遜”等。“送”有可能也从“弅(撰)”聲。“朕”字本不从“弅”,更不以“弅”爲聲。

趙平安《先秦秦漢時代的訛字問題》(《中國書法》2022 年第 10 期)將訛字定義爲書面語言中的錯字,在此基礎上探討了訛字的特性、發現訛字的方法、訛字的類型、歷史上對訛字的處理方式以及訛字致誤的原因。

李春桃《“尺”“乇”“卜”及相關諸字考辨》(《中國文字研究》第 36 輯)認爲三晋文字中過去一些被認爲从乇的字實从尺。楚文字中“尺”“卜”相近,楚玉印中以往釋成

“乇”的字可改釋爲“尺”或“卜”。包山楚簡及牘中以往釋成“紝”的字應釋爲“紤”。

葉磊《古文字中的“戟”字異體及相關問題研究》（《古籍研究》總第76輯），分析了15種“戟”字異體的諧聲關係，討論了“戟”字異體所呈現的見影、見疑相通的音理機制。

李金蓉、蔡永貴《“三”及相關字字源關係考釋》（《漢字文化》2022年第S1期）認爲“弎”是“三”在戰國時期的俗體；“曑”是具有區别作用的分化字，專門用以記録通過内部屈折方式産生的派生詞；“曑”“参”“叄”“三”爲同源分化，“参”的多音多義是同形同源分化的結果。

單育辰《温縣盟書“憯亟視之”解》（《考古與文物》2022年第4期）將温縣盟書所見“諦”改釋爲“憯”，訓急速。

陳治軍、路文舉《新見楚國“都”字金版及其相關問題》（《考古與文物》2022年第5期）認爲“少貞（鼎）”可讀“小釘”，與楚銅幣“聖朱”的讀法“錙銖”相似，意指小型金版。

鄭州大學歷史學院、西安市文物保護考古研究院《西安相家巷遺址H4出土秦封泥整理簡報》（《文物》2022年第10期）對出土的98枚封泥印文字進行了考釋。

陳夢兮《湖北沙洋塌冢楚墓[illegible]杯補釋》（《江漢考古》2022年第6期）釋“[illegible]”爲“外”“厶（私）”二字。漆耳杯底的“公”和“厶（私）”或指耳杯之功用。

（二）歷史文化研究

1. 名物、人物、地理

田成方《鄝器與姬姓鄝國、楚鄝縣》（《考古與文物研究》2021年第6期）考察姬姓東蓼與已姓西蓼在銅器銘文中的國名用字區别，認爲鄝公𣪘鼎、缶、鄝公鑄公子痏戈之“鄝公”，分别是春秋中晚期之際和戰國早期楚鄝縣的縣公。鄝縣設置於東蓼滅國後不久，約春秋中期晚段，延存至戰國晚期。

王立新《關於鄭州出土“亳”字陶文的一點看法》（《江漢考古》2021年第6期）認爲鄭州商城東北部出土帶“亳”字戳記的陶豆應是戰國時在“亳墟”之上祭祀成湯的祭器。大量“亳”字陶文可以作爲鄭州商城一帶東周名“亳”的證據及商城爲湯都之亳的重要依據。

馬超《葉公臧鼎與葉公子高史事考論》（《西南大學學報（社會科學版）》2022年第2期）認爲鼎銘中的“葉公臧”應即史籍中的“葉公子高（葉公諸梁、沈諸梁）”，典籍所載葉公私名“諸梁”之“諸”，當爲語助，“臧”“梁”爲通假關係。鼎銘“均邦”一詞意爲“安定楚國”，實指葉公平定“白公之亂”。

黄錦前《楚沈尹氏銅器兩種考釋》（《文物春秋》2022年第5期）據者梁戈的形制、

紋飾及銘文内容，考證“者梁”應即見於《左傳》及楚簡的楚大夫沈諸梁，即“葉公子高”。河南南陽八一路楚墓出土的葉公臧鼎銘中的“葉公臧”即見諸《左傳》“定公五年”的楚葉邑邑公沈諸梁之弟“後臧”，在葉公子高之後繼任邑公，故稱“葉公臧”。

熊賢品《戰國紀年銅戈研究兩則》(《考古與文物》2022年第1期)考訂新見廿年榆次令戈的年代爲趙惠文王二十年、十二年介令戈爲韓桓惠王十二年；十二年介令戈表明戰國時期韓國曾設立“介縣”(今山西介休附近)。

徐俊剛《四年上成氏府假令鈹考》(《出土文獻》2022年第1期)認爲四年上成氏府銅鈹的“上成氏”應即“上成”，是趙國直刀幣文中的“成”，其地可能與西漢涿郡的成侯國或廣平國下屬的“城鄉”有關。紀年“四年”可能是趙悼襄王四年或趙王遷四年，前者的可能性更大。

張振謙《國之公戈考》(《漢字漢語研究》2022年第1期)認爲戈銘具有齊系文字特點，辭例具有燕系銘文格式特點，應是戰國晚期樂毅破齊之後所鑄。

尉侯凱《“毋丘”補釋》(《中國文字學報》第12輯)認爲複姓“毋丘”係以地名爲氏，首字當作“毋”而非“毌”。“毋丘”在漢代寫作“牧丘”，在今山東平原一帶。

楊爍《談新發現的一類紀年燕陶文》(《文物春秋》2022年第2期)將新見的一類特殊格式的三璽連鈐紀年燕陶文格式總結爲：一、燕地名＋都＋王勹(符)；二、紀年＋吴(虞)＋人名；三、缶(陶)人＋人名。其年代最有可能是燕昭王時期。

馬俊亞《楚末潛營吴都與項劉部屬考辨》(《中國史研究》2022年第2期)認爲郪陵君銅豆是郪陵君在吴(郢)所造，其事迹主要發生在江東殘楚抗秦之時，這是吴爲殘楚之郢的證據；蘇州真山墓葬群D1M1墓出土上相邦璽銅印，證明殘楚曾在江東立國，是以立有相邦。

武家璧《楚墓“太歲避兵”戈的星象解讀》(《長江大學學報(社會科學版)》2022年第4期)認爲此戈是陰陽神符的合體，利用歲星神的恐怖形象和非凡神力，采用太歲星占的簡單方法，發揮避兵壓勝的功能。

湛秀芳《三晋文字地名考證三則》(《文博》2022年第3期)認爲韓國兵器二十三年新城矛及四年新城矛的鑄地在今河南省新密市；兩件魏國垣上官鼎的置用地可能是《魏世家》中的新垣；魏國卅年虒令鼎和卅五年虒令鼎的鑄地“虒”讀爲“虚”，在今河南省鶴壁市淇縣。

李昭陽《新見齊“陶”戈考》(《中國文字研究》第35輯)認爲該戈是戰國中期齊國兵器，銘文可讀爲“陶”，即先秦陶地。

孫慰祖《論封泥本體研究的拓展》(《中國書法》2022年第8期)對數千枚封泥本體形態作出歸納，確定與流行時期相對應的演變序列，提煉出ABCD四種基本分型。

張志鵬《廿一年陖戈考釋》(《考古》2022 年第 8 期)認爲該戈應是韓人陖在韓宣惠王二十一年爲韓人頓刃析所作,在同年的韓魏襲楚之戰中爲楚人所得,後在前 280 年之前被隨葬至楚國鄧縣墓中。"邨"應即是都於宛丘時的陳國之南鄰頓國。

侯健明、肖毅《説齊文字中"密"的一種異體》(《出土文獻》2022 年第 3 期)認爲《古璽彙編》0174、0176 號齊璽文"密闢"與《左傳》閔公二年所見魯之"密"及時密山、時密水所處之地有關。

劉秋瑞《新見陽曲矛考》(《出土文獻》2022 年第 3 期)根據陽曲矛和合陽矛銘辭格式及銘文中的"陽曲",判定這兩件銅矛屬趙國,年代不會晚於趙惠文王二十八年。

陳治軍、路文舉《新見楚國"都"字金版及其相關問題》(《考古與文物》2022 年第 5 期)介紹了一件尚未著録過的戰國時楚國"都"字金版,"都"即楚國"滁"地;認爲"鄗爯"金版所指的"鄗"與"酈""歷"爲一音之轉,地在南陽。

劉彬徽《曾侯乙編鐘文化源流新識》(《江漢考古》2022 年第 5 期)認爲曾侯乙漆箱蓋上"甲寅三日"爲四月初三。

吴良寶《戰國時期秦國上郡轄境變遷考》(《中國文字博物館集刊》第 3 輯)據秦上郡鑄兵器上首次加刻的上郡屬縣,可考治所都位於昭襄王所築長城以内,這些兵器基本都鑄造於昭襄王時,認定加刻置用地名的時間不早於此時。

李世佳《再論楚系"卲(昭)王之諻"器——兼談楚王子、王孫器器主的稱謂方式》(《青銅器與金文》第 9 輯)認爲器主系楚昭王之孫,包山楚簡所見昭氏世系中有"部公子春"其人,與"卲(昭)王之諻"輩分相當、生活年代相近,或係一人,名"諻"而字"子春"。

趙堉燊《四年咎奴曹令戈"曹"字小考》(《中國文字研究》第 36 輯)結合該戈和蒲子戈、□年皛曹令戈等銘文皆有"曹"或从"曹"字,推測戈銘屬韓國的可能性較大,鑄造時間在韓昭侯以後、韓桓惠王八年以前。

2. 制度

唐錦瓊《"吴頭楚尾"的考古學觀察》(《南方文物》2021 年第 6 期)認爲鄂君啓節記載綫路直接略過江西,是因爲楚在這一時期還没有對江西實施有效管轄;贛江中游的遂川出土銅戈、銅矛及銅鐵鏃等表明戰國晚期到秦代,中原的政治勢力已經深入贛江的上中游地區;上海博物館藏"上贛君之諳鑈"楚印表明楚國在戰國晚期已經掌控了贛江上游地區,並設置有封君。

李超《"琗禁丞印"補證》(《文博》2022 年第 1 期)將戰國秦封泥"□禁丞印"中的未釋字釋爲"琗",字同"玤",地在秦漢時古澠池;春秋時"玤宫"作爲周王"離宫",具備苑囿等可供游玩的職能,秦取澠池後,專門設立"玤禁"負責安全,漢初革秦制,"玤宫"及附近苑囿最終被更名後的“滬池宫”替代。

張麗敏《公祭鼎銘文考釋》(《中國國家博物館館刊》2022 年第 4 期)認爲公祭鼎是宫廷食官用於祭祀的鼎,“二官”是“左官”“右官”的合稱,該鼎應是戰國時期左、右二食官用於祭祀的鼎。銘文所反映的食官與祭祀之間的關係,與其後秦漢共厨制度有一定聯繫。

吴良寶《魏文侯、武侯時期魏國有銘兵器考察》(《簡帛》第 24 輯)認爲二十九年合陽庫冶□戈、二十九年叚陽戈、三十年比嗇夫戈範、朝歌右庫工师兒戈等最有可能是魏文侯時兵器;三晋兵器“物勒工名”的初始階段至少包括“地名+庫+冶”“地名+監造者(工币/嗇夫)”兩種銘文格式,與戰國早期即已出現的“地名+庫”有質的區别;《戰國中晚期魏、韓銅器的置用與斛量——從刻銘順序説起》(《青銅器與金文》第 9 輯)認爲在魏襄王時,冢子即已掌管器物的鑄造等,魏安釐王/韓桓惠王時,乳子從事器物的斛驗而不參與造器。器物鑄就之後需由藏器機構“府”進行斛驗,然後交給置用機構,由置用機構再配置於具體的置用地;接收器物的置用機構無需再作斛量。

孫海寧《論者汈鐘的年代及相關問題》(《考古與文物》2022 年第 3 期)認爲銘文“唯越十又九年”應爲越王勾踐十九年。東周時期,該鐘兩列鈕鐘的編列方式只有高等級貴族才能使用,其源頭可追溯至西周晚期兩列甬鐘的編列方式。

孔品屏《戰國印與秦漢璽——從封泥看“璽、印”自名的演變》(《中國書法》2022 年第 8 期)認爲戰國時期的普通秦官印,自名“璽”“印”者兼有,名“璽”可斷爲戰國,名“印”未必是秦。印文有界無格、文字大小錯落者可斷爲戰國,有界有格者却未必是秦。随着制度變革,待秦統一之時,兩者的適配度已經成熟。

湯志彪《晋系題銘斿子、孝子職官補釋》(《出土文獻》2022 年第 3 期)認爲晋系題銘中的職官“斿子”應讀作“脜宰”,負責膳食;過去釋作“孝子”的職官當讀作“畜宰”,管理牲畜。

附記:本文撰寫過程中蒙朱迪同學幫助,謹致謝忱。

作 者 信 息

（以中文姓氏筆畫爲序）

刁俊豪：清華大學人文學院

中村未來：日本福岡大學人文學部

吕志峰：華東師範大學中文系

祁　萌：北京聯合大學應用文理學院

吴紀寧：武漢大學簡帛研究中心、“古文字與中華文明傳承發展工程”協同攻關創新平臺

何有祖：武漢大學簡帛研究中心、“古文字與中華文明傳承發展工程”協同攻關創新平臺

沈奇石：華東師範大學中國文字研究與應用中心

宋專專：北京大學中國語言文學系、“古文字與中華文明傳承發展工程”協同攻關創新平臺

易　蕭：遼寧師範大學歷史文化學院

草野友子：日本大阪公立大學現代 System 科學研究科

胡孟强：清華大學出土文獻研究與保護中心

袁　證：武漢大學簡帛研究中心、“古文字與中華文明傳承發展工程”協同攻關創新平臺

袁倫强：西南大學漢語言文獻研究所

高　潔：南京大學文學院

高婷婷：武漢大學簡帛研究中心、“古文字與中華文明傳承發展工程”協同攻關創新平臺

海老根量介：日本學習院大學文學部

陳書豪：武漢大學簡帛研究中心、“古文字與中華文明傳承發展工程”協同攻關創新平臺

陳聞達：華東師範大學中國文字研究與應用中心

崔啓龍：故宫博物院“古文字與中華文明傳承發展工程”協同攻關創新平臺

張　瑞：東北師範大學文學院

張凱潞：北京語言大學文學院、北京文獻與文化傳承研究基地

黄　悦：重慶電子工程職業學院

黄一村：蘭州大學文學院

黄静静：四川大學文學與新聞學院

程少軒：南京大學文學院

楊憲傑：吉林大學古籍研究所、"古文字與中華文明傳承發展工程"協同攻關創新平臺

雷海龍：武漢大學簡帛研究中心、"古文字與中華文明傳承發展工程"協同攻關創新平臺

趙翠翠：武漢大學簡帛研究中心、"古文字與中華文明傳承發展工程"協同攻關創新平臺

劉信芳：安徽大學歷史系

劉國勝：武漢大學簡帛研究中心、"古文字與中華文明傳承發展工程"協同攻關創新平臺

圖書在版編目(CIP)數據

簡帛. 第二十七輯 / 武漢大學簡帛研究中心主辦
. —上海：上海古籍出版社，2023.11
ISBN 978-7-5732-1019-7

Ⅰ.①簡… Ⅱ.①武… Ⅲ.①簡(考古)—中國—文集
②帛書—中國—文集 Ⅳ.①K877.54-53②K877.94-53

中國國家版本館CIP數據核字(2023)第255601號

簡帛(第二十七輯)
武漢大學簡帛研究中心　主辦
上海古籍出版社出版發行
(上海市閔行區號景路159弄1-5號A座5F　郵政編碼201101)
(1) 網址：www.guji.com.cn
(2) E-mail：guji1@guji.com.cn
(3) 易文網網址：www.ewen.co
上海顓輝印刷廠有限公司印刷
開本787×1092　1/16　印張19.25　插頁2　字數355,000
2023年11月第1版　2023年11月第1次印刷
ISBN 978-7-5732-1019-7
K·3540　定價：98.00元
如有質量問題，請與承印公司聯繫